淮南子鉴赏辞典

新一版

上海辞书出版社

主　编　刘康德

撰稿者　刘康德　张锦波

　　　　张榕坤　张锋宾

注释者　刘康德

出版说明

刘安，西汉思想家、文学家，汉高祖之孙，袭父封为淮南王。刘安及其门客编著的《淮南子》，又名《淮南鸿烈》，是中国思想史上一部杰出的著作，堪称是一部百科全书性质的论著，对后世的思想文化有着重要影响。

《淮南子》全书二十余篇，体系庞大，内容丰富，涉及天地万物及人类社会方方面面。为帮助读者能深入浅出地了解《淮南子》的深邃思想及其智慧哲理，我们约请了复旦大学教授刘康德先生担任主编，编纂出版本书。

本书设文本篇、主题篇、名言篇和寓言篇，另设附录《淮南子》的作者、《淮南子》的思想特色及其影响、《淮南子》主要版本和注本简介，以满足读者不同的阅读、赏析、查阅的需求。

上海辞书出版社

凡　例

一、本书设文本篇、主题篇、名言篇、寓言篇四部分，共收鉴赏90篇。

二、每篇包括原文、注释、鉴赏三方面。原文以刘文典《淮南鸿烈集解》为底本，参用庄逵吉校刊本，并校以《道藏》本、《道藏辑要》本和茅一桂刻本等，力求做到定真赝、举异同，使全书原文、注释及鉴赏更为合理正确。

三、本书的文本篇按照《淮南子》原书卷目顺序编排，每卷围绕本卷的核心论题，拟定相应的副标题，并选取最能表达本卷中心思想的段落进行注释和鉴赏。文本篇的鉴赏文字力求突出本卷的主题思想和写作原旨，反映《淮南子》所呈现的古人的思想世界。

四、为使读者更好地理解每卷的核心思想，兹将《淮南子》许慎注或高诱注中关于每卷卷名的题解部分，以及《淮南子·要略》中对于每卷思想内容的说明，置于每卷原文之首。

五、为使读者阅读、鉴赏方便，本书编者在文本篇原文部分对选取的段落加注〔一〕〔二〕等中文序号。

六、本书的主题篇根据《淮南子》所涉及的天地自然、科技思想、德治法治、君子小人等宇宙人生的重要议题，特别是对于现代人类生活仍然有着重要意义的议题，将《淮南子》各卷中表达相同主题的原文汇集在一起进行注释和鉴赏。主题篇的鉴赏文字力求突出《淮南子》对于相关议题的建设性思考，特别是其对于现代人类生活的启示。

七、本书的名言篇和寓言篇撷取《淮南子》中对于后世思想文化产生重要影响的名言或寓言故事，围绕相关文字进行注释和鉴赏。名言篇和寓言篇的鉴赏文字力求突出相关名言或寓言故事所蕴含的深刻哲理，并注重发明其在整个思想文化史中的影响，及其对于现实人生的重要启发。

八、本书的文本篇、主题篇、名言篇和寓言篇所选取的原文尽量做到不重复，以在有限的篇幅中尽可能丰富而有层次地将《淮南子》的文字与思想展现在读者面前。

九、本书使用简体字，在可能产生歧义时，酌用繁体字或异体字。

目　录

篇目表

文本篇

主题篇

名言篇

寓言篇

附 录

文 本 篇

卷 一　　原道训

——哲学本体论：尊天而保真

〔题　解[①]〕

原，本也。本道根真，包裹天地，以历万物，故曰“原道”，因以题篇。

〔要　略[②]〕

《原道》者，卢牟六合[③]，混沌万物，象太一之容[④]，测窈冥之深，以翔虚无之轸[⑤]。托小以苞大[⑥]，守约以治广，使人知先后之祸福，动静之利害。诚通其志，浩然可以大观矣。欲一言而寤[⑦]，则尊天而保真；欲再言而通，则贱物而贵身；欲参言而究[⑧]，则外物而反情。执其大指，以内洽五藏[⑨]，瀸濇肌肤，被服法则[⑩]，而与之终身，所以应待万方，览耦百变也[⑪]，若转丸掌中，足以自乐也。

〔一〕　夫道者，覆天载地，廓四方，柝八极[⑫]，高不可际，深不可测，包裹天地，禀授无形。原流泉浡[⑬]，冲而徐盈[⑭]；混混滑滑[⑮]，浊而徐清。故植之而塞于天地[⑯]，横之而弥于四海，施之无穷而无所朝夕；舒之幎于六合[⑰]，卷之不盈于一握。约而能张[⑱]，幽而能明，弱而能强，柔而能刚。横四维而含阴阳，纮宇宙而章三光[⑲]。甚淖而滒[⑳]，甚纤而微。山以之高，渊以之深,兽以之走,鸟以之飞,日月以之明,星历以之行,麟以之游,凤以之翔。

〔二〕 天下之事不可为也,因其自然而推之;万物之变不可究也,秉其要归之趣[21]。夫镜水之与形接也,不设智故而方圆曲直弗能逃也[22]。是故响不肆应[23],而景不一设[24],叫呼仿佛[25],默然自得。人生而静,天之性也。感而后动,性之害也。物至而神应,知之动也[26]。知与物接而好憎生焉[27],好憎成形而知诱于外,不能反己,而天理灭矣。故达于道者,不以人易天,外与物化而内不失其情。至无而供其求,时骋而要其宿[28]。小大修短,各有其具,万物之至,腾踊肴乱而不失其数[29]。

〔三〕 修道理之数[30],因天地之自然,则六合不足均也。是故禹之决渎也[31],因水以为师;神农之播谷也,因苗以为教。

木处榛巢[32],水居窟穴,禽兽有艽[33],人民有室;陆处宜牛马,舟行宜多水;匈奴出秽裘,于越生葛絺[34]:各生所急以备燥湿,各因所处以御寒暑,并得其宜,物便其所。由此观之,万物固以自然,圣人又何事焉!

是故达于道者,反于清净;究于物者,终于无为。以恬养性,以漠处神,则入于天门。

〔四〕 所谓天者,纯粹朴素,质直皓白,未始有与杂糅者也。所谓人者,偶𣻌智故[35],曲巧伪诈,所以俯仰于世人而与俗交者也。

圣人不以人滑天[36],不以欲乱情;不谋而当,不言而信,不虑而得,不为而成;精通于灵府[37],与造化者为人[38]。

〔五〕 得道者志弱而事强[39],心虚而应当。

所谓志弱而事强者,柔毳安静[40],藏于不敢,行于不能,恬然无虑,动不失时，与万物回周旋转，不为先唱[41]，感而应之。

所谓其事强者，遭变应卒[42]，排患扞难[43]，力无不胜，敌无不凌；应化揆时[44]，莫能害之。

是故欲刚者必以柔守之，欲强者必以弱保之。积于柔则刚，积于弱则强，观其所积，以知祸福之乡。强胜不若己者，至于若己者而同；柔胜出于己者，其力不可量。故兵强则灭，木强则折，革固则裂，齿坚于舌而先之敝。是故柔弱者，生之干也[45]；而坚强者，死之徒也[46]。

是故圣人守清道而抱雌节，因循应变，常后而不先，柔弱以静，舒安以定，攻大礳坚[47]，莫能与之争。

〔六〕 道者，一立而万物生矣。是故一之理，施四海；一之解，际天地。其全也，纯兮若朴；其散也，混兮若浊。浊而徐清，冲而徐盈；澹兮其若深渊[48]，泛兮其若浮云；若无而有，若亡而存。万物之总，皆阅一孔[49]；百事之根，皆出一门。其动无形，变化若神；其行无迹，常后而先。是故至人之治也，掩其聪明，灭其文章[50]，依道废智，与民同出于公。约其所守，寡其所求，去其诱慕，除其嗜欲，损其思虑。约其所守则察，寡其所求则得。夫任耳目以听视者，劳形而不明；以知虑为治者，苦心而无功。是故圣人一度循轨，不变其宜，不易其常，放准循绳[51]，曲因其当。

〔七〕 夫得道已定，而不待万物之推移也，非以一时之变化而定吾所以自得也。吾所谓得者，性命之情处其所安也。夫性命者，与形俱出其宗，形备而性命成，性命成而好憎生矣。故士有一定之论，女有不易之行，规矩不能方圆，钩绳不能曲直。天地之永，登丘不可为修，居卑不可为短。是故得道者，穷而不慑，达而不荣；处高而不机[52]，持盈而不倾；新而不朗，久而不渝[53]；入火不焦，入水不濡[54]。是故不待势而尊，不待财而富，不待力而强，平虚下流[55]，与化翱翔。若然者，藏金于山，藏珠于渊，不利货财，不贪势名。是故不以康为乐，不以慊为悲[56]；不以贵为安，不以贱为危；形神气志，各居其宜，以随天地之所为。

〔注　释〕

① 按："题解"即东汉时期许慎和高诱的《淮南子注》中对于每卷卷名的解释。许、高二人曾先后分别对《淮南子》作注，约在宋代时高注佚失八卷，时人以许注中相应的八卷补入高注，后来许注的完整本也佚失了。现存《淮南子注》即是许、高二注的混合本，为古代最经典的《淮南子》注本。其中，许注的八卷是《缪称训》《齐俗训》《道应训》《诠言训》《兵略训》《人间训》《泰族训》和《要略》，其余十三卷为高诱所注。为行文方便，本书注释或鉴赏文字中凡引用到许、高《淮南子注》的地方，一概称"原注"。又：今本《淮南子》除《要略》外，其余各卷卷名中均有一"训"字，一般认为是后来的注释者所加，即高诱在《淮南子注》的序文中所说的"深思先师之训"的"训"，乃训释、注解的意思。② 按：《淮南子》的作者在第二十一卷《要略》中，对全书前二十卷的内容和意旨作了较为精辟的概括和总结，对于我们理解各卷的中心思想具有重要的参考价值。因此，在本书中，我们把《要略》对各卷进行总结的段落移置于各卷的"题解"之下，以便读者更好地理解各卷的思想内容。 ③ 卢牟：原注为"卢牟，犹规模也"。马宗霍认为"卢牟"为"矑眸"之借字，犹言明察也。"明察六合"与下文"浩然可以大

观矣”相应。④ 象：描摹。⑤ 轸：通“畛”，界限、境界。⑥ 苞：包容。⑦ 寤：悟。⑧ 参：同“叁”，三。⑨ 指：通“旨”，旨意、意向。洽：沾润。藏：通“脏”，内脏、五脏。⑩ 澹：王念孙认为“澹”当为“渍”。“瀸”“渍”义相同，如《说文》曰：“瀸，渍也。”故“瀸渍”意即“渐渍”，指浸润。被服：接受、感受。⑪ 览耦：观览迎合。⑫ 廓、柝：扩张、拓展的意思。⑬ 原：源。浡：渤涌。⑭ 冲：“盅”的假借字，意为“虚”。⑮ 混：“丰流也”（《说文·水部》）。混混：水流奔流急速。滑滑：汩汩，指水流急疾。⑯ 植：树立、竖直。⑰ 幎：帐幔，覆盖的意思。⑱ 约：收束。⑲ 四维：指东北、东南、西南、西北天区四角。纮：维系、包举。⑳ 淖：烂泥。溷：黏稠多汁。淖和溷在这里形容“道”的柔靡状。㉑ 要归之趣：意为事物发展之真谛。㉒ 智故：意为“巧饰”。㉓ 响：这里指“回音”。㉔ 景：通“影”，影子。㉕ 仿佛：指影子晃动。㉖ 知：通“智”。㉗ 接：交往、接触。㉘ 至无：虚无至极。时聘：随时变化。㉙ 修：长。具：备。数：度、序。㉚ 修：遵循。㉛ 决渎：疏通河道。㉜ 榛巢：丛木中筑巢。㉝ 芃：应作“艽”，野兽巢穴中的草垫。㉞ 秽：粗糙。葛絺：细葛布。㉟ 偶：隅、角，不正为隅。睉：差，也指不正。㊱ 滑：乱。㊲ 灵府：心。㊳ 为人：相偶、相伴。㊴ 志弱：心志柔顺。㊵ 毳：鸟兽的细毛，形容柔软。㊶ 唱：倡导。㊷ 卒：通“猝”，意为突变。㊸ 扞：抵御。㊹ 揆：测度。㊺ 干：主干、本质。㊻ 徒：同类。㊼ 礲：同“磨”，攻破、碾碎。㊽ 澹：平静。㊾ 阅：经历。㊿ 文章：色彩、花纹。51 放：仿效、依循。52 机：通“几”，危险的意思。

㊸ 朗：明、亮。渝：变。㊹ 濡：湿润。 ㊺ 下流：意为低下。㊻ 慊：不足、少，引申为贫乏。

〔鉴　赏〕

“道”是中国古代哲学中十分常见，又非常独特的一个概念。正如高诱所言，“本道根真，包裹天地，以历万物”，“道”可谓是中国哲学中最具根本性的一个概念。《淮南子》开篇首先论“道”，正是抓住了中国文化的根脉。

“道”作为宇宙存在之本原或本体，与西方哲学中的“本体”概念有着根本性的不同。西方哲学侧重于以一种知识论的态度将宇宙作为一个客观对象，其“本体”所指的即是此客观对象的抽象本质；而中国哲学则侧重于以一种生存论的态度将宇宙视作人类的基本生存处境，还将人类社会视作宇宙的有机组成部分，其作为本体概念的“道”，按照其原初的意义来理解，也即“道路”的意思，指的是包括人类在内的宇宙万物所应当行走的道路。因此，“道”不仅仅是对客观世界的一种描述，而是含有“应当”，也即规范性的意义在其中，宇宙万物只有依其道而行，才能达到其最佳状态，也即“善”的状态。就此而言，中国先哲对于“道”的思考，其中自然包涵着一种“善”的理想与追求。

《原道训》之言“道”，与中国先哲言“道”的基本精神是一致的，并且对先秦诸子关于“道”的思想作了更为具体而精辟的发挥。首先，“道”是天地万物所共由之途，一切事物皆须行走在其应走的道上，正所谓“覆天载地，廓四方，柝八极”，“山以之高，渊以之深，兽以之走，鸟以之飞，日月以之明，星历以之行，麟以之游，凤以之翔”。因此，“道”虽然是宇宙万物之本体，所谓“形而上者谓之道，形而下者谓之器”（《周易・系辞》），道“高不可际，深不可测，包裹天地，禀授无形”；但同时，“道”又与具体的事物（器），如山、渊、兽、鸟等相即不离，而且“道不远人”（《中庸》）。这也即是庄子所说的，“道无所不在，在蝼蚁、在稊稗、在瓦甓、在屎溺”（《庄子・知北游》），万事万物皆有其所当行之道。就此而言，道不仅是抽象的，而且也是具体的；道是无形的，但又寓于各种有形的事物当中。一言以蔽之，道“致广大而尽精微，极高明而道中庸”（《中庸》）。

在这里需要注意的一点是，既然“道”分散在万事万物当中，那么，“道”究竟是只有一个“道”，还是有多个“道”呢？《原道训》对这一问题的阐释是：“道者，一立而万物生矣”，“万物之总，皆阅一孔，百事之根，皆出一门”。“道”在根本上是“一”，万物百事所由之路最终还是要汇聚到一条“道”上来，如上所述，这条“道”也即“善”，也即万物百事之存在的最佳秩序。因此，一而多，多而一，“一”与“多”在这里并不矛盾。正如《原道训》所云：“其全也，纯兮若朴；其散也，混兮若浊。”若分而观之，万物百事各行其“道”，此道非彼道，仿佛各不相同，因而“混兮若浊”；但是，当“道”作为一个整体呈现时，一切事物都达至其最佳之状态，合而观之，就如一块璞玉那样纯美朴质。

既然“道”意指宇宙万物所应当行走的道路，其中包涵着一种“善”的指向，那么，这里的“应当”最终是由什么决定的呢？或者说，究竟怎样行走才算是“善”呢？《原道训》在这里继承了老子的思想，用“天”和“自然”这两个概念来补充说明之。《老子・二十五章》有云：“人法地，地法天，天法道,道法自然。”这里的“自然”不是现代汉语中客观意义上的自然界之意,而是指事物之自然而然的状态。而对于宇宙万物来说,最能彰显这种自然而然之特质的事物也即天地,因此“天”与“自然”在此处实际上具有相同的意味,均是指事物的天然、本然状态。在道家看来,一般情况下,当事物遵循其天然之状态发展时,事物才能达至其最佳状态,也即其“善”,而这种天然状态也是事物所应遵循之道。正因此,《原道训》云:“修道理之数,因天地之自然,则六合不足均也。”强调“天下之事不可为也,因其自然而推之”。这里的“不可为”并不是无所作为,而是要因其“自然”而为(推),这样才能使万物“腾踊肴乱而不失其数”,也即不偏离其所应当遵循之道。

其实,不仅仅是道家,中国古代的先哲对于“天”,以及与之密切相关的事物的天然状态,都有一种较为积极的肯定。如孔子曾说:“予欲无言。”其弟子子贡便反问道:“子如不言,则小子何述焉?”孔子回答道:“天何言哉? 四时行焉,百物生焉,天何言哉?”(《论语·阳货》)先哲们对于“天”以及事物之天然状态的尊崇与肯定,绝不是出于一种前科学时代的愚昧,恰恰相反,这是比所谓科学时代的人类更为理智地对待我们周围事物的一种态度。这是因为,“天”以及事物之天然状态代表了人所生存的原始环境,一方面,人与此环境必然有许多“同构”之处,因而天地万物生生不息之理自有人类应当效法之处;另一方面,天地万物生生之理亦为人类所应当尊重者,唯有如此人类才能与天地万物和谐相处。《原道训》对此也有非常精辟的诠释,提出“所谓天者,纯粹朴素,质直皓白,未始有与杂糅者也”,而“所谓人者,偶瞜智故,曲巧伪诈,所以俯仰于世人而与俗交者也”。认为事物之天然状态乃是纯粹朴素、与“道”合一的“善”的状态，而“人”则因为有了“智巧”“伪诈”的因素，存在着破坏这种“善”的可能，因此，《原道训》强调“不以人滑天”“与造化者为人（伴）”，认为“达于道者，不以人易天”。

既然宇宙万物各有其所应行之道，那么，作为宇宙之一员的人所应行之道是什么呢？与上述的孔子由“法天”而“不言”类似，《原道训》的答案是“人生而静，天之性也”，正所谓“天命之谓性，率性之谓道”（《中庸》），“静”是人天然具有的“性”，人循（率）此“静”而行便是人所应行之“道”。《原道训》的这一答案，可谓十分恰切地指点出了中国先哲们关于“人”所应行之道的思考之精髓。这里的“静”不是与“动”相反的寂然不动之意，而是人所应当持守的一种谦卑退让、不自以为是、不躁动的人生态度。分而言之，它既是老子“以德报怨”的取后守柔之道，又是孔孟“己所不欲勿施于人”的仁恕之道；既是墨子“兼爱”“非攻”的贵义之道，又是庄子“独与天地精神往来”的至人之道；既是《周易》“一阴一阳”的感应变化之道，又是《中庸》“成己成物”的至诚之道。“静”既包含了一种人对于宇宙万物应有的态度，即尊重万物之天然状态，不妄为以不使其偏离其应行之道；也包含了一种人对于他人所应有的态度，即推己及人，利人而不争；更包含了一种人对于自己所应有的态度，即反观内省，澹然而不为外物所诱，以善其生。这也正如《原道训》所云：“达于道者，反于清净；究于物者，终于无为。以恬养性，以漠处神，则入于天门。”由此，正是因为对于宇宙万物之天然状态保持着一种“敬”，所以循道而行的人“柔毳安静，藏于不敢”，“静”而不妄为。

《原道训》的作者还看到，因为人有智虑、欲望以及受外物的牵引，所以人要想保持在“静”之道上是不容易的，因此强调“夫得道已定，而不待万物之推移也，非以一时之变化而定吾所以自得也”。也就是说，人不能因外物的变化而违反自己所应当遵循之道，所谓“穷而不慑，达而不荣”；只有如此，才能使“性命之情处其所安”，“舒安以定，攻大礦坚，莫能与之争”。这也即是《淮南子》由“原道”而欲使人明白的哲理：“欲一言而寤，则尊天而保真；欲再言而通，则贱物而贵身；欲参言而究，则外物而反情。”

总而言之，作为《淮南子》的首卷，《原道训》首先从哲学本体论的高度指出了宇宙万物都有其所应当遵循的天然之道，只有如此才能达至其“善”，因而包括人类在内的任何事物都不能反其道而行，否则最终必然会导致灾难性的后果。而人所应当行走之“道”，《原道训》以一“静”字明之，此一“静”字既包涵了人与自然所应有的关系，也包含了人与人之间所应有的关系，还包含了人与自己所应有的关系，其蕴意可谓至深至重。《原道训》在此只是首先从根本上指出了人应当有所“敬”、有所“保”、有所“定”，应当觉悟“尊天而保真”的道理。至于“静”之丰富内涵的进一步展开，则请读者诸君参看《淮南子》以下各卷。

（刘康德　张锋宾）

卷 二　俶真训

——历史哲学：知始而返本

〔题　解〕

俶，始也。真，实也。道之实，始于无有，化育于有，故曰"俶真"，因以题篇。

〔要　略〕

《俶真》者，穷逐终始之化，嬴埒有无之精[①]，离别万物之变，合同死生之形，使人遗物反己，审仁义之间，通同异之理，观至德之统，知变化之纪，说符玄妙之中，通回造化之母也[②]。

〔一〕　有始者[③]，有未始有有始者[④]，有未始有夫未始有有始者[⑤]。有有者[⑥]，有无者，有未始有有无者[⑦]，有未始有夫未始有有无者[⑧]。

所谓"有始者"，繁愤未发[⑨]，萌兆牙蘖[⑩]，未有形埒垠堮[⑪]，无无蠕蠕[⑫]，将欲生兴而未成物类。

"有未始有有始者"，天气始下，地气始上，阴阳错合[⑬]，相与优游竞畅于宇宙之间[⑭]，被德含和[⑮]，缤纷茏苁[⑯]，欲与物接而未成兆朕[⑰]。

"有未始有夫未始有有始者"，天含和而未降，地怀气而未扬，虚无寂窠，萧条霄霓[18]，无有仿佛[19]，气遂而大通冥冥者也[20]。

"有有者"，言万物掺落[21]，根茎枝叶，青葱苓茏[22]，萑蔰炫煌[23]，蠉飞蠕动，蚑行哙息[24]，可切循把握而有数量。

"有无者"，视之不见其形，听之不闻其声，扪之不可得也，望之不可极也，储与扈冶[25]，浩浩瀚瀚，不可隐仪揆度而通光耀者[26]。

"有未始有有无者"，包裹天地，陶冶万物，大通混冥；深闳广大，不可为外，析豪剖芒，不可为内；无环堵之宇[27]，而生有无之根。

"有未始有夫未始有有无者"，天地未剖，阴阳未判，四时未分，万物未生，汪然平静[28]，寂然清澄，莫见其形。

若光耀之间于无有[29]，退而自失也，曰："予能有无，而未能无无也。及其为无无，至妙何从及此哉！"

〔二〕　夫大块载我以形[30]，劳我以生，逸我以老，休我以死。善我生者，乃所以善我死也。夫藏舟于壑，藏山于泽，人谓之固矣。虽然，夜半有力者负而趋，寐者不知，犹有所遁。若藏天下于天下，则无所遁其形矣。物岂可谓无大扬攉乎[31]？一范人之形而犹喜[32]，若人者，千变万化而未始有极也。弊而复新，其为乐也，可胜计邪？譬若梦为鸟而飞于天，梦为鱼而没于渊，方其梦也，不知其梦也，觉而后知其梦也。今将有大觉，然后知今此之为大梦也。始吾未生之时，焉知生之乐也？今吾未死，又焉知死之不乐也？

夫圣人用心，杖性依神，相扶而得终始，是故其寐不梦，其觉不忧。

〔三〕　圣人托其神于灵府，而归于万物之初。视于冥冥，听于无声；冥冥之中独见晓焉，寂漠之中独有照焉[33]。其用之也以不用，其不用也而后能用之;其知也乃不知,其不知也而后能知之也。夫天不定,日月无所载;地不定,草木无所植;所立于身者不宁,是非无所形[34]。是故有真人然后有真知。其所持者不明,庸讵知吾所谓知之非不知欤[35]?

〔四〕 今夫积惠重厚,累爱袭恩[36],以声华呕苻妪掩万民百姓[37],使知之欣欣然,人乐其性者,仁也;举大功,立显名,体君臣,正上下,明亲疏,等贵贱,存危国,继绝世,决挐治烦[38],兴毁宗,立无后者,义也;闭九窍[39],藏心志,弃聪明,反无识,芒然仿佯于尘埃之外[40],而消摇于无事之业,含阴吐阳,而万物和同者,德也。是故道散而为德,德溢而为仁义,仁义立而道德废矣。

〔五〕 至德之世,甘瞑于溷澖之域[41],而徙倚于汗漫之宇[42],提挈天地而委万物,以鸿濛为景柱[43],而浮扬乎无畛崖之际[44]。是故圣人呼吸阴阳之气,而群生莫不颙颙然仰其德以和顺[45]。当此之时,莫之领理决离[46],隐密而自成[47],浑浑苍苍,纯朴未散,旁薄为一[48],而万物大优。是故虽有羿之知而无所用之。

及世之衰也,至伏羲氏,其道昧昧芒芒然[49],吟德怀和,被施颇烈[50],而知乃始昧昧晽晽[51],皆欲离其童蒙之心,而觉视于天地之间。是故其德烦而不能一。

乃至神农、黄帝,剖判大宗[52],窍领天地[53],袭九窾[54],重九熟[55],提挈阴阳,嫥捖刚柔[56],枝解叶贯[57],万物百族使各有经纪条贯。于此万民睢睢盱盱然[58],莫不竦身而载听视[59]。是故治而不能和下。

栖迟至于昆吾、夏后之世[60],嗜欲连于物,聪明诱于外,而性命失其得[61]。

施及周室之衰，浇淳散朴[62]，杂道以伪，俭德以行[63]，而巧故萌生。周室衰而王道废，儒墨乃始列道而议，分徒而讼。于是博学以疑圣[64]，华诬以胁众[65]；弦歌鼓舞，缘饰《诗》《书》，以买名誉于天下；繁登降之礼[66]，饰绂冕之服[67]；聚众不足以极其变，积财不足以赡其费。于是万民乃始惼觟离跂[68]，各欲行其知伪，以求凿枘于世而错择名利[69]。是故百姓曼衍于淫荒之陂[70]，而失其大宗之本。

夫世之所以丧性命，有衰渐以然，所由来者久矣。

〔六〕 是故圣人之学也，欲以返性于初而游心于虚也；达人之学也[71]，欲以通性于辽廓而觉于寂漠也。若夫俗世之学也则不然，擢德搴性[72]，内愁五藏，外劳耳目，乃始招蛲振缱物之豪芒[73]，摇消掉捎仁义礼乐[74]，暴行越智于天下[75]，以招号名声于世。此我所羞而不为也。是故与其有天下也，不若有说也[76]；与其有说也，不若尚羊物之终始也[77]，而条达有无之际。是故举世而誉之不加劝[78]，举世而非之不加沮，定于死生之境，而通于荣辱之理，虽有炎火洪水弥靡于天下，神无亏缺于胸臆之中矣。若然者，视天下之间，犹飞羽浮芥也，孰肯分分然以物为事也[79]！

〔注　释〕

① 嬴：原注为“嬴，绕匝也”。垺：原注为“靡烦”。这里的“嬴垺”有“周密细致”的意思(按许匡一说)。于省吾认为“嬴”通“盈”，“盈”又通“形”；“嬴垺”即“形埒”，“形埒有无之精”，犹言“兆朕有无之精”。录下供参考。 ② 回：王念孙认为是“迴”，与“通”义同；“通迴造化之母”，谓通乎造化之原也。造化之母：造化之本原。 ③ 有：作名词，

指物类。④这句前两个“有”作动词。未始：未尝，未曾。⑤这句是说天地开始之前更前的时候。⑥有有：前一个“有”作动词，后一个“有”指物类。⑦有无者：指“有者”“无者”。⑧这句是说天地剖判之前的混沌清寂状态。⑨繁愤：多而聚集。⑩蘖：树枝被砍后长出的枝芽。⑪形埒：清晰形体。垠堮：边际、界限。⑫无无蠕蠕：即蠢蠢蠕动之意。⑬错合：交错混合。⑭竟畅：通达、游畅。⑮被：承受。⑯茏苁：郁结，聚集。⑰兆朕：征兆。⑱霄雿：幽深。⑲仿佛：模糊。⑳冥冥：混沌幽深。㉑掺：众多树木。㉒苓茏：茂盛。㉓萑蔰：草木荣华。炫煌：明亮、鲜明。㉔哙：通“喙”，指鸟兽的嘴。㉕储与扈冶：广大无边。㉖隐：凭、依、靠。㉗环堵：四周土墙。㉘汪然：水平静不动。㉙光耀、无有：《庄子·知北游》中的假托人名。间：应作“问”。㉚大块：天地。㉛扬攉：粗略、大略。㉜一：偶尔。范：模具。这里是指“生成”“铸造”。㉝晓：明。照：假借为“晓”，指听到、看到的意思。㉞形：显现。㉟庸讵：怎么。㊱袭：重(chóng)。㊲声华：声誉荣耀。呕苻：犹抚爱。呕通“煦”。妪掩：怜爱。㊳挐：纷乱、杂乱。㊴九窍：口、鼻、耳、眼及前后阴的九个孔道，代指各器官。㊵芒：茫。㊶瞑：通“眠”。溷澜：无垠、无边。㊷汗漫：无边、无际。㊸鸿濛：日出处。景柱：影表，测日影用的圭表。㊹浮扬：漂浮。畛：界限。㊺颙颙：仰慕的样子。㊻领理：治理。㊼隐密：无痕迹、自然而然。㊽旁薄：通“磅礴”。㊾昧昧：浑厚。㊿烈：鸿大、广大。51 啉啉：想要知道的样子。52 宗：本源、道。

㉝ 窍：通。㉞ 袭：依循。窾：法则。㉟ 王念孙认为当作“埶”，《玉篇》：“埶，古文垠字。”通“形”，即形状。此句言因循九天九地的形法来理解“理”。㊱ 嫥捖：调和。㊲ 枝解：分解。贯：连贯、联贯。㊳ 睢睢盱盱：视听的样子。㊴ 载：接受。㊵ 栖迟：延续。昆吾：夏朝部落名称。㊶ 得：德。㊷ 浇：变薄。㊸ 俭：通“险”，有偏离的意思。㊹ 疑：通“拟”，见《庄子・天地》。㊺ 诬：欺骗的意思。㊻ 登降之礼：宾主相见的礼节。㊼ 绂：古代系印章的丝绳。冕：古代帝王、诸侯、卿、大夫戴的帽子。㊽ 憐：不明事理。觟：偏僻小道。离跂：违俗自负。㊾ 凿枘：凿、枘必须契合，即榫卯、榫头必须契合，比喻迎合。㊿ 陂：山坡，指邪道。71 达人：通达的人。72 擢、搴：均是“拔”的意思。73 招蛲、振缱：均有纠缠的意思。74 摇消掉捎：即“摇掉”，有摇摆、振奋的意思。这里指为推行仁义礼乐奔走忙碌。75 暴：暴露、显露。76 说：通“税”，又通“脱”。这里作脱弃解。77 尚羊：即“徜徉”。78 劝：勉力。79 分分：同“纷纷”。

〔鉴　赏〕

在《原道训》中，我们已经看到，《淮南子》之所谓“道”，并非是一种高高在上的实体性概念，而是意指包括人类在内的宇宙万物所应当行走的道路，其中含有强烈的“应当”、也即规范性的意蕴，因此包涵着一种“善”的理想与追求。既然“道”内涵着“应当”与“善”的意蕴，那么，它也就自然不仅是关乎理论的，而且是关乎实践的。而宇宙间一切存在之历史，正构成了一切实践之基本情境，大概正是由此，《淮南子》第二卷由“道”论及

“历史”，又由“历史”回归于“道”，围绕“历史哲学”的主题，对吾人及宇宙万物所应循之道作了更为具体而深入的探究。

本卷之卷名“俶真”，正如高诱及《要略》所解：“俶，始也。真，实也。道之实，始于无有，化育于有。”是为了使人“穷逐终始之化，离别万物之变”，从而“知变化之纪，通回造化之母也”。通过对于一切存在之种种历史情境的追寻，以发现我们应当回归与遵循之“道”，正是《俶真训》的写作宗旨。而正如上文所述，这里的“历史”乃是指宇宙间一切存在之历史，因此《俶真训》并未局限于对人类社会历史之考察，而是在此之前首先探究了宇宙之历史，这也正与《淮南子》“观天地之象，通古今之事”（《要略》）的宏阔眼光相符合。

关于宇宙存在之历史，《俶真训》首先引用了《庄子・齐物论》中的一段文字：“有始者(1)，有未始有有始者(2)，有未始有夫未始有有始者(3)，有有者(4)，有无者(5)，有未始有有无者(6)，有未始有夫未始有有无者(7)。”与《庄子》不同的是，在接下来的论述中，《俶真训》又在上述七个层次之上分别加入了一段诠释性的文字，从而构成了一种对于宇宙之历史过程的完整理解。按照胡适先生的解读，《俶真训》所描述的宇宙历史之次第应为：(7)、(3)、(6)、(2)、(1)、(4)、(5)。在(7)的时代一切都未发生；在(3)、(6)的时代都还只有气；在(2)的时代天地、阴阳已分，但万物还未生；在(1)的时代虽未成物类，但已有征兆了；在(4)、(5)的时代万物已生，其中(5)是指万物所存在的场所，即那浩浩瀚瀚、不可计量的空间（胡适《中国中古思想史长编》）。

通过上述对于宇宙之历史的描述，《俶真训》不是想告诉我们一种关于宇宙史的客观知识，而是期望我们有一种“智识”，一种对于自身存在之原始处境的洞见；因为只有深刻地了解了我们自己的原始处境，我们才不至于迷失自我，才能找到我们的那个“应当”，也即我们当行之大道。具体来说，《俶真训》期望我们在洞见了宇宙存在之历史以后，能够有“光耀”的那种“退而自失”：“予能有无，而未能无无也。及其为无无，至妙何从及此哉！”“光”虽然有“无”之特性，然由于其“耀”，因而还能使人感受到其对于自身存在的执着与彰显，殊不知宇宙本“无无”。“光”尚且如此，何况“人”呢？在生死之间，人常常执着于生；在生进行之时，人又常常执着于利欲之乐、功名之显、贵贱之分，以至于终身为外物所牵引、为自己的习心所役，而未尝体察生之何为，更遑论宇宙之历史。

立于宇宙史的高度，人之生无非就是一场大梦，“夫大块载我以形，劳我以生，逸我以老，休我以死。善我生者，乃所以善我死也”，死生本无分别。“光”比起人来说，要永恒得多，但尚且能够自觉其“耀”而悔悟，人为什么就不能够反身自思呢？于是，《俶真训》又考察了人类社会的历史，希望从人类社会的历史中寻找到人之执着于功名利欲，而不能虚然待物的原因。

从“至德之世”到“伏羲氏”“神农、黄帝”，再到“昆吾、夏后之世”，以及“周室之衰”，实际上反映了“道散而为德，德溢而为仁义，仁义立而道德废”的历史过程。在“至德之世”，人们能够闭收九窍之贪欲，敛藏心机之妄动，因而淳厚朴质，与宇宙万化浑然一体；人之心灵也便能够超越死生之执着、物我之分判，从而虚己以待人、以处事、以应物；这样，人们自然能够有一种非常和乐安详的心境，社会也自然一片和谐气象。而到了后世，君王逐渐发展出一套复杂的治理手段，以宽厚的恩惠来爱抚百姓，以功名利禄来调节社会的秩序。于是，人们的贪欲之门被开启，心机被发动，所谓“嗜欲连于物，聪明诱于外”。而这种“有为”的治理方式的一个直接后果，就是“浇淳散朴，杂道以伪，俭德以行，而巧故萌生”，敦厚淳朴的风气被冲淡散失，奸巧狡诈也随之产生，本来坦荡的大道之上布满荆棘。

由此，我们可以看到，人之所以过分执着于自我、执着于利欲，而不能返归于“无无”之与宇宙万物为一体之精神境界，其中的一个主要原因，就是心智的开启，以及心智与欲望的相互推动。正如徐复观先生所说：“欲望藉知识而伸长，知识也常以欲望为动机，两者是互相推长的关系……忘知，是忘掉分解性的、概念性的知识活动，剩下的便是虚而待物。”（《中国艺术精神》）也正是因此，老子说：“民之难治，以其智多。故以智治国，国之贼；不以智治国，国之福。”（《老子·六十五章》）与其通过仁义来树立某种固定的规范和秩序，不如使人们放弃种种私智的分判，而秉持一种宇宙本生于“无无”的智识，有一种“藏天下于天下”的胸怀，这样民风自然会淳厚，社会自然会安乐和谐。反之，如果孜孜以仁义相标榜，而忘记了社会衰败的真正病根——机心与私欲，则仁义最终只会沦落为机心与私欲的工具，沦落为伪君子的口头禅。

总而言之，通过穷逐宇宙万物终始之衍化，《俶真训》揭示了宇宙本始于“无无”，万物有无之变皆可相通而为一，人之生死之界限本亦无所谓有；因之，人须立于宇宙史的高度，而有一种大智识，停息执着于私我的机心、贪欲，“与天地精神往来，而不敖倪于万物”（《庄子·天下》）；这样，人之心境自然会归于和乐，人之精神自然会返于淳朴。也只有使人们秉持这样的一种宇宙史之洞见，人人不执着于私我而与万物为一，人类社会之历史才能摆脱逐渐堕落之命运；否则，私智愈多而为害愈大，人之私智私欲的过度膨胀，必然导致人类的自我毁灭。知始而返本，通性于辽廓，虚心以待物，殆为《俶真训》通过其独特的历史哲学为我们揭明的一条坦荡大道。

（刘康德　张锋宾）

卷　三

天文训

——天道之一：天

〔题　解〕

文者，象也。天先垂文象，日月五星及彗孛皆谓以谴告一人，故曰“天文”，因以题篇。

〔要　略〕

《天文》者，所以和阴阳之气，理日月之光，节开塞之时[①]，列星辰之行，知逆顺之变，避忌讳之殃，顺时运之应，法五神之常[②]，使人有以仰天承顺，而不乱其常者也。

〔一〕　天地未形，冯冯翼翼，洞洞灟灟[③]，故曰太昭[④]。道始于虚廓[⑤]，虚廓生宇宙，宇宙生气。气有涯垠[⑥]，清阳者薄靡而为天[⑦]，重浊者凝滞而为地。清妙之合专易[⑧]，重浊之凝竭难[⑨]，故天先成而地后定。天地之袭精为阴阳[⑩]，阴阳之专精为四时[⑪]，四时之散精为万物。积阳之热气生火，火气之精者为日；积阴之寒气为水，水气之精者为月。日月之淫为精者为星辰[⑫]。天受日月星辰，地受水潦尘埃[⑬]。

〔二〕　昔者共工与颛顼争为帝[⑭]，怒而触不周之山[⑮]。天柱折，地维绝[16]，天倾西北，故日月星辰移焉；地不满东南，故水潦尘埃归焉。

〔三〕 天道曰圆，地道曰方。方者主幽，圆者主明。明者吐气者也，是故火曰外景[17]；幽者含气者也，是故水曰内景[18]。吐气者施，含气者化，是故阳施阴化。

〔四〕 天之偏气，怒者为风；地之含气，和者为雨。阴阳相薄，感而为雷，激而为霆[19]，乱而为雾。阳气胜则散而为雨露，阴气胜则凝而为霜雪。毛羽者，飞行之类也，故属于阳。介鳞者，蛰伏之类也，故属于阴[20]。日者阳之主也，是故春夏则群兽除[21]，日至而麋鹿解[22]。月者阴之宗也，是以月虚而鱼脑减[23]，月死而蠃蚌膲[24]。火上荨[25]，水下流，故鸟飞而高，鱼动而下。物类相动，本标相应[26]。故阳燧见日，则燃而为火，方诸见月，则津而为水[27]。虎啸而谷风至[28]，龙举而景云属[29]，麒麟斗而日月食，鲸鱼死而彗星出，蚕珥丝而商弦绝[30]，贲星坠而勃海决[31]。

〔五〕 四时者，天之吏也；日月者，天之使也；星辰者，天之期也[32]；虹霓、彗星者，天之忌也[33]。

〔六〕 两维之间，九十一度十六分度之五[34]，而升日行一度，十五日为一节，以生二十四时之变[35]。斗指子则冬至，音比黄钟[36]。加十五日指癸则小寒，音比应钟[37]。加十五日指丑则大寒，音比无射[38]。加十五日指报德之维则越阴在地[39]。故曰距日冬至四十六日而立春[40]，阳气冻解[41]，音比南吕[42]。加十五日指寅则雨水，音比夷则[43]。加十五日指甲则雷惊蛰，音比林钟[44]。加十五日指卯中绳[45]，故曰春分则雷行，音比蕤宾[46]。加十五日指乙则清明风至，音比仲吕[47]。加十五日指辰则谷雨，音比姑洗[48]。加十五日指常羊之维则春分尽[49]。故曰有四十六日而立夏，大风济，音比夹钟[50]。加十五日指巳则小满,音比太蔟[51]。加十五日指丙则芒种,音比大吕[52]。加十五日指午则阳气极。故曰有四十六日而夏至,音比黄钟。加十五日指丁则小暑,音比大吕。加十五日指未则大暑,音比太蔟。加十五日指背阳之维则夏分尽。故曰有四十六日而立秋,凉风至,音比夹钟。加十五日指申则处暑,音比姑洗。加十五日指庚则白露降,音比仲吕。加十五日指酉,中绳。故曰秋分雷戒,蛰虫北乡[53],音比蕤宾。加十五日指辛则寒露,音比林钟。加十五日指戌则霜降,音比夷则。加十五日指蹄通之维则秋分尽。故曰有四十六日而立冬,草木毕死,音比南吕。加十五日指亥则小雪,音比无射。加十五日指壬则大雪,音比应钟。加十五日指子。故曰阳生于子,阴生于午。阳生于子,故十一月日冬至,鹊始加巢[54],人气钟首[55]。阴生于午,故五月为小刑[56],荠、麦、亭历枯[57],冬生草木必死。

〔注　释〕

① 节:节制、掌握。开塞:开启和闭塞。春夏生长为“开”,秋冬收藏为“塞”。时:季节。 ② 五神:指东西南北中五方之神。 ③ 冯、翼、洞、灟:无形之貌。均指混沌未分,无形无象的状况。 ④ 太昭:宇宙生成之前的原始混沌阶段。 ⑤ 虚廓:形容太昭清虚空廓的形态。 ⑥ 涯垠:这里指有一定的边涯和形态。 ⑦ 薄靡:飘逸扩散。 ⑧ 专:通“抟”,与“合”同义。 ⑨ 竭:作“结”解。有结聚、凝聚的意思。 ⑩ 袭:有重、合的意思。精,指气。 ⑪ 专精:同“袭精”。 ⑫ 淫:过度、过甚。淫为精者:指(满而)溢出之气的精华。 ⑬ 潦:积水。 ⑭ 共工:神话中的天神名。颛顼:传说中的古代帝王名。

⑮ 触：撞。不周之山：神话传说中的山名。⑯ 天柱：支撑天的柱子。地维：维系大地的绳子。⑰ 火曰外景：应为“火日外景”(见何宁《淮南子集释》)。景：光。⑱ 水曰内景：应为“水月内景”(见何宁《淮南子集释》)。⑲ 薄：迫。激：激荡。霆：应为“电”(见何宁《淮南子集释》)。⑳ 介：甲。蛰：伏藏。㉑ 除：指兽类脱落旧毛。㉒ 解：脱落。古人认为夏至鹿角脱落，冬至麋角脱落。㉓ 虚：亏。月虚：指月亮由圆变缺，逐渐亏损。㉔ 月死：农历每月的晦日，月球处太阳和地球之间，因为月球的阴面向着地球，地球上看不到月光，所以叫“月死”。蠃蚌：螺蚌。膲：(蠃蚌)肉不丰满。㉕ 荨：通“覃”“蕈”，有延、炎的意思。㉖ 本标：本和末。㉗ 阳燧：以聚光取火的凹镜。方诸：指“石珠”，古人称镜、鉴为方诸。津：作动词用。津而为水：气化成液而为水。㉘ 谷风：东风。㉙ 举：飞升。属：会、集。㉚ 珥：同“咡”，吐的意思。㉛ 贲星：流星。决：冲决堤岸。㉜ 期：指会合。㉝ 虹霓：“虹为雄，霓为雌”，古人认为虹有雌雄之分。虹霓异常是天灾的征兆。㉞ 两维之间：即四分之一周天$\left(\text{周天}\ 365\frac{1}{4}\right)$，两维之间为$91\frac{5}{16}$度。㉟ 升：应为“斗”。十五日为一节：以每十五天为一节气，一共二十四节气，即为三百六十天。但以现代观点推算二十四节气，并不是平均十五天为一节。㊱ 比：配合、从属。黄钟：十二律之第一律。原注为“钟者，聚也，阳气聚于黄泉之下也”。又，十二律为中国古代乐律，古人用三分损益法将一个八度分为十二个不完全相等的半音的一种律制。其名称为黄钟、大

吕、太蔟、夹钟、姑洗、仲吕、蕤宾、林钟、夷则、南吕、无射、应钟。古人又往往将此与二十四节气相配：从小寒到夏至按十二律倒序一一比附节气，夏至到冬至则按十二律顺序一一比附节气。㊲ 应钟：原注为“应钟，十月也。阴应于阳，转成其功，万物应时聚藏，故曰应钟”。㊳ 无射：原注为“无射，九月也。阴气上升，阳气下降，万物随阳而藏；无有射出见也。故曰无射”。㊴ 越阴在地：指阴气扩散到地下。㊵ 故曰距日冬至四十六日而立春：按十五天为一节的话，冬至到立春应是四十五天，而这里是四十六天，为何成四十六天？是因为每一节气长实际上不止十五天，是十五点二多天，这样为了每年三百六十五又四分之一度$\left(365\frac{1}{4}\right)$天，所以在立春、立夏、夏至、立秋、立冬五个节气前加一天，故也就成了“冬至四十六日而立春”。㊶ 阳气冻解：立春阳气解地上之冻。㊷ 南吕：原注为“南吕，八月也。南，任也。言阳气内藏，阴侣于阳，任其成功，故曰南吕也”。㊸ 夷则：原注为“夷则，七月也。夷，伤。则，法也。阳衰阴发，万物彫伤，应法成性，故曰夷则也”。㊹ 林钟：原注为“林钟，六月也。林，众。钟，聚也。阳极阴生，万物众聚而盛，故曰林钟”。㊺ 中绳：指卯酉绳。㊻ 蕤宾：原注为“蕤宾，五月也。阴气萎蕤在下，似主人，阳在上似宾客，故曰蕤宾也”。㊼ 仲吕：原注为“仲吕，四月也。阳在外，阴在中，所以吕中于阳，助成功也。故曰仲吕也”。㊽ 姑洗：原注为“姑洗，三月也。姑，故也。洗，新也。阳气养生，去故就新，故曰姑洗也”。㊾ 春分尽：春季时令已尽。㊿ 济：止。夹钟：原注为“夹钟,二月也。夹,夹也。万物去阴夹阳地而生,故曰夹钟也”。 ⑤¹ 太蔟:蔟,丛聚。原注为:“太蔟,正月也。蔟,蔟也。阴衰阳发,万物蔟地而生,故曰太蔟。” ⑤² 大吕:原注为:“大吕,十二月也。吕,侣也。万物萌动于下,未能达见,故曰大吕。所以配黄钟,助阳宣功也。” ⑤³ 雷戒:雷鸣收藏,雷声禁匿。北:背。乡:通“向”。北乡:指冬眠之虫多选择坐北向南的洞穴。 ⑤⁴ 加:架。加巢:筑巢。 ⑤⁵ 钟:集中、聚集。 ⑤⁶ 小刑:五月夏至阳之极,阴之初,即有轻微杀气,故曰“小刑”。 ⑤⁷ 荠:荠菜。亭历:葶苈,一种草本植物。

〔鉴　赏〕

我们在《原道训》中已经看到,《淮南子》之言“道”,特别重视“道”的“天”或“自然”之意蕴,也即特别肯定宇宙万物之天然状态,认为其中包含有一种人所不可违逆的“善”的秩序。正是由此,“尊天而保真”乃是《淮南子》之“道”论的一个重要义涵。而“天”“地”“时”作为人所生存的原始环境与基本条件,无疑最为突出地体现了“纯粹朴素、质直皓白”而没有“曲巧伪诈”的自然而然之“天道”。因此,在提出自己的哲学本体论,以及作为本体论之补充的历史哲学之后,《淮南子》在更具体地讨论人世之前,首先讨论了“天”“地”“时”,也即本卷的《天文训》,和接下来两卷的《地形训》《时则训》。

当然,以“天道”来定位这三卷,并不是说这三卷只谈天而不谈人;恰恰相反,正如我们之前所反复申言的,《淮南子》之论“道”,并不是以现代自然科学的态度来分析一个客观对象,而是期望揭明一种“善”的秩序,因此,“天道”本身自有一种人所不应违逆的规范性意义,也即自然包含着一种人所应当行走的“人道”的意味。对《淮南子》来说，天道、人道本是一个道，也即包括人在内的宇宙万物所应行之“善”道。这是我们已经反复强调了的，也是读者诸君所应当特别注意的。

其实，在《天文训》的题解中，高诱已经鲜明地为我们揭明了《天文训》的写作目的：“天先垂文象，日月五星及彗孛皆谓以谴告一人，故曰‘天文’”。在上古时期，君主自称“予一人”，这里的“一人”也即君主，而对于上古的有德之君而言，君主要为百姓的安危祸福负全责，如商代的开国之君汤曾说：“百姓有过，在予一人”；因此，“日月五星及彗孛皆谓以谴告一人”，也就意味着“天”所垂之“文象”，对于君主，继而对于天下百姓，有一种十分强烈的规范性意义。正如《要略》所论，《天文训》通过“和阴阳之气，理日月之光，节开塞之时，列星辰之行”，其目的是希望人能够“知逆顺之变，避忌讳之殃，顺时运之应，法五神之常”，从而“使人有以仰天承顺，而不乱其常者也”。“天”自然包涵着一种善的秩序，也即“常道”，人若逆“天”而行，即是逆“善”而行，即是为恶，最终必然会招致“天”的惩戒。就此而言，《淮南子》认为“日月五星及彗孛”对人有一种“谴告”或儆戒的意义，就不能理解为一种对“天文”的迷信，因为只有小心地“仰天承顺”，人才能更好地与“天”和谐共处，不至于无法无天而“乱其常”。

具体而言，《天文训》以当时所能掌握的古代科学知识为基础，全面论述了宇宙的起源，日月、五星、二十八宿等天体运行的天文知识，并涉及与天文密切相关的二十四节气、岁星、干支纪年法等历法知识，八风以及与之相关的气候、物候、农事、政事等知识，乃至五音、十二律等音律知识，以及正朝夕、大地东西南北的长度和日高的度量等数学知识。可以说，《天文训》代表了当时的最高科学成就，在中国古代科学史上也占有重要的地位。然而，如前所述，对于《淮南子》来说，"善言天者必有徵于人"（《荀子·性恶》），《天文训》并非是为科学而科学，而是将天文与人文相结合，希望人们由天文而明了自己所当行之大道，法天而不逆天。

我们在这里节选的前几段文字，是《天文训》关于宇宙之起源，以及天地、阴阳、日月星辰、四季、风雨雷电的产生的描述。与《俶真训》中对于宇宙万物之历史的描述相一致，《天文训》也认为宇宙天地本"无无"，这个"无无"也即混混沌沌、无形无象的"太昭"，而后有了宇宙，也即时间、空间，而后有气，而后有天地万物。所不同的是，《天文训》在此处引进了"阴阳"的思想，认为气生成天地之后，"天地之袭精为阴阳"，也即天和地的精气融合起来产生了阴阳二气；又"天道曰圆，地道曰方，方者主幽，圆者主明……是故阳施阴化"，光明的天吐散阳气，幽暗的地蕴含阴气，也即天主阳、地主阴，这与《周易》乾阳坤阴的思想是一致的。而四季、水火、日月、风雨雷电、飞禽走兽的产生以至其特质，乃至不同物类之"相动"，也便可以在阴阳二气相感互动的框架内得到一种合理的解释了。

《天文训》以阴阳来解释天地万物的做法，以现代的科学眼光看来，可能有些不伦不类。但是，立足于阴阳来认识万物，以至认识人自身、处理人与万物之关系的做法，实际上构成了中国古代先哲对待天地万物，以及对待人自身的一个基本视角。在这一视角之下，先哲们敏锐地感到了天人之间的同构相通之处：一方面，《淮南子》认为天地万物与人一样有着某种知或情，正所谓"怒者为风，和者为雨，感而为雷，激而为霆，乱而为雾"，《淮南子》的作者在描述天地万物的过程中用了不少像"怒""和""感""激"

"乱"等具有浓厚的感情色彩的字眼；另一方面，如前所述，天文之变化对于人同样也有一种规范性或警示性的意义，正所谓"四时者，天之吏也；日月者，天之使也；星辰者，天之期也；虹霓、彗星者，天之忌也"，天通过四时、日月、星辰、虹霓、彗星的运转变动为人类的活动指示着某种"应当"的方向。

也正是由于立足于阴阳来认识天地万物，古人认为"一阴一阳之谓道"(《周易·系辞》)，"道"就体现在阴阳的运行变化之中，这是人所不应当违逆的。与现代科学知识相比，古人以阴阳的架构来解释天地万物的做法，确实显得有些"粗"，并且其中可能还包含着某些幼稚甚至错误的想法。比如说，《天文训》以"共工怒触不周之山"的神话来解释日月由东向西运行、江河由西向东流动的自然现象，就是其中的一例。然而，知识并不等于智慧，我们不能因为我们今天所掌握的客观知识多了，就以为我们比古人更有智慧，甚至可以随意地批判古人。我们读古书时，最重要的其实也并不是要获取某种客观知识，而是要通过对古人的同情之理解来学习古人深邃的智慧。在这里，古人对于天人关系的理性态度，特别是对于天道的重视，无疑就是需要我们现代人好好学习的一点。现代人拥有十分丰富的知识，但同时却也凭着这些知识傲慢地对待一切，对于天地万物的各种破坏、污染无处不在，并随着人类知识的膨胀而愈演愈烈。就此而言，我们不能说现代人比古人更有智慧。

在我们选取的第六段材料中，《天文训》根据北斗运行的规律，在中国历史上第一次完整地记录了二十四节气的名称及其确定方法。值得注意的是，《天文训》不仅在解释二十四节气的运转时用到了阴阳的观点，而且还在将各音律特点与相应季节气象物候特征相通的基础上，用十二律配二十四节气。由此,我们也便可以再一次体味古人天人合一的智慧。具体来说,二十四节气本属天道,而十二律则是人类的创造物,二者何以能够相配呢?今人对此往往难以理解,但这在古人却是很自然的事情,正如《礼记·乐记》所说:"乐者,天地之和也……和故百物皆化……乐由天作……明于天地,然后能兴礼乐也。"在古人看来,人类制礼作乐,乃是法顺天地之道,由此才能有助于万物百事之和,而徒有其形式的靡靡之音,必然是为贤人所不取的。正是因此,《乐记》又说:"乐者,非谓黄钟、大吕、弦歌、干扬也,乐之末节也",黄钟、大吕等十二律只是一种外在的形式,是"乐之末节",其本则在于是否与天地之道相符合。正是出于这种考虑,《天文训》以十二律配二十四节气,由此诠释了十二律当中所包含的天道因素,并希望由此为人们更好地制礼作乐提供一种恰当的依据。

总而言之,《天文训》虽然以"天文"为主题,但通过上文的分析我们可以看到,此"天文"与今天作为客观科学知识的"天文"相比,显然有着更为厚重的意蕴。其关键在于,《天文训》紧紧扣着"天人合一"的主题,在探求"天文"的过程中时时不忘其对于"人文"的价值和意义;由此,"天文"也便构成了"人文"的一个内在要素,而"人文"的发展也便多了一层约制,不至于无法无天。换言之,"天文"不仅仅表征着一种"事实",而且含有丰富的"价值"意蕴,乃是人类价值世界或意义世界的一个有机组成部分。由此,天人之间便自然不再会有不可逾越的鸿沟,便自然联为一体。这样的智慧,在天人关系极度紧张、人的主体性极度膨胀的今天,值得人们认真学习、细心玩味,并切实地付诸实践。

(刘康德　张锋宾)

卷　四

地形训

——天道之二：地

〔题　解〕

纪东西南北山川薮泽，地之所载，万物形兆所化育也，故曰“地形”，因以题篇。

〔要　略〕

《地形》者，所以穷南北之修，极东西之广，经山陵之形，区川谷之居[①]，明万物之主，知生类之众，列山渊之数，规远近之路，使人通回周备，不可动以物，不可惊以怪者也。

〔一〕　地形之所载[②]，六合之间，四极之内[③]，照之以日月，经之以星辰，纪之以四时，要之以太岁[④]。

〔二〕　天地之间，九州八极，土有九山，山有九塞，泽有九薮[⑤]，风有八等，水有六品。何谓九州[⑥]？东南神州曰农土[⑦]，正南次州曰沃土[⑧]，西南戎州曰滔土[⑨]，正西弇州曰并土[⑩]，正中冀州曰中土[⑪]，西北台州曰肥土[⑫]，正北泲州曰成土[⑬]，东北薄州曰隐土[⑭]，正东阳州曰申土[⑮]。何谓九山？会稽、泰山、王屋、首山、太华、岐山、太行、羊肠、孟门[⑯]。何谓九塞？曰太汾、渑阨、荆阮、方城、殽阪、井陉、令疵、句注、居庸[17]。何谓九薮？曰越之具区、楚之云梦、秦之阳纡、晋之大陆、郑之圃田、宋之孟诸、齐之海隅、赵之钜鹿、燕之昭余[18]。何谓八风？东北曰炎风，东方曰条风，东南曰景风，南方曰巨风，西南曰凉风，西方曰飂风，西北曰丽风，北方曰寒风[19]。何谓六水？曰河水、赤水、辽水、黑水、江水、淮水[20]。

〔三〕 九州之大，纯方千里[21]。九州之外，乃有八殥[22]，亦方千里。自东北方曰大泽，曰无通[23]。东方曰大渚，曰少海[24]。东南方曰具区，曰元泽[25]。南方曰大梦，曰浩泽。西南方曰渚资，曰丹泽。西方曰九区，曰泉泽。西北方曰大夏，曰海泽。北方曰大冥，曰寒泽[26]。凡八殥八泽之云，是雨九州。八殥之外而有八纮[27]，亦方千里。自东北方曰和丘，曰荒土[28]。东方曰棘林，曰桑野[29]。东南方曰大穷，曰众女[30]。南方曰都广，曰反户[31]。西南方曰焦侥，曰炎土[32]。西方曰金丘，曰沃野[33]。西北方曰一目，曰沙所[34]。北方曰积冰，曰委羽[35]。凡八纮之气，是出寒暑，以合八正，必以风雨[36]。八纮之外，乃有八极。自东北方曰方土之山，曰苍门[37]。东方曰东极之山，曰开明之门[38]。东南方曰波母之山，曰阳门[39]。南方曰南极之山，曰暑门[40]。西南方曰编驹之山，曰白门[41]。西方曰西极之山，曰阊阖之门[42]。西北方曰不周之山，曰幽都之门[43]。北方曰北极之山，曰寒门[44]。凡八极之云，是雨天下；八门之风，是节寒暑。八纮、八殥、八泽之云，以雨九州而和中土[45]。

〔四〕 东方川谷之所注，日月之所出。其人兑形小头[46]，隆鼻大口，鸢肩企行[47]；窍通于目，筋气属焉，苍色主肝[48]；长大早知而不寿。其地宜麦，多虎豹。南方阳气之所积，暑湿居之。其人修形兑上，大口决眦[49]；窍通于耳，血脉属焉，赤色主心；早壮而夭。其地宜稻，多兕象[50]。西方高土，川谷出焉，日月入焉。其人面末偻[51]，修颈卬行[52]；窍通于鼻，皮革属焉，白色主肺；勇敢不仁。其地宜黍，多旄犀[53]。北方幽晦不明，天之所闭也，寒水之所积也[54]，蛰虫之所伏也。其人翕形短颈，大肩下尻[55]；窍通于阴，骨干属焉，黑色主肾；其人蠢愚，禽兽而寿[56]。其地宜菽，多犬马。中央四达，风气之所通，雨露之所会也。其人大面短颐[57]，美须恶肥[58]；窍通于口，肤肉属焉，黄色主胃；慧圣而好治。其地宜禾，多牛羊及六畜[59]。

〔五〕 窔生海人[60]，海人生若菌，若菌生圣人，圣人生庶人[61]。凡窔者生于庶人[62]。羽嘉生飞龙[63]，飞龙生凤凰，凤凰生鸾鸟，鸾鸟生庶鸟。凡羽者生于庶鸟。毛犊生应龙[64]，应龙生建马，建马生麒麟，麒麟生庶兽。凡毛者生于庶兽。介鳞生蛟龙，蛟龙生鲲鲠，鲲鲠生建邪，建邪生庶鱼[65]。凡鳞者生于庶鱼。介潭生先龙，先龙生玄鼋，玄鼋生灵龟，灵龟生庶龟[66]。凡介者生于庶龟。暖湿生容，暖湿生于毛风，毛风生于湿玄[67]，湿玄生羽风，羽风生暖介，暖介生鳞薄，鳞薄生煖介[68]。五类杂种兴乎外，肖形而蕃[69]。日冯生阳阏，阳阏生乔如，乔如生干木，干木生庶木[70]。凡根拔木者生于庶木[71]。根拔生程若，程若生玄玉，玄玉生醴泉，醴泉生皇辜[72]，皇辜生庶草。凡根茇草者生于庶草。海闾生屈龙，屈龙生容华，容华生蔈，蔈生萍藻[73]，萍藻生浮草。凡浮生不根茇者生于萍藻。

〔注　释〕

① 经、区：指量度、划分。 ② 形：王念孙认为“此篇皆言地之所载，‘地’下不当有‘形’字，此因篇名而误衍耳”。 ③ 六合：天、地及四

方。这里的“六合”和“四极”一样，都是天地之间的意思。④经、纪：指秩序、条理，有治理的意思。要：正、整，有制约的意思。原注为“要，正也，以太岁所在正天时也”。太岁：天文学家假设的与岁星（木星）作相反方向运动的星宿。⑤塞：要塞。薮：泽、湖。⑥九州：一指古代中国之内的九州，有冀、豫、雍、扬、兖、徐、梁、青、荆（《尚书·禹贡》）。一指按整个中国划分的大九州。此处指的是大九州。⑦东南神州曰农土：十二支“辰”配东南，时值三月，是农事之始。所以原注为“东南辰为农祥，后稷之所经纬也，故曰农土”。⑧正南次州曰沃土：十二支“午”配正南，时值五月，是庄稼盛长之时。所以原注为“沃，盛也。五月建午，稽稼盛张，故曰沃土也”。⑨西南戎州曰滔土：十二支“申”配西南，时值七月，是庄稼生长饱满期。所以原注为“滔，大也。七月建申，五谷成大，故曰滔土也”。⑩正西弇州曰并土：十二支“酉”配正西，时值八月，是庄稼成熟期。所以原注为“并，犹成也。八月建酉，百谷成熟，故曰并土也”。⑪正中冀州曰中土：原注为“冀，大也。四方之主，故曰中土也”。⑫西北台州曰肥土：西北为秋冬之交，处谷物丰收之时，故曰肥土。⑬正北泲州曰成土：正北为仲冬十一月，大地万物敛藏，故曰成土。⑭东北薄州曰隐土：原注为“薄，犹平也。气所隐藏，故曰隐土也”。⑮正东阳州曰申土：原注为“申，复也。阴气尽于北，阳气复起东北，故曰申土”。⑯会稽：山名，在今浙江省绍兴市东南，相传夏禹在此大会诸侯，论功封爵，故名。泰山：山名，在今山东省境内，古代五岳之一，称东岳。王屋：山名，在今山西省垣曲县、河南省济源市之间。首山：

即首阳山，在今山西省永济市南，伯夷所隐居之处。太华：即华山，在今陕西省境内，古代五岳之一，是为西岳。其西有少华山，故又称太华山。岐山：山名，在今陕西省岐山县东北。太行：太行山，在山西高原与河北平原间。羊肠：羊肠坂，其位于何处说法不一，有说位于今山西省交城县东北，有说位于今山西省太原市晋阳西北。孟门：山名，在今山西省吉县西、陕西省宜川东北，绵亘黄河两岸。⑰太汾：古代要塞名称，在山西。渑阨：古代要塞名称，在今河南省渑池县附近，一说即今河南省信阳市西南的平靖关。渑阨又称"冥阨"（《吕氏春秋·有始览》）。荆阮：古代要塞名称，在今湖北省武当山东南。方城：春秋战国时楚国所筑长城。殽阪：即崤山，在今潼关至河南省新安一带，地势险要，是古代著名要塞。井陉：古代要塞名称，在今河北省井陉县。令疵：古代要塞名称，在今河北省迁安市西。句注：古代要塞名称，在今山西省代县西北。"句"同"勾"。居庸：古代要塞名称，在今北京市昌平区西北，是长城的重要关口之一。⑱具区：又名"震泽"，即太湖。云梦：古代楚地大泽，大致在今湖北省江陵至武汉一带。阳纡：古代大泽，又称"杨纡""杨陓"。一般认为在今陕西省境内。大陆：古代泽名，又名"钜鹿泽""广阿泽"。故地在今河北隆尧、巨鹿、任县三县之间。圃田：古代泽名，故地在今河南省中牟西。孟诸：古代泽名，又称"盟诸""望诸"，故地在今河南省商丘市东北、虞城西北。海隅：指古代齐国滨海，所以原注说："海隅犹崖，盖近海滨是也。"马宗霍又说："九薮之名，八薮皆实指其地，惟此泛举海滨者，司马相如《子虚赋》言齐王畋于海滨，与楚之云梦对举"

(《淮南旧注参正》)。钜鹿：即“大陆”泽，盖晋时称“大陆”、赵时称“钜鹿”，是合晋、赵两薮为一矣。昭余：古代泽名，故地在今山西省祁县。“昭余”在《尔雅·释地》中又称“昭余祁”。⑲ 八风：八种来自不同节候时令、不同方向的风。八风的名称有多种，又常和八卦、八方相联系。炎风：亦称“融风”，指立春时来自东北方的化生万物的春风，对应八卦中的艮。条风：亦称“明庶风”或“滔风”，指春分时使万物萌生的东风，对应八卦中的震。景风：亦称“清明风”或“熏风”，指立夏时温暖的东南风，对应八卦中的巽。巨风：指夏至时南方吹来的炎热大风，对应八卦中的离。凉风：亦称“凄风”，指立秋时西南方吹来的清凉风，对应八卦中的坤。飂风：亦称“阊阖风”，指秋分时的西风，对应八卦中的兑。丽风：亦称“厉风”或“不周风”，指立冬时西北方吹来的凛冽寒风，对应八卦中的乾。寒风：亦称“广莫风”，指冬至时来自北方大漠的寒风，对应八卦中的坎。⑳ 河水：黄河。赤水：《地形训》中说“赤水出其东南陬”，其地难以确定。辽水：辽河。黑水：原注为“黑水在雍州”。后人对其具体所指说法不一。江水：长江。淮水：淮河。㉑ 纯：古代长度单位，一丈五尺为一纯。这里指“边缘”。原注为“纯，缘也，亦曰量名也”。㉒ 殥：边远之地。㉓ 自：从。大泽、无通：俞樾认为应作“曰无通，曰大泽”。俞樾还认为这里的“无通”与下文的“大渚、具区、大梦、渚资、九区、大夏、大冥”为“八殥”；“大泽”与下文的“少海、元泽、浩泽、丹泽、泉泽、海泽、寒泽”为“八泽”。㉔ 渚：水中可居住的小片陆地。㉕ 具区：此为“八殥”之名，与上文“越之具区”不同。㉖ 冥：溟、海。寒泽：原注为“北方多寒水,故曰寒泽也”。㉗ 纮:绳,维系。八纮:传说大地由八根大绳维系着,故用八纮喻大地边缘。这里的“八纮”,指比“八纮”更远处。㉘ 和丘、荒土:神话传说中神鸟鸾凤歌舞的地方(《山海经》)。㉙ 棘林、桑野:古代东方的代名。㉚ 众女:庄逵吉说:《太平御览》下有注云“民少男多女”。㉛ 都广:国名。反户:其国民门户向北开,与传统门户向南相反,故称“反户”。㉜ 焦侥:原注为“焦侥,短人之国也,长不满三尺”。炎土:《述异记》卷上云:“南方有炎火山,四月生火,十二月火灭,火灭之后,草木皆生枝条,至火生,草木叶落,如中国寒时也。”“炎土”即归此类。㉝ 金丘:西方配五行中的“金”,故称“金丘”。沃野:沃犹白,西方配“金”、配“白”,故称“沃野”。㉞ 一目:《山海经·海外北经》说:“一目国,一目中其面而居。”沙所:流沙所出之处。㉟ 积冰:原注为“北方寒,冰所积,固以为名”。委羽:原注为“山名,在北极之阴,不见日也”。㊱ 八正:八风之正。指八风的风向。㊲ 苍门:东北方配五行中的“木”、五色中的“青”,所以叫“苍门”。㊳ 开明之门:原注为“明者,阳也,日之所出也,故曰开明之门”。㊴ 阳门:原注为“东南月建在巳(四月),纯阳用事,故曰阳门”。㊵ 暑门:南方盛阳,积温(暑热)所在,故曰暑门。㊶ 白门:原注为“西南月建在申(七月),金气之始也。金气白,故曰白门”。㊷ 阊阖之门:原注为“西方八月建酉,万物成济,将可及收敛。阊,大也。阖,闭也。大聚万物而闭之,故曰阊阖之门也”。㊸ 幽都之门:原注为“幽,阖也。都,聚也。玄冥将始用事,顺阴而聚,故曰幽都之门”。㊹ 寒门:原注为“积寒所在,故曰寒门”。㊺ 中土:冀州。

㊻ 兑：通“锐”，尖的意思。 ㊼ 隆：高。鸢：老鹰。企：踮起脚跟。㊽ 窍：孔窍。筋气属焉，苍色主肝：这是作者将阴阳五行以配五方、五脏、五色、五窍、五体，根据内容，其对应关系是这样的：木—东—肝—青—目—筋， 火—南—心—赤—耳—脉， 金—西—肺—白—鼻—皮， 水—北—肾—黑—阴—骨， 土—中—胃—黄—口—肉。㊾ 朏：王念孙认为“朏”当为“眦”，字之误也。“眦”指眼眶。 ㊿ 兕：雌性犀牛。 51 面：俞樾认为是衍文。向宗鲁认为“面”上漏掉“毛”字（见何宁《淮南子集释》）。末偻：脊柱弯曲。 52 卬：通“昂”，昂着头。 53 旄：旄牛，亦作“牦牛”。 54 寒水：王念孙认为“寒水”当为“寒冰”。 55 翕：短缩。尻：臀部。 56 其人、禽兽：王念孙认为这四字都是衍文。 57 颐：腮。 58 恶：过、甚、多。 59 六畜：牛马羊猪鸡狗。 60 窔：俞樾认为应是“胈”，“其字本从‘肉’，传写误从‘穴’，后人以从‘穴’之字多上形下声，因变为‘窔’矣”。“胈”，毫毛也。 61 庶：普通、常见、众多的意思。这里的“海人”“若菌”“圣人”均为作者设想的早期人类。 62 凡窔者生于庶人：《道藏》本作“凡容者生于庶人”。 63 羽嘉、飞龙：《太平御览》卷九百十四引注云：“羽嘉，飞虫之先也。飞龙，龙之有羽者。”这里泛指早期鸟类。 64 应龙：《山海经·大荒东经》中有“应龙”，《广雅·释鱼》说“有翼曰应龙”，指“龙”有翼。这里的“应龙”与“毛犊”及下文的“建马”“麒麟”均为作者设定的早期兽类。 65 介鳞：鳞类动物的最初形态。原注为“介鳞，鳞虫之先”。蛟龙：指有鳞甲的龙。鲲鲠：神鱼。《庄子·逍遥游》说：“北冥有鱼，其名为鲲。”建邪：与上述几种均为作者假设的

早期鱼类。 ⑯ 介潭：龟类动物的最初形态。鼋：神鳖。这里的“介潭”“先龙”“玄鼋”均为作者设想的早期龟类。 ⑰ 暖湿：指宇宙间一种能孕育生命的温湿之气。容：即“肱”。毛风：指能孕育哺乳动物的空气。湿玄：一种湿润水气，能孕育生成一切有形生物体。作者认为这是生命之源。 ⑱ 羽风：指一种能孕育羽类（鸟）生命的细微物质。煖介：能孕育甲壳类动物的生命元素。鳞薄：指一种孕育鳞类动物的细微元素。 ⑲ 杂种：复杂物种。外：指外界自然生态环境。肖：像。蕃：繁殖、繁衍。 ⑳ 日冯、阳阏、乔如、干木：各种木类植物的名称，代表各个不同阶段。 ㉑ 根拔：王念孙认为应是“招摇”，即一种根生草类。 ㉒ 程若、玄玉、醴泉、皇辜：均代表草类植物进化过程中的各个阶段、名称。 ㉓ 海闾：最早的水浮植物。屈龙：游龙，浮草的一种。容华：原注为“容华，芙蓉草花”。蔈：原注为“蔈，流也”，即流水中的无根草。萍藻：王念孙认为“萍”字皆后人所加，即“蔈生藻”；因为萍、藻为二物，所以下文也不能言“萍藻生浮草”。

〔鉴 赏〕

《地形训》是继《尚书·禹贡》《山海经》之后，我国历史上出现的又一非常重要的地理学文献。在自然地理方面，本卷的有些内容是承袭旧学所记，如九山、九塞等；有些是在之前地理文献的基础之上，综合各家之说，而展现出独树一帜的地理观，如九州理论、三十七条河流分布等；有些则是具有开创性的论述，如生物进化论、圆形地理图式等。在经济地理和人文地理方面，本卷介绍了各地的矿产、农作物及其他珍稀物产，记载了四方不同的人种、种族及海外三十六国等。另外，作为当时人们地理观念和思维架构中的重要一环，本卷还记载了许多关于地理方面的神话传说，如禹派臣子步量大地、昆仑神话系统、海内外奇人异物等。总的来说，《地形训》所记录的许多材料，具有划时代的意义和丰富的史料价值；此外，与之前的地理学文献相比，《地形训》还有一种非常突出的思想价值，那就是，承接《天文训》"仰天承顺而不乱其常"的基本理念，它特别注重人与地的关系，强调人必须要与地相应，不可违逆自然。

关于《地形训》的主旨，《要略》中有非常恰到好处的概括："地形者，所以穷南北之修，极东西之广，经山陵之形，区川谷之居，明万物之主，知生类之众，列山渊之数，规远近之路，使人通回周备，不可动以物，不可惊以怪者也。"《淮南子》穷究地理，其最根本的目的乃在于"使人通回周备"，也即对于承载万物的大地及其附属物有一个通透的了解，从而不会因地方上的怪异而受到惊扰；这样，人们也便会心底坦荡荡，秉持一种万物与我皆出乎天地自然之流衍的心境，从而不与物为敌，一切随顺万物之自然而动。而《地形训》期望人们达到的这种"通回周备"的状态，其实也正是我们在《天文训》中所反复看到的"天人合一"的境界，此乃吾人当行之道。

我们在这里节选的文字，主要是有关大九州、地人相关体系、生物进化论三个主题的，以下我们将分别对之作一阐析。

大九州的观念首先是由战国时齐人邹衍提出的，对此，《史记·孟子荀卿列传》曾记载道："（邹衍）以为儒者所谓中国者，于天下乃八十一分居其一分耳。中国名曰赤县神州。赤县神州内自有九州，禹之序九州是也，不得为州数。中国外如赤县神州者九,乃所谓九州也。于是有裨海环之,人民禽兽莫能相通者,如一区中者,乃为一州。如此者九,乃有大瀛海环其外,天地之际焉。"也就是说,邹衍认为《尚书·禹贡》中所记载的"禹别九州"中的冀州、兖州、青州、徐州、扬州、荆州、豫州、梁州、雍州等只是"小九州",它们均位于"赤县神州"的范围之内;而在此之外,还有与"赤县神州"并列的另外八州。

庞静仪曾对《尚书·禹贡》《周礼·夏官》《尔雅·释地》《吕氏春秋·有始览》与《地形训》所说的九州内容与划分方式作了一个比较性的图表:

《尚书·禹贡》	冀州	兖州	青州	徐州	扬州	荆州	豫州	梁州	雍州
以山、河为界		济、河	海、岱	海、岱及淮	淮、海	荆及衡阳	荆、河	华阳、黑水	黑水、西河
《尔雅·释地》	冀州	兖州	营州	徐州	扬州	荆州	豫州	幽州	雝州
以河、国土为界	两河	济河	齐	济东	江南	汉南	河南	燕	河西
《周礼·夏官》	冀州	兖州	青州	并州	扬州	荆州	豫州	幽州	雍州
以河、方位为界	河内	河东	正东	正北	东南	正南	河南	东北	正西
《有始览》	冀州	兖州	青州	徐州	扬州	荆州	豫州	幽州	雝州
以河、方位为界	两河之间	河、济之间	东方	泗上	东南	南方	河、汉之间	北方	西方
《地形训》	神州	次州	戎州	弇州	冀州	台州	泲州	薄州	阳州
以中央、八方方位为界	东南	正南	西南	正西	正中	西北	正北	东北	正东

通过这个图表,庞静仪指出,《淮南子·地形训》第一次纯粹以方位来划分九州,并由此得出了与之前文献完全不同的"大九州"观念,这可以说是继邹衍之后,再一次打破传统上将九州界定在人们熟知的中国范围之内,从而为人

们展现了一个无限大的世界(庞静仪《〈淮南子·地形〉的地理观》)。

其实,由于视野的开阔,《地形训》并不以"大九州"为满足,它还从九州扩展至八殥、八泽、八纮和八极,这样就给我们描绘了一幅整个世界的地形图。在很大程度上,这些描述尽管是靠想象来维系的,但其中不乏真知灼见,如"南方曰都广,曰反户"的讲法,就相当符合实际:由中国往南至南半球的一些国家(如现在的澳大利亚),其民舍门窗就是北向朝阳的,与中国门窗南向朝阳相反。这说明《地形训》的作者在对地形的描绘中,其想象力是有相当判断定准的,这种判断或许与当时沿海地区与海外的交流中所带回的各种传闻有关。总的来说,"'九'在古代往往泛指数目之多之大,而非实有九数,所以大九州说乃是一种曲折的、朴素的方式表达的宇宙无限论";因此,大九州说"所要打破的是'不知天地之弘'、'守一隅而欲知万方'的狭隘眼界和封闭观念,此乃大九州说的精神实质和立意所在"(白奚《稷下学研究》)。也只有基于这样一种开阔的眼界,人们才能够真正做到"通回周备",不为小道所拘。

本卷节选的第四段文字,是《地形训》所建构的独特的地人相关体系,本节作者以五行、五方、五色配人之五脏、五窍和五体,并将东西南北中的人体特征、物产种类嵌入其中。以今人的眼光来看,这很有些牵强比附的味道,但是,《地形训》这种地人相配的做法之后所隐藏的理念,却是应当引起今人重视的,那就是,不同的生存环境,造成了不同的自然风貌与风土人情,而且也使人们形成了不同的心理和生理特征;因此,人们在为人处世时,就需要对于他人的性格、民族、宗教信仰等给予充分的理解和尊重,万万不可将自己所认为的"善"强加于他人。换言之,具体的"善"依赖于具体的生活环境，因而人应当“法天”“法地”，通过对于自身所处情境的体察，以行其当行之道，切不可师心自用以至于无道。

本卷节选的最后一段文字中，作者既叙述了生物的生命起源和进化，同时又对生物体的种类进行了划分。在作者看来，世界上的生物体大致可分为八种，即“庶人”“庶鸟”“庶鱼”“庶龟”“庶兽”“庶木”“庶草”和“无根藻类”这八种。而这八种中又大致可分为动、植物两类。在植物类中可分为木类、草类和藻类；而在动物类中又可区分为哺乳类和卵生类：人与兽归哺乳类，龟、鱼、鸟则归卵生类。与此同时，作者又对每一类的生物体的生命起源和进化过程作了描绘，如鸟类是“羽嘉生飞龙，飞龙生凤凰，凤凰生鸾鸟，鸾鸟生庶鸟”。这鸟类生命的起源和进化是否如此我们不得而知，但作者从“羽嘉”这种“飞虫之祖先”入手，逐级叙述到“鸾鸟生庶鸟”，强调生物体由低向高进化的过程，则是可取的。

《地形训》的作者除了想说明生物体由低向高的进化过程，似乎还想追根溯源，找出生物体生命存在的本原，本节中间的一段文字就反映了这种倾向：“暖湿生容，暖湿生于毛风，毛风生于湿玄”，这“湿玄”似乎就是作者找到的一种生命体之最原始状态。与此同时，作者似乎不满意这种简单的八大类生物体的划分，还想触类旁通，找出这些生物体之间的同源同类现象，同样是本节中的一段话反映了这种倾向，即“湿玄生羽风(鸟类)，羽风生暖介(龟类)，暖介生鳞薄(鱼类)，鳞薄生煖介”，这一连串地相互生育蕴含，描绘了相互类(卵生类)之间的演化演变过程，还隐隐约约道出这样的信息——万物一源。

总而言之，《地形训》虽然以“地形”为名，但实际上它未局限于当时人们所熟知的地理环境，而是综合了各方面的传闻，希望将自己的视野尽量放大；并且，《地形训》也不满足于纯粹地理知识的描述，而是秉持着一种地人同体、万物一体的理念，通过其地人相关体系、生物进化模式等理论，将地、物、人视为一个有机的整体，借此提示人们要法地、顺物，从而达至三者的和谐无间。正如《要略》中所提示的，《地形训》的最终目的是要“使人通回周备”：其关键首先在于“通”，通达自己生存的基本情境，通于万物之情；其次在于“回”，返回自己的生命本身，通于物但又不为物所迁扰，一切随顺自然之大道而行；同时做到了“通”和“回”，也便可谓“周备”矣，可谓近“道”矣。由此亦可看出，“道”不远人、不远物，“道”即在于我们最基本的生存情境、生活世界之中。

（刘康德　张锋宾）

卷　五

时则训

——天道之三：时

〔题　解〕

则，法也，四时、寒暑，十二月之常法也，故曰“时则”，因以题篇。

〔要　略〕

《时则》者，所以上因天时，下尽地力，据度行当，合诸人则①，形十二节，以为法式，终而复始，转于无极；因循仿依，以知祸福，操舍开塞，各有龙忌②，发号施令，以时教期③，使君人者知所以从事。

〔一〕　孟春之月，招摇指寅④，昏参中⑤，旦尾中。其位东方，其日甲乙，盛德在木⑥。其虫鳞⑦。其音角，律中太蔟⑧。其数八，其味酸，其臭膻⑨。其祀户，祭先脾⑩。东风解冻，蛰虫始振苏，鱼上负冰，獭祭鱼，候雁北⑪。天子衣青衣，乘苍龙⑫，服苍玉，建青旗。食麦与羊，服八风水，爨萁燧火⑬。东宫御女青色，衣青采，鼓琴瑟⑭。其兵矛⑮，其畜羊⑯。朝于青阳左个⑰，以出春令，布德施惠，行庆赏，省徭赋。立春之日，天子亲率三公、九卿、大夫以迎岁于东郊⑱，修除祠位，币祷鬼神，牺牲用牡⑲。禁伐木，毋覆巢杀胎夭，毋麛⑳，毋卵，毋聚众置城郭，掩骼薶骴㉑。孟春行夏令，则风雨不时,草木旱落[22],国乃有恐;行秋令,则其民大疫,飘风暴雨总至,藜莠蓬蒿并兴[23];行冬令,则水潦为败,雨霜大雹,首稼不入[24]。正月官司空。其树杨[25]。

〔二〕 五位:东方之极,自碣石山、过朝鲜[26],贯大人之国,东至日出之次,榑木之地,青土树木之野[27],太皞、句芒之所司者[28],万二千里。其令曰:挺群禁,开闭阖,通穷室,达障塞,行优游[29];弃怨恶,解役罪,免忧患,休罚刑;开关梁[30],宣出财,和外怨,抚四方,行柔惠,止刚强。南方之极,自北户孙之外,贯颛顼之国,南至委火炎风之野[31],赤帝、祝融之所司者[32],万二千里。其令曰:爵有德,赏有功,惠贤良;救饥渴,举力农,振贫穷,惠孤寡,忧罢疾[33];出大禄,行大赏,起毁宗,立无后,封建侯,立贤辅[34]。中央之极,自昆仑东绝两恒山[35],日月之所道,江汉之所出,众民之野,五谷之所宜,龙门、河济相贯,以息壤堙洪水之州[36],东至于碣石,黄帝、后土之所司者[37],万二千里。其令曰:平而不阿,明而不苛,包裹覆露,无不囊怀,溥氾无私,正静以和[38];行稃鬻,养老衰,吊死问疾,以送万物之归。西方之极,自昆仑绝流沙、沉羽,西至三危之国[39],石城金室,饮气之民,不死之野,少皞、蓐收之所司者[40],万二千里。其令曰:审用法,诛必辜,备盗贼,禁奸邪,饰群牧,谨著聚[41],修城郭,补决窦,塞蹊径,遏沟渎,止流水,雝溪谷[42],守门闾,陈兵甲,选百官,诛不法。北方之极,自九泽穷夏晦之极,北至令正之谷[43],有冻寒积冰、雪雹霜霰、漂润群水之野,颛顼、玄冥之所司者[44],万二千里。其令曰:申群禁,固闭藏,修障塞,缮关梁,禁外徙,断罚刑,杀当罪,闭关闾,大搜客,止交游,禁夜乐,蚤闭晏开[45],以塞奸人,已德[46],执之必固。天节已几[47],刑杀无赦,虽有盛尊之亲,断以法度。毋行水,毋发藏,毋释罪。

〔三〕 六合[48]：孟春与孟秋为合，仲春与仲秋为合，季春与季秋为合，孟夏与孟冬为合，仲夏与仲冬为合，季夏与季冬为合。孟春始赢，孟秋始缩[49]；仲春始出，仲秋始内[50]；季春大出，季秋大内；孟夏始缓，孟冬始急[51]；仲夏至修，仲冬至短[52]；季夏德毕，季冬刑毕。故正月失政，七月凉风不至；二月失政，八月雷不藏；三月失政，九月不下霜；四月失政，十月不冻；五月失政，十一月蛰虫冬出其乡[53]；六月失政，十二月草木不脱；七月失政，正月大寒不解；八月失政，二月雷不发；九月失政，三月春风不济[54]；十月失政，四月草木不实；十一月失政，五月下雹霜；十二月失政，六月五谷疾狂[55]。

〔四〕 制度阴阳，大制有六度[56]：天为绳，地为准[57]，春为规，夏为衡，秋为矩，冬为权。绳者，所以绳万物也；准者，所以准万物也；规者，所以员万物也[58]；衡者[59]，所以平万物也；矩者，所以方万物也；权者，所以权万物也。绳之为度也，直而不争[60]，修而不穷，久而不弊，远而不忘；与天合德，与神合明；所欲则得，所恶则亡；自古及今，不可移匡[61]；厥德孔密[62]，广大以容。是故上帝以为物宗[63]。准之为度也，平而不险，均而不阿[64]；广大以容，宽裕以和；柔而不刚，锐而不挫；流而不滞，易而不秽[65]；发通而有纪[66]，周密而不泄，准平而不失。万物皆平，民无险谋，怨恶不生。是故上帝以为物平。规之为度也，转而不复，员而不垸[67]；优而不纵，广大以宽[68]；感动有理，发通有纪；优优简简[69]，百怨不起。规度不失，生气乃理[70]。衡之为度也，缓而不后，平而不怨；施而不德，吊而不责[71]；当平民禄，以继不足；勃勃阳阳[72]，唯德是行；养长化育，万物蕃昌；以成五谷，以实封疆。其政不失，天地乃明。矩之为度也，肃而不悖，刚而不愦[73]；取而无怨，内而无害[74]；威厉而不慑，令行而不废；杀伐既得，仇敌乃克。矩正不失，百诛乃服[75]。权之为度也,急而不赢,杀而不割[76];充满以实,周密而不泄;败物而弗取,罪杀而不赦;诚信以必,坚悫以固[77];粪除苛慝[78],不可以曲。故冬正将行[79],必弱以强,必柔以刚。权正而不失,万物乃藏。明堂之制,静而法准,动而法绳;春治以规,秋治以矩,冬治以权,夏治以衡,是故燥、湿、寒、暑以节至,甘雨膏露以时降。

〔注 释〕

① 度:法则、准则。行当:行为恰当。人则:指人体结构。合诸人则:指与人体结构相合,如《天文训》说"天有九重,人亦有九窍;天有四时以制十二月,人亦有四肢以使十二节"。 ② 龙忌:鬼神的忌日。 ③ 期:俞樾认为"期"读为"惎",教的意思。以时教期:以时教惎。 ④ 招摇:星名,北斗杓端第七星摇光。摇光星指向十二辰的寅位为正月开始。 ⑤ 中:正南方中天,指星宿出现在子午线的位置。 ⑥ 其日甲乙:将天干分为甲乙、丙丁、戊己、庚辛、壬癸五组与五行相配,故曰"甲乙,木日也"(高诱注)。盛德在木:东方属木,木气旺而主万物生长,所以说"盛德在木"。 ⑦ 虫:泛指动物,并将五行与此相配;鱼龙类鳞虫与木、春相配,故曰"其虫鳞"。 ⑧ 其音角:五行说将五音配五行,角属木属春,徵属火属夏,宫属土属季夏,商属金属秋,羽属水属冬。律中太蔟:以十二月配十二律,正月配太蔟,表示万物蔟地而生,故曰"律中太蔟"。 ⑨ 其数八:古人以五行与五、六、七、八、九这五个数相配,这样造成五属土、季夏,六属水、冬,七属火、夏,八属木、春,九属金、秋。以八为木是五行之数五,加上排名五行之第

三的木(第三),就得出“其数八”这样的结论。其味酸:五行说以五行分配五味,这里以酸配木,故曰“其味酸”。臭:气味。五行说以膻、焦、香、腥、腐这五味配五行,膻属木,焦属火,香属土,腥属金,腐属水,故曰“其臭膻”。 ⑩ 户:户祀,古代五祀之一,即春祀户,夏祀灶,季夏祀中霤(室中央),秋祀门,冬祀井。祭先脾:古人将动物五脏与五行四时相配,脾属木属春,所以春祀祭品第一是脾脏。 ⑪ 獭:一种生活于水中的小兽,吃鱼类。獭有将捕杀到的鱼陈放水边的习性,古人认为这是獭的祭祀活动;春季开始,水獭又捕鱼了,古人就此认为这是春季物候的象征。候雁北:大雁是一种随季节变更而迁徙的候鸟;到了春季,候鸟大雁又飞往北方繁殖后代。古人认为这也是一种物候。 ⑫ 天子衣青衣:东方、春季色主青,故“天子衣青衣”。苍:青色。这时天子服饰一律青色。 ⑬ 食麦与羊:这是古人以五谷五畜配五行,麦羊属木、春季,菽鸡属火、夏季,稷牛属土、季夏,麻犬属金、秋季,黍猪属水、冬季。服八风水:原注为“取铜槃中露水服之,八方风所吹也”。爨:炊。萁:豆秸。燧:用燧取火,这“燧”是取火器具。 ⑭ 东宫:春,东方,故处东宫。鼓琴瑟:原注为“琴瑟,木也,春木王,故鼓之也”。 ⑮ 其兵矛:原注为“矛有锋锐,似万物钻地生”。⑯ 其畜羊:原注为“羊土,木之母,故畜之也”。 ⑰ 青阳:皇宫中向东的东宫叫“青阳”。个:侧室。这是说天子于不同的季节在不同的宫殿办事。 ⑱ 三公:古代辅佐天子的三个高级官职,西汉以丞相、太尉、御史大夫为三公。九卿:古代中央政府中九个高级官职,秦汉以奉常、郎中令、卫尉、太仆、廷尉、典客、宗正、治粟内史、少府为九卿,名称代有更变。⑲ 祠位:神位。币:圭璧。牺牲:供祭祀用的牲畜。用牡:用洁净的雄性牲畜。⑳ 夭:幼弱的动物,原注说“麋子曰夭”。麛:幼鹿。㉑ 骼:枯骨。薶:埋。骴:肉未烂尽的尸骨。㉒ 旱:“旱”字是“早”字之误。《吕氏春秋》作“草木早槁”。㉓ 并:总。这里泛指杂草丛生。㉔ 首稼:头茬庄稼。入:收成。㉕ 司空:古代官名,原注为“司空主土,春土受嘉穑,故官司空也”。其树杨:古代杨柳通名,这是说杨柳“先春生”,故曰“其树杨”。㉖ 极:远。碣石山:山名,在今河北省昌黎县。朝鲜:今平壤。汉在朝鲜设置过乐浪郡。㉗ 贯:通。大人之国:古代记载其国人皆长大,故曰“大人国”。日出之次:太阳升起的地方。榑木:榑桑。青土:王引之认为是“青丘”。㉘ 太皞:伏羲氏,东方木德之帝。句芒:木神。“句”通“勾”,曲的意思;“芒”,直的意思,指草木萌芽时的形态。㉙ 挺:解除、放宽。穷窒:堵塞不通。障塞:指阻隔之物。优游:悠游自在。㉚ 关梁:关卡和津梁,指水陆交通要道。㉛ 北户:太阳在其北,所以皆为北向户,即《地形训》中的“反户”。孙:此字为衍字。颛顼:传说中的南方国名。委火炎风之野:指炎热风火吹袭之地。㉜ 赤帝:炎帝。祝融:火神。㉝ 振:通“赈”。忧:通“优”。罢:通“疲”。㉞ 辅:辅佐。㉟ 两:庄逵吉认为“《太平御览》无‘两’字”。恒山:北岳恒山。㊱ 众民之野:中央之极是华夏发祥地,人口稠密,故曰“众民之野”。息壤:传说中一种能生生不息的土壤。堙:堵塞、填堵。㊲ 黄帝:轩辕氏,中央土德之帝。后土:句龙氏之子,能平九土,死祀为土神。㊳ 包裹:包容。囊怀:指关怀备至。溥汜:

广泛、博大、普遍。正：通“政”。 ㊴ 沉羽：即弱水，是说河水不能浮起羽毛。三危之国：是因有三危山而得名。三危山是指其山有三峰耸立，势欲堕坠。 ㊵ 少皞：即黄帝之子青阳，以“金”德王天下，死为西方金德之帝。蓐收：金天氏之裔子，曰修礼，死祀为金神。 ㊶ 辜：罪。饰：整治。牧：古代称地方官员为牧。著聚：积聚，贮存。㊷ 决窦：决口。沟渎：沟渠。雝：通“壅”。 ㊸ 九泽：北方之泽。晦：应作“海”。夏晦：大海也。令正：应为“令止”，指北海胡地。㊹ 颛顼：黄帝之孙，以“水”德王天下，号高阳氏，死为北方水德之帝。玄冥：水神。 ㊺ 关闾：王念孙认为应是“门闾”。蚤：通“早。”㊻ 塞：王念孙认为“塞”应作“索”。“索”是寻索、搜索的意思。德：同“得”。 ㊼ 天节：时节、节令。几：终、尽。 ㊽ 六合：一年十二月分成相互配合对应的六组。㊾ 赢：生长。缩：衰败。赢与缩是一组相对应的范畴。 ㊿ 内：通“纳”，指收纳、收藏，与“出”构成一组相对应的范畴。 51 缓：舒缓。急：急迫。缓与急是一组相对应的范畴。 52 修：长。这是说夏至白天最长。短：这是说冬至白天最短。53 冬：杨树达说：“冬字无义，疑各之误。”(《淮南子证闻》)乡：居处。54 济：止。 55 疾狂：原注为“不华而实”。这里指五谷因气候反常不结实而狂长。 56 制度：规定。大制：基本的规定、法则、制度。57 绳：本指木工用的墨线，用来测量事物是否正直。准：水平仪。这里指用来衡量事物是否水平。 58 员：通“圆”。 59 衡：衡量(看)事物左右是否对称。 60 争：通“竫”，弯曲的意思。 61 移：改变。匡：即“軭”，扭曲的意思。 62 厥：其。孔：大、甚，表示程度。

㊸ 宗：根本。 ㊹ 险：险要，引申为起伏不平。阿：偏袒。 ㊺ 易：简易。秽：马宗霍认为通“刿”，割伤的意思。 ㊻ 纪：原注为“道”，引申为规律、法度。 ㊼ 复：来回重复。原注为“复，遇也”。员：通“圆”。垸：转动。 ㊽ 广大以宽：即“广大以容”。 ㊾ 优简：原注为“宽舒之貌”。 ㊿ 理：原注为“气类理达”。 71 施：施舍，给予。不德：不图回报。吊：犹恤，恤问的意思。责：责难，责问。 72 勃：蓬勃。阳：和阳，清阳。 73 悖：乖悖。愦：昏乱。 74 内：纳。75 百诛：诸多受惩罚者。 76 羸：不过分。割：断绝。 77 悫：诚实、朴实。 78 粪：扫除。慝：奸邪、邪恶。 79 正：政。

〔鉴　赏〕

本卷承接《天文训》和《地形训》之后，继续讲述天道，其主要内容是按四季十二月的时间顺序逐季逐月记叙相关的气候、物候、天象和农事，并在其中穿插介绍皇帝应当如何依据时则来制定和实施政令。十二月的月令内容虽然各异，但其中蕴涵的“顺时而动”的基本精神是一致的，因此我们在这里只选取了十二月中的首月“孟春之月”一节的内容。此外，本卷还阐述了空间与人事的关系——“五位”，十二月之间的相应关系——“六合”；最后则把天、地、四季融合在“制度阴阳”的框架之内作了一个小结，可以视作对《天文训》《地形训》和《时则训》三卷的核心精神的卷尾提点。

在本卷我们首先应当辨明的一个核心概念即是“时则”中的“时”。由于受现代科学观念的影响，我们往往把“时”视作一种量化流逝的机械时间，并用一套精密的单位体系对其进行度量，这样，“时”也便仅仅成为一种客观的、抽象的度量单位，似乎并无许多具体的涵义。然而，在古人看来，“时”却是一个具有非常丰富之内涵的重要概念，如《周易·随卦·彖传》云：“随，大亨贞无咎，而天下随时，随时之义大矣哉。”也就是说，“时”乃是天下万物之存在的一个基本情境，因此一切存在的活动都必须随顺其时，方能够亨通贞定而无咎。又如《尚书·洪范》云：“岁月日时无易，百谷用成，乂用明，俊民用章，家用平康。日月岁时既易，百谷用不成，乂用昏不明，俊民用微，家用不宁。”《尚书》这段话亦是在强调“时”乃天下万物之存在的基本条件，其中内涵有丰富的客观必然的规范性意义，任何存在物都不可违“时”，否则便会造成从百谷社稷到百姓家庭的不安宁。

也正是由于“时”的上述重要性，孟子在称赞孔子时特意用一“时”字：“孟子曰：‘伯夷，圣之清者也。伊尹，圣之任者也。柳下惠，圣之和者也。孔子，圣之时者也。孔子之谓集大成。集大成也者，金声而玉振之也。金声也者，始条理也；玉振之也者，终条理也。始条理者，智之事也；终条理者，圣之事也。智譬则巧也，圣譬则力也。由射于百步之外，其至，尔力也；其中，非尔力也。’”（《孟子·万章下》）孔子之所以被孟子视为古代圣人中的集大成者，即在于孔子能够“时”，也即随“时”而动。基于此，我们也便不难理解《要略》对《时则训》主旨的阐释：“《时则》者，所以上因天时，下尽地力，据度行当，合诸人则，形十二节，以为法式，终而复始，转于无极；因循仿依，以知祸福，操舍开塞，各有龙忌，发号施令，以时教期，使君人者知所以从事。”所谓“时”，不仅仅是均匀流逝的时间，而且涉及天命、地力、人则，综合上述三者，并且灵活应变，所谓“终而复始，转于无极”，方能知晓如何“因循仿依”，明了各种禁忌，从而恰当地为人处世。

分而言之，“时”首先与“天”相关，一年四季十二月的往复循环，乃是吾人生存的基本条件，因此《时则训》首先依次叙述十二月的时训和月令。如我们在此节选的孟春之月，作者先由该月的天象、气象讲到物象(物候)，再由天象、气象、物象引出人之农事和政令，最后讲到如孟春之月行夏令、秋令和冬令将会怎样。这实际上是作者给处于孟春之月的自然社会定下的一种模式，也即给人规定了处在这种时令条件下的行为准则：人必须做什么和应该干什么。这种“必须”和“应该”也即人所当行之“道”，就此而言，大道甚简，“道”即内涵于我们的生存情境之中，依此而行即是得道，违此而行即是失道。由此可见，“时”乃是与“道”密切相关的，“道”在“时”中，得其时即是得其道。也正是因此，“时”在中国古代文献中，与“道”类似，往往兼有真、善、美三层意蕴，如《尚书·舜典》云“百揆时叙”，即是说百事所揆度者皆得其良好的次序，“时”在此即有良、善的意味；又《尚书·皋陶谟》云“百工惟时”，说的是百工皆是，“时”在此有是、正确，也即真的意味；又《诗经·大雅·文王之什》云“帝命不(丕、大)时”，说的是天命文王之是、之美，“时”在这里含有美善的意味。

当然，《时则训》在叙述孟春之月的时训和月令时，为了将十二月月令的模式建构得滴水不漏，于是将什么都纳入这个模式框架中，这样也就造成牵强和附会。如“其味酸，其臭膻”，其注释是这样的：“膻者羊臭，春物气与羊相类。木所以酸者，象东方万物之生也；酸者钻也，言万物钻地而出生，五味得酸乃达也”(《五行大义》三引许注)。诸如此类的令人费解乃至荒谬之处，在《时则训》中还有不少。其实，“时”所包含的一个重要义涵即是“变”,“时”也即是要“随时而变”,因此,《时则训》通过建构一套十二月月令的固定模式,必然会将“时”中所包含的“变”的意味削弱不少。

然而,正如我们在本书中曾经强调的,我们读古书时,所要汲取的乃是古人的智慧,而非知识;因而对于其中的牵强附会之处我们可以暂时悬置之,而以古人提供给我们的实践智慧为所犹当致意处。在这里,一定的时节必有此时节必须和应当从事之事,应该说是《时则训》告诉我们的一个基本道理;正是因此,在我们这里节选的第三段关于“六合”的文字中,作者列举了各个时节失“时”的各种不良后果。这个道理看似简单,但在以科技战胜自然、改造自然的今天,在潜移默化当中,实际上已经渐渐为人们所遗忘。比如说,在与天时联系最为紧密的农业领域,由于科技的进步,各种反季节蔬果,乃至转基因蔬果大量涌现,这些新食品对于人体是否是“良善”的、合“时”宜的,其实尚未明了,但却已经大规模地登上了人们的饭桌。当今人类似乎已经不需要“天时”的约束,这到底是人类的幸运、还是不幸呢? 这是需要我们认真反思的一个问题。

除了“天”,《时则训》的作者还敏锐地觉察到“时”与“地”之间的关联,这也即是我们在此节选的第二段文字“五位”。通过这段文字我们可以很清晰地看到,这里的“五位”不仅仅是就方位而方位,它还包含着时间,即东—春、南—夏、西—秋、北—冬,所以本段又是“时”与“地”及“人”相配。如东方,其政令是:“挺群禁,开闭阖,通穷窒,达障塞,行优游;弃怨恶,解役罪……”诸如此类也符合春天主仁德助生长的原则。还如西方,其政令是:“审用法,诛必辜,备盗贼,禁奸邪……”诸如此类又符合秋天收敛肃杀的原则。作者在“时则”之外再补充一段“五位”的文字,显然是在提醒我们，所谓“时”是与“天”“地”等各种因素联系在一起的，只有充分综合了各种因素，才能有恰当的行动，才算得上是真正的“时”。这也再次提示我们，“时”不是一个固定僵化的原则，而是内涵十分丰富的实践智慧。

最后，在我们节选的第四段文字中，《淮南子》的作者总括性地概述了天、地、时对人的根本性意义：“天为绳，地为准，春为规，夏为衡，秋为矩，冬为权。”天、地、四时乃是包括人在内的万物行事之规矩、准绳和权衡，也就是说，天、地、时为一切生存物的活动提供了一种不可违逆的原则和规范，万物只有顺此而行，方是正道。这一重要观念我们在前文已经反复提到，《淮南子》在这段文字中也给予了非常精辟的概括，如“绳（天）之为度也，直而不争，修而不穷，久而不弊，远而不忘……自古及今，不可移匡，厥德孔密，广大以容”，天道正直而不邪曲，常新而不旧弊，因而它能够作为万物应当效法的对象，从古至今，不可移易。

总而言之，作为与“天”“地”关系异常密切的一个根本性概念，“时”与“天”“地”共同组成了《淮南子》天道观的主要内容。《淮南子》通过“时”所要向我们阐述的一个既根本又平常的道理就在于，人应当有所法式、有所禁忌，而四时之循环往复以及与之相关的气候、物候、天象、地理等要素，作为人类生存的基本情境，是人类应当特别予以尊重并予以充分地同情之理解的；唯有如此，人之行事方能得其正，最终也才能达至与天地万物之谐和。然而，正如老子所说：“吾言甚易知，甚易行；天下莫能知，莫能行”（《老子·七十章》）；这是由于“大道甚夷，而民好径”（《老子·五十三章》），本来大道十分简易而平常，但人们往往因于利欲之心而好走小径、无视坦夷之大道。大概也正是因此,《淮南子》在阐述完其天道观之后,通过下一卷《览冥训》天人感应论的过渡,还要辟出十几卷来专门详说人道,以求最终警醒昭昭察察、积重难返的人们。

（刘康德　张锋宾）

卷 六

览冥训

——天人感应论：物类相感

〔题 解〕

览观幽冥变化之端，至精感天，通达无极，故曰“览冥”，因以题篇。

〔要 略〕

《览冥》者，所以言至精之通九天也，至微之沦无形也；纯粹之入至清也，昭昭之通冥冥也；乃始揽物引类，览取挢掇[①]，浸想宵类[②]。物之可以喻意象形者，乃以穿通窘滞，决渎壅塞[③]，引人之意，系之无极，乃以明物类之感，同气之应，阴阳之合，形埒之朕[④]，所以令人远观博见者也。

〔一〕 昔者，师旷奏《白雪》之音[⑤]，而神物为之下降，风雨暴至，平公癃病，晋国赤地[⑥]。庶女叫天，雷电下击，景公台陨，支体伤折，海水大出[⑦]。夫瞽师、庶女，位贱尚莫，权轻飞羽[⑧]，然而专精厉意，委务积神，上通九天，激厉至精[⑨]。由此观之，上天之诛也，虽在圹虚幽闲[⑩]，辽远隐匿，重袭石室[⑪]，界障险阻，其无所逃之，亦明矣。

〔二〕 昔雍门子以哭见于孟尝君[⑫]，已而陈辞通意，抚心发声，孟尝君为之增欷歍唈，流涕狼戾不可止[⑬]。精神形于内，而外谕哀于人心，此不传之道[14]。使俗人不得其君形者而效其容，必为人笑。故蒲且子之连鸟于百仞之上[15]，而詹何之骛鱼于大渊之中[16]，此皆得清净之道、太浩之和也[17]。

〔三〕 夫物类之相应，玄妙深微，知不能论，辩不能解[18]。故东风至而酒湛溢[19]，蚕咡丝而商弦绝[20]，或感之也[21]；画随灰而月运阙[22]，鲸鱼死而彗星出[23]，或动之也。故圣人在位，怀道而不言，泽及万民[24]。君臣乖心，则背谲见于天[25]。神气相应，徵矣[26]。故山云草莽，水云鱼鳞，旱云烟火，涔云波水[27]，各象其形类，所以感之。夫阳燧取火于日，方诸取露于月[28]，天地之间，巧历不能举其数[29]，手徵忽恍，不能览其光[30]。然以掌握之中，引类于太极之上[31]，而水火可立致者，阴阳同气相动也。此傅说之所以骑辰尾也[32]。

〔四〕 夫道者，无私就也，无私去也[33]。能者有余，拙者不足；顺之者利，逆之者凶。譬如隋侯之珠，和氏之璧[34]，得之者富，失之者贫。得失之度，深微窈冥，难以知论，不可以辩说也。

〔五〕 夏桀之时，主暗晦而不明，道澜漫而不修，弃捐五帝之恩刑，推蹶三王之法籍[35]。是以至德灭而不扬，帝道掩而不兴。举事戾苍天，发号逆四时，春秋缩其和[36]，天地除其德。仁君处位而不安，大夫隐道而不言，群臣准上意而怀当[37]，疏骨肉而自容。邪人参耦比周而阴谋[38]，居君臣父子之间而竞载，骄主而像其意[39]，乱人以成其事。是故君臣乖而不亲，骨肉疏而不附；植社槁而罅裂，容台振而掩覆[40]；犬群嗥而入渊，豕衔蓐而席澳[41]；美人挐首墨面而不容，曼声吞炭内闭而不歌[42]；丧不尽其哀，猎不听其乐[43]；西老折胜，黄神啸吟[44]；飞鸟铩翼，走兽废脚[45]；山无峻干，泽无洼水[46]；狐狸首穴，马牛放失[47]；田无立禾，路无莎蘋[48]；金积折廉，璧袭无理[49]；磬龟无腹，蓍策日施[50]。

〔六〕 夫圣人者，不能生时，时至而弗失也。辅佐有能，黜谗佞之端[51]，息巧辩之说，除刻削之法[52]，去烦苛之事，屏流言之迹，塞朋党之门；消知能，修太常[53]，隳肢体[54]，绌聪明；大通混冥，解意释神，漠然若无魂魄，使万物各复归其根。则是所修伏牺氏之迹，而反五帝之道也[55]。

〔注 释〕

① 挢掇：拾取、搜集。 ② 浸想：仔细思考。宵：通"肖"，相似。 ③ 窘：困迫、凝积。滞：阻塞不通。窘滞：指阻滞不通。决渎：蒋礼鸿认为当作"决溃"。这里的"穿通""决溃"均指疏通。 ④ 形埒：界限、界域。朕：征兆、形迹。 ⑤ 师旷：春秋时晋国宫廷乐师。白雪：原注为"太乙五十弦琴瑟乐名也"。师旷奏《白雪》之音：《韩非子·十过》载晋平公要师旷演奏之事，"师旷不得已，援琴而鼓"。 ⑥ 神物为之下降：是说师旷"一奏之，有玄鹤二八道南方来，集于郎门之垝；再奏之，而列；三奏之，延颈而鸣，舒翼而舞。音中宫商之声，声闻于天"(《韩非子·十过》)。风雨暴至：这是说晋平公又要师旷奏《清角》乐曲，"一奏之，有玄云从西北方起；再奏之，大风至，大雨随之，裂帷幕，破俎豆，隳廊瓦，坐者散走"。平公癃病，晋国赤地：是说师旷演奏导致"神物下降"，"风雨暴至"，使"平公恐惧，伏于廊室之间。晋国大旱，赤地三年，平公之身遂癃病"。 ⑦ 庶女叫天……海水大出：原注为"庶贱之女，齐之寡妇，无子不嫁，事姑谨敬。姑无男有女，女利母财，令母嫁归，妇亦不肯。女杀母以诬寡妇，妇不能自明，冤结叫天，天为作雷电，下击景公之台(陨，坏也)。毁景公之支体，海水为之大

溢出也”。⑧ 瞽：眼瞎。古代以瞽师作乐师。菓：枲，麻的总称。尚菓即《周官》里说的“典枲”；典枲（菓）是一种管理麻草的小官。飞羽：飞扬的羽毛。⑨ 专精：精神专一。厉：磨砺。激厉至精：原注为“以精诚感之”。⑩ 诛：惩罚。圹虚：旷野。⑪ 袭：重。重袭：重叠。⑫ 雍门子：先秦齐国人，名周，住雍门，故名雍门子。《说苑·善说》记载雍门子以琴见孟尝君之事：“雍门子周引琴而鼓之，徐动宫徵，微挥羽角，切终而成曲。孟尝君涕浪汗增欷而就之，曰：‘先生之鼓琴，令文立若破国亡邑之人也。’”孟尝君：齐相田文，封于薛地。⑬ 增：指重复不停。欷：抽泣。歍唈：失声哭泣。狼戾：同“狼藉”，纵横的意思。⑭ 形：形成。谕：表露、表明。不传之道：原注为“言能以精神哀悲感伤人心，不可学而得之”。⑮ 蒲且子：楚人，善射。连：取、得。⑯ 詹何：楚人，善钓。骛鱼：原注为“詹何，知道术者也。言其善钓，令鱼驰骛来趋钩饵，故曰骛鱼”。⑰ 太浩之和：原注为“得其精微，故曰太浩之和也”。⑱ 知：智。辩：辩说。⑲ 东风至而酒湛溢：王念孙解释为“酒性温，故东风至而酒为之加长（涨）”。这符合《春秋繁露·同类相动》说的“东风而酒湛溢”，为“阳益阳”之原则。湛：漫。⑳ 咡：同“珥”。蚕咡丝而商弦绝：原注为“老蚕上下丝于口，故曰咡丝。新丝出，故丝脆，商于五音最细而急，故绝也”。原注又解释为“商，西方金音也，蚕，午火也，火壮金困（囚），应商而已。或有新故（旧）相感者也”。这是用五行相克解释之。㉑ 感：感应。㉒ 随：指圈，还通“椭”和“卷”，均指圆圈。月运：月晕，是月光通过云层中的冰晶时经折射在月亮周围形成一个大圆圈。画随灰而月运阙：是说用芦苇灰在月光照射的地面上画圆并留缺口，月晕也会随之出现缺损。古代还将月晕与军事上的围守相联系，如《太平御览》引许昚注说“有军事相围守则月晕，以芦灰环，阙其一面，则月晕亦阙于上”，这样围困也会随之被击破。㉓鲸鱼死而彗星出：原注为“鲸鱼，大鱼，长数里，死于海边。鱼之身贱也，彗星为变异，人之害也，类相动也”。㉔怀道而不言，泽及万民：是说圣人行自然无为之道，故泽及万民。㉕背谲：也作“背穴”“背璚”“倍僪”，皆为“背镝”之假字。古人将反常的日珥现象称为“背镝”，原注为“日旁五色气，在两边外出为背，外向为谲，内向为珥，在上外出为冠”。㉖徵：征兆。㉗涔：指雨水多。㉘阳燧：也称“夫燧”。阳燧、方诸：参见《天文训》注㉗。㉙历：数，计。㉚手徵：蒋礼鸿认为应作“玄微”，因为“玄”与“手”形近，“微”为“徵”形误。光：当为“兆”。㉛以：以之。“之”代替阳燧、方诸。引类：招引同类。太极：天。㉜傅说：殷时人，为武丁访得任为相，死后升天为星宿，成为大辰之尾的傅说星，故曰“骑辰尾”。㉝就：指亲近。去：指疏远。㉞隋侯之珠：原注为“隋侯，汉东之国，姬姓诸侯也。隋侯见大蛇伤断，以药傅(敷)之，后蛇于江中衔大珠以报之。因曰隋侯之珠，盖明月珠也”。和氏之璧：原注为“楚人卞和得美玉璞于荆山之下，以献武王。王以示玉人，玉人以为石，刖其左足。文王即位，复献之，以为石，刖其右足。抱璞不释而泣血。及成王即位，又献之。成王曰：‘先君轻刖而重剖石。’遂剖视之，果得美玉，以为璧，盖纯白夜光”。㉟澜漫：应倒作“漫澜”，杂乱分散的样子。捐：和“弃”义相同。五帝：或指黄帝、颛顼、帝喾、尧、舜，或指伏羲、神农、黄帝、尧、舜，或指少皞、颛顼、高辛、尧、舜。推蹶：推翻、推倒，毁坏的意思。三王：夏禹、商汤、周文王。 ㊱ 缩：藏。 ㊲ 隐道而不言：原注为“隐仁义之道，不正谏直言也”。准：望，窥测。怀：原注为“思”。当：合。 ㊳ 参耦：叁偶，三三两两。比周：拉帮结派。 ㊴ 载：载犹“事”，又犹“生”。骄：骄纵。 ㊵ 植社：置社，社主，土地神的牌位。墉：裂、坼的意思。容台：古代讲习礼仪的高台。振：震动。 ㊶ 蓐：草垫。澳：隩，室内的西南角。犬群嗥……席澳：这两句是说由君主倒行逆施而震怒上天，降灾难于人间，导致家畜不宁。 ㊷ 挐：凌乱。容：修饰打扮容貌。曼声：舒展悠长的歌声，这里用作名词，指善歌者。《战国策》有“豫让吞炭为哑”的记载。 ㊸ 听：聽，应为“德”，“德”通“得”，不德其乐即“不得其乐”，意为尽管进行田猎也无法得到乐趣，与上句“丧不尽其哀”文义一致。 ㊹ 西老：西王母。胜：头饰。啸吟：长啸叹息。 ㊺ 铩：残。废：使残废。 ㊻ 峻干：高大的树木。洼水：深水。 ㊼ 首穴：头朝巢穴。放失：走失、跑散。 ㊽ 莎薠：野草的名称。 ㊾ 积：堆积。廉：边角、棱角。璧：中间有空的平圆形的玉器。袭：积，时间长的意思。理：纹理。 ㊿ 磬：空。“磬龟无腹”是说频繁地灼龟甲占卜，以致龟甲为之稀烂穿空。蓍策：蓍草占筮。 (51) 能：贤能、才能。黜：贬斥，废免，罢免。端：事端，指乱子、事故，这里引申为歪门邪道。 (52) 刻削：这里指严酷尖刻。 (53) 修：应作“循”。《文子·上礼》作“循太常”。太常：国家重大的礼法规则。汉时还设有“太常”的官职，掌管礼乐郊庙等事宜。 (54) 隳：毁坏。隳肢体：引申为根除禁绝欲念。 ㊿ 反：返。

〔鉴　赏〕

本卷作者根据自然社会中存在的大量深微窈冥玄妙的现象入手，注重发明天人之间以及万事万物之间相互感通、相互影响的微妙关系。由于《淮南子》在此卷之前连续三卷重点阐述天道，此卷之后则开始重点论析人道，故本卷以天人感应、物类相感为主题，可以视作《淮南子》由论述天道到人道的过渡。关于“感应”，《说文解字》释“感”为“动人心也”，物来动人，而人心则动以相应，此为人与物之“感应”。简言之，“感”是物来感人，“应”是人去应物。并且，不独人与物相感应，古人把人与人、物与物之间的关系也了解为一种感应关系，可以说，“感应”乃是古人领会世界的一种基本方式(曾亦《感应与良知》)。因此，恰当地领会“感应”的思维方式，不仅是我们合理地理解《览冥训》的基础，也是我们合理地理解贯穿于《淮南子》全书的天人合一论的基础。

在“科学”的思维方式已经深入人心的今天，中国古人的“感应”观念似乎显得很不“科学”，因为今人已经习惯于运用“科学”的因果律去推导和把握事物之间的关系，这样，“感应”的思维方式就显得很独断，往往被认为是牵强附会。然而，根据弗雷泽、列维-布留尔等人类学家的研究，“感应”的思维方式有着其独特的价值，他们认为，“感应”以一种不同于现代人的思维方式了解事物之间的关系，这虽然有意或无意地忽视了事物之间在经验特征上的关系，但却力图建立事物之间一种所谓内在的关系。换言之，现代人看重事物在经验上的差别而把事物区别开来，然后再从这种差别出发去建立事物之间的相互关系;而古人刚好相反,漠视事物在经验上的差别(甚至经验上的可能联系),而直接从一种内在本质的方面把事物等同起来,这就是古人对世界大全的了解(曾亦《感应与良知》)。

以我们在这里节选的第一段文字为例,作者直接把师旷奏乐与玄鹤飞来、狂风暴雨骤作、平公重病、晋国大旱联系在一起,把庶女含冤叫天与雷鸣电闪、楼台倒塌砸伤景公、海水漫溢联系在一起,以今天的科学眼光来看,这些事物之间并没有必然的因果关系,但古人为什么要构造这样的故事呢?一个重要的原因,即在于古人并不关心这些事物在经验上的联系和差别,他们注重的是事物内在的价值。具体来说,晋平公不是有道之君,却执意要师旷演奏神圣之乐,在古人看来晋平公不配听这样的圣乐,因此乐声一起,即造成平公重病、晋国大旱等一系列恶果;同理,庶女含冤而叫天,天亦对与之相关的恶势力予以惩罚。上述这种感应关系,显然不同于现代科学的因果逻辑关系,而是包含有一种强烈的价值判断在其中,也正是这种价值判断,构成了古人所认为的事物的内在本质,同时也构成了人文世界的核心要素。

同时,在师旷奏乐和庶女叫天两则寓言中,我们可以发现,作者把师旷奏乐和庶女叫天的一系列后果视为一种自然而然发生的事情:师旷奏乐之后,玄鹤自然飞来,风雨自然骤作,平公自然重病,晋国自然大旱;同理,庶女含冤叫天之后,雷鸣电闪自然发生,楼台自然倒塌,海水自然漫溢。这一系列的事件显然不是师旷和庶女能够一手造成的,而是自然地感应和发生的;也即是说,作者并未给这一系列的事件设定一个推动者。

这就说明，所谓“感应”，不过是事物之间的沟通或交通，事物之沟通或交通之可能，仅仅是因为事物本已处在沟通或交通之中。换言之，当事物彼此隔绝，各为限界，感应是不可能的；只有当事物彼此互相敞开，泯灭自我，彼此之感应才得以可能。彼此之间的那种交融不是相互关系的结果，而是彼此关系的前提（曾亦《感应与良知》）。

正是由于物类之间的彼此“感应”是其彼此关系的前提，是事物存在的一种基本情境，因而我们是无法对这种“感应”作分解或推理的；因为一旦有分解或推理，也便意味着“感应”退居第二位，代之而起的将是事物之间的限隔。也正是由此，《览冥训》强调“物类之相应，玄妙深微，知不能论，辩不能解”。特别是当涉及价值判断时，如“圣人在位，怀道而不言，泽及万民”（其具体内容可参看第六段文字）；反之，“君臣乖心，则背谲见于天”（其具体内容可参看第五段文字）。由于这里所要表达的乃是古人对于理想社会的基本价值设定，没有这种天人感应、物类相感的价值判定，也便无法保证社会的“善”；因此，这种设定是不能通过经验性的统计来知论、辩解的。

《览冥训》对于物类感应只能体认而不能辨析的观点，我们在人与人之间的关系中可以最为深切地体会到。正如曾亦教授所指出的，“原始人正是因为经验到许多事物都包含一种共同的神圣力量，我们才把它们看成一类。同一类事物具有一种非常密切的亲缘关系，所以，神话传说总是用一种血亲关系来说明同一类事物之间的那种息息相关的关系，直到今天，我们还能在一种较小的家庭中经验到这种关系，那种宁静默契、彼此相应是如此令人沉醉和向往，人们却又常常未能察觉到这种无时无处不在的交流”(曾亦《感应与良知》)。《览冥训》亦举出“雍门子见孟尝君”的故事来说明之：雍门子以悲歌触动了孟尝君心中的隐痛，使孟尝君情不自禁地欷歔叹息，以至于泣不成声、泪流不止。孟尝君因悲歌而感怀乃是其个人的自身体验，是无法剖解之后传授给别人的，所以说这是“不传之道”。

进而，《览冥训》提出一切感应都有一个“君形者”，也即统治、决定“形”(外在经验)的因素，而这个“君形者”，实际上也即我们在上文中所提到的事物的内在本质、内在价值或内在实情。而这个“君形者”，其实也正是物类相感的基础：就内在本质而言，我们可以谓之“真”；就内在价值而言，我们可以谓之“善”；就内在实情而言，我们可以谓之“美”。真、善、美三位一体，构成了天人一体、物类感应的基础。正是由于感应乃是以真、善、美为前提，因而天人感应、物类相感被《览冥训》视为天、人所当共由之“道”。就此而言，我们在这里节选的第四段文字中对“道”的描述和赞美，其实也就是对天人感应、物类相感之思维方式的肯定和赞美。

最后，再次将古人“感应”的思维方式与现代的“科学”思维方式作一比较：以今人眼光来看，古人窦娥冤式的故事情节似乎有些荒诞不经，乃至被斥为迷信，而古人所认为的山中云气像草莽、水上云气如鱼鳞、旱田云气似烟火、雨天云气若水波等观念似乎也很有些牵强附会；但是，当我们考究清楚了古人为什么会说这样的话、构造这样的故事之后便会发现，古人的构造并非是全然无意义的无稽之谈，恰恰相反，它们充满着丰富的“意义”，并且，这些天人感应、物类相感的观念都是力图以真、善、美为基础的。就此而言，与今人所谓纯粹客观的科学态度，以及各种所谓科学的社会理论构造相比，古人“感应”的思维方式不是自然有其独特的魅力和价值吗？

总而言之，作为古人领会世界的基本方式，《览冥训》为我们所展开的天人感应、物类相感的思维方式，由于更加注重天人、万物之间的一体与谐和，更加强调天人、万物的内在特质，更加强调真、善、美的遍在性，因而自然具有一种值得今人细心领会、善加汲取的永恒价值。特别是在当今社会，各种有关自然的、社会的“科学”理论风起云涌，不仅将万物剖解、分析得七零八落，而且也将各个国家及各种社会团体、人与人之间的利益关系暴露得一览无余，由此，人与物之间、国与国之间、人与人之间便多了许多限隔与矛盾，少了许多和谐与温暖。“科学”不必然等于理智，“感应”也不必然就是迷信，“感应”的思维方式中有着太多理智的、智慧的因素需要当今的科学主义者去领会、去汲取。

（刘康德　张锋宾）

卷 七

精神训

——生命哲学：不以物易己

〔题 解〕

精者，人之气；神者，人之守也。本其原，说其意，故曰"精神"，因以题篇。

〔要 略〕

《精神》者，所以原本人之所由生[1]，而晓寤其形骸九窍取象与天[2]，合同其血气，与雷霆风雨[3]，比类其喜怒，与昼宵寒暑并明[4]；审死生之分，别同异之迹，节动静之机，以反其性命之宗，所以使人爱养其精神，抚静其魂魄，不以物易己，而坚守虚无之宅者也。

〔一〕 古未有天地之时，惟像无形[5]，窈窈冥冥，芒芠漠闵，澒蒙鸿洞，莫知其门[6]。有二神混生，经天营地[7]；孔乎莫知其所终极，滔乎莫知其所止息[8]。于是乃别为阴阳，离为八极，刚柔相成[9]，万物乃形。烦气为虫，精气为人[10]。是故精神，天之有也，而骨骸者，地之有也。精神入其门，而骨骸反其根[11]，我尚何存？是故圣人法天顺情，不拘于俗，不诱于人，以天为父，以地为母，阴阳为纲，四时为纪[12]。天静以清，地定以宁，万物失之者死，法之者生[13]。

夫静漠者，神明之宅也；虚无者，道之所居也[14]。是故或求之于外者，失之于内；有守之于内者，失之于外[15]。譬犹本与末也，从本引之[16]，千枝万叶莫不随也。夫精神者，所受于天也；而形体者，所禀于地也。故曰："一生二，二生三，三生万物。万物背阴而抱阳，冲气以为和[17]。"

头之圆也象天，足之方也象地。天有四时、五行、九解[18]、三百六十六日[19]，人亦有四支、五藏、九窍、三百六十六节[20]。天有风雨寒暑，人亦有取与喜怒。

〔二〕 日月失其行，薄蚀无光；风雨非其时，毁折生灾；五星失其行，州国受殃。夫天地之道，至纮以大[21]，尚犹节其章光[22]，爱其神明，人之耳目曷能久熏劳而不息乎？精神何能久驰骋而不既乎[23]？

〔三〕 夫孔窍者，精神之户牖也；而气志者，五脏之使候也[24]。耳目淫于声色之乐，则五藏摇动而不定矣。五藏摇动而不定，则血气滔荡而不休矣。血气滔荡而不休，则精神驰骋于外而不守矣。精神驰骋于外而不守，则祸福之至，虽如丘山，无由识之矣[25]。使耳目精明玄达而无诱慕[26]，气志虚静恬愉而省嗜欲，五藏定宁充盈而不泄，精神内守形骸而不外越，则望于往世之前，而视于来事之后，犹未足为也[27]，岂直祸福之间哉！故曰："其出弥远者，其知弥少。"以言夫精神之不可使外淫也[28]。是故五色乱目，使目不明；五声哗耳，使耳不聪；五味乱口，使口爽伤[29]；趣舍滑心，使行飞扬[30]。此四者，天下之所养性也[31]，然皆人累也。故曰：嗜欲者，使人之气越，而好憎者，使人之心劳，弗疾去，则志气日秏[32]。

〔四〕 夫悲乐者，德之邪也；而喜怒者，道之过也；好憎者，心之暴也[33]。故曰："其生也天行，其死也物化[34]，静则与阴俱闭，动则与阳俱开[35]。"精神澹然无极，不与物散，而天下自服。故心者，形之主也；而神者，心之宝也。形劳而不休则蹶[36]，精用而不已则竭。是故圣人贵而尊之，不敢越也。

〔五〕 若吹呴呼吸，吐故内新，熊经鸟伸，凫浴猿躩，鸱视虎顾[37]，是养形之人也，不以滑心[38]。使神滔荡而不失其充，日夜无伤而与物为春，则是合而生时于心也[39]。且人有戒形而无损于心，有缀宅而无耗精[40]；夫癞者趋不变[41]，狂者形不亏，神将有所远徙，孰暇知其所为！故形有摩而神未尝化者，以不化应化，千变万抮而未始有极[42]。化者，复归于无形也；不化者，与天地俱生也。夫木之死也，青青去之也。夫使木生者岂木也[43]？犹充形者之非形也[44]。故生生者未尝死也，其所生则死矣；化物者未尝化也，其所化则化矣。轻天下，则神无累矣；细万物[45]，则心不惑矣；齐死生，则志不慑矣[46]；同变化，则明不眩矣[47]。

〔六〕 知宇宙之大，则不可劫以死生；知养生之和，则不可县以天下[48]；知未生之乐，则不可畏以死；知许由之贵于舜[49]，则不贪物。

〔七〕 今夫儒者，不本其所以欲而禁其所欲[50]，不原其所以乐而闭其所乐，是犹决江河之源而障之以手也。夫牧民者[51]，犹畜禽兽也，不塞其囿垣，使有野心，系绊其足，以禁其动，而欲修生寿终，岂可得乎？夫颜回、季路、子夏、冉伯牛，孔子之通学也[52]。然颜渊夭死[53]，季路菹于卫[54]，子夏失明[55]，冉伯牛为厉[56]，此皆迫性拂情而不得其和也。故子夏见曾子，一臞一肥[57]。曾子问其故，曰："出见富贵之乐而欲之，入见先王之道又说之[58]。两者心战，故臞；先王之道胜，故肥。"推此志，非能贪富贵之位[59]，不便侈靡之乐，直宜迫性闭欲[60]，以义自防也。虽情心郁殪[61]，形性屈竭，犹不得已自强也，故莫能终其天年[62]。若夫至人，量腹而食，度形而衣，容身而游，适情而行，余天下而不贪，委万物而不利[63]，处大廓之宇，游无极之野，登太皇，冯太一，玩天地于掌握之中[64]，夫岂为贫富肥臞哉！

〔注　释〕

① 原本：指推究本原、本质。② 取象：仿效、模仿。③ 与：如同。④ 宵：夜。并明：王念孙认为"并明"为后人妄加。⑤ 惟：只。像：象。⑥ 窈窈冥冥：昏暗不明、幽深奥秘。芒芠漠闵，澒蒙鸿洞：混沌不清。莫知其门：无法知道它的门道，是说对某事物不明原委。⑦ 二神：指阴阳之神。经营：营造。⑧ 孔：深。滔：广阔、宽大。⑨ 刚柔：指阴阳。⑩ 烦：杂乱。精气：轻纯精气。⑪ 门：归属、归宿，指天。反：返。根：根本，指地。⑫ 纲、纪：指规律、准则。⑬ 以：而。之：代天清静、地宁定。法：依附不违背。⑭ 宅、居：指住所。⑮ 外：身外、外形。内：内心。⑯ 引：牵引、拉动。⑰ 语出《老子・四十二章》。⑱ 解：分。九解：九大分野。⑲ 三百六十六：王念孙认为应作三百六十。⑳ 节：应指经络、经脉。㉑ 纮：通"宏"。㉒ 章：文采。㉓ 熏：孙诒让认为"熏"当作"勤"。"熏"也可引申为焚灼的意思，所以"熏劳"也就指劳之甚。既：止。㉔ 气志：王念孙认为"气志"当为"血气"。使：有使者的意思。㉕ 识：知道、感觉到。㉖ 玄达：通畅、通达。㉗ 未足：不够。㉘ 外淫：外泄散逸。㉙ 爽：伤也。以上几句语出《老子・十二章》。㉚ 趣舍：取舍、趋舍，二字义在"趣"上，指计较得失、追逐名利。滑：乱。行飞扬：指行为越轨，放荡不羁。㉛ 性：生。㉜ 秏：通"耗"。㉝ 暴：

《文子·九守·守虚》作“累”。㉞天行：天地自然运行。物化：物质自然变化。㉟语出自《庄子·天道》《庄子·刻意》。后两句语《庄子》作“静而与阴同德，动而与阳同波”。㊱蹶：损伤。㊲呴：吐气。内：通“纳”。经：吊。凫：野鸭。躩：跳跃。鸱：鸢、鹞鹰。以上均指古代导引养生之法。㊳滑：乱。㊴充：充实。日夜：昼夜或四季阴阳。春：指生命力、活力。生时于心：内心有着感应四时变化的能力。㊵戒：作“革”，改变的意思。戒形：外形改变，如畸形、残废。缀：通“辍”，停止、离开的意思。缀宅：指生命结束。秏：通“耗”。㊶癞：或作“介”，“介”即“疥”，疥疮。趋：通“趣”，志趣。㊷摩：磨，磨灭、磨损。抮：转、变。㊸岂木：原注为“使木生者天地，故曰‘岂木’也”。㊹充形者：原注为“充形者，气也”。㊺细：小。㊻慑：畏惧、恐惧。㊼明：眼睛。㊽县：通“悬”，悬挂，这里是诱惑、引诱的意思。㊾许由之贵于舜：许由是传说中尧舜时代的隐者，舜则是尧的继承者，《庄子·逍遥游》载有“尧让天下于许由”的故事：“尧让天下于许由，曰：‘日月出矣，而爝火不息，其于光也，不亦难乎！时雨降矣，而犹浸灌，其于泽也，不亦劳乎！夫子立而天下治，而我犹尸之，吾自视缺然。请致天下。’许由曰：‘子治天下，天下既已治也，而我犹代子，吾将为名乎？名者，实之宾也，吾将为宾乎？鹪鹩巢于深林，不过一枝；偃鼠饮河，不过满腹。归休乎君，予无所用天下为！庖人虽不治庖，尸祝不越樽俎而代之矣。’”㊿本：探寻本原、探究本原。下句“原”意义同此。(51)牧民：治理百姓、管理百姓。(52)颜回、季路、子夏、冉伯牛：均为孔子的学生。通学：通晓孔子学说。 ⑬ 颜渊：颜回字子渊，故亦称颜渊。颜渊夭死：《史记·仲尼弟子列传》记载："（颜）回年二十九，发尽白，蚤（早）死。孔子哭之恸，曰：'自吾有回，门人益亲。'鲁哀公问：'弟子孰为好学？'孔子对曰：'有颜回者好学，不迁怒，不贰过。不幸短命死矣，今也则亡。'" ⑭ 季路：即子路。季路葅于卫：是说季路在卫君父子争权的拼杀中被杀，剁成肉酱。 ⑮ 子夏失明：子夏姓卜名商，长于文学，晚年因丧子痛哭而失明。 ⑯ 冉伯牛为厉：冉伯牛长于德行，然而得恶疾而死。厉：通"疠"，指恶疾。 ⑰ 曾子：名参，字子舆，孔子学生。臞：瘦削。 ⑱ 说：同"悦"。 ⑲ 非能贪富贵之位：王念孙认为"贪"上应加"不"字。 ⑳ 宜：王念孙认为是衍文。 ㉑ 郁殪：忧闷压抑。 ㉒ 虽情心郁殪……莫能终其天年：原注为"义以自防，故情心郁殪不通，形性屈竭也。以不得止而自勉强，故无能终其天年之命"。 ㉓ 委：抛弃。 ㉔ 太皇：太空、上天。冯：依靠、凭借。玩：玩弄。

〔鉴　赏〕

本卷叙述了人的形体和精神的产生、构成及对精神的持守等一系列有关人之生命本身的问题，故可以视为《淮南子》的生命论。关于本卷标题中的"精神"二字，高诱在题解中注云："精者，人之气；神者，人之守也。""精气"实际上是偏重于从物质形体的层面来讨论生命的构成，而"神守"则是偏重于从现代意义上的精神意识的层面来讨论生命的活动。由此可见，本卷所谓"精神"是兼指形体、精神二者而言的。而本卷通过对于人之形体、精神的源起、构成以及二者的关系等方面的论述，所希望达至的目标则是《要略》中所说的“使人爱养其精神，抚静其魂魄，不以物易己，而坚守虚无之宅者也”。也即是说，希望“天下熙熙皆为利来，天下攘攘皆为利往”(《史记·货殖列传》)的人们能够返归其生命本身，不为外在的名利所动，从而静养其形体、安定其心志。

首先，作者追溯了生命的起源，认为万物皆由阴阳二气相荡而生，其中杂乱的气(烦气)产生鱼鸟禽兽和昆虫，而纯精的气则产生人类；同时，人内在的精神心志乃禀受于天，外在的形体骨骸则来源于地；此外，作者还将人与天地相类比，认为“头之圆也象天，足之方也象地”，从形貌上来说，“天有四时、五行、九解、三百六十六日，人亦有四支、五藏、九窍、三百六十六节”，从神情上来说，“天有风雨寒暑，人亦有取与喜怒”。《精神训》对于生命源起的这种追溯，在今天看来可能甚为荒谬，然而，仔细品味其立论的出发点，我们便会发现这种思想自有其独特的可取处：其一，人与万物起源于同一个原始环境，则人与万物的基本关系应当是相亲而非相敌的；其二，天地作为人之起源的原始环境，自然有人应当尊重和效法者，《精神训》极力把人之生命与天地相牵合，实际上也即是在强调人之生存环境对于自身生命的重要意义；其三，人之生命既然源于天地，则人就不应当拘于小“我”、师心自用，而应当有一种与天地万物同体的生命情怀。

也正是基于上述认识，本卷作者由“精气为人”谈到精神主内，认为过分以小“我”为中心、追求外在的名利，就会失去对内心精神世界的保养持守，反过来对某些事情一直耿耿于怀，也会影响人体外形的健康。这种精神主内对人的决定作用就像树干对树枝的决定作用一样，用作者的话来说是“从本引之，千枝万叶莫不随也”。人只有内守精神，使之不外泄散，才能达到养生养性的目的。这就又回到了作者一贯强调的养虚静之神、存平和之性、内修道术的理路上来了，所以作者说："夫静漠者，神明之宅也；虚无者，道之所居也。"而对于这种虚静、平和之道的主张，在某种程度上也是得益于天道的启发："夫天地之道，至纮以大，尚犹节其章光，爱其神明，人之耳目曷能久熏劳而不息乎？精神何能久驰骋而不既乎？"宏大深邃的天地之道尚且还要节制，何况是人呢？

其次，作者又紧接着从生命本身之构成的层面阐述了人不为外物所牵引、内守精神的重要性。作者认为，人的五官七窍是精神的门户，五官如果沉溺在声色之中，则必然会使五脏动荡不安，进而使气血激荡不休，最终便会导致精神驰骋在外而不能内守。由此，作者认为，"五色乱目，使目不明；五声哗耳，使耳不聪；五味乱口，使口爽伤；趣舍滑心，使行飞扬"。这其实也即是老子所说的："五色令人目盲，五音令人耳聋，五味令人口爽，驰骋畋猎令人心发狂，难得之货，令人行妨。"(《老子·十二章》)因为嗜欲最终会使人精气散逸，而妄生的爱憎之情则使人心力疲惫，所以人应当节制自己的各种欲望，以清虚宁静为本。《精神训》认为，人之生命的各种构成要素的理想状态应当是：五官七窍精明通畅而不受外界的诱惑，气志虚静恬愉而省却嗜欲，五脏安宁充盈而不外泄，精神持守于内心而不外越。

简言之，就精神与形体二者的关系来说，"心者，形之主也；而神者，心之宝也"，心是形体的主宰，而精神则是心的本体。只要精神品性合于自然道体，内心有着感应四时变化的能力，那么日夜、阴阳等外在环境不管怎样变化都不能伤害到他，人之生命也便能够一直葆有青春活力，这就是文中说的"日夜无伤而与物为春"。而体育锻炼类的活动，如"吹呴呼吸，吐故内新，熊经鸟伸，凫浴猿躩，鸱视虎顾”，等等，在作者看来只是“养形”，并非是保养生命的关键所在。正是因为这样，所以真人是重精神而轻形体的，真人情愿像生癞疮的人——虽然形体受损但精神却无损，志趣也不变，不愿如狂者——虽然看上去外形完好，但精神却已远离其身躯。

最后，作者强调了自己所倡导的持守精神、节制欲望，与儒家“禁其所欲”“闭其所乐”的主张有着根本性的不同。儒家严分义利，如孟子所说："为人臣者，怀利以事其君，为人子者，怀利以事其父，为人弟者，怀利以事其兄，是君臣父子兄弟，终去仁义，怀利以相接，然而不亡者，未之有也。”(《孟子·告子下》)人如果都以利欲为标准来行事，则最终必然会远离仁义。这样，儒家便在利欲与仁义之间制造了一种对立性的紧张关系，这种紧张关系在宋明儒学“存天理、灭人欲”的口号中表现得最为突出。而《精神训》的作者则认为，儒家严分义利的禁欲主义倾向是“迫性拂情”，也即违逆人之本性的，正是由此，孔门四大弟子均不得善终："颜渊夭死，季路菹于卫，子夏失明，冉伯牛为厉”。此外，《精神训》还举了子夏一臞一肥的故事，来说明儒家在利欲与仁义之间所建立的紧张关系：富贵之利是人之所乐，仁义之道亦是人之所乐，但二者又不可调和，故“两者心战”，必有一胜方得安定。儒家严分义利、舍利欲而取仁义的做法，虽然也是为了扫除外在的嗜欲对于心灵的烦扰以追求大道，但由于这实际上表现出一种对于利欲的片面排斥态度，从而使得舍利欲而取仁义的过程多了许多艰辛，少了许多自然的和乐，以至于易使人“情心郁殪，形性屈竭，犹不得已自强也，故莫能终其天年”。

《精神训》在对儒家带有禁欲主义倾向的主张作了一番剖析之后，提出自己所倡导的持守精神、节制欲望，实际上是希望人们能够像至人那样“量腹而食，度形而衣，容身而游，适情而行，余天下而不贪，委万物而不利，处大廓之宇，游无极之野，登太皇，冯太一，玩天地于掌握之中，夫岂为贫富肥臞哉”，这样，欲利与情志之间也便达致一种谐和：从形体欲利的一面来说，“量腹而食，度形而衣，容身而游，适情而行”，吃穿游乐一切随其自然之度，无须禁绝；从精神情志的一面来说，“处大廓之宇，游无极之野，登太皇，冯太一，玩天地于掌握之中”，实际上也即是希望人能够舍私小而就广大，与天地万物为一体，从而虚静逍遥、精神和乐安宁。一切自然之欲利得到恰当的满足之后，也便自然不会内伤其精神气志；能够善养其廓然而大公的精神气志，也便能够自然不为嗜欲所烦扰，一切以自然满足为限。这样，《精神训》便在形体利欲与精神气志之间建立了一种谐和而非紧张的关系，其节制欲望的主张乃是本其自然之欲，而非禁绝人欲，也便十分明了了。

总而言之，本卷作为《淮南子》由天人感应论转入论析人道的首卷，首先以人之生命本身为中心，从生命的源起、各种构成要素等角度全面而深入地阐述了《淮南子》的生命哲学。其要义在于：人之形体精神源于天地，故人当能够舍私小而就广大，常思与天地万物之谐和，从而不因私利私欲而为外物所牵引，以常葆生命之本真。一言以蔽之：“独与天地精神往来，而不敖倪于万物。”（《庄子·天下》）最后，我们不妨以《精神训》中的一段话对其生命哲学作一小结：“轻天下，则神无累矣；细万物，则心不惑矣；齐死生，则志不慑矣；同变化，则明不眩矣。”

（刘康德　张锋宾）

卷　八

本经训

——政治哲学：太清之治及其流遁

〔题　解〕

本，始也。经，常也。本经造化出于道，治乱之由，得失有常，故曰“本经”，因以题篇。

〔要　略〕

《本经》者，所以明大圣之德，通维初之道，埒略衰世古今之变[1]，以褒先世之隆盛，而贬末世之曲政也，所以使人黜耳目之聪明，精神之感动[2]，樽流遁之观[3]，节养性之和，分帝王之操，列小大之差者也。

〔一〕　太清之始也[4]，和顺以寂漠，质真而素朴；闲静而不躁，推移而无故[5]；在内而合乎道，出外而调于义[6]；发动而成于文，行快而便于物[7]；其言略而循理，其行侻而顺情[8]；其心愉而不伪，其事素而不饰。是以不择时日，不占卦兆，不谋所始，不议所终；安则止，激则行。通体于天地，同精于阴阳，一和于四时，明照于日月，与造化者相雌雄[9]。是以天覆以德，地载以乐[10]；四时不失其叙，风雨不降其虐；日月淑清而扬光[11]，五星循轨而不失其行。当此之时，玄元至砀而运照[12]，凤麟至，蓍龟兆，甘露下，竹实满，流黄出，而朱草生[13]，机械诈伪莫藏于心。

〔二〕 古之人，同气于天地，与一世而优游。当此之时，无庆贺之利[14]，刑罚之威，礼、义、廉、耻不设，毁、誉、仁、鄙不立[15]，而万民莫相侵欺暴虐，犹在于混冥之中。逮至衰世，人众财寡，事力劳而养不足，于是忿争生，是以贵仁。仁鄙不齐，比周朋党，设诈谞，怀机械巧故之心，而性失矣[16]，是以贵义。阴阳之情莫不有血气之感[17]，男女群居杂处而无别，是以贵礼。性命之情[18]，淫而相胁[19]，以不得已则不和，是以贵乐。是故仁、义、礼、乐者，可以救败，而非通治之至也[20]。

夫仁者，所以救争也；义者，所以救失也；礼者，所以救淫也；乐者，所以救忧也。神明定于天下而心反其初[21]，心反其初而民性善，民性善而天地阴阳从而包之[22]，则财足而人澹矣，贪鄙忿争不得生焉。由此观之，则仁义不用矣。道德定于天下而民纯朴，则目不营于色[23]，耳不淫于声；坐俳而歌谣，被发而浮游，虽有毛嫱、西施之色不知说也[24]，《掉羽》《武象》不知乐也[25]，淫泆无别不得生焉[26]。由此观之，礼乐不用也。是故德衰然后仁生，行沮然后义立[27]，和失然后声调，礼淫然后容饰[28]。是故知神明然后知道德之不足为也[29]，知道德然后知仁义之不足行也，知仁义然后知礼乐之不足修也。今背其本而求其末，释其要而索之于详，未可与言至也[30]。

〔三〕 帝者体太一[31]，王者法阴阳[32]，霸者则四时[33]，君者用六律[34]。

秉太一者，牢笼天地[35]，弹压山川，含吐阴阳，伸曳四时[36]，纪纲八极，经纬六合[37]，覆露照导[38]，普氾无私[39]，蠉飞蠕动，莫不仰德而生。阴阳者，承天地之和，形万殊之体[40]，含气化物，以成埒类[41]；赢缩卷舒，沦于不测，终始虚满，转于无原[42]。四时者，春生夏长，秋收冬藏；取予有节，出入有时；开阖张歙，不失其叙；喜怒刚柔，不离其理。六律者，生之与杀也，赏之与罚也，予之与夺也，非此无道也[43]。故谨于权衡准绳[44]，审乎轻重，足以治其境内矣。

是故体太一者，明于天地之情，通于道德之伦；聪明耀于日月，精神通于万物；动静调于阴阳，喜怒和于四时；德泽施于方外，名声传于后世。法阴阳者，德与天地参，明与日月并，精与鬼神总；戴圆履方，抱表怀绳[45]，内能治身，外能得人[46]，发号施令，天下莫不从风。则四时者，柔而不脆，刚而不鞼[47]；宽而不肆，肃而不悖[48]；优柔委从[49]，以养群类。其德含愚而容不肖，无所私爱。用六律者，伐乱禁暴，进贤而退不肖，扶拨以为正[50]，壤险以为平[51]，矫枉以为直，明于禁舍开闭之道[52]，乘时因势以服役人心也。

帝者体阴阳则侵[53]，王者法四时则削，霸者节六律则辱，君者失准绳则废[54]。故小而行大，则滔窕而不亲[55]；大而行小，则狭隘而不容[56]。贵贱不失其体[57]，而天下治矣。

〔四〕 凡乱之所由生者，皆在流遁。流遁之所生者五：

大构驾[58]，兴宫室；延楼栈道，鸡栖井干[59]；标林欂栌[60]，以相支持；木巧之饰，盘纡刻俨[61]；嬴镂雕琢，诡文回波[62]，淌游瀷淢，菱杼紾抱[63]；芒繁乱泽，巧伪纷挐[64]，以相摧错。此遁于木也。

凿污池之深，肆畛崖之远[65]；来溪谷之流，饰曲岸之际；积牒旋石，以纯脩碕[66]；抑淢怒濑[67]，以扬激波；曲拂邅回，以像湡、浯[68]；益树莲菱，以食鳖鱼[69]；鸿鹄鹔鷞[70]，稻粱饶余；龙舟鹢首[71]，浮吹以娱。此遁于水也。

高筑城郭，设树险阻；崇台榭之隆，侈苑囿之大，以穷要妙之望[72]；魏阙之高，上际青云；大厦曾加[73]，拟于昆仑；修为墙垣，甬道相连[74]；残高增下[75]，积土为山；接径历远[76]，直道夷险；终日驰骛，而无蹪蹈之患[77]。此遁于土也。

大钟鼎，美重器；华虫疏镂，以相缪紾[78]；寝兕伏虎，蟠龙连组[79]；焜昱错眩[80]，照耀辉煌；偃蹇寥纠[81]，曲成文章；雕琢之饰，锻锡文铙[82]；乍晦乍明，抑微灭瑕[83]；霜文沈居，若簟籧篨，缠锦经冗，似数而疏[84]。此遁于金也。

煎熬焚炙，调齐和之适，以穷荆、吴甘酸之变[85]；焚林而猎，烧燎大木；鼓橐吹埵[86]，以销铜铁；靡流坚锻，无猒足目[87]；山无峻干，林无柘梓[88]；燎木以为炭，燔草而为灰；野莽白素[89]，不得其时；上掩天光，下殄地财[90]。此遁于火也。

此五者一，足以亡天下矣。

〔五〕 夫天地之生财也，本不过五[91]。圣人节五行，则治不荒。

〔注 释〕

① 埒略：于省吾认为有"等差类别之义"。 ② 黜：废除、废弃。感动：指精神受外物刺激而动荡。 ③ 樽：通"撙"，有节制、抑止的意思。流遁：逸散。 ④ 始：王念孙认为"始"当为"治"。太清之治：指作者认定的理想社会。 ⑤ 推移：变化。故：常，指常规、规矩。 ⑥ 内：心志、精神。外：行为。义：作"德"释。 ⑦ 发动：原注为"发，动也。动，行也"。指行为举动。文：文章，这里指规则或法度。快：快捷。便：便利。 ⑧ 侻：简易。 ⑨ 雌雄：原注为"雌雄犹和适也"。 ⑩ 乐：原注为"生也"。这里是指大地承载乐土养育众生。 ⑪ 淑清：清朗、纯净。 ⑫ 玄元：天道。俞樾认为应作"玄光"。砀：通"啺"(唐的异体字)，大的意思。运照：遍照、普照。 ⑬ 兆：吉兆。

甘露：甘雨。竹实：竹子所结的果实。古人认为竹子开花结实为吉兆。流黄：宝玉。朱草：一种红色的草。以上几种均为瑞应祥兆。⑭庆贺：陈观楼认为“贺”当为“赏”，“庆赏”与下文“刑罚”相对。⑮毁誉：景宋本作“诽誉”（何宁《淮南子集释》）。鄙：鄙薄，与宽厚仁慈相对。⑯谞：计谋。机械：引申为机巧、奸诈。性失：原注为“失其纯朴之性也”。⑰阴阳之情：指男女情欲。血气之感：指男女性欲冲动。⑱性命之情：指人的性情，为喜怒哀乐之类。⑲淫：过度、过分放纵宣泄。胁：威胁。⑳救：防范、制止。至：最好、最佳。㉑神明：指“道”。反：返。下句“反”义同。㉒包：融合、融会。㉓营：迷惑。㉔毛嫱、西施：二人为古代美女。说：同“悦”。㉕《掉羽》《武象》：皆为周王朝用于祭祀、朝贺场合的乐舞名。㉖淫泆：荒淫放荡。㉗沮：败坏。㉘容：指法度。饰：整治。㉙道德：这里应指“德”。下句“道德”也应指“德”。㉚至：至理，这里指“道”。㉛体：法，这里指“遵循”。太一：《吕氏春秋·大乐》说“万物所出，主之以太一”。高诱注“太一，道也”。也有谓“太一”是天地未分之混沌元气。㉜王者：儒家以“仁义”治天下为“王者”。㉝霸者：与王者相对，以刑法治天下。四时：四季。㉞六律：下文“六律者，生之与杀也，赏之与罚也，予之与夺也”，指刑律法治，不是指音乐上的“六律”。㉟牢笼：笼罩的意思。㊱伸曳：调和的意思。㊲纪纲、经纬：经纪、管理、治理的意思。㊳覆露：覆盖滋润。照导：昭示引导。㊴普氾：普遍广泛。㊵形：形成。体：形体。㊶埒：形界。埒类：各种有形的物类。㊷沦：入。无原：无法度量、没有始终的境界或时空。 ㊸ 道：这里指方法。㊹ 权衡：指称量物体重量的器具。准绳：准是指测量平面的水准器，绳是指测量垂直的墨线。这里的权衡准绳代指法度。 ㊺ 表、绳：也指准则、法度。 ㊻ 外能得人：王念孙认为应为"外得人心"。㊼ 鞼：折。 ㊽ 肃：原注为"急"。 ㊾ 从：应作"纵"。"委纵"指宽容放纵，任物自然而然。 ㊿ 拨：不正。 51 壤：通"攘"，排除的意思。52 舍：通"赦"。 53 侵：侵侮。原注为"为诸夏所侵凌"。 54 君者失准绳则废：原注为"为臣所废，更立贤君"。 55 滔窕：原注为"不满密也"。窕：空隙、空疏。 56 容：包容。 57 体：体统。 58 驾：通"架"。 59 延楼：高楼。栈道：连接楼阁、凌空架设的通道、天桥。鸡栖：指鸡舍（见许匡一《淮南子全译》）。井干：高楼通道上类似井边围栏的栏杆。 60 标株：木柱。欂栌：斗拱。 61 盘：盘龙。纡：屈曲。俨：昂首。 62 蠃镂：精细刻镂。诡：奇异。回波：回旋的流水。 63 淌游：水流动的样子。瀷减：水流湍急。菱杼：菱类水草。紾抱：通"抮抱"，扭曲缠绕的样子。 64 芒：光。巧伪：奇巧。挐：纷乱。 65 污池：蓄水深池。肆：极。畛崖：边界。这是说湖面边界。 66 牒：通"叠"。积牒：堆积。旋：通"璇"，美玉名称。纯：边缘。碕：曲折的池岸、湖岸。 67 抑：遏制。減、濑：均指湍急的流水。 68 拂：逆。曲拂：指曲折。邅回：来回徘徊，指回旋。像：模仿。淍、浯：原注为"淍，番隅。浯：苍梧。之二国多水，江湖环之……故法而象之"。 69 树：种。食：饲养。 70 鸿鹄：天鹅。鹔鹴：雁类的一种。 71 鹢：一种水鸟的名称。龙舟鹢首：原注为"龙舟，大舟也，刻为龙文以为饰也。鹢，大鸟也，画其像著船头，故曰鹢首”。 ⑫ 崇：高。作动词用。台榭：原注为“积土高丈曰台，加木曰榭也”。隆：高。侈：广。苑囿：畜养禽兽的园林。有墙的叫苑，无墙的叫囿。要妙：神奇美妙的样子。 ⑬ 曾：通“层”。 ⑭ 甬道：楼阁之间的通道。 ⑮ 残：削。增：益、填。 ⑯ 接：疾，通“捷”。接径历远：王念孙认为应在“直道夷险”之下。 ⑰ 蹪蹈：应为“蹪陷”，跌落坑间、陷阱的意思。 ⑱ 华虫：指绘有花草鸟虫的图案。缪紾：互相缠绕纠结。 ⑲ 兕：兽名，指雌犀牛。组：结。 ⑳ 焜昱：光彩明亮。 ㉑ 偃蹇：曲折缭绕的样子。寥纠：缠绕纠结。 ㉒ 锻锡：冶炼用语。指将图案铸入器具表面。文铙：刻在铙（一种打击乐器）上的花纹。锻锡文铙：何宁《淮南子集释》说“曰锻锡文铙，谓锻锡而铙文遂生，即言铁之含锡量不同而雕饰之色彩浅深自异”。 ㉓ 微：孙诒让认为“微”为“釁”（简化字为“衅”），缝隙、裂纹的意思。瑕：斑点。 ㉔ 霜文：指器具上的纹色如霜。沈居：指各种图纹渗入器具之中，浑然一体。沈：通“沉”。簟：竹席。籧篨：比簟粗的席子。缠锦：杨树达怀疑“锦”当作“绵”。经冗：经线般长。数：密。 ㉕ 以穷荆、吴甘酸之变：原注为“荆，楚也。言二国善酸咸之和而穷尽之”。 ㉖ 橐：风箱。埵：指风箱与炉子相连的通风管子。 ㉗ 靡流：熔化成液态。坚锻：锤打坚实。猒：通“厌”，满足。目：应为“日”。 ㉘ 峻干：高大的树木。柘：桑。柘梓：桑梓。这里泛指各种可用木材。 ㉙ 野莽：野草。白素：形容白茫茫一片。 ㉚ 殄：尽。 ㉛ 五：指金、木、水、火、土五行。

〔鉴　赏〕

本卷作者阐述了《淮南子》的政治哲学，认为实行道治是天下长治久安的根本。就为政者自身而言，就需要通达道体、体本抱神，以道德为准绳修养身心，革去贪欲，这样才有可能达到理想的太清之治。所以说，本卷实际上是上卷《精神训》的持守精神理论在治国原则上的体现。因为实行道治是根本，所以在作者眼里，历史上的仁义礼乐之治只是一种治标之术，“背本求末”的东西。作者再由这点出发，揭露了衰世以来为政者违背道治，以致达到穷奢极欲、丧尽天性的种种表现，以彰显社会实施道治的重要性。正是在这个意义上，高诱对本卷的题解是：“本，始也。经，常也。本经造化出于道，治乱之由，得失有常，故曰‘本经’”。“本经”即是要阐明政治治理的根本原则，也即其根本之常道。

作者首先在我们节选的第一段文字当中，通过对于“太清之治”的论述，描绘了一幅远古圣人清静无为而治的社会太清图：一派清明安定、生机盎然、蓬勃有序、瑞应祥和，这便为以后揭露衰世以及其他政治理论的弊端提供了一个基本的参照坐标。总的来说，作者所描绘的社会太清图中所体现的主要治政原则可以用“和顺”二字来概括：“和”也即注重人与天地万物之间的谐和，“顺”也即随顺天地万物之本性。因为“和顺”，所以人就不能以自己的私欲而任意妄为，其行为就应当随顺天地万物自然当行之道，这种不妄为实际上也即道家所主张的“无为”，而这种不逞私智私欲的处事应物之态度也即《淮南子》所一贯强调的精神心志之“虚静”。《本经训》认为，只有“和顺以寂漠”，才能以简驭繁、以静制动、以内调外，从而最终达至与天地万物的谐和关系。

在《本经训》看来，“和顺”的道治原则不仅是社会和谐的必要条件，而且还是其充分条件。也就是说，只要为政者能够“和顺以寂漠”，以简驭繁、以静制动、以内调外，最终就能够达至与天地万物的谐和关系，其具体表现是：“天覆以德，地载以乐；四时不失其叙，风雨不降其虐；日月淑清而扬光，五星循轨而不失其行。”以今天的眼光来看，上述“只有……才”的关系还好理解，这里“只要……就”的关系便不太容易理解，因为从今天科学主义的立场出发，天地、四时、风雨、日月、五星等均是客观存在的自然物，其运行的正常与否并不会以人的意志为转移。但是，正如我们之前所反复强调的，古人考虑问题的一个基本思想背景是天人合一、天人和谐，这其实是一种颇为理智的理想。在这一思想前提下，良好的社会秩序是良好的自然秩序的一个重要保证，自然、社会二者运行的好坏互为充分必要条件，应当说是顺理成章的事情。并且，这种将自然、社会纳入到同一个意义系统中的做法，实际上也有助于人们更加关注自然对于人类社会的规范性意义，从而使人的行动更为理智。

综言之，通过对“太清之治”的阐述，《本经训》提出了“和顺”的治政原则，这一治政原则不仅关系到人类社会本身，而且还关系到人与自然的关系，这实际上是在天人合一的理想之上提出的社会太清理想。但是，理想终归是理想，现实中的种种局限性往往使现实政治与理想政治之间存在着或大或小的差距，以至于动摇人们对理想的追求。然而，理想毕竟不同于空想，这种基于天人合一的理想提出的社会太清的政治理想首先就在于《本经训》的作者对于现实生活世界、对百姓生活所倾注的极大关怀，虽然由于这一理想的朴素直观性而使其无法最终在现实世界中实现，但是它作为一种政治和社会理想,却与中国古代社会的现实政治形成一种张力,从而保证了现实政治不至于过于腐败和堕落。诚如我们所熟知的一个比拟:理想即如天上的星星,虽然我们无法得到它,但它却一直为我们指示着前进的方向。

正是以道治的理想为标的,《本经训》衡量了其他治政方法的得失。首先,在这里节选的第二段文字中,作者分析了产生晚世道德衰败的原因,即"人众财寡,事力劳而养不足",于是大家为了物质利益你争我夺;而为了能争夺到物质利益,人就费尽心机、竭其所能,这样机巧奸诈之心也就随之产生,人之纯朴天性也随之失去,社会道德衰败也就成为必然。而在这种社会条件下所产生的各种治政主张,如仁义礼乐之属,其实只是对社会衰败的一种匡救。但这种仁义礼乐对社会的匡救,作者认为不是最好的一种治理手段;治理天下的手段最好是以神明(道)定于天下,人们都能够随顺天地万物及其自然之欲,这样民性才会返朴、善良,贪婪鄙陋、怨恨纷争的现象才会消失。

具体来说,"仁"的治政原则是用来防范纷争的,"义"的治政原则是用来纠正狡诈不讲信用的,"礼"的治政原则是用来规范淫乱的,"乐"的治政原则是用来疏通忧愁的。但是,仁、义、礼、乐四者在此似乎仅仅具有工具性的矫治作用,却并未深入到纷争、狡诈、淫乱等社会衰败现象的背后,去根治社会问题。而道治的方法则不然,以道治天下,即是要力图使人们返回其生命之本身,使人们都能够懂得《淮南子》在《精神训》中提出的生命哲学,舍私小而就广大,常思与天地万物之谐和,从而不因私利私欲而为外物所牵引;这样,当人们的心灵达到了道治时代的和顺而虚静,则各种智巧诈伪自然也便不会发生，所谓仁义礼乐也自然便无所用之。正是由此，《本经训》把道治视为社会治理的根本原则，而仁义礼乐只是其末节，“今背其本而求其末，释其要而索之于详，未可与言至也”。

除了讨论道治与仁、义、礼、乐四种治政原则之间的本末关系，《本经训》还讨论了现实中四种不同的政治实体所应采取的不同的治政方略，也即道政、王政、霸政及君政四者之间的区别。对于称帝者，也即全天下共同的君主，应当遵循天道，无为而治，是为道政；对于诸侯王，则应当效法阴阳，实施仁义，是为王政；对于不经帝王授权而独自称霸者，则应当以六律为准则，依法治理，是为霸政；而那些地方性的小国国君，则应以刑律法制管理国家，是为君政。很显然，不同的治政方法有着不同的适用范围，只有推行道治的治国方略，才足以成为全天下共推的帝王；反之，假使称帝者使用诸侯王的治国方略，就会受到诸侯王的侵辱。同样，假如诸侯王使用称霸者的治政方法，国力便会逐渐削弱；假如称霸者使用小国国君的治政方法，就会受到凌辱；假如小国国君失去准绳法度，就会被废黜。综言之，《本经训》由此一方面强调了不同的政治实体应当有适合自己的治政方略，另一方面也强调了道治应当是治理天下的不二选择。

最后，在我们节选的第四段材料中，作者又逐个揭示精神散逸、沉溺于木、水、土、金、火五个方面物质享受的种种表现，最终得出结论：统治者如果沾染上这其中的一种物质享受，穷奢极欲，就足以使天下丧失。这是因为，在作者看来，“天地之生财也，本不过五”，所谓木水土金火乃是民生之本的象征，如果为政者因为自己的私欲而肆意挥霍其中一种，从而侵扰了民生，自然会激起百姓的不满与反抗。这也再次表明，《淮南子》以“虚静”为其生命哲学和政治哲学的一个基本原则，绝对不是一种禁欲主义，恰恰相反，这是为了更好地安顿生命，保障民生。

总而言之，《本经训》首先通过对“太清之治”的描绘阐述了其政治哲学的基本原则：注重人与天地万物之间的谐和，随顺天地万物之本性而不逞私智私欲；只有“和顺以寂漠”，才能以简驭繁、以静制动、以内调外，从而实现社会的道治理想。而所谓仁、义、礼、乐，以及王政、霸政、君政等治政方法，在作者看来，或者是在太清之治遭到破坏之后，对于社会衰败的一种匡补；或者只有在特定的政治实体中才能发生其效用。也就是说，“太清之治”乃是《淮南子》最高的治政理想，其他治政原则只有在太清之治由于种种限制而遭到破坏之后才有其特殊的意义；简言之，“太清之治”是根本，其他治政原则只是在太清之治的流遁中所产生的枝节。因此，只有以“太清之治”为政治之本，才能够真正实现平治天下、天下大同之社会理想。

（刘康德　张锋宾）

卷　九

主术训

——君主统御术：善乘众人之智

〔题　解〕

主，君也。术，道也。君之宰国，统御臣下，五帝三王以来，无不用道而兴，故曰"主术"也，因以题篇。

〔要　略〕

《主术》者，君人之事也，所以因作任督责[①]，使群臣各尽其能也。明摄权操柄，以制群下，提名责实[②]，考之参伍，所以使人主秉数持要，不妄喜怒也。其数直施而正邪，外私而立公[③]，使百官条通而辐辏[④]，各务其业，人致其功，此主术之明也。

〔一〕　人主之术，处无为之事，而行不言之教[⑤]。清静而不动，一度而不摇[⑥]；因循而任下，责成而不劳[⑦]。

〔二〕　上多故则下多诈[⑧]，上多事则下多态[⑨]，上烦扰则下不定，上多求则下交争。不直之于本[⑩]，而事之于末，譬犹扬堁而弭尘[⑪]，抱薪以救火也。故圣人事省而易治，求寡而易澹[⑫]；不施而仁，不言而信，不求而得，不为而成；块然保真[⑬]，抱德推诚；天下从之，如响之应声，景之像形：其所修者本也。刑罚不足以移风，杀戮不足以禁奸，唯神化为贵，至精为神[14]。

〔三〕 夫人主之听治也[15]，清明而不暗，虚心而弱志，是故群臣辐凑并进[16]，无愚智、贤不肖，莫不尽其能。于是乃始陈其礼，建以为基。是乘众势以为车，御众智以为马，虽幽野险途则无由惑矣。人主深居隐处以避燥湿，闺门重袭以避奸贼[17]。内不知闾里之情，外不知山泽之形；帷幕之外[18]，目不能见十里之前，耳不能闻百步之外，天下之物无不通者[19]，其灌输之者大，而斟酌之者众也[20]。是故不出户而知天下，不窥牖而知天道[21]。乘众人之智，则天下之不足有也；专用其心，则独身不能保也[22]！

是故人主覆之以德，不行其智，而因万人之所利，夫举踵天下而得所利[23]。故百姓载之上弗重也，错之前弗害也，举之而弗高也，推之而弗猒[24]。主道员者[25]，运转而无端，化育如神，虚无因循，常后而不先也。臣道员者运转而无方者[26]，论是而处当，为事先倡[27]，守职分明，以立成功也。是故君臣异道则治，同道则乱[28]；各得其宜，处其当，则上下有以相使也[29]。夫人主之听治也，虚心而弱志，清明而不暗，是故群臣辐凑并进，无愚智贤不肖，莫不尽其能者[30]，则君得所以制臣，臣得所以事君，治国之道明矣。

〔四〕 圣人举事也，岂能拂道理之数，诡自然之性[31]，以曲为直，以屈为伸哉？未尝不因其资而用之也。是以积力之所举，无不胜也；而众智之所为，无不成也。

〔五〕 人主贵正而尚忠，忠正在上位，执正营事[32]，则谗佞奸邪无由进矣，譬犹方员之不相盖，而曲直之不相入。夫鸟兽之不可同群者[33]，其类异也；虎鹿之不同游者，力不敌也。是故圣人得志而在上位，谗佞奸邪而欲犯主者，譬犹雀之见鹯而鼠之遇狸也[34]，亦必无余命矣。是故人主之一举也[35]，不可不慎也。所任者得其人，则国家治，上下和，群臣亲，百姓附；所任非其人，则国家危，上下乖，群臣怨，百姓乱。故一举而不当，终身伤。得失之道，权要在主[36]。是故绳正于上，木直于下，非有事焉，所缘以修者然也[37]。故人主诚正，则直士任事，而奸人伏匿矣；人主不正，则邪人得志，忠者隐蔽矣。夫人之所以莫抓玉石而抓瓜瓠者[38]，何也？无得于玉石，弗犯也。使人主执正持平，如从绳准高下，则群臣以邪来者，犹以卵投石，以火投水。故灵王好细要，而民有杀食自饥也[39]；越王好勇[40]，而民皆处危争死。由此观之，权势之柄，其以移风易俗矣[41]。尧为匹夫，不能仁化一里[42]；桀在上位，令行禁止。由此观之，贤不足以为治，而势可以易俗，明矣！《书》曰："一人有庆，万民赖之[43]。"此之谓也。

〔六〕 权势者，人主之车舆；爵禄者，人臣之辔衔也[44]。是故人主处权势之要而持爵禄之柄，审缓急之度而适取予之节，是以天下尽力而不倦。夫臣主之相与也，非有父子之厚，骨肉之亲也，而竭力殊死，不辞其躯者，何也？势有使之然也。昔者豫让，中行文子之臣[45]。智伯伐中行氏，并吞其地，豫让背其主而臣智伯。智伯与赵襄子战于晋阳之下，身死为戮，国分为三[46]。豫让欲报赵襄子，漆身为厉[47]，吞炭变音，擿齿易貌[48]。夫以一人之心而事两主，或背而去，或欲身徇之，岂其趋舍厚薄之势异哉[49]？人之恩泽使之然也。纣兼天下，朝诸侯[50]，人迹所及，舟楫所通，莫不宾服。然而武王甲卒三千人，擒之于牧野，岂周民死节而殷民背叛哉？其主之德义厚而号令行也。夫疾风而波兴，木茂而鸟集，相生之气也[51]。是故臣不得其所欲于君者，君亦不能得其所求于臣也。君臣之施者，相报之势也。是故臣尽力死节以与君，君计功垂爵以与臣。是故君不能赏无功之臣，臣亦不能死无德之君[52]。君德不下流于民而欲用之,如鞭蹄马矣[53]。是犹不待雨而求熟稼,必不可之数也[54]。

〔七〕 人主租敛于民也[55],必先计岁收,量民积聚,知饥馑有余不足之数[56],然后取车舆衣食供养其欲。

古之君人者,其惨怛于民也[57],国有饥者,食不重味;民有寒者,而冬不被裘。岁登民丰,乃始县钟鼓[58],陈干戚[59],君臣上下同心而乐之,国无哀人。故古之为金石管弦者[60],所以宣乐也;兵革斧钺者,所以饰怒也[61];觞酌俎豆,酬酢之礼,所以效善也[62];衰绖菅屦,辟踊哭泣[63],所以谕哀也。此皆有充于内,而成像于外[64]。及至乱主,取民则不裁其力[65],求于下则不量其积,男女不得事耕织之业以供上之求,力勤财匮,君臣相疾也[66]。故民至于焦唇沸肝[67],有今无储,而乃始撞大钟,击鸣鼓,吹竽笙,弹琴瑟,是犹贯甲胄而入宗庙,被罗纨而从军旅[68],失乐之所由生矣。

夫民之为生也,一人蹠耒[69],而耕不过十亩,中田之获,卒岁之收,不过亩四石。妻子老弱仰而食之,时有涔旱灾害之患,无以给上之征赋车马兵革之费[70]。由此观之,则人之生悯矣!夫天地之大,计三年耕而余一年之食,率九年而有三年之畜[71],十八年而有六年之积,二十七年而有九年之储,虽涔旱灾害之殃,民莫困穷流亡也。故国无九年之畜谓之不足,无六年之积谓之悯急[72],无三年之畜谓之穷乏。故有仁君明王,其取下有节,自养有度,则得承受于天地,而不离饥寒之患矣[73]。若贪主暴君,挠于其下[74],侵渔其民,以适无穷之欲,则百姓无以被天和而履地德矣[75]。

食者,民之本也;民者,国之本也;国者,君之本也。是故人君者,上因天时,下尽地财,中用人力,是以群生遂长[76],五谷蕃植。教民养育六畜,以时种树,务修田畴,滋植桑麻,肥墝高下[77],各因其宜。丘陵阪险不生五谷者,以树竹木,春伐枯槁,夏取果蓏,秋畜疏食,冬伐薪蒸[78],以为民资。是故生无乏用,死无转尸[79]。

〔注 释〕

① 作:王念孙认为是衍文。"因作任督责"当作"因任督责",意思是"因任其臣而督责其功",也即如《主术训》说的:"因循而任下,责成而不劳。" ② 提:挈、抓。责:求。 ③ 直施:使邪曲变正直。外:指扔弃。 ④ 辐辏:指车辐聚集于车轴。 ⑤ 处无为之事,而行不言之教:见《老子·二章》。处:实施、实行。事:治。 ⑥ 一度:坚守自然法度。 ⑦ 因循:指顺循事物固有的特性。 ⑧ 故:指"巧"。 ⑨ 态:事态。指生出事态来。 ⑩ 直:通"植",立的意思。 ⑪ 堁:尘土。弭:止、息。 ⑫ 澹:通"赡",满足。 ⑬ 块然:安然。 ⑭ 神化:精神纯化、精神感化。至精:最精粹的部分。 ⑮ 听:指听政,这里指"治理"。 ⑯ 辐凑:"凑"当为"辏",参见④。 ⑰ 闺门:内室的门。 ⑱ 帷幕:指君主居室。 ⑲《吕氏春秋·任数》说"十里之间而耳不能闻,帷幕之外而目不能见"。故向宗鲁认为"百步之外"四字衍文,这句话应是"帷幕之外目不能见,十里之前耳不能闻"。录下供参考(见何宁《淮南子集释》)。 ⑳ 灌输之者:传递信息知识的渠道。斟酌:出谋献计。 ㉑ 是故不出户而知天下,不窥牖而知天道:见《老子·四十七章》。 ㉒ 保:原注为"保犹守也"。 ㉓ 举踵:抬脚。比喻轻易,不费力。 ㉔ 之:指君主。错:放置。猒:厌。 ㉕ 员:

圆。 ㉖ 臣道员者：应作“臣道方者”。“员者运转而无”六字是因上文而误衍。 ㉗ 先倡：干在前面。 ㉘ 同道则乱：原注为“君所谓可，臣亦曰可；君所谓否，臣亦曰否，是同也。莫相匡弼，故曰乱也”。 ㉙ 相使：指上下互相制约、互相促进。 ㉚ 上述六句：刘家立认为“有此六句，与上下文义不相属，此由写者误衍也”(何宁《淮南子集释》)。 ㉛ 诡：违逆、乖悖。 ㉜ 正：通“政”。营：治，引申为经营、管理、治理。王引之认为“营”应为“管”。 ㉝ 鸟兽之不可同群：王念孙认为“不可同群”的“可”字为后人所加。鸟兽不同群，虎鹿不同游，相对为文。 ㉞ 鹯：一种捕食小鸟的猛禽，类似鹞鹰。狸：兽名，似狐而小，以鼠兔等为食。 ㉟ 一举：王念孙认为“此谓举贤不可不慎，‘举’上不当有‘一’字，盖因下文‘一举不当’而衍”。 ㊱ 权要：关键。 ㊲ 所缘以修者：按拉直的墨线来修整。 ㊳ 抓：王念孙认为此字是“振”字之误，《广雅》“振，裂也”。劈的意思。瓜瓠可劈而玉石不可劈，故曰“玉石坚，振不能入”。茅一桂释“抓”为“抓”，误也。 ㊴ 灵王：楚灵王。灵王好细腰，事见《墨子·兼爱中》：“昔者楚灵王好士细要(腰)，故灵王之臣，皆以一饭为节，胁息然后带，扶墙然后起。比期年，朝有黧黑之色。是其故何也？君说之，故臣能之也。”又见于《晏子春秋·外篇第七》等书。杀食：省食。杀：减少的意思。 ㊵ 越王：越王勾践。越王好勇，事见《墨子·兼爱中》：“昔越王勾践好士之勇，教驯其臣，和合之，焚舟失火，试其士曰：‘越国之宝尽在此！’越王亲自鼓其士而进之，士闻鼓音，破碎乱行，蹈火而死者，左右百人有余，越王击金而退之。”又见于《管子》《荀子》等书。 ㊶ 其以移风易俗矣：王念孙认为“其以移风易俗矣”应改为“其以移风易俗易矣”，这样第一个“易”为变易之“易”，第二个“易”为难易之“易”。这样能与下文“摄权势之柄，其于化民易矣”相符。 ㊷ 仁化：以仁感化。里：古代基层组织。五家为邻，五邻为里，故称“邻里”。 ㊸ 书：指《尚书》。庆：指善。赖：依赖，依仗着。 ㊹ 辔：驾驭牲口用的缰绳。衔：马嚼子，安放在马口中用来控制马行止的器具。 ㊺ 豫让：春秋末晋国人。中行文子：晋国大夫，姓荀，名寅，故又称中行寅。“中行”原指晋国步兵的编制，后成官名。 ㊻ 豫让之事见《战国策·赵策一》：“晋毕阳之孙豫让，始事范中行氏，不说(悦)，去而就知伯，知伯宠之。及三晋(韩、赵、魏)分知氏，赵襄子最怨知伯，而漆其头以为饮器。豫让遁逃山中，曰：‘嗟乎！士为知己者死，女为悦己者容，吾其报知氏矣。’” ㊼ 报赵襄子：向赵襄子报仇。厉：恶疮。 ㊽ 擿：捶、敲。 ㊾ 徇：通“殉”，牺牲生命。趋舍：取舍。厚薄之势：指两家势力大小。 ㊿ 朝：使朝服。 51 疾风：王念孙认为应作“风疾”，“风疾”与下文“木茂”相对为文。相生之气：喻指自然界的一种现象、趋势。 52 死：替(为)……而拼死。 53 踶马：烈马，难驯服。 54 数：术，指方法。 55 租：赋税，租税。 56 饥馑：王念孙认为应作“饶馑”，这样“饶”与“馑”、“有余”与“不足”，皆相对为文。 57 惨怛：忧伤悲痛。 58 县：通“悬”。 59 干戚：盾与斧。 60 金：钟类。石：磬类。管弦：管乐器和弦乐器。 61 钺：古代兵器。饰：表现。 62 觞酌：饮酒、酒器。俎豆：祭器，均用以盛放食物。酬酢：古代主客互相敬酒的礼节。主敬客称为“酬”，客敬主称为“酢”。善：王念孙认为应是“喜”。 ㊸ 衰：古代丧服。绖：居丧时披在头上或系在腰间的麻带。菅：草名，其茎可用来编织草鞋。菅屦：用菅草织成的草鞋。辟：通“擗”，捶胸的意思。辟踊：捶胸顿足表示哀痛。 ㊹ 充：实。指内心世界的感情。像：指表情、言行等形象。 ㊺ 裁：量度。㊻ 疾：怨恨。 ㊼ 焦唇沸肝：形容生活痛苦难熬。 ㊽ 罗纨：质地细软的丝织品。 ㊾ 蹠：踩。蹠耒：指耕种。 ㊿ 涔：涝。无：王念孙认为应是“有”，又通“又”。录下供参考。 ⑦① 率：大致、一般。畜：通“蓄”。 ⑦② 悯急：忧愁的意思。 ⑦③ 离：通“罹”，遭受的意思。⑦④ 挠：扰乱。 ⑦⑤ 天和、地德：指人活在世上承受天恩地德。 ⑦⑥ 群生：指万物。遂：顺利。 ⑦⑦ 六畜：牛、马、羊、猪、鸡、狗六种牲畜。田畴：耕熟的土地。肥：肥沃的土地。墝：贫瘠的土地。高：地势高的土地。下：低洼处。 ⑦⑧ 果蓏：植物果实。一说有核的为果、无核的为蓏。一说木本植物果实叫果，草本植物果实叫蓏。畜：蓄。疏食：原注为“菜蔬曰疏，谷食曰食”。薪蒸：粗柴为薪，细柴为蒸。⑦⑨ 转尸：指尸体被弃于荒野，形容死无葬身之地。

〔鉴　赏〕

本卷作者详尽阐述了君主“为君之道”，即统治术，就像高诱题解说的那样：“主，君也。术，道也。君之宰国，统御臣下，五帝三王以来，无不用道而兴，故曰‘主术’也。”由于君主在古代政治、行政体系中起着非常关键的作用，因而古人一直都很重视对于为君之道的探讨，如《荀子》曾提出“君道”的概念，《吕氏春秋》亦曾对“君守”做过专门论述。正是由于认识到君主在政治中的关键地位，《淮南子》在阐述了其政治哲学之后，紧接着便用两卷的篇幅讨论了"为君之道"，其中本卷重点讨论君主统御术，下卷则重点讨论君主的修养问题。

关于君主统御术，《主术训》提出的根本原则和方针是"无为而治"，所以本卷开宗明义就提出"人主之术，处无为之事，而行不言之教。清静而不动，一度而不摇；因循而任下，责成而不劳"。由作者的上述论述可以看到，所谓"无为"并非是真正的无所作为，而是要充分发挥君臣百官的作用，使他们各尽其责而自己不必事事躬亲。这其实也即是《要略》中所说的"使百官条通而辐辏，各务其业，人致其功，此主术之明也"。总的来说，君主之统御术，其实也即是要通过各种方法，恰当地调动和发挥众人的聪明才智，以最终达到"无为而无不为"(《老子·三十七章》)的效果。其具体方法，大致可以归纳为以下四点：

第一，寡智欲而不累下。在作者看来，"上多故则下多诈，上多事则下多态，上烦扰则下不定，上多求则下交争"，所谓上梁不正下梁歪，如果君主过多地使用智巧生事，或因为自己的贪欲而扰乱臣民，则臣民必然会使用各种计策或奸谋来对付君主，以至于好争斗而不安定。关于苛政之弊，由于历史上不断有昏暗之君当政，因而一直在中国古代社会中绵延不绝，其中，《礼记·檀弓下》孔子感叹"苛政猛于虎"的故事即是反映苛政之弊的一个典型例证。反之，只有君主少用私智，清心寡欲，也即《主术训》所说的"事省而易治，求寡而易澹"，才能使君臣百姓归附依顺，仰慕敬佩。正是在此意义上，《主术训》认为刑罚不足以移风易俗，杀戮不足以禁绝奸邪，唯有从精神上纯化才是根本。综言之，君主治理天下，只有做到寡私智而清明，寡利欲而虚静，心志温和，才能使群臣像车辐聚集到车轴一样入朝辅佐君主,“无愚智、贤不肖,莫不尽其能”。

第二,君臣异道。《主术训》认为,“主道圆,臣道方”,只有分清君臣二者的职分,使二者“各得其宜”“上下相使”,才能够最终达到“守职分明,以立成功”的效果。具体而言,君主的职分是把握大方向、掌握最终的决断权,因而应当做到大事不糊涂,其治国方法则应当灵活圆通,以虚应实、以不变应万变,这也即是《主术训》所说的“运转而无端,化育如神,虚无因循,常后而不先也”。其中需要注意的是“常后而不先”一语,此语乃是就具体的事务而言,要求君主不要过早地、独断地下判断,应当等臣下把具体的事情搞清楚之后再作最后的决断。也即是说,君主虽然并不从事于具体事务的操作,但却掌握着最后的决断权,这也即是老子所说的“后其身而身先”(《老子·七章》)。反之,下属大臣则负责办理具体事务,因而办事处事时应当方方正正、言论得体、兢兢业业、谨小慎微。只有君臣异道,使其各自处在应处的位置上,上下合作才能默契,君主才能充分地驾驭下属大臣,下属大臣也才能充分地侍奉君主。

第三,贵正而尚忠。作者提出君主应任用“忠正之士”。“忠正之士”执掌朝政,朝政就清明,社会就安定,谗佞奸邪之徒就没有活动机会。而在这当中,君主自身的正直诚信又是最重要的,“人主诚正,则直士任事,而奸人伏匿矣”。这是因为君主的行为表现有导向作用,就像“灵王好细要(腰),而民有杀食自饥”一样,所以君主对此一定要有充分认识,“权势之柄,其以移风易俗(易)矣”。正如作者所打的比方,以“忠正”之方略来统御臣下,就好比上面的墨绳取得正、下面的木材就必定直一样,这并不需要工匠花费多少力气,只要按拉直的墨线顺势修整就可以了。综言之,君主应当倚重和推崇正直忠诚的人,让他们身处高位,担任要职,执政理事,这样上行下效,便自然能使上下和洽,群臣亲和,百姓归附,谗佞奸邪之徒也就没有机会再出来祸害国家和百姓。

第四,善用权势与爵禄。作者认为当君主高高在上处权势之要时,一般人常常会表现积极,以换取君主对他的赏识;这是因为处于高位的君主之权势产生的效应。但一旦当臣下为君主工作效劳时,君主就一定要给予相应的爵禄;否则臣下的尽力效劳不可能持续下去。这就是文中说的“臣尽力死节以与君,君计功垂爵以与臣”;正因为这样,君主就一定要明白“臣不得其所欲于君者,君亦不能得其所求于臣”的道理。比如作者所讲述的豫让“以一人之心而事两主”的故事:智伯吞并了豫让的主子中行氏,豫让公然背叛原来的主子而投奔智伯;但等到智伯被韩、赵、魏三家杀害,豫让却要“漆身为厉,吞炭变音,擿齿易貌”以报杀主之仇。豫让前后的两次变化其实并非关涉到其主子的权势之大小,或者其内心之道德思想的改变,他的行动仅仅是由其主子所给予他的恩泽所决定的。其实,这个道理也相当浅白:不降雨水哪有庄稼成熟之事?只有善用权势与爵禄,才能更好地笼络人心,使臣下更好地为己所用。

讲了太多的权术——统御之术后,作者似乎感到,统治社会的方略权术不管怎样精到,总离不开某些基本的东西。在我们节选的最后一段文字中,作者即揭示了这些基本的东西:“食者,民之本也;民者,国之本也;国者,君之本也。”也就是说,民生是君主赖以治理社会的基本条件;一个君主如果撇开百姓、撇开民生,而去讲究钻研所谓的统御之术,是没有意义的,最终也是会失败的。于是,作者提醒为君者,要“上因天时,下尽地财,中用人力”,这样才能“群生遂长，五谷蕃植”；为君者还要“教民养育六畜，以时种树，务修田畴，滋植桑麻……”而且为了能使农业生产持续发展下去，君主绝对不可做那些“涸泽而渔，焚林而猎”的蠢事；更不能做那些违逆时令的事情。这样，才有可能富国利民。但现实社会却是相反，贪主暴君“挠于其下，侵渔其民”，“取民则不裁其力，求于下则不量其积”，这样导致君主大臣住高楼大厦、穿绫罗绸缎、吃美味佳肴，而百姓住土屋茅房、穿破衣烂衫、吃酒糟米糠。在这种社会状况下，君主再怎么玩弄权术，也是难以维持统治的。为了防止这种状况再现，作者假托英明君主来表达他的善良愿望，即英明君主是看到百姓住土房就不会住高楼、看到百姓吃糟糠就不会吃佳肴。一言以蔽之，英明君主就应始终急人民之所急、想人民之所想，“其惨怛于民也”，这实际上也即老子所说的“圣人无常心，以百姓心为心”（《老子·四十九章》）。

总而言之，君主在治理国家的过程中虽然扮演着非常关键的角色，但是却无须事事躬亲，最重要的乃是使群臣各尽其才能，善乘众人之智。这样，虽然君主“内不知闾里之情，外不知山泽之形；帷幕之外，目不能见十里之前，耳不能闻百步之外”，但是却能够“天下之物无不通”也。而在统御众臣的过程中，自然需要恰当的方法或权术，如寡智欲而不累下，君臣异道，尚忠正，善用权势与爵禄，等等。最后，在讲述了各种具体的君主统御术之后，《主术训》又最关本质地提示我们，君主统御术仅仅是君道的一个环节，保障民生才是君道的根本。换言之，统御不是为了实现君主的权力欲望，不是为了统御而统御的，它是手段而非目的。君主统御臣下、乘用众人之智的最终目的，乃是为了民生，为了百姓的生活更为和美幸福。

（刘康德　张锋宾）

卷 十　缪称训

——君主修养论：诚心可以怀远

〔题　解〕

缪异之论，称物假类，同之神明，以知所贵，故曰"缪称"。

〔要　略〕

《缪称》者，破碎道德之论[①]，差次仁义之分[②]，略杂人间之事，总同乎神明之德[③]。假象取耦[④]，以相譬喻；断短为节，以应小具，所以曲说攻论[⑤]，应感而不匮者也。

〔一〕　主者，国之心。心治则百节皆安[⑥]，心扰则百节皆乱。故其心治者，支体相遗也[⑦]；其国治者，君臣相忘也[⑧]。黄帝曰："芒芒昧昧，从天之道，与元同气[⑨]。"故至德者，言同略，事同指[⑩]，上下一心，无岐道旁见者。遏障之于邪，开道之于善，而民乡方矣[⑪]。故《易》曰："同人于野，利涉大川[⑫]。"

〔二〕　其施厚者其报美，其怨大者其祸深。薄施而厚望，畜怨而无患者[⑬]，古今未之有也。是故圣人察其所以往，则知其所以来者。圣人之道，犹中衢而致尊邪[⑭]？过者斟酌，多少不同，各得其所宜。是故得一人，所以得百人也。人以其所愿于上以交其下，谁弗戴？以其所欲于下以事其上，谁弗喜?《诗》云:“媚兹一人,应侯慎德[15]。”慎德大矣,一人小矣;能善小,斯能善大矣。

〔三〕 君子见过忘罚,故能谏;见贤忘贱,故能让;见不足忘贫,故能施。情系于中,行形于外。凡行戴情[16],虽过无怨;不戴其情,虽忠来恶。后稷广利天下,犹不自矜;禹无废功,无废财,自视犹觖如也[17]。满如陷,实如虚,尽之者也[18]。

〔四〕 心之精者,可以神化,而不可以导人;目之精者,可以消泽[19],而不可以昭誋[20]。在混冥之中,不可谕于人。故舜不降席而天下治,桀不下陛而天下乱[21],盖情甚乎叫呼也。无诸己,求诸人,古今未之闻也。同言而民信,信在言前也;同令而民化,诚在令外也。圣人在上,民迁而化,情以先之也。动于上,不应于下者,情与令殊也。故《易》曰:“亢龙有悔[22]。”三月婴儿,未知利害也,而慈母之爱谕焉者[23],情也。故言之用者,昭昭乎小哉!不言之用者,旷旷乎大哉!身君子之言[24],信也;中君子之意,忠也。忠信形于内,感动应于外[25]。故禹执干戚舞于两阶之间,而三苗服[26]。鹰翔川,鱼鳖沈,飞鸟扬,必远害也[27]。子之死父也[28],臣之死君也,世有行之者矣,非出死以要名也[29],恩心之藏于中,而不能违其难也[30]。故人之甘甘,非正为蹠也,而蹠焉往[31];君子之惨怛,非正为伪形也[32],谕乎人心,非从外入,自中出者也。义正乎君,仁亲乎父。故君之于臣也,能死生之,不能使为苟简易[33];父之于子也,能发起之,不能使无忧寻[34]。故义胜君,仁胜父,则君尊而臣忠,父慈而子孝。圣人在上,化育如神。太上曰[35]:我其性与[36]!其次曰:微彼,其如此乎[37]!故《诗》曰:“执辔如组[38]。”《易》曰:“含章可贞[39]。”运于近,成文于远。夫察所夜行,周公惭乎景,故君子慎其独也[40]。释近斯远，塞矣[41]。

〔五〕 积薄为厚，积卑为高，故君子日孳孳以成辉，小人日快快以至辱[42]。其消息也[43]，离朱弗能见也。文王闻善如不及，宿不善如不祥[44]，非为日不足也，其忧寻推之也[45]。故《诗》曰："周虽旧邦，其命维新。[46]"

〔六〕 水浊者鱼噞，令苛者民乱，城峭者必崩，岸崝者必陀[47]。故商鞅立法而支解，吴起刻削而车裂[48]。治国譬若张瑟，大弦絚[49]，则小弦绝矣。故急辔数策者，非千里之御也。有声之声，不过百里；无声之声，施于四海。是故禄过其功者损，名过其实者蔽。情行合而名副之，祸福不虚至矣。身有丑梦，不胜正行；国有妖祥[50]，不胜善政。是故前有轩冕之赏[51]，不可以无功取也；后有斧钺之禁，不可以无罪蒙也。素修正者，弗离道也。君子不谓小善不足为也而舍之，小善积而为大善；不谓小不善为无伤也而为之，小不善积而为大不善。是故积羽沉舟，群轻折轴，故君子禁于微。壹快不足以成善，积快而为德；壹恨不足以成非，积恨而成怨[52]。故三代之善，千岁之积誉也；桀、纣之谤，千岁之积毁也。

〔注 释〕

① 破碎：解析、剖析。 ② 差次：指区分次序。 ③ 总同：归总、归结。 ④ 假：借。耦：同"隅"，角落，这里指个别例子。 ⑤ 攻：马宗霍疑为"巧"。曲说巧论：许匡一认为"曲说巧论"仅就写法而言，不能理解成"片面之说""巧辩之论"。 ⑥ 节：指脉络。 ⑦ 遗：忘。指不相干扰，各安其位。 ⑧ 君臣相忘：指君臣各安其位，互不干扰。 ⑨ 黄帝：古帝王名，所引黄帝语出自《吕氏春秋·应同》。芒：通

“茫”。芒芒昧昧：纯厚广大的样子。道：王念孙认为应作“威”，《广雅》曰：“威，德也。”元：天。⑩略：谋略。指：通“旨”，意旨、意图。⑪乡：通“向”。方：方正、正道。⑫语见《周易·同人》卦辞。意思是说君和臣民上下同心同德，所以能无险不克、无往不胜。⑬畜：蓄，积聚的意思。⑭衢：四通八达的道路。致：杨树达认为通“置”，设置。尊：樽，装酒的器具。⑮《诗》云：引诗见《诗经·大雅·下武》。媚：喜爱。兹：此。侯：语助词，“乃”的意思。慎：顺，指美好。这句诗的意思是“说明圣人能从小处、个别事情上表现出仁爱之心，便能积聚成大的美德，得到臣民的拥戴”（许匡一《淮南子全译》）。⑯戴：载。“戴情”，是说言行饱含真情、流露真意。⑰觖：不满。⑱陷：缺少，欠缺。尽：极，尽善尽美。⑲泽：通“释”，散解、消融的意思。消泽：消融，指在无形中感知事物。⑳昭：照。昭（照）諰：告诫。㉑陛：宫殿的台阶。㉒亢龙有悔：语见《易经·乾卦·上九》，意思是说居高位的君主骄傲横蛮，故难以长久，由此产生悔意。㉓谕：使心中感知到。焉：之，指婴儿。㉔身君子之言：原注为“身君子之言，体行君子之言也”。㉕感动：指感化触动。㉖干戚：盾牌、大斧。三苗服：传说禹时三苗叛动，禹修礼乐使三苗归服。㉗必远害：原注为“鹰怀欲害之心，故鸟鱼知其情实，必远之”。㉘死父：为父而死。下句“死”字用法相同。㉙要：通“邀”，取得的意思。㉚违：避、躲。㉛甘甘：第一个“甘”作动词，乐意的意思。第二个“甘”作名词，指乐意做的事。正：仅，只是。賺：愿、愿望。焉：助词。往：至，达到。㉜惨怛：忧伤悲痛。伪：刘文典疑是衍文。为形：指为了给他人看而做出这样子。㉝简：王念孙认为“简”字为后人所加。苟易：原注为“苟合易行”，指迎合君主意图而改变道义。㉞发起之：使儿子有所行动。忧寻：是指子女对父母的忧虑挂念。㉟太上：指远古无为而治的时代。㊱我其性与：原注为“我性自然也”。㊲其次：五帝时代。微彼其如此乎：原注为“其民如此，故我治之如彼”。微：连词，有“如果没有”的意思。彼：指百姓。㊳此诗出自《诗经·邶风·简兮》。执辔：手执缰绳。组：丝线织帛。㊴含章可贞：语见《易经·坤卦》六三爻辞。此语引申为“怀有美好的情操，行为就能走上正道”（参见许匡一《淮南子全译》）。㊵惭：应是“不惭”。景：通“影”。此句是说周公平时能“慎独”，所以夜行无愧。“慎独”是儒家修身的重要内容。㊶斯：应作“期”。塞：不通。㊷孳孳：通“孜孜”，勤勉的样子。怏怏：郁郁不乐的样子。㊸消息：消长变化。㊹宿：留宿一晚。㊺忧寻：忧虑挂念。㊻诗引自《诗经·大雅·文王》。㊼噞：鱼因河水缺氧而浮出水面呼吸。峭：同“峥”，峻峭。陀：崩塌。㊽商鞅：战国卫人，后入秦助秦孝公变法，得罪保守势力；秦孝公死后就被保守势力杀害。吴起：战国卫人，后奔楚助楚悼王变法，触犯旧势力利益；后保守势力在悼王死后，发动叛乱，射死吴起。㊾組：王念孙认为应作“絙”，紧、急的意思。㊿妖祥：凶兆。51 轩：古代卿大夫乘坐的车子。这里的“轩冕”是指高官厚禄。52 怨：王念孙认为应作“恶”，下文“桀纣之谤”的“谤”也应作“恶”。

〔鉴　赏〕

在结束了君主统御之术的论述之后，本卷紧接着对君主自身的道德修养作了具体、详细的论述。因为在作者看来，一个君主要达到先圣的功绩，除必须具备的统御之术外，还必须重视自身主观的道德修养。就君主道德修养的最高境界来说，仍然不离“道”与“德”，即清静无为，同时君主还必须具有仁爱之心。所以本卷在以“道”“德”为本的前提下，引用了不少儒家的学说和观点，对诸如“仁义礼乐”等作了充分的肯定。这便是本卷《缪称训》的真实含义，即作者在坚持道家学说的前提下，将与道家相异(“缪”)的儒家道德修养论引述叙说(“称”)其中，糅合兼用。用《要略》中的话概括之，也即“破碎道德之论，差次仁义之分，略杂人间之事，总同乎神明之德”。

开宗明义，《缪称训》首先以精辟的语言强调了君主在国家中的核心地位：“主者，国之心。心治则百节皆安，心扰则百节皆乱。”紧接着，作者立即指出秉有至德的君主能够切实地奉行万物谐和之道，即所谓“从天之道，与元同气”；而其关节点则在于《周易·同人》卦辞所提示的与臣民上下同心同德，“上下一心，无岐道旁见者”。如何能够做到这一点呢？关键即在于加强自身的道德修养。

在我们节选的第二段文字中，作者即通过摆道理、举例子的方式来突出强调“慎德”的重要性。在作者看来，如果施与别人丰厚，那么得到别人的回报也丰厚；如果结怨深大，那么招致的祸害也必然深大。以《诗经·大雅》中对于武王的赞美为例，武王正是因为能够从爱护每个人做起，所以才能够积聚成崇高的功德，最终使得上下同心同德，战胜与民构怨的无道纣王。因此，君主必须重视修养自身的德行。关于“慎德”之“慎”，在后世被推尊为“素王”的孔子及其弟子中有着最为突出的修养工夫之实践，如孔子曾说：“君子无终食之间违仁，造次必于是，颠沛必于是。”（《论语·里仁》）孔子弟子曾子则云：“吾日三省吾身。为人谋而不忠乎？与朋友交而不信乎？传不习乎？”（《论语·学而》）

同时，作者还看到，“能善小，斯能善大矣”，道德修养是要从一点一滴的小善逐渐积累起来的，“勿以善小而不为，勿以恶小而为之”，要成圣成德，就必须从身边的小事做起，每一件与自己有关联的事情都要注意。对于自身修养善德，必须能够如此这般地持之以恒，才能够“积薄为厚，积卑为高”。正所谓“君子日孳孳以成辉”，君主只有每天都勤勉地行善才能够最终成就光辉的美德。周武王能够“慎德”，周文王更是“闻善如不及，宿不善如不祥”，正是因此，才有《诗经·大雅》中对于周王国虽然是古老之邦，但其国运却正在新兴（“周虽旧邦，其命维新”）的肯定与赞叹。

此外，作者还强调，在道德修养过程中需要有一种舍利而就义的勇气。在我们节选的第三段材料中作者集中阐述了这一点：君子看到他人的过失而忘掉批评他人可能会受到责罚，因而才敢于直言进谏；君子看到贤才而忘记举荐贤才可能会使别人地位超过自己，因而才乐意让贤；君子看到衣食不足者而忘记周济别人会穷了自己，因而才能慷慨解囊给予施舍。

而在君主之道德修养中最为关键的一点，是要能够真诚，努力做到“以诚感人”“以情动人”，我们在这里节选的第四段文字对此有较为详细的阐述。在作者看来，精诚真心可以用来神妙地感化他人，以情感人的作用要远远超过以说教规劝人的作用。正是因此,舜不离座席而天下大治,夏桀不出宫门而天下大乱,这些都是由于君主的心性之修为所造成的结果。正所谓“同言而民信,信在言前也;同令而民化,诚在令外也”,作者在这里强调了“诚信”的重要性,百姓支持自己的君主,主要是由于君主做到了言行一致。

关于“诚信”的道德品质,在先秦诸子的文献中有许多相关论述,如儒家之创始人孔子曾说:“道千乘之国,敬事而信,节用而爱人,使民以时”(《论语·学而》);墨家之创始人墨子则说:“志不强者智不达;言不信者行不果”(《墨子·修身》);道家之创始人老子亦说:“居善地,心善渊,与善仁,言善信,政善治,事善能,动善时。”(《老子·八章》)中国上古时期的先哲们可谓把“诚信”的道德品质放到了极其重要的位置,对此,西方近代最重要的哲学家康德亦曾反复强调,并指出人性中真正腐烂和肮脏点是撒谎的能力。初看来可能令人吃惊,因为现代人一般都将杀人放在诸罪之首。现代哲人中好像只有陀思妥耶夫斯基是康德的同道,在《卡拉马佐夫兄弟》中德米特里问长老他必须做什么来获得拯救,长老的回答是:“首先决不要对你自己撒谎。”这其实一点也不奇怪,在中国古代先哲和康德、陀思妥耶夫斯基看来,道德完全是个人的事,是每个人无法回避的责任与问题,只有对自己的良心“诚信”,在每一个当下勇于承担自己的责任,方称得上是一个堂堂正正的人,最终也才能得到他人的尊重与爱戴(张汝伦《坚持理想》)。正如孟子所说:“万物皆备于我矣,反身而诚,乐莫大焉。”(《孟子·尽心上》)一切道德的根据都在我之内心,依照自己当行之道谐和地处事待物,自然也会得到积极的回报,最终达至一种和乐的境地。

由于“真诚”“真情”的重要性,《礼记·中庸》甚至把“诚”提升到了天人共由之道的高度:“诚者,天之道也;诚之者,人之道也。”也正是基于此,《缪称训》认为这种“以诚感化”是自然界和社会的普遍现象,“三月婴儿未知利害,而慈母之爱谕焉者”,“鹰翔川,鱼鳖沈,飞鸟扬,必远害也”。由此,《缪称训》赞叹道:“故言之用者,昭昭乎小哉! 不言之用者,旷旷乎大哉!”所谓“不言之用”,也即以诚感人、以情动人。

最后,作者又回到道治的观点上来,反对过分地使用刑罚,认为治国若张瑟,不可将弦绷得太紧太急,如果将法令制定得太苛刻,就有可能导致民乱,正如作者所说:“水浊者鱼噞,令苛者民乱,城峭者必崩,岸崝者必陀。”历史的事实证明,制定严厉法令者也无好下场,“商鞅立法而支解,吴起刻削而车裂”。其实,作者如此强调,无非是想突出他的道治主张,特别是“以诚感人”“以情动人”的作用。正所谓“有声之声,不过百里;无声之声,施于四海”,君主只有平时修身养性保持正直纯洁,做一个正派人而不偏离正道,才能够用这种至诚的精神来影响、感化别人,由上及下,层层影响,从而使普天之下、四海之内都形成一种良好的社会风气。

总而言之,本卷以君主的德性为中心,强调了君主的道德修养对于国家治理的重要性,认为君主应当有一种舍利而就义的大智慧、大勇气,从身边的每一件与自己有关联的小事做起,“积薄为厚,积卑为高”,最终由内而外,达到“以诚感人”“以情动人”的目的。本卷虽然借鉴了许多儒家学说,强调君主应当重视自身的道德修养,但实际上仍然是以《淮南子》所一贯主张的自然无为的道治理想为前提，主张以道、德为本，以仁、义为用，认为君主应当以精神修养为本来感化臣属以及天下，从而达到无为而治、无为而无不为的目的。本卷标题中“缪称”之“缪”也正说明，本卷引用的诸多儒家言论，只是君主道治过程中的一个环节，《淮南子》政治哲学的最高理想，仍然是以“和顺以寂漠”为特征的“太清之治”。

（刘康德　张锋宾）

卷十一

齐俗训

——礼俗论：入其国者从其俗

〔题　解〕

齐，一也。四宇之风，世之众理，皆混其俗，令为一道也，故曰“齐俗”。

〔要　略〕

《齐俗》者，所以一群生之短修，同九夷之风气；通古今之论，贯万物之理，财制礼义之宜[①]，擘画人事之终始者也[②]。

〔一〕　率性而行谓之道，得其天性谓之德[③]。性失然后贵仁，道失然后贵义。是故仁义立而道德迁矣，礼乐饰则纯朴散矣；是非形则百姓眩矣，珠玉尊则天下争矣[④]。凡此四者，衰世之造也，末世之用也。夫礼者，所以别尊卑，异贵贱；义者，所以合君臣、父子、兄弟、夫妻、朋友之际也。今世之为礼者，恭敬而忮[⑤]；为义者，布施而德；君臣以相非，骨肉以生怨，则失礼义之本也，故搆而多责[⑥]。夫水积则生相食之鱼，土积则生自穴之兽[⑦]，礼义饰则生伪匿之本[⑧]。夫吹灰而欲无眯，涉水而欲无濡，不可得也。

〔二〕　胡人弹骨，越人契臂，中国歃血也[⑨]，所由各异，其于信，一也。三苗髽首，羌人括领，中国冠笄，越人劗鬋[⑩]，其于服，一也。帝颛顼之法，妇人不辟男子于路者，拂之于四达之衢[11]；今之国都，男女切踦[12]，肩摩于道，其于俗，一也。故四夷之礼不同，皆尊其主而爱其亲，敬其兄；猃狁之俗相反[13]，皆慈其子而严其上。夫鸟飞成行，兽处成群，有孰教之？故鲁国服儒者之礼，行孔子之术，地削名卑，不能亲近来远。越王勾践劗发文身，无皮弁搢笏之服[14]，拘罢拒折之容，然而胜夫差于五湖[15]，南面而霸天下，泗上十二诸侯皆率九夷以朝[16]。胡、貉、匈奴之国，纵体拖发，箕倨反言[17]，而国不亡者，未必无礼也。楚庄王裾衣博袍[18]，令行乎天下，遂霸诸侯。晋文君大布之衣，牂羊之裘，韦以带剑[19]，威立于海内。岂必邹鲁之礼之谓礼乎[20]？是故入其国者从其俗，入其家者避其讳，不犯禁而入，不忤逆而进，虽之夷狄徒倮之国[21]，结轨乎远方之外，而无所困矣。

〔三〕 礼者，实之文也；仁者，恩之效也。故礼因人情而为之节文，而仁发併以见容[22]。礼不过实，仁不溢恩也，治世之道也。夫三年之丧，是强人所不及也，而以伪辅情也；三月之服[23]，是绝哀而迫切之性也。夫儒、墨不原人情之终始，而务以行相反之制，五缞之服[24]。悲哀抱于情，葬埋称于养[25]，不强人之所不能为，不绝人之所能已[26]，度量不失于适，诽誉无所由生[27]。古者非不知繁升降槃还之礼也[28]，蹀《采齐》《肆夏》之容也[29]，以为旷日烦民而无所用，故制礼足以佐实喻意而已矣。古者非不能陈钟鼓，盛管箫，扬干戚，奋羽旄[30]，以为费财乱政，制乐足以合欢宣意而已，喜不羡于音[31]。非不能竭国麋民，虚府殚财，含珠鳞施，纶组节束[32]，追送死也，以为穷民绝业而无益于槁骨腐肉也，故葬埋足以收敛盖藏而已。昔舜葬苍梧，市不变其肆[33]；禹葬会稽之山，农不易其亩。明乎生死之分，通乎侈俭之适者也。乱国则不然，言与行相悖，情与貌相反；礼饰以烦，乐优以淫[34]；崇死以害生，久丧以招行[35]，是以风俗浊于世，而诽誉萌于朝，是故圣人废而不用也。

〔四〕 义者，循理而行宜也；礼者，体情制文者也。义者宜也，礼者体也[36]。昔有扈氏为义而亡[37]，知义而不知宜也；鲁治礼而削，知礼而不知体也。有虞氏之祀[38]，其社用土，祀中霤，葬成亩[39]，其乐《咸池》《承云》《九韶》[40]，其服尚黄。夏后氏，其社用松，祀户，葬墙置翣[41]，其乐《夏籥》《九成》《六佾》《六列》《六英》[42]，其服尚青。殷人之礼，其社用石，祀门，葬树松，其乐《大濩》《晨露》[43]，其服尚白。周人之礼，其社用栗[44]，祀灶，葬树柏，其乐《大武》《三象》《棘下》[45]，其服尚赤[46]。礼乐相诡，服制相反，然而皆不失亲疏之恩，上下之伦。今握一君之法籍，以非传代之俗，譬由胶柱而调瑟也[47]。故明主制礼义而为衣，分节行而为带。衣足以覆形，从《典》《坟》[48]，虚循挠[49]，便身体，适行步，不务于奇丽之容，隅眥之削[50]。带足以结纽收衽，束牢连固，不亟于为文句疏短之鞵[51]。故制礼义，行至德，而不拘于儒墨。

礼义节行，又何以穷至治之本哉？世之明事者，多离道德之本，曰礼义足以治天下，此未可与言术也[52]。

〔五〕 夫一仪不可以百发[53]，一衣不可以出岁。仪必应乎高下，衣必适乎寒暑。是故世异则事变，时移则俗易。

〔六〕 天下是非无所定，世各是其所是而非其所非，所谓是与非各异，皆自是而非人。由此观之，事有合于己者，而未始有是也；有忤于心者，而未始有非也。故求是者，非求道理也，求合于己者也；去非者，非批邪施也[54]，去忤于心者也。忤于我，未必不合于人也；合于我，未必不非于俗也。至是之是无非，至非之非无是，此真是非也。若夫是于此而非于彼，非于此而是于彼者，此之谓一是一非也[55]。此一是非，隅曲也[56]；夫一是非[57]，宇宙也。今吾欲择是而居之，择非而去之，不知世之所谓是非者，不知孰是孰非[58]。老子曰："治大国若烹小鲜[59]。"为宽裕者曰勿数挠，为刻削者曰致其咸酸而已矣[60]。

〔注　释〕

① 财：通"裁"。 ② 擘画：描绘的意思。 ③ 率性：遵循天性。这里的天性在作者看来是"清静恬愉"。 ④ 眩：迷惑。珠玉：可引申为财物。 ⑤ 忮：嫉恨。 ⑥ 搆：结怨。责：责难。 ⑦ 宂：刘文典认为"宂，疑当为'宍'，古肉字"。 ⑧ 伪：诈。匿：通"慝"，奸。古字"匿""慝"相通。本：王念孙认为应作"士"。 ⑨ 胡人弹骨：原注为"胡人之盟约，置酒人头骨中，饮以相诅"。契臂：刻臂出血。歃：用嘴饮吸。歃血：中原地区会盟时，双方以牲畜的血涂口唇上，或口含牲畜的血，以表示诚信。 ⑩ 三苗：古代南方部族的名称。髽首：以麻束发。括：束。括领：领口系结。杨树达说："今欧洲人服结领，殆羌人之遗制欤。"笄：发簪。劗鬋：剪去鬓发(劗，剪；鬋，下垂的鬓发。)。 ⑪ 辟：避。拂：庄逵吉认为：《太平御览》引"拂"作"祓"，有注云"除其不祥"。 ⑫ 蹄：足。 ⑬ 猃狁：我国古代少数民族，处北方。战国后称匈奴。 ⑭ 勾践：春秋末越国君。皮弁：古代用皮革制成的帽子。搢：插。笏：古代上朝时所执的手板，有时则书写在笏板上，以防遗忘。 ⑮ 拘罢：指圆规一类制圆的工具。拒折：作方形

的工具。五湖：指江苏太湖一带的湖泊。⑯泗上十二诸侯：泛指泗水之滨各诸侯国。九夷：指中原以外的受各诸侯国控制的边远部落。⑰貉：通“貊”，指古代东北部的少数民族。纵体：指衣不束体。拖发：长发披散。箕倨：两腿伸开而坐，如箕形。按中原礼节，认为是一种傲慢无礼的姿势。反言：因听不懂边远地区的方言和少数民族语言，故中原地区说通语的人称这些语言为“反言”。⑱裾衣：指宽大的衣服。博袍：宽大的长袍。⑲晋文君：春秋晋国君，名重耳。大布：粗布。牂羊：母羊。韦：经过加工的熟皮。带：系。⑳邹、鲁：代指孔孟儒家学说。因为邹是孟子的故乡，鲁是孔子的故乡。㉑之：往。徒：通“袒”。倮：同“裸”。徒倮：不穿衣。㉒节：“符节”的意思，引申出契合、符合、相合的意思。恲：原注为“恲，色也”。于省吾说：“恲与迸通。《文选·海赋》：‘海水迸集’注，《字书》曰：‘迸，散也。’‘恲发’乃谜语，散与发义相因。此言而仁发散以见容也。”见：表现，流露。㉓三月之服：夏禹时期推行的一种丧制，要求家人为尊亲服丧三月。㉔五缞之服：古代的一种丧服制度，以亲疏为等差，分为斩缞、齐缞、大功、小功、缌麻五等。㉕抱：怀、合。葬埋称于养：是说安葬与育养相对称。㉖能已：陈观楼认为：“能已”前亦当有“不”字。㉗诽誉：主要是指“诽”。㉘槃还：盘旋、周旋。㉙蹀：蹈。《采齐》《肆夏》：皆是乐曲名称。㉚管箫：指各种乐器。干戚：乐舞时所持的盾和斧。羽旄：乐舞时所执的雉羽和旄牛尾。㉛制乐：刘文典认为“制乐”前应加“故”，因为上下文都有“故”字。羡：滥、乱。㉜含珠：古代贵族葬礼将珠玉放在死者口中。大概是天子用珠，诸侯用玉，大夫用碧，士用贝。鳞施：是指用玉片编成玉衣，穿着于死者身上。纶组：丝绳纽带。节束：捆缚、捆束。㉝肆：集市贸易处、店铺。㉞饰：修饰，指花样多。优：王念孙认为应作“扰”。㉟招行：许匡一认为“释‘招行’为‘束缚行动’更合原意”(《淮南子全译》)。㊱义者宜也，礼者体也：王引之认为“上二句即是训‘义’为‘宜’，训‘礼’为‘体’，不须更云‘义者宜也，礼者体也’矣。疑后人取《中庸》《礼器》之文记于旁，而写者因误入正文也”。但于鬯则认为根据上下文，这二句实不可少。㊲有扈氏：原注为“有扈，夏启之庶兄也。以尧、舜举贤，禹独与子，故伐启，启亡之”。㊳有虞氏：古代部落名称。祀：王念孙认为应作“礼”。㊴社：社神。用土：用土堆成社神。中霤：祭名，指宅神。葬成亩：指尸体埋葬在耕地下面，以不影响生产。㊵《咸池》《承云》：原注为“舜兼用黄帝乐”。《九韶》：原注为“舜所作也”。㊶夏后氏：夏朝，也即禹受舜禅位建立起来的夏朝。墙：装饰灵柩的帐幔。翣：古代棺木的饰物，垂于棺的两旁，形似扇。㊷《夏籥》《九成》《六佾》《六列》《六英》：均是古代乐名。㊸《大濩》《晨露》：古代乐名，相传为汤所作。㊹栗：栗树。㊺《大武》《三象》《棘下》：周代乐名。㊻尚赤：原注为“火德，故尚赤也”。以上有虞氏“尚黄”，是土德，故尚黄；夏后氏“尚青”，是木德，故尚青；殷人“尚白”，是金德，故尚白。㊼胶柱而调瑟：即成语“胶柱鼓瑟”；是说用胶粘住弦柱而无法调整音瑟。比喻固执拘泥而不知变通。㊽《典》《坟》：《典》指《尚书·舜典》；《坟》指上古的书籍。这里则泛指准则、常规。㊾循挠：马宗霍认为：“循挠者，遵而行之之意。”虚循挠：许匡一认为“当指衣着宽松得体，感到舒适方便。下二句‘便身体’、‘适行步’和这句意思相近，强调衣服要实用”(《淮南子全译》)。 ㊿ 隅眥之削：隅眥也作隅差；“隅眥之削”是指裁剪上的花哨。 51 衽：衣襟。文句：圆曲花纹。疏短：孙诒让认为“疏短”疑当为“疏矩”。这样“文句”者，圜文也；疏矩者，方文也。这里当指雕饰的花纹图案。鞵：“鞋”的古字。孙诒让认为此字有误，因为“上文并说带，不宜忽及鞮(鞵)屦，此必有讹脱也”。所以何宁认为“鞵”字疑“鞼”字形误。《说文》：“鞼，韦绣也。” 52 术：指治国方略。 53 仪：弓弩上安装的瞄准器。 54 批：排除。施：原注为：“施，微曲。”这里指不正，邪。 55 一：或。 56 隅曲：角落，偏僻处。57 夫一是非：是指“真是非”。夫：彼。 58 不知：陈观楼认为“不知”两字因上句而衍。 59 语见《老子·六十章》。小鲜：小鱼。60 为宽裕者：指为政宽和者。数：经常。挠：搅动。为刻削者：指为政苛刻者。咸酸：各种味道。已：停止。

〔鉴　赏〕

本卷《齐俗训》中的“齐”是“齐同”的意思，而“俗”则是指礼俗(礼节、习俗)。作者认为，不同的时间和空间，即不同的时代和地区，乃至不同的国家和民族，都有不同的礼俗；这些礼俗均是对一定生活环境、社会伦理、人际关系的反映，并服务于它们。一言以蔽之，不同的礼俗均有着它存在的合理性。正因为这样，作者认为就不能以某种礼法标准来衡量这些礼俗的贵贱和是非，也不能用某种礼法来齐一天下社会，更不能强迫人们接受一种繁琐而无实用的礼俗。反过来说，人们都应当尊重这些反映不同情况的礼俗，要入乡随俗，在不同的时代、到不同的地域，要执行不同的礼俗，也即作者在文中所说的“入其国者从其俗，入其家者避其讳，不犯禁而入，不忤逆而进”。这就是作者说的“行齐于俗”。

《齐俗训》所主张的入乡随俗、随顺人们生活世界自然发展之道的立场，与当时儒家试图以一套固定的礼义来要求普天之下所有人的立场，显然有着截然相反的意旨。因此，本卷的一个核心论题，即是揭示儒家之礼义，与本卷所主张的随顺自然之俗之间差别及其得失。

在本卷的开端，作者即鲜明地批判了儒家将仁义礼乐等思想教条化的立场，认为仁义、礼乐、是非的产生，实在是社会衰败的表现。因为仁义礼乐的产生，非但没有提高人的境界，反而使人变得更虚伪、人与人之间结怨更深广。这就是作者指出的：“礼义饰则生伪匿之士。”《齐俗训》对于儒家的这一批评，可谓是直承老庄道家而来，盖老子曰：“绝仁弃义，民复孝慈”（《老子·十九章》）；庄子言：“仁义之端，是非之涂”（《庄子·齐物论》）；而在庄子后学中更有“道德不废，安取仁义，性情不离，安用礼乐”（《庄子·马蹄》）之叹。

道家后学中确实有将老庄“绝仁弃义”的主张发挥到极致者，如庄子后学中的“无君派”，片面地发挥庄子的“齐物论”之说，主张扫平一切规矩，追求万物齐一、同于自然的“得道”境界。他们自觉地取消人禽之别，将禽兽看成一种自然态，也即可以保持自己天然生活的状态。回到人的自然状态也就是人和禽兽的同一。他们认为，这种万物齐一即是“道”的自然呈现，而服饰、礼乐、仁义教化等皆属于后天人为。所以，他们视

“赤身裸体”为人“生之本然”，且要“绝去礼学”“兼弃仁义”。一切后天人为之物皆悖于“自然”，离于“大道”。由此，真正达到“万物齐一”的清虚之极乃是取消人禽之别与君臣之别（即便有君，亦同于无君，形同虚设）。

但是，《淮南子》对于儒家礼乐思想的批评绝不像上述道家后学中的极端主义者那样对儒家持绝对否定态度，这一点我们在《缪称训》中可以非常明显地体会到。在本卷中也是一样，《齐俗训》对于百姓生活中自然存在的礼俗文化，其实不但不反对，反而是持肯定态度的，因此作者才会说：“礼者，实之文也；仁者，恩之效也。”礼俗是现实生活中人际关系、感情的表现形式，而仁慈的行为则是内心恩德的真实效验，二者的存在都是合理的。作者还说：“义者，循理而行宜也；礼者，体情制文者也。”所谓“义”，就是依循事理而又行为适宜；所谓“礼”，就是为体现真实感情而制定的仪式。仁义礼乐本身都是合理的，因为他们都是人们内心真实情感的自然流露。而儒家所倡导的仁义礼乐之所以是有问题的，是因为儒家破坏了仁义礼乐的这种自然性，而使其仅仅成为一种外在的、与人内心的真情实感无关的东西。

具体来说，从普遍意义上讲，儒家的“仁者爱人”是“推己及人”的逻辑延伸，因此，“仁者爱人”这一命题是基于人我之分的。但是，“仁”所依据的这个区分仍然是自然性的，而儒家却进一步把这种自然性的区分变成了一种知识。也即是说，对于“仁”，必须要有清晰的认识。例如，《论语》一书以“仁”为中心，旨在点醒人之自觉心，使道德意识得以挺立。同时，孟子所谓的“老吾老以及人之老”及其批评墨子“兼爱”是“无父也”表明：

儒家之"爱有差等"乃是作为"知"的对象加以确认与传授。如果说"仁者爱人"之"爱"仍然基于自然性的等差,"义"则是把整个社会性的等级规定完全勾勒出来,由此人为地掩盖了自然性的等差。而"礼"则是在不自然的等差之上又外在地强加了种种约束与限制。而且,"不学礼,无以立"(《论语·季氏》),行礼而知其为礼,是需要通过"学"来完成的。在此意义上,愈来愈繁复的"人为之礼"恰恰违背了人之"自然"本性以及周礼的真精神,因为"周礼"中一系列严格的礼仪等级人为地而非自然地构成了人的区分。

正因为此,《齐俗训》将儒家之"礼"还原为"俗"——"自然之礼"。

也即是说,在人类日常饮食起居中,仍然需要规则,规则同样表现于禁忌与区分。"俗"不同于"礼"的地方是,"俗"是自然性的区分,是与血缘和地缘紧密结合的,两者共同构成了人的自然本性。人生活在自然性礼俗的运作之中,从而"行礼而不知为礼",最终达至无"人我之分"的自然之境。

由是,合乎人之自然本性的"礼",也可以在"俗"的意义上得以实现。如《老子·三十一章》曰:"吉事尚左,凶事尚右。偏将军居左,上将军居右。言以丧礼处之。杀人之众,以悲哀泣之,战胜以丧礼处之。"也就是说,在庆功宴上,应当是以三礼的格局来安排座次,因为"胜而不美,而美之者,是乐杀人"。由此,"俗"(自然之礼)对人的区分仍然是存在的。

扩而言之,人禽之分也是由"俗"来建立的。但物类的差别同样应基于自然性的区分。从外在看,物物各有其形,互相区别;从内在看,在"无我"中实现本然之性,此之谓"自然"。然而,道家中极端的"无君派"以及诸多魏晋名士将所谓的“自然”从知识上理解为“万物齐一”，然后将其作为知识对象来刻意追求，这同样是违背“自然”的。

基于上述对儒家礼乐思想的批判，以及对道家中的极端主义者关于庄子“齐物”思想的片面理解的反思，《齐俗训》一方面鲜明地批判了儒家制定的繁文缛节，认为这些礼仪实在是“不原人情之终始”，只是徒有虚名而已；另一方面，作者也肯定了礼乐存在的合理性，认为“礼”只要能“足以佐实喻意”即可，“乐”也只要能“足以合欢宣意”即可。由此得出结论，凡礼节如不能合人情，且“旷日烦民而无所用”的，均应“废而不用”。简言之，要推究仁义礼乐之本，也即人情之自然，而不能拘泥于其形式。也正是从上述立场出发，本卷举出大量事例说明任何的礼俗都不是一成不变的，而是会随着其时代、地点等自然条件而自然地发生变化。

值得一提的是，在我们节选的最后一段文字中，作者还说明了人在认识事物和处置事物过程中的主观性，即同样一件事，由于各人所处的角度、立场和观点有异，所以得出的结论也各异。由此作者得出结论：“天下是非无所定，世各是其所是而非其所非，所谓是与非各异，皆自是而非人。”正因为人在认识过程中或处置事物过程中存在着大量的主观表现，有时会出现以“非”为“是”，以“是”为“非”，所以就得注意在礼俗实践中出现的这种主观偏差，因为对礼俗的实践最终还得靠人自身。

总而言之，本卷以“礼俗”为中心论题，全面而深刻地阐述了作者关于礼俗问题的思考，特别是阐明了儒家之礼与自然之俗之间的差别，探究了礼俗的内在本质，论述了礼俗会随时空而变，甚至因人而异的道理，提出了“入其国者从其俗，入其家者避其讳”这种对待礼俗的理智态度。在本卷的行文中，处处洋溢着一种开放、发展、变化、包容而博大的精神风貌（陈广忠《淮南子斠诠》），对于我们多角度、多层次地分析问题、看待异己，也有颇为重要的启发意义。

（刘康德　张锋宾）

卷十二

道应训

——道体之效验：考往事于老庄之术

〔题　解〕

道之所行，物动而应，考之祸福，以知验符也，故曰“道应”。

〔要　略〕

《道应》者，揽掇遂事之踪[①]，追观往古之迹，察祸福利害之反，考验乎老、庄之术而以合得失之势者也。

〔一〕　白公胜得荆国，不能以府库分人[②]。七日，石乙入曰[③]：“不义得之，又不能布施，患必至矣。不能予人，不若焚之，毋令人害我[④]。”白公弗听也。九日，叶公入[⑤]，乃发大府之货以予众，出高库之兵以赋民，因而攻之，十有九日而擒白公[⑥]。夫国非其有也而欲有之，可谓至贪也。不能为人，又无以自为，可谓至愚矣。譬白公之啬也，何以异于枭之爱其子也[⑦]？故老子曰：“持而盈之，不如其已；揣而锐之，不可长保也[⑧]。”

〔二〕　中山公子牟谓詹子曰[⑨]：“身处江海之上，心在魏阙之下，为之奈何[⑩]？”詹子曰：“重生。重生则轻利。”中山公子牟曰：“虽知之，犹不能自胜[⑪]。”詹子曰：“不能自胜则从之。从之，神无怨乎[⑫]！不能自胜而强弗从者，此之谓重伤；重伤之人，无寿类矣！”故老子曰：“知和曰常，知常曰明；益生曰祥，心使气曰强[13]。”是故“用其光，复归其明”也[14]。

〔三〕 楚庄王问詹何曰[15]：“治国奈何?”对曰：“何明于治身，而不明于治国[16]。”楚王曰：“寡人得立宗庙社稷[17]，愿学所以守之。”詹何对曰：“臣未尝闻身治而国乱者也，未尝闻身乱而国治者也。故本任于身[18]，不敢对以末。”楚王曰：“善。”故老子曰：“修之身，其德乃真也[19]。”

〔四〕 昔者，司城子罕相宋[20]，谓宋君曰：“夫国家之安危，百姓之治乱，在君行赏罚。夫爵赏赐予，民之所好也，君自行之；杀戮刑罚，民之所怨也，臣请当之[21]。”宋君曰：“善！寡人当其美，子受其怨，寡人自知不为诸侯笑矣。”国人皆知杀戮之专，制在子罕也，大臣亲之，百姓畏之。居不至期年，子罕遂却宋君而专其政[22]。故老子曰：“鱼不可脱于渊，国之利器，不可以示人[23]。”

〔五〕 跖之徒问跖曰[24]：“盗亦有道乎?”跖曰：“奚适其无道也[25]！夫意而中藏者[26]，圣也；入先者，勇也；出后者，义也；分均者，仁也；知可否者，智也。五者不备，而能成大盗者，天下无之。”由此观之，盗贼之心必托圣人之道而后可行。故老子曰：“绝圣弃智，民利百倍[27]。”

〔六〕 卢敖游乎北海[28]，经乎太阴[29]，入乎玄阙[30]，至于蒙谷之上。见一士焉，深目而玄鬓，泪注而鸢肩[31]，丰上而杀下，轩轩然方迎风而舞[32]。顾见卢敖，慢然下其臂，遁逃乎碑[33]。卢敖就而视之，方倦龟壳而食蛤梨[34]。卢敖与之语曰：“唯敖为背群离党[35]，穷观于六合之外者，非敖而已乎？敖幼而好游，至长不渝[36]。周行四极，唯北阴之未窥。今卒睹夫子于是[37]，子殆可与敖为友乎?”若士者齤然而笑曰[38]：“嘻！子中州之民，宁肯而远至此，此犹光乎日月而载列星，阴阳之所行，四时之所生，其比夫不名之地[39]，犹窔奥也[40]。若我南游乎冈𡶒之野，北息乎沉墨之乡[41]，西穷窅冥之党，东开鸿濛之光[42]，此其下无地而上无天，听焉无闻，视焉无眴[43]。此其外，犹有汰沃之汜[44]，其余一举而千万里[45]，吾犹未能之在[46]。今子游始于此，乃语穷观，岂不亦远哉[47]！然子处矣，吾与汗漫期于九垓之外[48]，吾不可以久驻。"若士举臂而竦身[49]，遂入云中。卢敖仰而视之，弗见，乃止驾，柸治，悖若有丧也[50]，曰："吾比夫子，犹黄鹄与壤虫也[51]。终日行，不离咫尺，而自以为远，岂不悲哉！"故庄子曰："小年不及大年，小知不及大知，朝菌不知晦朔，蟪蛄不知春秋[52]。"此言明之有所不见也。

〔注 释〕

① 揽掇：拾取。遂事：已完成的事，即往事。 ② 白公胜：春秋时楚平王之孙，太子建之子。太子建被费无忌谗害，白公随伍子胥奔吴。后令尹子西因他"信而勇"，从吴召回，任为巢大夫，号白公。后曾举兵攻杀令尹子西等，最后被叶公子高打败，奔入山中自缢而死。府库：国家贮藏财物之处为"府"，贮藏兵器之处为"库"。 ③ 石乙：又称石乞，为白公胜的党羽。 ④ 毋令人害我：谓毋令人以府库之财害我。 ⑤ 叶公入：是指楚大夫叶公子高自方城之外入杀白公。⑥ 擒：指打败，因为白公是战败后逃出郢城在山中自缢死的。⑦ 枭之爱其子：《意林》引桓子《新论》："枭生子，子长，食其母，乃能飞。" ⑧ 语见《老子·九章》。 ⑨ 中山公子牟：战国时魏国公子，即魏牟，魏攻下中山后，封魏牟于中山，故称中山公子牟。詹子：詹何。 ⑩ 身处江海之上：喻指隐居江湖。魏阙：古代宫门外的阙门，

是颁布政令的地方，后作为朝廷的代称。⑪ 自胜：自我克制。⑫ 怨：向宗鲁认为"怨读为菀"。菀，指枯病。⑬ 语见《老子·五十五章》。曰：刘文典认为这里老子语录中的几个"曰"皆当为"日"。益：贪生纵欲过度。祥：古代可用作吉祥，也可用作妖祥。⑭ 语见《老子·五十二章》。明：指察微的能力。⑮ 詹何：即上节说的詹子。⑯ 何明：这里的"何"是詹何的自称。⑰ 立：杨树达认为应是"涖"，或作"莅"，临的意思。立宗庙社稷：指登临君位掌握朝政。⑱ 任：王念孙认为应作"在"。⑲ 语见《老子·五十四章》。⑳ 司城：官名，掌管土木建筑。子罕：战国时宋国的司城皇喜，字子罕。子罕任宋司城，后杀君篡位。㉑ 当：担当。㉒ 期年：一年。却：王念孙认为"却"当为"劫"。但《韩非子·外储说右下》作"子罕杀宋君而夺其政"。㉓ 语见《老子·三十六章》。示：显示，让人知道。㉔ 跖：春秋时期著名的盗贼。㉕ 奚适：到哪里，何处。适：往。㉖ 意：猜测。藏：指事主家中所藏财物。㉗ 语见《老子·十九章》。㉘ 卢敖：原注为"卢敖，燕人，秦始皇召以为博士，使求神仙，亡而不反（返）也"。北海：北方边远地区。㉙ 太阴：北方为阴，故太阴为极北处。㉚ 玄阙：原注为"北方之山"。㉛ 泪注：王念孙认为应作"渠颈"。"渠"通"巨"。"巨颈"是说脖子粗短。鸢：老鹰。鸢肩：指肩脖耸起如鹰。㉜ 丰：丰满。杀：瘦削。轩轩然：翩翩起舞的样子。㉝ 慢然：原注为"止舞也"。下：放下。遁逃：躲避。乎：于。碑：崥，山脚。㉞ 倦：原注为"楚人谓'倨'为'倦'"。倨或倦均指蹲坐。龟壳：龟甲。蛤梨：蛤蜊。"梨"通"蜊"。㉟ 唯：只。党：指家乡。㊱ 渝：改变的意思。㊲ 卒：通“猝”，突然、忽然。㊳ 螽然而笑：是说露齿而笑。㊴ 不名之地：叫不出名称的地方。㊵ 窔奥：房屋的角落。东南隅叫窔，西南隅叫奥。㊶ 冈㝗：空旷。沉墨：沉寂、寂静。㊷ 窅冥：幽深。党：处所。开：王念孙认为是“关”。开与关的繁体字字形相近而误。“关”指“贯通”“通达”。鸿濛：东方日出之处。㊸ 焉：之。眴：目眩、目摇。无眴：马宗霍认为“无眴，犹言无足以动摇其目者，引申之亦即目无所见之意”。㊹ 汰沃：原注为“四海与天之际水流声也”。氾：原注为“涯也”，指水边岸。㊺ 其余：指在汰沃之外。举：动，指腾飞。㊻ 未能之在：原注为“尚未至此地”。㊼ 始于此：杨树达认为应在“始”下加“至”字，即“始至于此”。穷观：看尽一切，尽观一切。远：相差远。㊽ 处：留下、待在。汗漫：虚构出的仙人名。这“汗漫”本身就有虚无缥缈之意。㊾ 竦：耸。㊿ 柸治：于省吾说：“柸治二字乃叠韵谜语，亦即‘诶诒’之转语。‘诶诒，失魂魄也。’按失魂魄即恐惧之意。”悖若：困惑，迷惑。(51) 黄鹄：鸟名，指天鹅。壤虫：原注为“虫之幼也”。(52) 语见《庄子·逍遥游》。年：寿命。知：同“智”。朝菌：一种朝生暮死的菌类。晦：每月最末一日为晦。朔：每月初一日为朔。蟪蛄：寒蝉。春秋：代表一年，寒蝉夏生秋死，只经历两个季节，所以不知“春秋”。

〔鉴　赏〕

《原道训》已对“道体”作了理论阐发，本卷则用了五十六则历史故事和寓言故事来形象解说“道体”。作者还似乎感到“道”只有被古往今来的无数史实所验证，才能说明“道”是放之四海而皆准的原始体，也是万物之本原和社会自然发生发展的根本，所以本卷被称为《道应训》。这正如曾国藩所说的:“此篇杂征事实，而证之以老子《道德》之言，意以已验之事，皆与昔之言道者相应也，故题曰《道应》。”

为了应“道”，所以本卷的体例是每则故事之末（亦即每节之末），皆引老子、庄子、慎子等哲人语录证之，以点明主旨。而其中又以老子语录最多，达五十多条，涉及《老子》一书中的三十多章内容。所杂征的历史故事和寓言故事，以出自《吕氏春秋》和《庄子》为最多，其他分别出自《晏子春秋》《韩非子》和《荀子》等，从中可见《淮南子》和《老子》《庄子》《吕氏春秋》的道家渊源关系。

《道应训》的这种体例模式，应当说是将抽象的“道”具体化的一种十分巧妙的方式，因为它把老庄思想中许多深刻却又费解的语句，诠释以形象而易解的内容。并且，《道应训》中的寓言或历史故事，都非常短小精悍，与《原道训》中的长篇大论相比，自然另有一番滋味。限于篇幅，我们在这里选取了其中较具代表性的六则故事。这六则故事分别与之前我们已经讨论过的《淮南子》的哲学本体论、生命哲学、君主修养论、君主统御术、政治哲学等相应，其中前五则故事是对老子思想的诠释，最后一则故事则是对庄子思想的诠释，以下我们将分别阐析之。

第一则故事是关于道体虚静无为，“得道者志弱而事强，心虚而应当”（《原道训》）的一个反面例证。本节录用的老子语录是“持而盈之，不如其已；揣而锐之，不可长保”；接下来老子的语录是“金玉满堂，莫之能守；富贵而骄，自遗其咎”（《老子·九章》）。实际上，应将这两段语录加在一起用到白公胜的身上才显得更合适。《老子・九章》的内容无非是说"盈满富贵不知足"是灾祸的根源,而白公胜恰恰是犯了这种错误,他将用不义手段获取的不义之财持守在手而不肯"散物聚人",从而导致他的失败。在这里,石乙的见解显然比白公胜更高明。所以在《淮南子》作者看来,白公胜的那种"至贪、至愚",哪会使他不失败?因为白公胜实在是不懂这"持而盈之,不如其已""金玉满堂,莫之能守"的"道"理。

第二则故事是有关《淮南子》生命哲学的提点:重生而轻利。本节所引《老子・五十五章》的大意是说,人要像无知无欲的婴儿那样保持着旺盛的天然精气和淳厚的平和之气,这样就会有无限的生命力。但这前提就是人不能贪欲过分,否则就会伤害到人体内的静和之气。所以当詹何向中山公子魏牟介绍养生之关键时就讲到"重生轻利"的道理。这样,人为了保持自身的精和之气,就会拼命压制欲望。然而这欲望又不是能轻易压制得了的,于是出现了中山公子魏牟所说的"犹不能自胜"的情况。这时詹何又从养生的角度出发,指出过分压制欲望也不是件好事,它也会伤害到人体中的精和之气,不会使人长寿;同时提出听其自然("从之")的主张,认为只有听其自然,精神才不会出毛病,保持体内的精和之气才有可能。从中可以看出,詹何的立场与《精神训》中"本其所以欲而非禁其所欲,原其所以乐而非闭其所乐"的观点是相一致的。

第三则故事强调了君主的道德修养对于治国的重要性。道家的生命哲学本来就和养性相关联,而这"养性"又和儒家的修身养性相一致,儒家的修身养性又与治国平天下相联系。所以当楚庄王向詹何请教治国之道时,詹何就直接将治身和治国相联系,明确指出,"未尝闻身治而国乱者也,未尝闻身乱而国治者也”。最后,作者以老子的箴言来归纳:“修之于身,其德乃真。”(《老子·五十四章》)作者的思维过程与《缪称训》的君主修养论可谓如出一辙。

第四则故事围绕君主统御术中的“权势”,提供了一个未能用好权势而导致丧国的反面教材。自老子提出“国之利器不可以示人”(《老子·三十六章》)之后,对“利器”的看法有好几种。有认为“利器”指“权道”(如河上公),也有认为“利器”即“赏罚”(如韩非子),更有认为“利器”为政权的(如高亨)……这里不管对“利器”作何种解释,认为“利器”泛指一种以君主的“权势”为中心的统御臣下之方略,大概是不错的。正因为是一种君主统御的方略,就应该慎重对待,不可随随便便制定,也不可随随便便颁布;而这其中的赏罚制度及赏罚权力更不可随随便便由人胡乱制定和执行,这就是老子所谓的“国之利器不可以示人”。而宋国国君之所以被废君位,就是在于将此轻易示人和轻易放弃。

第五则故事亦是通过一则反例来证明自己的主张,即由“盗亦有道”的寓言,反证了“绝巧弃利”“绝圣弃智”的道治理想,也即《淮南子》的政治哲学主张。文中提到的盗跖尽管有“道术”,但作为有盗贼这个现象来说,总不是好事情。那么,怎样才能消除这个现象呢?这在老子看来,倒不是设定法律、捕捉盗贼、依法查办,而是认为应是“绝巧弃利”,才能使“盗贼无有”(《老子·十九章》)。为什么这样说呢?这是因为按老子的一贯看法,诸如仁义孝慈,均在于原本的“大道废”了后才产生的;同样,“盗贼”也在于社会讲“智巧”、谋“利益”后才产生的。就像人丧“道”所以亲爱、鱼失水所以呴濡一样。假若“大道不废”,这仁义孝慈就不会产生;这智巧不讲、利益不谋，这盗贼就没有产生的基础。所以《老子·三章》就明确讲“不贵难得之货，使民不为盗”；而庄子则说得更彻底：“擿玉毁珠，小盗不起”(《庄子·胠箧》)。只有真正做到“绝巧弃利”，才能彻底断绝盗贼；盗贼彻底断绝，民众才能真正获利，所以老子最后总结说：“绝圣弃智，民利百倍。”

第六则故事通过“卢敖游乎北海”的寓言所要说明的，则是庄子在《逍遥游》中提出的小大之辩：“小年不及大年，小知不及大知”，其用意在于“贬小扬大”，启发人们舍私小而就广大，最终达至“与天地精神往来”的天人合一之境。这里“卢敖游乎北海”的寓言，其实与《庄子·秋水》中河伯和北海若之间的一番对话很是相似，当河伯趁着秋季泛滥的河水游至北海，看到海洋的波澜壮阔时，“欣然自喜，以天下之美为尽在己”，然而，北海若却告诉河伯，大海与天地宇宙相比，不啻为大陆中的一个小泽，实在不必如此惊叹。这里值得我们注意的是，既然《淮南子》和《庄子》的这两则寓言都意在“贬小扬大”，进而追求“与天地精神往来”的大人境界；那么，他们为什么不直接描述自己心目中“大人”的理想人格，而何必牵涉出一个“小人”，用两相对照的手法来阐述自己的思想呢？我们认为，大概在《淮南子》和《庄子》看来，世上绝大多数人只能称得上是“小人”；并且每个人的生命之初，大概也必不能直接就是“大人”；因此，每个人都有待于由“小人”向“大人”的“化”，这种“化”的过程也即人生境界不断提高的过程。由此看来，“化”应当是《道应训》“卢敖游乎北海”的寓言的题中应有之义，并且应当是作者通过这则寓言而对世人有所期待的标的所在。

总而言之，通过上述六则颇具代表性的寓言，我们可以看到，《淮南子》一书的思想是一贯的,《道应训》通过五十余则寓言故事,无非是要从效验的角度证明其哲学本体论、生命哲学、君主修养论、君主统御术、政治哲学等思想观点的合理性;同时,《道应训》引用老庄语录来论“道”的做法,也充分表明了《淮南子》与老庄道家的渊源关系。诚如高诱在《淮南子注·叙目》中所说:“夫学者不论《淮南》,则不知大道之深也。”

（刘康德　张锋宾）

卷十三

氾论训

——权变论：与化推移

〔题　解〕

博说世间古今得失，以道为化，大归于一，故曰“氾论”，因以题篇。

〔要　略〕

《氾论》者，所以箴缕縩繺之间[1]，攕揳唲齺之郄也[2]，接径直施，以推本朴，而兆见得失之变[3]，利病之反；所以使人不妄没于势利，不诱惑于事态，有符曮晲[4]，兼稽时势之变，而与化推移者也。

〔一〕 古之制，婚礼不称主人[5]，舜不告而娶[6]，非礼也；立子以长，文王舍伯邑考而用武王[7]，非制也；礼三十而娶，文王十五而生武王[8]，非法也。夏后氏殡于阼阶之上，殷人殡于两楹之间，周人殡于西阶之上[9]，此礼之不同者也；有虞氏用瓦棺，夏后氏堲周，殷人用椁，周人墙置翣[10]，此葬之不同者也；夏后氏祭于暗，殷人祭于阳，周人祭于日出以朝[11]，此祭之不同者也。尧《大章》，舜《九韶》，禹《大夏》，汤《大濩》，周《武象》，此乐之不同者也。故五帝异道而德覆天下，三王殊事而名施后世[12]，此皆因时变而制礼乐者。譬犹师旷之施瑟柱也[13]，所推移上下者无寸尺之度，而靡不中音[14]。故通于礼乐之情者能作音，有本主于中，而以知榘矱之所周者也[15]。

〔二〕 先王之制，不宜则废之；末世之事，善则著之[16]。是故礼乐未始有常也。故圣人制礼乐而不制于礼乐，治国有常而利民为本，政教有经而令行为上[17]。苟利于民，不必法古；苟周于事，不必循旧[18]。夫夏、商之衰也，不变法而亡；三代之起也，不相袭而王。故圣人法与时变，礼与俗化，衣服器械各便其用，法度制令各因其宜。故变古未可非，而循俗未足多也[19]。

〔三〕 诵先王之诗书，不若闻得其言；闻得其言，不若得其所以言[20]。得其所以言者，言弗能言也[21]。故道可道者，非常道也[22]。

圣人所由曰道，所为曰事。道犹金石，一调不更[23]；事犹琴瑟，每弦改调[24]。

天下岂有常法哉！当于世事[25]，得于人理，顺于天地，祥于鬼神，则可以正治矣。

〔四〕 古者人醇工庞，商朴女重[26]，是以政教易化，风俗易移也。今世德益衰，民俗益薄，欲以朴重之法，治既弊之民，是犹无镝衔橛策錣而御馯马也[27]。昔者，神农无制令而民从，唐、虞有制令而无刑罚[28]，夏后氏不负言，殷人誓，周人盟[29]。逮至当今之世，忍訽而轻辱[30]，贪得而寡羞，欲以神农之道治之，则其乱必矣。伯成子高辞为诸侯而耕，天下高之[31]。今时之人，辞官而隐处，为乡邑之下[32]，岂可同哉！古之兵，弓剑而已矣，槽矛无击，修戟无刺[33]。晚世之兵，隆冲以攻，渠幨以守，连弩以射，销车以斗[34]。古之伐国，不杀黄口，不获二毛[35]。于古为义，于今为笑。古之所以为荣者，今之所以为辱也。古之所以为治者，今之所以为乱也。

〔五〕 昔者，《周书》有言曰："上言者，下用也；下言者，上用也。上言者，常也；下言者，权也[36]。”此存亡之术也，唯圣人为能知权[37]。言而必信，期而必当，天下之高行也[38]。直躬其父攘羊而子证之[39]，尾生与妇人期而死之[40]。直而证父，信而溺死[41]，虽有直信，孰能贵之？夫三军矫命，过之大者也。秦穆公兴兵袭郑，过周而东。郑贾人弦高将西贩牛，道遇秦师于周、郑之间，乃矫郑伯之命，犒以十二牛，宾秦师而却之，以存郑国[42]。故事有所至，信反为过，诞反为功[43]。

是故圣人论事之局曲直[44]，与之屈伸偃仰，无常仪表，时屈时伸。卑弱柔如蒲韦，非摄夺也[45]；刚强猛毅，志厉青云，非本矜也[46]。以乘时应变也。

〔六〕 孔子曰：“可以共学矣，而未可以适道也。可与适道，未可以立也。可以立，未可与权[47]。”权者，圣人之所独见也。故忤而后合者，谓之知权[48]；合而后舛者，谓之不知权[49]。不知权者，善反丑矣。故礼者，实之华而伪之文也[50]，方于卒迫穷遽之中也，则无所用矣[51]。是故圣人以文交于世，而以实从事于宜，不结于一迹之涂，凝滞而不化，是故败事少而成事多，号令行于天下而莫之能非矣。

圣人者，能阴能阳，能弱能强；随时而动静，因资而立功；物动而知其反，事萌而察其变；化则为之象[52]，运则为之应。是以终身行而无所困。

〔七〕 事或欲之，适足以失之；或避之，适足以就之。楚人有乘船而遇大风者，波至而自投于水[53]。非不贪生而畏死也，惑于恐死而反忘生也。故人之嗜欲，亦犹此也。齐人有盗金者，当市繁之时，至，掇而走[54]。勒问其故曰：“而盗金于市中[55]，何也？”对曰：“吾不见人，徒见金耳[56]！”志所欲，则忘其为矣。是故圣人审动静之变，而适受与之度；理好憎之情，和喜怒之节。夫动静得，则患弗过也；受与适，则罪弗累也；好憎理，则忧弗近也；

喜怒节，则怨弗犯也。故达道之人，不苟得，不让福；其有弗弃，非其有弗索；常满而不溢，恒虚而易足。

〔注　释〕

① 箴：同“针”。缕：丝线。箴缕：针线，这里作动词用，缝缀的意思。縩繺：缝隙，指衣帛缝制中的接线口处，有时衣物破也称为縩繺。② 攕：通“櫼”，楔子。揳：塞也。唲齵：指牙齿参差不齐、多缝隙。攕揳唲齵：是指用楔子等东西填塞牙齿间的缝隙，引申为填补人们思想、心灵上的缺陷和不足。 ③ 兆见：预见。 ④ 符：符合、应验。曮晲：太阳运行的轨道，这里指天道。马宗霍认为“日行不失次谓之曮晲”。 ⑤ 婚礼不称主人：原注为“当婚者之身，不称其名也，称诸父兄师友”。“意思就是儿女婚事得父母作主、媒人牵合”（见许匡一《淮南子全译》）。 ⑥ 舜不告而娶：原注为“尧知舜贤，以二女妻舜。不告父，父顽，常欲杀舜，舜知告则不得娶也”。 ⑦ 伯邑考：武王之兄。史书记载，伯邑考被纣王杀害。原注为“伯邑考，武王之兄。废长立圣，以庶代嫡，圣人之权尔”。 ⑧ 礼三十而娶：古礼规定男三十而娶，女二十而嫁。文王十五而生武王：古代国君十二岁而冠，冠而娶，故十五岁可生子。 ⑨ 殡：停放灵柩。阼阶：古厅堂的两排台阶，东面的称为“阼阶”，西面的称为“西阶”。阼阶为主人之位，西阶为宾客之位。楹：厅堂前面的柱子。原注为“殷殡之于堂上两柱之间，宾主共”。西阶：原注为“盖以宾道远之”。这几句的意思是说，夏人停柩于主位，殷人停柩于主宾之间，周人停柩于宾位，证明人们离

别死者的心态日益开化。⑩ 瓦棺：原注为“瓦棺，陶瓦”。堲：烧成的土块或土砖。堲周：是说用烧成的砖块砌成的棺椁。原注说“夏后氏，禹世，无棺椁，以瓦广二尺，长四尺，侧身累之以蔽土，四堲周”。椁：外棺。墙：装饰灵柩的布帐。翣：一种类似扇状的装饰物。原注为“周人兼用棺椁，故墙设翣，状如今要扇，画文，插置棺车箱以为饰。多少之差，各从其爵命之数也”。⑪ 暗：黄昏。阳：白天中午。朝：日出时分，指早晨。这里的“祭”是指郊外设坛而祭。⑫ 道：治理天下的方法、制度。事：治理政事的方法、制度。⑬ 师旷：春秋时晋国乐师。施：调整、设置。瑟：古代一种拨弦乐器，形似琴。⑭ 寸尺：指尺度。度：衡量、度量。靡：无。中：恰当、符合。音：音律。⑮ 音：王念孙认为“音”当为“言”。“言”承上句而释其义。这样“言”属下句，即为“言有本主于中”。榘：方。彟：度法。榘彟：是说规矩、法度。周：合。⑯ 著：使显著，发扬。⑰ 经：常，常法、常规。⑱ 苟：如果、假使。⑲ 多：指称颂、赞美。⑳ 闻得：这里的“得”是衍文。以上的“闻得”的“得”也是衍文。㉑ 言弗能言也：原注为：“圣人所言微妙，凡人虽得之，口不耐以言。”㉒ 语见《老子·一章》。原注为“常道，言深隐幽冥，不可道也。犹圣人之言，微妙不可言”。㉓ 金石：钟磬。一调不更：是说如钟磬这样的乐器，一旦浇铸成形、定下音调就固定不变了。㉔ 每弦改调：指琴瑟的弦可以改变、调整，音调也随之改变。㉕ 当：合。㉖ 醇：淳朴忠厚。庞：指器物坚固耐用。商朴：原注为“不为诈”。重：原注为“贞正无邪也”。重通“憧”“童”。㉗ 镝衔橛：即马嚼子。指马口中所含的铁质器,用来控制马。策:马鞭。錣:马鞭端部的尖刺。馯马:烈马。㉘无制令而民从:原注为“无制令,结绳以治也”。这里指尚无成文的法令制度。有制令而无刑罚:原注为“有制令,焕乎其有文章也。其政常仁义,民无犯法干诛,故曰‘无刑’也”。这里指虽有法令条文,但无须动用。㉙负:背。不负言:是说言而有信。誓:原注为“以言语要誓,亦不违”。盟:歃血为盟,会盟。㉚訽:同“诟”,耻辱。㉛伯成子高:原注为“尧时人也”。事见《庄子·天地》。高:称赞。㉜为乡邑之下:被乡里人所看不起。下:低贱。㉝槽矛:原注为“木矛”。无击:原注为“无铁刃”。“矛”又作“柔”。“槽”通“酋”。“槽柔”即“酋矛”。修:长。戟:一种既可直刺又可横击的兵器。刺:原注为“锋也”。㉞隆:高也。冲:冲车。渠:沟堑。幨:幰。幨与幰都是帐幕。连弩:可以连发的机械弓。销车:一种装有飞刀的战车。㉟黄口:幼儿、小孩。二毛:指有白发的老人。因为头发黑中有白,故称为“二毛”。㊱《周书》:原注为“周史之书”。上言者,经典之言。下言者:权变之言。所引《周书》文即是《逸周书》文。㊲权:变通、权变。㊳期:约会、约定。当:履行相约之事之言。高:高尚品行。㊴直躬:原注为:“直躬,楚叶县人。叶公子高谓孔子曰:‘吾党有直躬者,其父攘羊而子证之。’孔子曰:‘吾党之直者异于是,父为子隐,子为父隐,直在其中矣。’凡六畜自来而取之曰攘也。”“攘”指扣押自己跑上门的家畜。这里指偷窃。证:检举。㊵尾生:战国时鲁国人。相传尾生与一女子相约于桥下见面,女子食言不来,而尾生为了践约不肯离去,抱着桥柱任猛涨的河水淹死。㊶信而溺死:王念孙认为应是“信而死女”，即说“信而为女死”。这样“信而死女”与“直而证父”相对为文。㊷秦穆公兴兵袭郑：事见《左传·僖公三十二年》。周：东周都城。贾人：商人。弦高：郑国商人。矫：假托、伪造。郑伯：郑国国君。犒：以酒肉慰劳。宾：以礼相待。却：退。㊸诞：谩，欺诈的意思。㊹局：王念孙认为是衍文。㊺卑：王念孙认为不当有此字。韦：杨树达认为应作“苇”。摄：慑。㊻本：王念孙认为当为“夸”。这样“夸矜”与“摄夺”相对为文。㊼孔子语见《论语·子罕》。㊽忤：不顺、违逆。㊾舛：何宁认为“舛”是“忤”之形伪，故“舛”“忤”意思相近。㊿华：花。伪之文：人为的文饰或修饰。51卒：通“猝”，紧急、急促。遽：困窘、窘迫。52象：形象。53波至：王念孙认为“波至而”下应加上“恐”字，即“波至而恐，自投于水”。54掇：拿取。55勒：抓住，“勒”本指马络头，引申为逮住。而：尔、你。56徒：只。

〔鉴　赏〕

作者在本卷中泛论博说世间古今之得失，所以题为《氾论训》。这“氾论”并非泛泛而论，其中也有它的内涵宗旨，这就如高诱题解中说的那样：“以道为化，大归于一，故曰‘氾论’”。这“以道为化”，是说圣人明白“道可道者，非常道也”，“道”不是僵化不变的教条，而是无时无刻不在随时势而变化，是包涵一种理智的活动性在其中的；因而圣人不会机械地固守陈规，他“能阴能阳，能弱能强；随时而动静，因资而立功；物动而知其反，事萌而察其变；化则为之象，运则为之应”。这种“随时而动静”也即高诱所说的“大归于一”。就此而言,本卷实际上可视为《淮南子》的“权变论”。

说到“权”,很多人可能会认为这只是一种做事的抽象的原则或方法论,并不具有十分深刻的涵义。但事实上,“权”在中国古代思想中有着非常重要而丰富的内涵。如在孟子和淳于髡关于“嫂溺援之以手”之合法性的辩论中即涉及对“权”的倚重:“淳于髡曰:‘男女授受不亲,礼与?’孟子曰:‘礼也。’曰:‘嫂溺,则援之矣以手乎?’曰:‘嫂溺不援,是豺狼也。男女授受不亲,礼也;嫂溺援之以手者,权也。’曰:‘今天下溺矣,夫子之不援,何也?’曰:‘天下溺,援之以道;嫂溺,援之以手。子欲手援天下乎?’”(《孟子·离娄上》)嫂子掉到河里了,小叔子如果去救,则不合“男女授受不亲”的礼法规定,这在古代社会中其实是一个伦理两难的问题,如果在一般的俗陋之儒看来,可能会很难解答;但作为真正的儒者,孟子却回答地非常干脆,当然应该去救人,因为这是“权”。在孟子看来,“权”应当高于“礼”,根据孟子答语中“援之以手”和“援之以道”的比兴关系,我们很容易发现,“权”虽然不合于“礼”,但却是“道”的一个核心要素,因此“权”应当高于“礼”。正是基于此,《氾论训》引用孔子的话来说明“权”的重要性:“可以共学矣,而未可以适道也。可与适道,未可以立也。可以立,未可与权。”并由此认为“权”乃“圣人之所独见也”。

“权”其实不仅仅关系到“道”本身,而且关系到“道”与“事”二者之间的关系。我们在本书首卷《原道训》便已指出,中国古代思想中所谓“道”,并非是一个抽象物,而是指包括人类在内的宇宙万物所应当行走的道路。就此而言,“道”必然在“事”中。但正如《氾论训》所言:“圣人所由曰道,所为曰事。道犹金石,一调不更;事犹琴瑟,每弦改调。”就“道”中所包含的

“应当”的意旨而言,“道”的指向是固定的,也即最高的“善”;但“道”在不同的“事”中却有着不同的表现,因为“事”是在永不停息的流变中的。正是由于经验世界的流变性,使得“道”在形式上虽然表现为“善”,但在生活世界中其实一直处于不断活动、不断完成中;而“权”实际上也即表明了“道”的这种活动性和正在完成中的状态。就人类而言,“权”实际上意味着人对于自己存在处境的判断,意味着人对于自己实践行为的恰当的决定。综言之,“道”需要生活世界中的每个生命不断地去激活它、充实它,而“权”也即在此生命过程中的恰当的选择与判断,“道”的实现需要经由“权”的抉择。正是由此,《要略》认为本卷的宗旨是在“使人不妄没于势利,不诱惑于事态,有符曮晲,兼稽时势之变,而与化推移者也”。

由这“兼稽时势之变,而与化推移”的权变思维,而推衍泛论到生活世界中的“事”的各个领域,也就有了相应的主张和观点。

比如在“礼法”问题上,作者认为“天下岂有常法”,“五帝异道而德覆天下,三王殊事而名施后世,此皆因时变而制礼乐者”,认为因社会和自然在变化和发展,所以只有明白“时变”,才能做到“先王之制,不宜则废之,末世之事,善则著之”,从而因时变而制礼法。也只有明白“时变”则法变,才能做到“不法古、不循旧”,这样衣服器械才能各便其用,法度制令才能各因其宜,天下才能治理、社会才能进步。同时,也因为器械、礼乐、常故随社会变化而变化,所以作者又提醒社会中的造器、制乐、立法者,一方面要在内心世界树立这种变化观念,另一方面也要“有本主于中”,这个“本”也即“道”或“善”,只有如此,才有可能因时变而制出恰当的器、乐、法。

在治政方针上,作者提出“权变”方法,认为“唯圣人为能知权”。出于

“权变”,原先那些固定的认识就应当随着事态的发展而随之改变、修正。比如说,郑国人弦高为了阻止偷袭的秦军,于是便假托郑国君的命令,用十二头牛犒劳秦军、礼待秦军,使秦军以为郑国已知道这次偷袭计划而不敢贸然前进,只得撤退,从而保全了郑国,这虽然违反了正直和守信的道德律,但却不能算作欺诈,反而证明了弦高的智慧。反之,如果不懂得“权变”,倒有可能将原本“善”的反变成“丑”的了,如上文提到的因拘泥于“男女授受不亲”之礼而对“嫂溺”是否当“援之以手”有疑问的淳于髡即是一例。所以“圣人论事之局曲直,与之屈伸偃仰,无常仪表,时屈时伸,乘时应变”,这样才能治理好天下。

在是非的评判上,作者认为无绝对的是与非,是非评判的标准随时空变化而变化,“于古为义,于今为笑;古之所以为荣者,今之所以为辱也;古之所以为治者,今之所以为乱也”。在作者看来,古时候人们淳朴忠厚,工匠制作的器具坚固耐用精致美观,商贾诚实不欺诈,女子纯真稳重,这些也即作者所说的“人醇工庞,商朴女重”,因此当时的政教非常简易;而随着社会道德日益衰败,民风习俗日益浇薄,如果还用远古时期质朴淳厚的方法去治理日益腐败的民风,显然是不合时宜的。是非的标准随着时空的转移而在不断发生变化,因此万万不可将其僵化。

最后,作者指出,很多事情是“或欲之,适足以失之;或避之,适足以就之”。也即是说,你想得到它,但恰恰因此使你失去它;你想避开它,但恰恰因此使你碰上它。那么,人又应如何去应对这种情况呢?除了“乘时应变”外,作者认为还有更重要的东西,即向内用功,“圣人审动静之变,而适受与之度;理好憎之情,和喜怒之节”。只有“动静得”“受与适”“好憎理”

“喜怒节”，才能使“患弗过”“罪弗累”“忧弗近”“怨弗犯”，也就能在利与害、祸与福这二极中保持平衡和平静。与此同时，作者还认为对这种“利害之反，祸福之接”情况的把握，还需人自身要有满足感，心志平易，精神内守，不为功名利禄所诱惑，不刻意追求、索取那些不该你所有的东西，这样也就能避免出现当要获取之际，恰恰又是受伤害之时的情况。

总而言之，在作者看来，圣人认准一个基本点（“以道为化，大归于一”），即天下哪有“常法”“常规”，同时只有“乘时应变”“审动静之变”“适受与之度”，“当于世事，得于人理，顺于天地，祥于鬼神，则可以正治矣”。人之由“道”而行、顺“善”以动，并不是说要人们固定不变地遵循某种规则或教条，而是要随着具体的世事、情理、天地万物的改变而“与化推移”，对于自己每一个当下的实践行为作出恰当的决定，这样方称得上是“权”；也只有这样，才算得上是行其所当行之“道”，也即合于“道”。这就是《汜论训》的基本思想。作者在表述以上观点时运用的证据十分有力，且展开层次相当清晰，其中许多观点今天读来仍能给予我们许多启迪，值得我们细心玩味。

（刘康德　张锋宾）

卷十四

诠言训

——无为论：顺天理以应万化

〔题 解〕

诠，就也。就万物之指以言其征，事之所谓，道之所依也，故曰“诠言”。

〔要 略〕

《诠言》者，所以譬类人事之指，解喻治乱之体也，差择微言之眇[①]，诠以至理之文，而补缝过失之阙者也。

〔一〕 稽古太初[②]，人生于无，形于有，有形而制于物。能反其所生，若未有形，谓之真人。真人者，未始分于太一者也。圣人不为名尸，不为谋府，不为事任[③]，不为智主；藏无形，行无迹，游无朕[④]；不为福先，不为祸始；保于虚无，动于不得已[⑤]。欲福者或为祸，欲利者或离害[⑥]。故无为而宁者，失其所以宁则危；无事而治者，失其所以治则乱。

〔二〕 自信者不可以诽誉迁也，知足者不可以势利诱也。故通性之情者，不务性之所无以为；通命之情者，不忧命之所无奈何[⑦]；通于道者，物莫不足滑其调[⑧]。詹何曰[⑨]：“未尝闻身治而国乱者也，未尝闻身乱而国治者也。”矩不正，不可以为方；规不正，不可以为员；身者，事之规矩也。未闻枉己而能正人者也。原天命,治心术,理好憎,适情性,则治道通矣。原天命则不惑祸福,治心术则不妄喜怒,理好憎则不贪无用,适情性则欲不过节。不惑祸福则动静循理,不妄喜怒则赏罚不阿,不贪无用则不以欲用害性[10],欲不过节则养性知足。凡此四者,弗求于外,弗假于人,反己而得矣。天下不可以智为也,不可以慧识也,不可以事治也,不可以仁附也,不可以强胜也。五者[11],皆人才也,德不盛,不能成一焉。德立则五无殆,五见则德无位矣[12]。故得道则愚者有余,失道则智者不足。渡水而无游数,虽强必沉;有游数,虽羸必遂;又况托于舟航之上乎[13]!

〔三〕 善游者,不学刺舟而便用之[14];劲筋者,不学骑马而便居之[15];轻天下者,身不累于物,故能处之。泰王亶父处邠[16],狄人攻之,事之以皮币珠玉而不听,乃谢耆老而徙岐周[17],百姓携幼扶老而从之,遂成国焉。推此意,四世而有天下[18],不亦宜乎?无以天下为者,必能治天下者。霜雪雨露,生杀万物,天无为焉,犹之贵天也;厌文搔法[19],治官理民者,有司也,君无事焉,犹尊君也。辟地垦草者,后稷也;决河浚江者[20],禹也;听狱制中者,皋陶也[21]——有圣名者,尧也。故得道以御者,身虽无能,必使能者为己用;不得其道,伎艺虽多,未有益也。方船济乎江,有虚船从一方来,触而覆之,虽有忮心,必无怨色[22]。有一人在其中,一谓张之,一谓歙之,再三呼而不应,必以丑声随其后[23]。向不怒而今怒,向虚而今实也。人能虚己以游于世,孰能訾之[24]!释道而任智者必危,弃数而用才者必困。有以欲多而亡者,未有以无欲而危者也;有以欲治而乱者,未有以守常而失者也。故智不足免患[25],愚不足以至于失宁。守其分,循其理,失之不忧,得之不喜。故成者非所为也,得者非所求也;入者有受而无取,出者有授而无予[26]；因春而生，因秋而杀，所生者弗德，所杀者非怨，则几于道也[27]。

〔四〕 圣人无思虑，无设储[28]。来者弗迎，去者弗将[29]。人虽东西南北，独立中央。故处众枉之中[30]，不失其直；天下皆流，独不离其坛域[31]。故不为善[32]，不避丑，遵天之道；不为始，不专己[33]，循天之理；不豫谋，不弃时，与天为期[34]；不求得，不辞福，从天之则。

〔五〕 处尊位者，以有公道而无私说[35]，故称尊焉，不称贤也；有大地者，以有常术而无钤谋[36]，故称平焉，不称智也。内无暴事以离怨于百姓[37]，外无贤行以见忌于诸侯，上下之礼，袭而不离，而为论者莫然不见所观焉，此所谓藏无形者。非藏无形，孰能形[38]？三代之所道者，因也[39]。故禹决江河，因水也；后稷播种树谷，因地也；汤、武平暴乱，因时也。故天下可得而不可取也，霸王可受而不可求也。在智则人与之讼，在力则人与之争[40]。未有使人无智者，有使人不能用其智于己者也；未有使人无力者，有使人不能施其力于己者也。此两者常在久见[41]。故君贤不见，诸侯不备；不肖不见，则百姓不怨。百姓不怨则民用可得，诸侯弗备则天下之时可承[42]。事所与众同也，功所与时成也，圣人无焉[43]。故老子曰："虎无所措其爪，兕无所措其角[44]。"盖谓此也。

鼓不灭于声，故能有声；镜不没于形，故能有形[45]。金石有声，弗叩弗鸣；管箫有音，弗吹无声[46]。圣人内藏，不为物先倡，事来而制，物至而应。饰其外者伤其内，扶其情者害其神，见其文者蔽其质[47]。无须臾忘为质者[48]，必困于性；百步之中不忘其容者，必累其形。故羽翼美者伤骨骸，枝叶美者害根茎[49]，能两美者，天下无之也。

〔六〕 无为者，道之体也；执后者，道之容也[50]。无为制有为，术也；执后之制先[51]，数也。放于术则强，审于数则宁[52]。

〔七〕 圣人之接物，千变万轸，必有不化而应化者。夫寒之与暖相反，大寒地坼水凝，火弗为衰其暑[53]；大热铄石流金[54]，火弗为益其烈：寒暑之变，无损益于己，质有之也[55]。

〔注 释〕

①指：通“旨”，意图、旨向。差择：选择。眇：“妙”，微妙、精妙的意思。 ②稽：考查、考察。太初：天地未分之时。 ③尸：主宰、承担、承受。谋府：谋略的聚集处，谋略的储藏库。这里是指出谋划策的人，所以可译成“谋略的储藏者”。事任：事务的执行者。 ④朕：征兆、迹象。 ⑤不得已：指自然使然。 ⑥离：遭受。 ⑦无奈何：无可奈何，无法左右、支配。 ⑧莫不足滑其调：王念孙认为当作“物莫足滑其和”。这里“不”是衍文，“调”应是“和”。 ⑨詹何：上古有道术的人，据说以善钓闻名。 ⑩阿：徇私，偏袒。这里指偏差。用：王念孙认为第二个“用”字因第一个“用”字而衍。 ⑪五者：即“智为”“慧识”“事治”“仁附”和“强力”。 ⑫见：表现、突出。 ⑬游数：游泳技术。羸：瘦弱。航：两艘船连接起来的大船。 ⑭刺：撑。 ⑮筋：肌腱。劲筋：这是指脚力强健。 ⑯亶父：周文王祖父。邠：今陕西省彬县。 ⑰谢：辞别。耆老：老人。岐周：岐山。周族定居岐山下，故称为岐周。 ⑱推此意：由此意推论。四世：四代，指太王、王季、文王、武王。 ⑲厌：有疲倦、操持等意思。一曰“厌”为“案”。搔法：执法、操法。 ⑳浚：疏通。 ㉑听狱：审理刑狱、审理

案子。制中：裁决公正。皋陶：也称咎繇，舜时掌管刑狱的大臣。㉒方：拼、并。方船：拼并起来的筏或船。忮心：猜忌之心。怨色：这里指愤怒的语言。㉓张：撑开。歙：原注为“持舟楫者谓近岸为歙，远岸为张也”。这里指靠边。丑声：辱骂之声。㉔訾：诋毁、责难。㉕智不足：刘文典认为“足”下当有“以”字，即“智不足以免患”。㉖无予：是指不求回报。㉗几：近也。㉘设储：储备、积聚。㉙将：送。㉚枉：曲。㉛坛域：范围，这里指立足点。㉜善：王念孙认为“善”当为“好”。不为善：指的是不有意显美为善。㉝专己：独断专行。㉞期：和合、会合。㉟私说：偏私的主张，这里指“私见”。㊱钤谋：权谋、计谋。㊲离：罹，遭受、招来。㊳孰能形：应改为“孰弗能形”。㊴三代：夏、商、周。因：因顺，有“因势利导”的意思。㊵在：王念孙认为应作“任”。㊶常：尚。久：蒋礼鸿认为“久”当作“不”。见：现。㊷承：通“乘”，利用。㊸无：应理解为“无为”或“无与”。㊹语见《老子·五十章》。兕：兽名，指犀牛。措：置、放，这里指使用。㊺灭：王念孙认为应作“藏”。“没”应作“设”。这是说鼓不以声自见，人击之始发声；镜不以形自现，物靠近之始有影像。㊻无声：王念孙认为应改为“弗声”，这样可与上文“弗鸣”相类。㊼扶：扶持。扶情：指纵情、放纵情感。见：现。㊽质：王念孙认为应是“贤”。无须臾忘为质者：《文子·符言》作“夫须臾无忘其为贤者”。故何宁认为“无”为“夫”。而这“无”应在“忘”字上。㊾茎：孙诒让认为应作“荄”。这样与下文的“之”和上文的“骸”押韵。“荄”也指根部。㊿容：通“庸”，用、功能的意思。51 执后：这里的“执”为衍文。52 放：仿，效仿。审：审察。53 坼：裂开。暑：王念孙认为应为“热”。54 热：王念孙认为应为“暑”，这是因为“火可言热，不可言暑，且热与烈为韵”。55 质：本质。

〔鉴　赏〕

所谓“诠言”，是指解释阐明事理的语言，正如许慎的题解中所说：“就万物之指以言其征，事之所谓，道之所依也，故曰‘诠言’。”本卷通篇讲的是“无为”两字，所以《诠言训》实际上是一卷解释阐明“无为”的诠言。在上一卷《汜论训》中，《淮南子》已经深刻地揭示了现实世界的活动性，提出人们要随着世事和时势之变化而行“权”，乘时而动，与化推移，这主要是从“动”的一面来论“道”；本卷则试图从这“动”中寻找出“不变”的因素，以使人们更容易找到自己所当行之道，从而不至于被变动不居的现象所迁扰。这个“不变”的因素，即是“无为”。其实，在上一卷的末尾，当作者提出除了“变”，还应当向内用功，“审动静之变，而适受与之度，理好憎之情，和喜怒之节”（《汜论训》）时，作者即已经暗示了反诸己身、虚以待物的“无为”原则，本卷只是对这一原则的全面展开而已。

承接上卷“审动静”“适受与”“理好憎”“和喜怒”的思想，本卷亦以与之相通的“原天命”“治心术”“理好憎”“适情性”来诠释“无为”，并且作了更为深入的阐析。在作者看来，“原天命则不惑祸福，治心术则不妄喜怒，理好憎则不贪无用，适情性则欲不过节”，这里出现的四个“不”其实也即“无为”之“无”，而“不”字之后的几种后果“惑祸福”“妄喜怒”“贪无用”“过节"也即"无为"之"为";由上述的对应可以非常清晰地看到,"无为"并非是消极的无所作为之意,而是不妄为、不要不合时宜地去为之意。正是由于"无为"的真正内涵是积极的而非消极的,因而上述的四种"不"为导致的结果也必然是积极的:"不惑祸福则动静循理,不妄喜怒则赏罚不阿,不贪无用则不以欲用害性,欲不过节则养性知足。"

同时,"无为"的上述四个原则,并非外在的一种规则,而是需要反求诸己,正如作者所说:"凡此四者,弗求于外,弗假于人,反己而得矣。"也就是说,"无为"首先是一种对于自身性命修养的要求,只有"通性""通命",做到"不务性之所无以为""不忧命之所无奈何",使自己的精神上升到一定的境界,才能够不为外物所牵累;也只有不使外物扰乱人之内心平和,才能真正做到"动静循理""赏罚不阿""不以欲用害性""养性知足"。这样,身亦正、国亦治、道亦通,才算得上是行其当行之道,才能够"无为而无不为"。

除了从内在心性修养的一面来诠释"无为",《诠言训》还进一步将"无为"原则与"天"相联系,从天道本体之一面来诠释"无为":"不为善,不避丑,遵天之道;不为始,不专己,循天之理;不豫谋,不弃时,与天为期;不求得,不辞福,从天之则。"在这里,作者连用了八个以"不"字开头的短语,并且连用了四个"天",以说明"无为"与"天道"之间的关联。首先,八个"不"的短语所要表达的思想,主要是提示人们不要任凭自己主观的臆想、价值观或欲望而刻意妄为;而四个"天"则提示人们,凡事要善于遵循天地万物自然发展之理而行,顺之则吉,逆之则凶。一句话,"无为"的真正意蕴在于"顺天理以应万化"。正是由于"顺"而不妄为,因而称之为"无为";同时也是由于善于“顺”应事物自然之理，因而才能够“应万化”，也即无不为。

这种顺应天地万物自然之理的思想，《诠言训》又称之为“因”：“三代之所道者，因也。故禹决江河，因水也；后稷播种树谷，因地也；汤、武平暴乱，因时也。”虽然夏、商、周三代的历史情境有所不同，其具体的治政方针也各异，但有一点却是相同的，即他们的开国国君都善于“因”顺事物之理，因而才能得以平天下。具体来说，大禹疏导江河，是因顺水性；后稷种植谷物，是因顺地力；汤武平定暴乱，是因顺时势。这“三代之所道”哪里是拼命有为做成的，恰恰相反，他们都是因势、因时、因顺自然而成的，所以人们要明白“天下可得而不可取也，霸王可受而不可求也”的道理，硬做、妄做是成不了事的。

分而言之，“因顺”又可以从人和天两个角度来理解。从人的一面来说，“因顺”也就意味着不要过分彰显自我。作者举例说，鼓不以声自见，所以能敲之有声；镜不以形自现，所以能照之有形；以物理喻事理，人就不能自我表现、张扬过分，如表现、张扬、有为过分就会出现这样的情况：“饰其外者伤其内，扶其情者害其神，见其文者蔽其质”，这于人于事都无好处。接着作者提醒大家设想一下：连走路都不忘表现自我、注意仪容的人，会不累吗？所以最好是不表现、张扬自我，不有为做作。如君王能做到这些，就能“内无暴事以离怨于百姓，外无贤行以见忌于诸侯”，这样就能在“百姓不怨”之中利用民众，在“诸侯弗备”之时乘机而行。这就是“鼓不灭于声，镜不没于形”之中喻晓出的道理，即“无为”和“无形”。

从“天”的一面来说，人所“因顺”的，不是人内心所凭空臆想的东西，而是天地万物良好运行的当行之道。因此，人对于自己所生活的具体情境就不能懵懵懂懂、毫无认识，而是要有一种宽广的视野和博大的历史情怀，既要“有公道而无私说”，对于物事不偏执；又要“稽古太初”，对于物事的来龙去脉都能够把握清楚；只有如此，才能真正把握天道之所在，也即找到人所当行之善道，而得其适中。也正是由于“无为”意味着对于“道”的追寻和践履，因而作者在本卷直截了当地指出，“无为者，道之体也”。

在对“无为”的内涵进行系统诠释的同时，《诠言训》还结合不少事例来诠释“无为”的种种表现和特征。比如在我们节选的第三段材料中，作者就由强调“无为”，深入到分析“无为”的四个特征：一、“无为”是指自然而然，无意干涉事物，如自然界是“霜雪雨露，生杀万物，天无为焉，犹之贵天也”，社会领域是“厌文搔法，治官理民者，有司也，君无事焉，犹尊君也”。因为不有意干涉事物，所以万物“因春而生，因秋而杀，所生者弗德，所杀者非怨”。君王如以无为治天下就要达到这种状态，充分尊重事物本然之理。二、“无为”具体表现为“无欲”，即“有以欲多而亡者，未有以无欲而危者也”。因为有为者欲念妄起，所以他必定有张扬，激而上之，并以此来获取名誉、声望，这样，人之心境就容易为外物所牵引、所扰动，最终导致人“终身役役而不见其成功，苶然疲役而不知其所归”（《庄子·齐物论》）。三、“无为”还表现为不“任智”、不“崇智”，即“智不足以免患，愚不足以至于失宁”，“任智者必危，用才者必困”。因为相对广博的天下事物来说，“智”总是浅薄的，“智”总是不够用的，谁要是独任其智，失之必多；相反，只有虚心待物，因势利导，善用实践智慧而非固守私智，才能得心应手、左右逢源。四、因为世上很多事物是“成者非所为也，得者非所求也”，所以“无为”表现为不刻意追求，受取、授予任其自然。作者认为，如能有上述这些“无为”,“则几于道也”。

总而言之,本卷围绕“无为”这一主题,通过譬喻推论应对时势、世事变化之要旨,剖析解说社会治乱的本原,精选微妙的言辞,用最根本的道理加以诠释,从而最关本质地提示了“无为”对于“道”的关键意义。就思想史的发展脉络而言,道家创始人老子曾提出“无为而无不为”的至理名言,儒家创始人孔子亦曾赞叹道:“无为而治者,其舜也与?夫何为哉?恭己正南面而已矣。”(《论语·卫灵公》)《诠言训》对于“无为”的讨论,紧扣人之所当行之道,可谓恰当地把握了先秦诸子“无为”思想的根本精神,并将其阐发得臻于完满。

(刘康德　张锋宾)

卷十五

兵略训

——军事观：战阵纷争非道不行

〔题　解〕

兵，防也。防乱之萌，皆在谋略，解谕至谕用师之意也。故曰"兵略"。

〔要　略〕

《兵略》者，所以明战胜攻取之数，形机之势[①]，诈谲之变，体因循之道，操持后之论也[②]，所以知战阵分争之非道不行也，知攻取坚守之非德不强也。诚明其意，进退左右无所失击危[③]，乘势以为资，清静以为常，避实就虚，若驱群羊。此所以言兵者也。

〔一〕　古之用兵者，非利土壤之广而贪金玉之略[④]，将以存亡继绝，平天下之乱，而除万民之害也。凡有血气之虫，含牙带角，前爪后距[⑤]。有角者触，有齿者噬，有毒者螫，有蹄者趹[⑥]；喜而相戏，怒而相害：天之性也。人有衣食之情，而物弗能足也，故群居杂处，分不均，求不澹，则争[⑦]。争则强胁弱而勇侵怯。人无筋骨之强，爪牙之利，故割革而为甲，铄铁而为刃。贪昧饕餮之人[⑧]，残贼天下，万人搔动，莫宁其所有。圣人勃然而起，乃讨强暴，平乱世，夷险除秽[⑨]，以浊为清，以危为宁，故不得不中绝[⑩]。兵之所由来者远矣！黄帝尝与炎帝战矣[11]，颛顼尝与共工争矣[12]。故黄帝战于涿鹿之野[13]，尧战于丹水之浦[14]，舜伐有苗，启攻有扈[15]。自五帝而弗能偃也[16]，又况衰世乎？

夫兵者，所以禁暴讨乱也。炎帝为火灾，故黄帝擒之[17]；共工为水害，故颛顼诛之[18]。教之以道，导之以德而不听，则临之以威武。临之威武而不从，则制之以兵革。故圣人之用兵也，若栉发耨苗[19]，所去者少，而所利者多。

〔二〕 得道之兵，车不发轫[20]，骑不被鞍，鼓不振尘，旗不解卷，甲不离矢[21]，刃不尝血；朝不易位[22]，贾不去肆[23]，农不离野；招义而责之[24]，大国必朝，小城必下。因民之欲，乘民之力而为之，去残除贼也。故同利相死，同情相成，同欲相助。

〔三〕 夫兵之所以佐胜者众[25]，而所以必胜者寡。甲坚兵利，车固马良，畜积给足，士卒殷轸[26]，此军之大资也，而胜亡焉[27]。明于星辰日月之运、刑德奇賌之数、背乡左右之便[28]，此战之助也，而全亡焉。良将之所以必胜者，恒有不原之智[29]，不道之道，难以众同也。夫论除谨[30]，动静时，吏卒辨[31]，兵甲治，正行伍，连什伯[32]，明鼓旗，此尉之官也[33]。前后知险易，见敌知难易，发斥不忘遗[34]，此候之官也[35]。隧路亟，行辎治[36]，赋丈均，处军辑[37]，井灶通，此司空之官也[38]。收藏于后，迁舍不离，无淫舆[39]，无遗辎，此舆之官也[40]。凡此五官之于将也，犹身之有股肱手足也，必择其人，技能其才[41]，使官胜其任，人能其事。告之以政，申之以令，使之若虎豹之有爪牙，飞鸟之有六翮[42]，莫不为用。然皆佐胜之具也，非所以必胜也。兵之胜败，本在于政。政胜其民，下附其上，则兵强矣；民胜其政，下畔其上[43]，则兵弱矣。故德义足以怀天下之民，事业足以当天下之急[44]，选举足以得贤士之心[45],谋虑足以知强弱之势,此必胜之本也。

〔四〕 故善为政者积其德,善用兵者畜其怒;德积而民可用,怒畜而威可立也。故文之所以加者浅,则势之所胜者小[46];德之所施者博,而威之所制者广。威之所制者广,则我强而敌弱矣。故善用兵者,先弱敌而后战者也,故费不半而功自倍也。汤之地方七十里而王者,修德也;智伯有千里之地而亡者,穷武也[47]。故千乘之国行文德者王,万乘之国好用兵者亡。故全兵先胜而后战[48],败兵先战而后求胜。德均则众者胜寡,力敌则智者胜愚,智侔则有数者禽无数[49]。凡用兵者,必先自庙战:主孰贤?将孰能?民孰附?国孰治?蓄积孰多?士卒孰精?甲兵孰利?器备孰便?故运筹于庙堂之上,而决胜于千里之外矣[50]。

〔五〕 兵有三势,有二权。有气势,有地势,有因势。将充勇而轻敌[51],卒果敢而乐战,三军之众,百万之师,志厉青云,气如飘风,声如雷霆,诚积逾而威加敌人,此谓气势。硖路津关[52],大山名塞,龙蛇蟠,却笠居[53];羊肠道,发笱门[54],一人守隘,而千人弗敢过也,此谓地势。因其劳倦怠乱、饥渴冻暍[55],推其揜揜,挤其揭揭[56],此谓因势。善用间谍,审错规虑,设蔚施伏[57],隐匿其形,出于不意,敌人之兵无所适备,此谓知权。陈卒正,前行选[58],进退俱,什伍抟,前后不相撚[59],左右不相干,受刃者少,伤敌者众,此谓事权。权势必形[60],吏卒专精,选良用才,官得其人,计定谋决,明于死生,举错得失[61],莫不振惊。故攻不待冲隆云梯而城拔[62],战不至交兵接刃而敌破,明于必胜之攻也[63]。

〔六〕 静以合躁,治以持乱[64],无形而制有形,无为而应变,虽未能得胜于敌,敌不可得胜之道也。

〔七〕 所谓天数者，左青龙，右白虎，前朱雀，后玄武[65]。所谓地利者，后生而前死，左牡而右牝[66]。所谓人事者，庆赏信而刑罚必，动静时，举错疾[67]。此世传之所以为仪表者，固也[68]，然而非所以生。仪表者，因时而变化者也。是故处于堂上之阴而知日月之次序，见瓶中之冰而知天下之寒暑。夫物之所以相形者微，唯圣人达其至。故鼓不与于五音而为五音主[69]，水不与于五味而为五味调，将军不与于五官之事而为五官督[70]。故能调五音者，不与五音者也；能调五味者，不与五味者也；能治五官之事者，不可揆度者也[71]。是故将军之心，滔滔如春，旷旷如夏[72]，湫漻如秋，典凝如冬[73]，因形而与之化，随时而与之移。

〔八〕 将者必有三隧[74]、四义、五行、十守。所谓三隧者，上知天道，下习地形，中察人情。所谓四义者，便国不负兵[75]，为主不顾身，见难不畏死，决疑不辟罪[76]。所谓五行者，柔而不可卷也，刚而不可折也，仁而不可犯也，信而不可欺也，勇而不可凌也。所谓十守者，神清而不可浊也，谋远而不可慕也[77]，操固而不可迁也，知明而不可蔽也；不贪于货，不淫于物，不嚂于辩[78]，不推于方[79]；不可喜也，不可怒也。是谓至于，窈窈冥冥，孰知其情！发必中铨[80]，言必合数；动必顺时，解必中揍[81]；通动静之机，明开塞之节；审举措之利害，若合符节；疾如彍弩[82]，势如发矢；一龙一蛇，动无常体。莫见其所中，莫知其所穷；攻则不可守，守则不可攻。

〔注　释〕

① 形机：形成战机的势态。 ② 持后：即道家的不敢为先、后发制人的观点。 ③ 失：王念孙认为是衍文。击：应为“系”。危：通“诡”。

系诡：指“违碍也，谓进退左右，无所违碍也”（王念孙语）。④ 略：通“掠”，掠夺、夺取、获取。⑤ 血气之虫：生命的动物。虫：泛指动物。带：戴，头顶的意思。距：足后突出如趾的尖骨。⑥ 触：撞。噬：咬。螫：刺人。趹：用后蹄踢蹬。⑦ 澹：通“赡”，满足、充足。⑧ 饕餮：传说中的一种凶恶的兽。有时指贪吃的人。这里比喻凶恶贪婪的人。⑨ 夷：平。秽：原指田野间荒草。这里引申为丑恶行为。⑩ 中绝：中途停止、中途断绝。俞樾认为此当作“故人得不中绝”，言圣人勃然而起，夷险除秽，故人类不至于中绝也。⑪ 黄帝尝与炎帝战矣：原注为“炎帝，神农之末世也，与黄帝战于阪泉，黄帝灭之”。阪泉即下文的涿鹿，在今河北涿鹿。⑫ 颛顼尝与共工争矣：原注为“共工与颛顼争为帝，触不周山”。⑬ 黄帝战于涿鹿之野：原注为“黄帝与蚩尤战于涿鹿。涿鹿在上谷”。⑭ 尧战于丹水之浦：原注为“尧以楚伯受命，灭不义于丹水。丹水在南阳”。丹水：水名，在今河南西南部。浦：水边、水滨。⑮ 有苗：又称三苗。启攻有扈：原注为“禹之子启伐有扈于甘。甘在右扶风郡”。“郡”当为“鄠”字之误。⑯ 自：杨树达认为作“虽”讲。“虽”，即使。偃：停息、停止。⑰ 传说炎帝与黄帝交战，炎帝放火，黄帝以水灭之。⑱《本经训》说：“舜之时，共工振滔洪水，以薄空桑。”⑲ 栉：梳头。耨：除草。⑳ 轫：刹车用的木头。发轫：启动车辆。㉑ 离：通“罹”，遭受。㉒ 朝：朝廷，这里指朝廷官员。位：官职。一曰朝廷不必撤离避难。㉓ 肆：店铺。㉔ 招：举。㉕ 佐胜：取胜因素。㉖ 殷轸：众多。㉗ 胜亡焉：曾国藩认为“犹言胜不系乎此，全不系乎此也”。

"亡"当"不在"讲;"焉",兼词"于此"的意思。"亡焉"即说"不在于此"。 ㉘ 刑德:古人以刑德来说明阴阳二气在一年四季中的消长变化。冬至为"德",因为冬至是阴气之末、阳气之初;夏至为"刑",因为夏至是阳气之末、阴气之初。賌:通"该"。奇该:原注为"阴阳奇秘之要"。乡:向,方向。 ㉙ 原:謜。《广雅·释诂》:"謜,度也","度"犹"测"。不原之智:于省吾认为"犹言藏于不测也"。这是作者在强调智慧的神奇和莫测。 ㉚ 论:通"抡",择也,"选择"的意思。除:授予官职,任命官吏。谨:慎也。 ㉛ 辨:治理、整顿、管理。 ㉜ 兵甲治:王引之认为"兵甲治"下当有"此司马之官也"一句。什伯:什佰。古代军队编制,五人为"伍",十人为"什",二十五人为"行",百人为"佰"。 ㉝ 尉:古代武官名。《通典·兵类》说尉官管辖八百人。㉞ 发:原注为"发,有所见"。斥:度,候视、侦察。 ㉟ 候:原注为"军候,候望者也"。 ㊱ 隧:道。亟:原注为"言治军隧道疾也"。是说快速,引申为"畅通"。行辎:部队行动时携带的军用物资。 ㊲ 赋丈均:原注为"赋治军垒,尺丈均平也"。处军辑:许匡一认为是"营帐搭得安稳。军:古代用兵车围成营垒驻宿叫军,'军'由'勹(包的初文)''车'会意"。 ㊳ 司空:原注为"军司空,补空修缮者"。 ㊴ 收藏:部队断后收容。淫:过失。舆:装载。 ㊵ 舆:古代官名。㊶ 股:大腿。肱:手臂。技能:作动词用,考察、检验人的才能。㊷ 翮:鸟类翅膀上粗硬的羽毛。 ㊸ 畔:通"叛"。 ㊹ 事业:这里指治理国家的成就。 ㊺ 选举:选用的贤才。 ㊻ 以:王念孙认为是衍文。胜:王念孙认为应作"服"。 ㊼ 智伯:春秋末晋国大夫,拥有晋国最大的领地，后被赵襄子联合韩、魏攻灭，三家分晋。穷武：穷兵黩武。 ㊽ 全兵：胜兵。先胜而后战：原注为“德先胜之，而后乃战，汤、武是也”。 ㊾ 胜愚：唐钞本作“制遇”。智：刘文典本作“势”。唐钞本作“智”。这里取“智”字。侔：相等。数：术数，指兵法。禽：通“擒”。 ㊿ 运筹：计算谋划。 51 轻敌：轻视、藐视。 52 硖：通“狭”。这里指山峡。 53 却笠居：王念孙认为应作“簦笠居”，《后汉书·杜笃传》注引作“簦笠居”。“簦笠”与“龙蛇”相对为文。簦笠：斗笠。形容山形如斗笠。 54 发笱：王念孙认为当作“鱼笱”。一种捕鱼用的竹篓，篓口编有逆插的竹片，鱼入篓后不能复出。发笱门：形容隘口险要，如张开口的竹篓，能进而不能出。 55 暍：受热中暑。 56 揄：王念孙认为“揄”当为“揺”。“揺”，古“摇”字。摇摇：摇摇欲坠。挤：排挤、推挤。揭揭：摇摆不定、动荡不安。 57 善用间谍：原注为“言军之反间也”。错：通“措”。审错：措施审慎周密。蔚：草木蕃盛曰蔚。设蔚：这里指设置疑阵。施伏：布置伏兵。 58 陈：阵。选：整齐。 59 搏：刘家立认为当作“抟”，这样“选”“抟”“撚”“干”押韵。“抟”，集中、积聚的意思。撚：蹂蹈、践踏。《太平御览》作“蹍”。 60 权势：指“二权”“三势”。 61 错：通“措”，举措、行动。失：王念孙认为应作“时”。 62 冲隆：古代攻城的器械，类似冲车。云梯：攻城用的长梯。 63 攻：王念孙认为是“数”，术数、要素。 64 合：对付。持：王念孙认为是“待”，对待，对付。 65 古代天文学家将二十八宿分为东西南北四方，每方七宿，分别命名为“青龙”“白虎”“朱雀”“玄武”。原注为“角、亢为青龙，参、井为白虎，星、张为朱雀，斗、牛为玄武。用兵军者，右参、井，左角、亢，背斗、牛，向星、张，此顺北斗之铨衡也”。这“右、左、背、向”，即以面南为准，是右西左东、背(北)后向(南)前。 ⑥⑥ 左牡：代表阳，暴露的意思。右牝：代表阴，荫蔽的意思。 ⑥⑦ 必：与“信”义近。举错：举措，措施。错：通“措”。 ⑥⑧ 仪表：法则、标准。固：固然。 ⑥⑨ 与：参与。五音：宫商角徵羽。 ⑦⑩ 五味：甜酸苦辣咸。五官：司马、尉官、军侯、司空、军舆。 ⑦① 揆度：揣度、估量。 ⑦② 滔滔：和暖的样子。旷旷：清朗开阔的样子。 ⑦③ 湫漻：寂寥空虚。典：固，坚。 ⑦④ 隧：通“道”。 ⑦⑤ 负：依仗、仗恃。一曰“负”为“员”也，“物数”的意思。 ⑦⑥ 辟：通“避”，逃避。不辟罪：不逃避罪责。这里指不怕承担责任。 ⑦⑦ 慕：马宗霍认为“慕”当为“习”，仿效的意思。 ⑦⑧ 嚂：贪求。 ⑦⑨ 方：刘文典认为《太平御览》引“方”作“名”。 ⑧⑩ 铨：权，引申为标准、法则、目标。 ⑧① 挨：通“腠”，肌肉的纹理，引申为事物的条理。 ⑧② 符节：古代朝廷用作凭证的信物，用竹木或金属做成，上书写文字，剖为两半，各执其一，用时，以两半吻合为验。彍：拉满弓、满弦的弓。

〔鉴　赏〕

本卷《兵略训》是一卷集中阐述古代兵家思想的军事论著。与其他军事论著不同的是，它不但继承、发扬了先秦兵家军事学说，还在其中融入了“道”的思想，从而构成了以“道”为中心的军事理论体系，这样使本卷成为继《孙子兵法》之后的又一部相当有特色的且非常重要的古代军事论著，其中不少创见值得人们重视，还有不少内容值得人们进一步发掘。

作者在本卷中首先讨论了战争产生的根源。认为战争是由于财物不敷需要而产生的。因财物不足、分配不均引起纠纷的过程中,贪婪凶暴者以强凌弱、以勇欺怯,残害天下,造成极大的社会动乱;这时“圣人”出于安良除暴平天下的目的,以正义战争来“存亡继绝,平天下之乱,而除万民之害”。作者认为这种“正义战争”由来已久且必不可少,因为它可以讨伐暴乱、造福民众。在此基础上,作者反对那种以战争来“利土壤之广”“贪金玉之略”的不义战争。但作者还强调指出,圣人在讨伐强暴时也不只是一味地征伐,他首先是对一些恶势力“教之以道,导之以德”,如这些强暴者实在不听劝导,就“临之以威武”,乃至“制之以兵革”。由此可见,作者对战争的态度既不是一味地“偃兵”,也不是一味地好战,而是完全以道义为标准来评价战争的善恶。正是因此,《要略》在总结本卷的宗旨时提到,本卷的目的之一是在使人“知战阵分争之非道不行也”,战争在作者眼中只是一种手段,“道”才是最终的目的。

本卷还讨论了战争和政治的关系问题。作者认为兵之强弱和战争胜负根本取决于政治清明与否:“兵之胜败,本在于政。政胜其民,下附其上,则兵强矣;民胜其政,下畔其上,则兵弱矣。”正是基于这种理念,作者在本卷花了大量篇幅来论述施行仁政、修治庙堂之事的重要性,修德政、施仁义被作者看成是战胜敌国的根本条件和因素。具体来说,只有“德之所施者博”,才能“威之所制者广”;“威之所制者广”,才能“我强敌弱”。这是因为所谓兵多将广、器械精良只有在“德均”“力敌”“智侔”之下才有意义。反之,不考虑国与国之间的德政等问题,一味穷兵黩武,即使是万乘大国也会被消灭。这样的事,历史上还少见吗?谁要是不懂这道理,谁就会走上亡国之路。因此,作者在此继续强调了战争不仅仅是战场上的争斗，它是各种因素的综合体，战场上的胜负取决于千里之外的朝廷德政和运筹。这才是战争观中的真理。

本卷还阐述了赢得战争胜利的条件。作者认为取得胜利的条件除战争的正义性和政治的清明外，最为根本的条件是要取得民众的支持，而这更为关键的是民众的民心和士气。鉴于此，君主和将领要千方百计“因民之欲”，鼓舞士气。其实，正义战争之所以得道义，正是在于符合广大人民群众的利益，这样才能使天下为之响应、为之奋斗。只有使战争与民共享其利，民众的力量才能为之利用；而民众在“同利相死，同情相成，同欲相助”的一致性下，其人民战争的威力才能如山崩海决，势不可挡，部队所向披靡，战无不胜。

在清晰阐明了战争观之后，作者在后半卷又详尽而深入地阐述了用兵原则、战略战法、天时地利、军务将官等战争要素。我们在此节选了几段较有代表性的论述，分别解析之。

在我们节选的第五段文字中，作者讲了用兵中的“三势”和“二权”。这“三势”是“气势”“地势”和“因势”，“二权”则指“事权”和“智权”。在这“三势”中，“地势”是有形的，部队对“地势”的掌握、占据，对战争的胜负尤为关键。如果一支部队占据“硖路津关，大山名塞”，一人守关万夫莫开，这也将预示着这场战争不会轻易失败。反之，敌军占据险要地势，那么要去进攻也就预示着这场战争不会轻易取胜。“气势”则是无形的，它实际上是一种精神面貌，表现出的气概是要压倒一切敌人，而不被敌人所压倒。而按照“发于外而主于内”的原理来看，士卒们之所以有这种大无畏的气概，是在于他的内心世界之情感与这场正义战争相关联，他知道是在为自己的利益而奋战，也就必然壮志凌云、豪气冲天，“诚积逾而威加敌人”。“因势”则处在有形无形之间，就看你怎样把握对方的“劳倦怠乱、饥渴冻暍”；又看你怎样“推其摿摿，挤其揭揭”，将局势引向有利于自己的一方。“二权”中的“事权”，是针对自己部队的，它要求部队做到“陈卒正，前行选，进退俱，什伍搏，前后不相撚，左右不相干”，以保证部队站稳阵脚；而“智权”的表现则是为了使对方无所适备，它要求部队“善用间谍，审错规虑，设蔚施伏，隐匿其形，出于不意”，这样就能把敌人打个措手不及。

在第六段文字当中，作者则讲述了用兵过程中需要遵守的一个基本原则——“无形”，即智谋、意图、行动、装备不显露于外，这样就不易被人所度量、所制迫；反过来倒要了解对方的战略战术意图是什么，这样才有可能克敌制胜。作者将这种军事原则称之为“以后制先”。那么，怎样才能做到“无形”呢？作者认为要做到“无形”，其关键是“静”，只有“静”才能勿“躁”，勿躁也就是不妄动；不妄动就不易被对方窥察到战略战术意图，也就不易被对方控制和制服。反之，凡是在军事行动上被动挨打的，都是在于妄动，就像虎豹跌落陷阱、麋鹿遭受罝罘、飞鸟系绊罗网都在于妄动一样。所以作者总结说：“静以合躁，治以持乱，无形而制有形，无为而应变，虽未能得胜于敌，敌不可得胜之道也。”

在第七段文字中，作者提出了战争中的权变论。作者指出，传统的军事观总认为天时、地利、人和是取得战争胜利的必备条件和因素。对此作者也认为这种观点实际上没错（“固也”）。但作者同时又指出，取得战争胜利和掌握战争主动权，除需要天时地利人和及“势”等因素外，更需要“因时而变化”；战争及战争过程从来就没有固定模式，认为战争有一定的

“仪表”是不妥的。因为没有一定模式(“仪表”),因时而变化,所以它就像“水”一样“不与于五味而为五味调”,如“鼓”那样“不与于五音而为五音主”。反之谁将自己凝固于一定的模式(“仪表”),谁就会吃败仗。由此推衍到带兵的将帅身上,不能心仪一种模式(“仪表”),而要将心保持在这样一种状态下,即“滔滔如春,旷旷如夏,湫漻如秋,典凝如冬”,“因形而与之化,随时而与之移”,这样带兵打仗就会掌握战争主动权。

在最后一段文字中,作者叙述了将帅应具备的素质。其中“三隧”是指将帅必须上知晓天道、下熟悉地形、中体察人情。所谓“四义”是指将帅是为国家利益而不是倚仗兵权谋私,是为君王尽忠而奋不顾身,面对危难而不怕牺牲,处理疑难问题时不怕承担责任。所谓“五行”是指将帅能柔软但不卷曲,能刚强但不折断,秉仁慈但不可侵犯,有信誉但不容欺骗,具勇敢但不可凌辱。所谓“十守”是指将帅神志清明而不混浊,谋略深远而不易仿效,节操坚定不移,智慧明达而不受蒙蔽,不贪钱财,不沉溺于物欲,不贪求花言巧语,不贪图名声,不易被引逗喜悦,不易被激怒。将帅如具备上述这些基本素质,那么他带出的兵将是“发必中铨,言必合数;动必顺时,解必中揍;通动静之机,明开塞之节;审举措之利害,若合符节;疾如彍弩,势如发矢;一龙一蛇,动无常体”。这样的部队使敌手搞不清他要攻击的目标是什么;对手攻不破他的防守,而他能攻破任何防守。

总而言之,作为中国军事思想史上的重要文献之一,《兵略训》由战争的起源谈到战争与政治的关系,由战争中的战略战术谈到将帅的综合素养,涉及的军事内容十分丰富而深刻,值得我们重视和研究。

(刘康德　张锋宾)

卷十六

说山训

——方法论 I：不确定中求确定

〔题　解〕

山为道本，仁者所处；说道之旨，委积若山；故曰“说山”。因以题篇。

〔要　略〕

《说山》《说林》者，所以窍窕穿凿百事之壅遏[①]，而通行贯扃万物之窒塞者也[②]。假譬取象，异类殊形，以领理人之意，解堕结细[③]，说捍抟囷[④]，而以明事埒事者也[⑤]。

〔一〕　魄问于魂曰[⑥]：“道何以为体？”曰：“以无有为体。”魄曰：“无有有形乎？”魂曰：“无有。”“何得而闻也？”魂曰：“吾直有所遇之耳[⑦]。视之无形，听之无声，谓之幽冥。幽冥者，所以喻道而非道也。”魄曰：“吾闻得之矣[⑧]：乃内视而自反也[⑨]。”魂曰：“凡得道者，形不可得而见，名不可得而扬。今汝已有形名矣，何道之所能乎！”魄曰：“言者，独何为者？”“吾将反吾宗矣。”魄反顾魂，忽然不见，反而自存[⑩]，亦以沦于无形矣。

〔二〕　清之为明，杯水见眸子；浊之为暗，河水不见太山[⑪]。

〔三〕　人无为则治，有为则伤。无为而治者，载无也。为者不能有也[12],不能无为者不能有为也。人无言而神,有言者则伤;无言而神者载无,有言则伤其神。之神者[13],鼻之所以息,耳之所以听,终以其无用者为用矣[14]。物莫不因其所有而用其所无。以为不信,视籁与竽[15]。

〔四〕 水定则清正,动则失平,故惟不动,则所以无不动也。

〔五〕 江河所以能长百谷者,能下之也,夫惟能下之,是以能上之。

〔六〕 泰山之容,巍巍然高,去之千里,不见埵堁[16],远之故也。秋豪之末,沦于不测。是故小不可以为内者,大不可以为外矣[17]。

〔七〕 拘囹圄者以日为修,当死市者以日为短[18]。

〔八〕 善射者发不失的,善于射矣,而不善所射[19];善钓者无所失,善于钓矣,而不善所钓。故有所善,则不善矣。

〔九〕 钟之与磬也,近之则钟音充,远之则磬音章[20]。物固有近不若远,远不若近者。

〔十〕 将军不敢骑白马[21],亡者不敢夜揭炬,保者不敢畜噬狗[22]。

〔十一〕 求美则不得美,不求美则美矣;求丑则不得丑,求不丑则有丑矣[23];不求美又不求丑,则无美无丑矣,是谓玄同[24]。

〔十二〕 申徒狄负石自沉于渊[25],而溺者不可以为抗[26],弦高诞而存郑[27],诞者不可以为常。事有一应,而不可循行。

〔十三〕 事固有相待而成者。两人俱溺,不能相拯,一人处陆则可矣。故同不可相治,必待异而后成[28]。

〔十四〕 大夫种知所以强越,而不知所以存身[29];苌弘知周之所存[30],而不知身所以亡。知远而不知近。

〔十五〕 染者先青而后黑则可,先黑而后青则不可。工人下漆而上丹则可,下丹而上漆则不可。万事由此,所先后上下,不可不审。

〔十六〕 大家攻小家则为暴,大国并小国则为贤。

〔十七〕 咼氏之璧,夏后之璜[31],揖让而进之以合欢;夜以投人,则为怨。时与不时。

〔十八〕 厉利剑者必以柔砥[32],击钟磬者必以濡木[33],毂强必以弱辐。两坚不能相和,两强不能相服。故梧桐断角,马牦截玉[34]。

〔十九〕 走不以手,缚手走不能疾;飞不以尾,屈尾飞不能远。物之用者必待不用者。故使之见者乃不见者也,使鼓鸣者乃不鸣者也。

〔二十〕 鼎错日用而不足贵[35],周鼎不爨而不可贱[36]。物固有以不用而为有用者[37]。地平则水不流,重钧则衡不倾[38]。物之尤必有所感[39],物固有以不用为大用者。

〔二十一〕 先倮而浴则可,以浴而倮则不可[40];先祭而后飨则可,先飨而后祭则不可:物之先后各有所宜也。

〔二十二〕 祭之日而言狗生[41],取妇夕而言衰麻[42],置酒之日而言上冢,渡江、河而言阳侯之波[43]。

〔注 释〕

① 窍窕:这里作动词用,贯通的意思。穿凿:亦是贯通的意思。壅遏:阻塞。 ② 贯扃:贯穿、打通。 ③ 堕:脱落。细:王念孙认为"细"当为"纽"。解堕结细:解脱结纽。 ④ 说:通"脱"。捍:王念孙认为是"择"字之误,"择"又与"释"同。抟囷:卷束。说捍抟囷:解脱卷束(疑团)。 ⑤ 事埒:事物的征兆。王念孙认为"明事埒事"的下

“事”字因上“事”字而衍。⑥ 魄、魂：能离开人形体而存在的精神叫魂，必须依附人体存在的精神叫魄。⑦ 直：仅，只。遇：遭遇。⑧ 闻：王念孙认为是衍文。得：原注为“得犹知也”。⑨ 内视：指自我照察内心。自反：返归本原。⑩ 反顾：回过头来看。反：返，指转过身来。存：察也。⑪ 太山：泰山。⑫ 不能有也：王念孙认为本作“不能无为也”。⑬ 之神者：许匡一认为是衍文。一曰“之神者”乃起下之词，不连上句读。之，此也。言此神者，鼻之所以息，耳之所以听也。⑭ 无用者：原注为“谓鼻耳中空处也”。⑮ 籁竽：均管乐器名称，演奏时气流通过乐管中间的洞孔部分发音。作者以此证明虚空的作用。⑯ 堙堁：土堆。⑰ 这是说事物小可以小到没有内部极限，大可以大到没有外部边界。⑱ 囹圄：监狱。日：时间。修：长。死市：死刑。⑲ 不善所射：是说对所射中的对象来说是不好的。这里善射的“善”是动词，不善所射的“善”是形容词。⑳ 磬：一种用玉或石做成的乐器。充：大。章：通“彰”，显扬。原注为“磬，石也。音清明，远闻而章著也”。㉑ 将军不敢骑白马：原注为：“为见识者。一说：白，凶服，故不敢骑也。”㉒ 亡：逃亡者。揭：举。炬：火把。保者：酒保，酒家。俞樾认为“保”为“保母(姆)”，养恶狗“恐惊孺子”。㉓ 求不丑：应作“不求丑”，这样能和上下文一致。㉔ 玄：天。玄同：与天道和合。㉕ 申徒狄：原注为：“申徒狄，殷末人也，不忍见纣乱，故自沉于渊。”㉖ 抗：高，高尚。㉗ 弦高：春秋时郑国商人。弦高矫郑伯之命，以十二牛犒劳秦师而使秦师退却，得以保护郑国。诞：欺骗。㉘ 待异而后成：原注为“同，谓君所谓可,臣亦曰可……犹以水济水,谁能食之,是谓同,故不可以相治。异,谓济君之可,替君之否,引之当道,是谓异也,故可以成事也”。这也就像《主术训》说的“君臣异道则治,同道则乱”。㉙ 种:文种。文种助越王勾践拯救国家,但功成后被赐剑自杀。㉚ 苌弘:春秋周敬王大夫,因卷入公族王室间的内讧,周王室被迫杀苌弘。㉛ 咊:“和”的古字。和氏之璧:古代楚国卞和所发现的玉璧。夏后:夏后氏。璜:一种形似半边的玉璧。㉜ 厉:砺,磨砺。砥:磨刀石。㉝ 濡:柔软。濡木:软木。㉞ 梧桐:木名,质地柔软。马牦:马尾。㉟ 错:王引之认为“错”当为“鐟”,“鐟”字本在“鼎”字上。鐟鼎,小鼎也,以供平时煮食物用。㊱ 周鼎:指周王室的宝鼎,作为国家象征的大鼎。爨:炊。㊲ 原注为“不用,谓鼎不爨也”。有用:指周鼎象征国家政权。㊳ 钧:同“均”。衡:指天平式的秤。㊴ 尤:过,这里指秤失去平衡。㊵ 以:同“已”。刘文典认为“以”为“先”;“以浴”为“先浴”。㊶ 狗生:杨树达认为“狗生”为骂人之辞。《后汉书·刘宽传》记刘宽骂客苍头曰:“畜产。”此皆汉人以狗畜訾人之证。产、生同义,“狗生”犹言“畜产”也。㊷ 取:同“娶”。衰麻:古代丧服,以粗麻制成。㊸ 阳侯之波:原注为“阳陵国侯溺死,其神能为大波,为人作害,因号阳侯之波,舟人所不欲言”。

〔鉴　赏〕

任何政治家都期望自己所执政的政治局面是井然有序且生意盎然,但是,事情往往是出于意(期望)外的,这自然社会中的事与物非但没有井然有序、制度规范，反而是理不顺剪还乱，面目模糊混沌，这照《要略》说来是“百事之壅遏”“万物之窒塞”。而为了记录这“百事之壅遏”和“万物之窒塞”，也就有了《说山训》和《说林训》。可以这么说，如果说《淮南子》其他各卷是对某一领域内“井然有序”的期望的反映的话，那么《说山训》和《说林训》则是对“百事之壅遏”“万物之窒塞”的记录。

然而，这记录却不是单纯就记录而记录(实录)事物之“壅遏”和“窒塞”，而是贯彻着作者的某些思想和方法的记录。这照《要略》说来是：“《说山》《说林》者，所以窍窕穿凿百事之壅遏，而通行贯扃万物之窒塞者也。假譬取象、异类殊形以领理人之意，解堕结细、说捍抟囷而以明事埒事者也。”在这里，所谓“窍窕穿凿百事之壅遏”“通行贯扃万物之窒塞”，是说尽可能地用某些辩证的方法对事物之“壅遏”和“窒塞”(如生死、清浊、明暗、上下、远近之“壅遏”和“窒塞”)，加以“窍窕穿凿”和“通行贯扃”。而所谓“假譬取象、异类殊形以领理人之意”，是说尽可能地用某些认知的方式对事物之“壅遏”和“窒塞”加以“解堕结细、说捍抟囷而以明事埒事者也”。其目的是想使事物面目清晰有序规范，而不至于模糊混沌，剪不断理还乱。

在本卷《说山训》中，我们将主要围绕“不确定中求确定”的主题来阐析《淮南子》“明事埒事”的方法论；在下一卷《说林训》中我们则将主要围绕“以近喻远”这一主题来讨论《淮南子》相关的思想方法。

“不确定中求确定”是《说山训》中所用的主要辩证方法之一。作者在本卷的叙述中相当注重事物的相对性，即在对《说山》的叙述中贯穿(穿凿贯扃)着相对观念。这种相对观念(不确定)大概就是作者在本卷开头说的“以无有为体”。如清与浊，作者说：“清之为明，杯水见眸子；浊之为暗，河水不见太山。”又如无为与有为，作者说：“人无为则治，有为则伤”，“人无言而神，有言者则伤”。再如大与小，作者说：“小不可以为内者，大不可以为外矣。”又如远与近，作者说：“钟之与磬也，近之则钟音充，远之则磬音章。物固有近不若远，远不若近者。”再如善与不善，作者说：“善射者发不失的，善于射矣，而不善所射；善钓者无所失，善于钓矣，而不善所钓。故有所善，则不善矣。”又如是与非，作者说：“大家攻小家则为暴（非），大国并小国则为贤（是）。”再如知与不知，作者说：“大夫（文）种知所以强越，而不知所以存身；苌弘知周之所存，而不知身所以亡。”又如时与不时，作者说：“呙氏之璧，夏后之璜，揖让而进之以合欢（献璧璜给人合乎时宜）；夜以投人则为怨（投璧璜给人不合时宜）。时与不时。”……诸如上述这些，充分说明作者在《说山训》的叙述中十分注重事物的相对，以防绝对；由此提示我们大家：我们所看到的事物或论及的事物大致只是从某一位置某一角度所看到的事物或论及的事物。所谓事物本身（本体）大概是无法被全部显现的。

有了这些事物的相对并举，也就有了作者进一步的哲学论述。其中心论题是“相对中绝对，不确定中确定”。尽管没有本体（本然）的确定事、绝对物，但是作者认为在一定时空范围内还是有确定的事、绝对的物。如作者指出：“申徒狄负石自沉于渊，而溺者不可以为抗，弦高诞而存郑，诞者不可以为常。”殷末申徒狄不忍见纣乱而自沉于渊，但不能由此认为凡是自溺的行为都是高尚（抗）的；同样，弦高靠欺骗（诞）而保护了郑国，但不能由此认为凡欺骗的行为都是合理（常）的。这说明“高尚”（抗）和“合理”（常）在一定范围内是确定的、绝对的，不能因为有相对性而将事物的意义模糊了。同样,尽管上下、先后相对,但事物的上下、先后总有一个确定标准、绝对原则,所以作者指出:"染者先青而后黑则可,先黑而后青则不可;工人下漆而上丹则可,下丹而上漆则不可。万事由此,所先后上下,不可不审。"作者还说:"先倮而浴则可,以浴而倮则不可;先祭而后飨则可,先飨而后祭则不可:物之先后各有所宜也。"综言之,这些事物的确定性和绝对性是"不易"(不改变)的。

"相对中绝对,不确定中确定",还包括作者的"相对中取绝对"的观点,如"柔弱与刚强"中取"柔弱"、"上与下"中取"下"、"动与不动"中取"不动"、"有为与无为"中取"无为"、"时与不时"中取"时"、"清与浊"中取"清"、"用与不用"中取"不用"等。诸如此类,可能与作者在哲学上取向老庄哲学思想有关。如"上与下"中取"下",作者说道:"江河所以能长百谷者,能下之也,夫惟能下之,是以能上之。"以及"动与不动"中取"不动",作者说道:"水定则清正,动则失平,故惟不动,则所以无不动也。"又如"用与不用"中取"不用",作者说:"物之用者必待不用者。"并举例说:"走不以手,缚手走不能疾;飞不以尾,屈尾飞不能远。"所以"物之用者必待不用者"。作者还说:"鼎错日用而不足贵,周鼎不爨而不可贱,物固有以不用而为有用者。"作者还在"时与不时"的相对中取"时",反对"不时"(不合时宜),他举例说:"祭之日而言狗生,取妇夕而言衰麻,置酒之日而言上冢,渡江、河而言阳侯之波。"这些都是不合时宜的。

当作者在列举大量相对事物之同时,还特别强调人在其中的作用,即强调事物的相对取决于人物之相对(具体)。如时光之"长(修)与短"就取决于人物之相对:"拘囹圄者以日为修(长),当死市者以日为短。"诸如这种人物之具体(相对)决定事物之相对的叙说,提醒我们千万不可将人物主体绝对化、中心化,就像我们千万不可将事物客体绝对化一样。作者为了突出人物之相对具体(反对人物主体中心化和绝对化),还特别举例说道:“将军不敢骑白马,亡者不敢夜揭炬,保者不敢畜噬狗。”这是说,一般人都可骑的白马,而将军不敢骑,因为这容易被认出而招致攻击;一般人夜行都举火把照明,而逃亡者不敢举火把夜行,因为这容易被人围捕;一般人喜欢豢养恶狗来护家,而酒家豢养恶狗就容易吓跑顾客。

在事物的相对中,作者还揭示了“相反对则相成”的道理。在作者看来,“同”不可相治,只有“异”才能相成。他说:“两人俱溺,不能相拯,一人处陆则可矣。”所以是“同不可相治,必待异而后成”。这用我们现在的话来说是“相反则相成”,用作者自己的话来说是:“事固有相待(相反)而成者。”作者还举例说:“厉利剑者必以柔砥,击钟磬者必以濡木,毂强必以弱辐。”所以是“两坚(同)不能相和,两强不能相服”;只有“相反则相成”,如“梧桐(柔)断角(刚),马牦(软)截玉(硬)”。此外,作者还指出相对双方之间在一定条件下的转化,如“丑”向“美”的转化、“害”向“利”的转化。作者说:“求美则不得美,不求美则美矣;求丑则不得丑,求不丑则有丑矣;不求美又不求丑,则无美无丑矣,是谓玄同。”

总而言之,本卷借用大量的故事、寓言来喻说道理,特别是围绕着“不确定中求确定”的思想方法展开了细致而深入的分析。而这为了喻说道理而借用的故事和寓言又多得“委积如山”,所以本卷也就被称为《说山训》。

(刘康德　张锋宾)

卷十七

说林训

——方法论II：以近喻远

〔题　解〕

木丛生曰林，说万物承(烝)阜，若林之聚矣，故曰“说林”，因以题篇。

〔要　略〕

参见前一卷《说山训》的《要略》部分[①]。

〔一〕　以一世之度制治天下，譬犹客之乘舟，中流遗其剑，遽契其舟桅[②]，暮薄而求之，其不知物类亦甚矣[③]！夫随一隅之迹，而不知因天地以游，惑莫大焉，虽时有所合，然而不足贵也。譬若旱岁之土龙，疾疫之刍狗，是时为帝者也[④]。曹氏之裂布[⑤]，蛷者贵之[⑥]，然非夏后氏之璜。

〔二〕　鬻棺者欲民之疾病也，畜粟者欲岁之荒饥也[⑦]。

〔三〕　以兔之走，使犬如马[⑧]，则逮日归风[⑨]；及其为马，则又不能走矣。

〔四〕　为客治饭而自藜藿[⑩]，名尊于实也。

〔五〕　人有盗而富者，富者未必盗；有廉而贫者，贫者未必廉。蔐苗类絮[⑪]，而不可为絮；麕不类布[⑫]，而可以为布。

〔六〕　出林者不得直道，行险者不得履绳[⑬]。

〔七〕 尝一脔肉而知一镬之味⑭,悬羽与炭而知燥湿之气,以小见大,以近喻远。

〔八〕 十顷之陂可以灌四十顷,而一顷之陂可以灌四顷,大小之衰然⑮。

〔九〕 渔者走渊,木者走山,所急者存也。朝之市则走,夕过市则步,所求者亡也⑯。

〔十〕 螣蛇不可以为足,虎豹不可使缘木,马不食脂,桑扈不啄粟⑰。

〔十一〕 汤沐具而虮虱相吊,大厦成而燕雀相贺⑱,忧乐别也。柳下惠见饴曰"可以养老",盗跖见饴曰"可以黏牡"⑲。见物同而用之异。蚕食而不饮,二十二日而化⑳;蝉饮而不食,三十日而脱㉑;蜉蝣不食不饮,三日而死㉒。人食礜石而死㉓,蚕食之而不饥;鱼食巴菽而死㉔,鼠食之而肥。类不可必推。

〔十二〕 扬堁而欲弭尘,被裘而以翣翼㉕,岂若适衣而已哉?

〔十三〕 为酒人之利而不酤,则竭㉖;为车人之利而不僦㉗,则不达。

〔十四〕 有以饭死者而禁天下之食,有以车为败者而禁天下之乘,则悖矣㉘。

〔十五〕 或谓冢,或谓陇㉙;或谓笠,或谓簦㉚。头虱与空木之瑟,名同实异也㉛。

〔十六〕 视书,上有酒者,下必有肉;上有年者,下必有月:以类而取之。

〔十七〕 尝被甲而免射者,被而入水;尝抱壶而渡水者,抱而蒙火㉜:可谓不知类矣。

〔十八〕 污准而粉其颡[33];腐鼠在坛,烧薰于宫[34];入水而憎濡,怀臭而求芳:虽善者弗能为工。

〔十九〕 铜英青[35],金英黄,玉英白,黂烛捔,膏烛泽也[36]。以微知明,以外知内。

〔二十〕 病热而强之餐,救暍而饮之寒[37],救经而引其索[38],拯溺而授之石,欲救之,反为恶。

〔二十一〕 兔丝无根而生,蛇无足而行,鱼无耳而听,蝉无口而鸣,有然之者也[39]。

〔二十二〕 刺我行者[40],欲与我交;訾我货者[41],欲与我市。

〔二十三〕 巧冶不能铸木,工巧不能斫金者[42],形性然也。

〔二十四〕 以诈应诈,以谲应谲,若披蓑而救火,毁渎而止水,乃愈益多[43]。

〔注 释〕

① 按:《说林训》和《说山训》的内容和形式相近,故在总结各卷意旨时,《要略》将这两卷合在一起归纳了。 ② 一世:某一时代。度制:制度。遽:迅速、赶快。契:刻。桅:王念孙认为应作"楗",指船舷。 ③ 薄:靠岸。事见《吕氏春秋·察今》,即"刻舟求剑"的故事。 ④ 土龙:土塑的龙,用于天旱求雨的祭祀仪式。刍狗:用草扎的狗,用于祭祀仪式。帝:主宰。 ⑤ 氏:俞樾疑"氏"是衍文。曹:俞樾认为通"褿",《广雅·释器》曰"褿,褯也"。"褯"为小儿垫屎、垫尿的布。裂:通"烈",即余布,用过的布。 ⑥ 蛷:原注为"蛣蛷疮"。许匡一

认为是“蛷蝮疮”;被蛷蝮疮爬过的人体处会生疮,据说用尿布烧成灰敷患处可愈。⑦ 鬻:卖。畜:同“蓄”。⑧ 犬:是“大”字之误。⑨ 逮:追及。归:遗。高诱注“行逮谓之遗风”。⑩ 治饭:准备饭菜。藜藿:两种野菜名称。⑪ 蔺:一种形似芦苇样的草。“蔺”作“荻”。⑫ 麖:粗麻。⑬ 绳:直线。⑭ 脔:切成块状的肉。镬:古代煮食物的大锅。⑮ 陂:池塘。可以灌四顷:王念孙认为“当作‘不可以灌四顷’。此言以十顷之陂可以灌四十顷例之,则一顷之陂,亦可以灌四顷。然而不可以灌四顷者,十顷大而一顷小,大则所灌者多,小则所灌者少,故曰大小之衰然也”。⑯ 亡:通“无”。⑰ 脂:油膏,油脂。桑扈:原注为“桑扈,青雀,一名窃脂”。《尔雅·释鸟》郭璞注:“俗谓之青雀,嘴曲,食肉,好盗脂膏,因名云。”桑扈习性与马相反,故曰“不啄粟”。⑱ 汤沐:洗澡用的热水。虮:虱子卵。吊:吊唁。这里指悲伤,因为要洗头,这对虮虱来说是一大灾难,故互相悲伤。燕雀相贺:指大厦落成可筑巢,所以燕雀互相庆贺。⑲ 柳下惠:春秋鲁国大夫,名展禽,食邑于柳下,谥惠,故称柳下惠。饴:糖膏。盗跖:春秋时期的大盗,《庄子·盗跖》称盗跖为柳下惠之弟。牡:锁簧。指锁中可以插入和拔出的部分,拔出则锁开。这是说盗贼无钥匙,用饴糖粘出锁簧。⑳ 二十二:何宁认为应作“二十一”。《齐民要术》五引《春秋考异邮》:“蚕,阳物,大恶水,故蚕食而不饮。阳立于三春,故蚕三变而后消。死于七,三七二十一,故曰二十一日而茧。”㉑ 脱:通“蜕”,指蝉蜕皮去壳。㉒ 蜉蝣:一种寿命很短的昆虫。㉓ 礜石:一种有毒的矿物。㉔ 巴菽:巴豆,是一种泻药。

㉕ 堁：尘土、尘埃。弭：止。翣：扇子。翼：通“弋”，《说文通训定声》：“翼，假借为弋”，有驱散之义。 ㉖ 酒人：卖酒人。酤：买酒。竭：渴。 ㉗ 僦：租赁。这里指租车。原注对这两句作这样的解释：“皆一介之人物，思自守者，不欲使酒人车人得利，不酤僦而先自竭、先不达，犹以火投人，先自热烂也。” ㉘ 饭：王念孙认为应是“噎”。《吕氏春秋·荡兵》说：“夫有以饐死者，欲禁天下之食，悖。”这里的“饐”同“噎”。悖：荒谬、荒唐。 ㉙ 冢：坟墓。陇：通“垄”，也指坟墓。 ㉚ 笠：斗笠，遮雨的竹帽。簦：指有长柄的笠。王念孙认为在“或谓簦”下应有“名异实同也”五字。 ㉛ 原注为“‘虱’与‘瑟’音同，其实则异也”。 ㉜ 壶：通“瓠”，即葫芦，成熟后晒干可做浮筒。㉝ 准：鼻子。頞：额。 ㉞ 坛：庭院的台阶。 ㉟ 英：通“瑛”，指光泽。 ㊱ 磨：麻。磨烛：麻秆点燃的灯火。捔：昏暗不明、暗昧不明。膏烛：用油脂点燃的灯火。泽：光明、明亮。 ㊲ 暍：中暑。 ㊳ 经：上吊，自缢。 ㊴ 然：原注为“然，如是也”。 ㊵ 刺：原注为“刺犹非也”。这里指非议、讽刺。 ㊶ 訾：诋毁、贬低。 ㊷ 工巧：孙诒让认为应为“巧匠”，指木工。 ㊸ 蓑：蓑衣，一种用草编成的雨具。渎：河渠、河川。

〔鉴　赏〕

《说山训》下面就是《说林训》，两卷在内容和形式上都十分相似，就连题篇的名称也类似，《说山训》取“山”，以“委积如山”的故事、寓言来喻说“道”理、哲理和事理；这里的《说林训》则取“林”，以“若林之聚”的故事、寓言来喻说"道"理、哲理和事理。《说山训》和《说林训》这对孪生兄弟就是想以这种"喻说"来打通人在百事上的"壅塞处",从而达到提升人生境界的目的,为获得"道体"打下方法论的基础。

本卷在提出其方法论之前,首先列举了大量经验与超验,以及逻辑(常理)与悖理的事情相比对,以为其提出"窍窕穿凿百事之壅遏""通行贯扃万物之窒塞"的方法作铺垫。

首先让我们来看看经验与超验。这里说的经验还包括常识。作者在《说林训》中说:"訾我货者,欲与我市。"这是说,经验和常识告诉我们:贬低(訾)我的货物的人是想和我做生意的。作者还说:"鬻棺者欲民之疾病也,畜粟者欲岁之荒饥也。"这是说,经验和常识告诉我们:卖棺材的(鬻棺者)希望大家都得不治之症,囤积粮食的希望闹饥荒。诸如此类的经验和常识,作者还说到不少,如"为客治饭而自藜藿,名尊于实也"。这是说,经验和常识告诉我们:给客人准备饭菜而自己却吃野菜,这种人一定是将名声看得比实际重要。作者又说:"出林者不得直道,行险者不得履绳。"这是说,经验和常识告诉我们:要穿出林子的人不可能走直道,在险要地方行走的人不可能走直线。经验和常识还告诉我们:"渔者走渊,木者走山,所急者存也;朝之市则走,夕过市则步,所求者亡也。"这是说,因职业所需,渔夫必定在河边奔走忙碌,樵夫必定在山里转悠往返;同样,赶早市的人走得飞快,散集市的人则踱着方步,这是因为集市上已没有所需的货物了。诸如这样的经验和常识的事例在《说林训》中很多,限于篇幅,我们不能一一列举。

与经验相对的是超验,所以作者又提到不少可能永远无法解释和认知，即超验的事和物。如作者提到“螣蛇不可以为足，虎豹不可使缘木，马不食脂，桑扈不啄粟”，以及“兔丝无根而生，蛇无足而行，鱼无耳而听，蝉无口而鸣”。对此，作者认为这些是“有然之者也”，即就是如此，由性决定，就像“巧冶不能铸木，工巧不能斫金者，形性然也”一样。

然后我们再来看看作者所列举的逻辑（常理）与悖理的事和物。作者在《说林训》中提到若干逻辑现象，如事物的“名同实异”之逻辑现象：“或谓冢，或谓陇；或谓笠，或谓簦。头虱与空木之瑟，名同实异也。”作者还说：“人有盗而富者，富者未必盗；有廉而贫者，贫者未必廉。”这是说，人有因“盗”而“富”的，但不能作逆向逻辑判断推理：“富”也就一定是“盗”的。作者还指出有些事物不是简单地逻辑相加或相减：“十顷之陂可以灌四十顷，而一顷之陂不可以灌四顷”，“百梅足以为百人酸，一梅不足以为一人和”。同时，作者还深刻地指出事物的功能有时也不是简单地按逻辑比例放大或缩小：“以兔之走，使犬如马，则逮日归风。及其为马，则又不能走矣。”这是说，按兔子奔跑的速度，如果让兔子长得像马那样大，其奔跑的速度也按此比例放大，那速度一定能追得上太阳、赶得上风；但实际情况是，如真使兔子变成马，说不定奔跑的速度还不及本来的兔。

与逻辑常理相反的是悖理，所以作者在《说林训》中还指出不少悖理的事。如作者在表述中用了大量的“而”字来揭示悖理的事：“污准而粉其颡”，“入水而憎濡，怀臭而求芳”，“披蓑而救火，毁渎而止水”，“扬堁而欲弭尘，被裘而以翣翼”，“病热而强之餐，救暍而饮之寒，救经而引其索，拯溺而授之石”，等等。作者还说到两例悖理的事：“为酒人之利而不酤，则竭；为车人之利而不僦，则不达。”这是说：为了不让卖酒者获利而不去买酒,使自己干渴着;为了不让驾车者获利而不去租车,使自己无法到达目的地,这就有悖常理。作者还说:“有以饭死者而禁天下之食,有以车为败者而禁天下之乘,则悖矣。”这是说:如果因有人吃饭给噎着而禁止天下所有人吃饭,如果因有人坐车出意外而禁止天下所有人乘车,这就显得相当乖悖情理了。

上述这些,被作者用以“穿凿百事之壅遏”“贯扃万物之窒塞”,由此便提出了许多思想方法。如针对经验和逻辑,作者提出要“以类而取之”:“视书,上有酒者,下必有肉;上有年者,下必有月:以类而取之。”这“以类而取之”是说根据传统经验习惯,很多事情间有着内在联系,可归一类,如酒与肉(酒肉)、年与月(年月),等等。但是,由于除了经验与逻辑,还有许多超验与悖理的事和物,因而作者又指出有些事情不能简单地“以类取之”“以类推之”。如“鱼食巴菽而死”,但“鼠食之”非但不死还会长胖(“鼠食之而肥”),同样“人食礜石而死,蚕食之而不饥”,所以作者指出“类不可必推”。因此,上述“以类取之”和“以类推之”的认知方式必须是建立在对事物之“类”的归纳正确基础之上,如归“类”都归得不对,那这“以类取之”和“以类推之”又何从讲起呢?所以,作者也就特别强调这归“类”的重要性,并反过来讥讽那些不知归“类”的人:“尝被甲而免射者,被而入水;尝抱壶而渡水者,抱而蒙火:可谓不知类也。”

也因为存在着大量超验与悖理的事和物,以机械的经验或逻辑归纳法难以准确地把握事物,所以《说林训》又提出“以微知明,以外知内”的思想方法:“铜英青,金英黄,玉英白,黂烛捔,膏烛泽也。以微知明,以外知内。”“以微知明”(见微知著)是说根据事物发展的内在趋势来推知事物,这在《说山训》中称为“见霜而知冰”，在《人间训》中称为“见本而知末，观指而睹归”，在《诠言训》中称为“见所始则知终矣”；“以外知内”则是说建立在经验基础之上，通过事物间的联系，根据事物的外表推知内涵，根据事物的显象推知隐情。

而所谓“以微知明，以外知内”，其实也即作者在《说林训》中所说的“以近喻远”。这里所谓的“近”也即当前时空的具体情境。当我们作出一个判断时，必须根据当前的具体情境提出合时宜的实践方案；反之，如果不能从近处出发，而是凭空地固执于某个教条，则必然会造成不合时宜的后果。比如作者所举的一个例子：“以一世之度制治天下，譬犹客之乘舟，中流遗其剑，遽契其舟桅，暮薄而求之，其不知物类亦甚矣！夫随一隅之迹，而不知因天地以游，惑莫大焉，虽时有所合，然而不足贵也。”固执于某个朝代的制度来治理多变的社会，这就好像是刻舟求剑，不懂得事物的变化；真正的智者，应当是随天地万物之变动而优游，这才是真正的“以近喻远”。

由此，我们不难发现，“以近喻远”也即是《氾论训》中的“权”，因而也即合于“道”。在此，我们可以看到，《说林训》以及《说山训》“窍窕穿凿百事之壅遏，而通行贯扃万物之窒塞”的思想方法的最终归宿仍然是“道”，也即包括人在内的天地万物所当行之路。基于此，我们也便不难理解一些重要的现代哲学家所提出的“哲学就是方法论，方法论就是哲学”的主张。也正是基于此，高诱在《说山训》的题解中下一“道”字，“说道之旨，委积若山”，是十分切合题旨的。

总而言之，本卷《说林训》和上一卷《说山训》，因为是要喻说，“以领理人之意”，所以采取了“假譬取象”的方法，是想从“异类殊形”的事物中引申出“道”理来，以起到通俗易懂，使人明白的目的。这样使这两卷呈现出一种箴言体的形式，并由每个相对独立的语段组成全章，以解开人们思想上的“结细”和“抟囷”，从而使人们的思想得到提升，达到“道”的境界。而其中“假譬取象”的故事和寓言也相当精彩，语言也相当精妙，充分体现了中国古代思想中以象喻意的特色。

（刘康德　张锋宾）

卷十八

人间训

——处世哲学：敬小慎微

〔题　解〕

人间之事，吉凶之中，微得失之端，反存亡之几也，故曰“人间”。

〔要　略〕

《人间》者，所以观祸福之变，察利害之反，钻脉得失之迹[1]，标举终始之坛也[2]，分别百事之微，敷陈存亡之机，使人知祸之为福，亡之为得，成之为败，利之为害也。诚喻至意，则有以倾侧偃仰世俗之间[3]，而无伤乎谗贼螫毒者也。

〔一〕　清净恬愉，人之性也；仪表规矩，事之制也[4]。知人之性，其自养不勃[5]；知事之制，其举错不惑[6]。发一端，散无竟[7]，周八极，总一管[8]，谓之心。见本而知末，观指而睹归[9]，执一而应万，握要而治详，谓之术。居知所为，行知所之，事知所秉，动知所由[10]，谓之道。道者，置之前而不輂[11]，错之后而不轩[12]，内之寻常而不塞，布之天下而不窕[13]。是故使人高贤称誉己者[14]，心之力也；使人卑下诽谤己者，心之罪也。夫言出于口者不可止于人，行发于迩者不可禁于远。事者难成而易败也，名者难立而易废也。千里之堤,以蝼蚁之穴漏;百寻之屋,以突隙之烟焚[15]。《尧戒》曰:"战战栗栗,日慎一日。人莫蹪于山,而蹪于蛭[16]。"是故人皆轻小害,易微事,以多悔[17]。患至而后忧之,是犹病者已惓而索良医也[18],虽有扁鹊、俞跗之巧[19],犹不能生也。夫祸之来也,人自生之;福之来也,人自成之。祸与福同门,利与害为邻,非神圣人,莫之能分[20]。凡人之举事,莫不先以其知规虑揣度,而后敢以定谋[21],其或利或害,此愚智之所以异也。晓自然以为智,知存亡之枢机,祸福之门户[22],举而用之,陷溺于难者,不可胜计也。使知所为是者,事必可行,则天下无不达之涂矣[23]。是故知虑者,祸福之门户也;动静者,利害之枢机也。百事之变化,国家之治乱,待而后成。是故不溺于难者成[24],是故不可不慎也。

〔二〕 天下有三危:少德而多宠,一危也;才下而位高,二危也;身无大功而受厚禄,三危也。故物或损之而益,或益之而损。

〔三〕 众人皆知利利而病病也[25],唯圣人知病之为利,知利之为病也。夫再实之木根必伤,掘藏之家必有殃[26],以言大利而反为害也。

〔四〕 有功者,人臣之所务也;有罪者,人臣之所辟也[27]。或有功而见疑[28],或有罪而益信。

〔五〕 事或夺之而反与之,或与之而反取之。

〔六〕 或直于辞而不害于事者[29],或亏于耳以忤于心而合于实者[30]。

〔七〕 物或远之而近,或近之而远;或说听计当而身疏,或言不用、计不行而益亲。

〔八〕 或无功而先举,或有功而后赏。

〔九〕 义者,人之大本也。虽有战胜存亡之功,不如行义之隆。故君子曰[31]:“美言可以市尊,美行可以加人[32]。”

〔十〕 或有罪而可赏也,或有功而可罪也。

〔十一〕 仁者不以欲伤生,知者不以利害义。圣人之思修,愚人之思叕[33]。

〔十二〕 或誉人而适足以败之,或毁人而乃反以成之。

〔十三〕 或贪生而反死,或轻死而得生,或徐行而反疾。

〔十四〕 圣人敬小慎微,动不失时,百射重戒,祸乃不滋[34]。计福勿及,虑祸过之[35];同日被霜,蔽者不伤;愚者有备,与智者同功。夫爝火在缥烟之中也[36],一指所能息也;唐漏若鼷穴[37],一墣之所能塞也[38]。及至火之燔孟诸而炎云台[39],水决九江而渐荆州[40],虽起三军之众,弗能救也。夫积爱成福,积怨成祸。若痈疽之必溃也,所浼者多矣[41]。

〔十五〕 人皆务于救患之备,而莫能知使患无生。夫使患无生,易于救患,而莫能加务焉,则未可与言术也。

圣人者,常从事于无形之外,而不留思尽虑于成事之内[42],是故患祸弗能伤也。

〔十六〕 事或为之适足以败之,或备之适足以致之。

〔十七〕 或争利而反强之[43],或听从而反止之。

〔十八〕 或明礼义,推道体而不行[44],或解构妄言而反当[45]。

仁者,百姓之所慕也;义者,众庶之所高也。为人之所慕,行人之所高,此严父之所以教子,而忠臣之所以事君也。然世或用之而身死国亡者,不同于时也[46]。

圣人虽有其志,不遇其世,仅足以容身,何功名之可致也!

〔十九〕 物类之相摩[47]，近而异门户者，众而难识也。故或类之而非，或不类之而是；或若然而不然者，或不若然而然者[48]。

夫事之所以难知者，以其窜端匿迹[49]，立私于公，倚邪于正，而以胜惑人之心者也[50]。若使人之所怀于内者，与所见于外者，若合符节[51]，则天下无亡国败家矣。

物类相似若然，而不可从外论者，众而难识矣，是故不可不察也。

〔注　释〕

① 钻脉：钻研、探索事理。 ② 标举：揭示。坛：通"嬗"，演变、变迁。 ③ 倾侧偃仰：俯仰周旋。 ④ 制：原则、法度。 ⑤ 勃：通"悖"，违逆、荒谬。 ⑥ 错：通"措"。 ⑦ 竟：尽。 ⑧ 管：关键、中枢。 ⑨ 指：指向、趋向。归：归宿。 ⑩ 所秉：这里指所依原则。知：这里四个"知"，道藏本、景宋本作"智"。这里的"知"作知道的"知"，而非智慧之"智"。 ⑪ 辇：通"轾"，抵的意思，王引之《春秋名字解诂》说："抵，即今低字。""轾"本指车子前低后高，引申为"低"。 ⑫ 错：置、放。轩：本指车子前高后低，引申为"高"，翘起。 ⑬ 内：通"纳"。寻常：古代长度单位，八尺为寻，二寻为常，这里比喻窄小。窔：细小空隙。 ⑭ 高、贤：这里指推崇、赞誉。当动词用。 ⑮ 突：烟囱。 ⑯ 蹪：颠仆、跌倒。蛭：应作"垤"，小土堆。 ⑰ 易：轻视、忽略。 ⑱ 惓：危重。 ⑲ 扁鹊：战国时名医，原名秦越人。俞跗：传说是黄帝时期的名医，能"割皮解肌，扶脉结筋"。 ⑳ 莫之能分：应为"莫能分之"。 ㉑ 知：同"智"。揣度：估量、推测。 ㉒ 许匡一

根据王念孙意思将此句改为“晓然自以为知存亡之枢机、祸福之门户”。“然”在“自”前,“晓然”指明白的样子。“智”“知”只可留一个,当“知道”讲。㉓涂:通“途”。㉔是故不溺于难者成:杨树达、何宁认为此八字为衍文。㉕利利:前一个“利”为动词,认为利就是利。病病:前一个“病”为动词,认为弊病就是弊病。㉖再实:一年两次结果实。藏:通“葬”。“掘藏”即盗墓。㉗辟:避。㉘见:引起。㉙害:王念孙认为是“周”字。周,合的意思。㉚亏:指违逆不顺、难听的话。忤:违逆、不合的意思。㉛君子:应是“老子”。㉜语见《老子·六十二章》。㉝叕:短。㉞射:豫,备。滋:产生。㉟勿及:指对“福”不可贪求。过之:超过限度。指对“祸”多加防备。㊱爝火:一种用芦苇做成的火把。在缥烟之中:指小火把点燃时,火苗飘忽不定。㊲唐:塘,池塘堤坝。鼷:一种小老鼠。鼷穴:鼠穴。㊳墣:土块。㊴燔:烧。孟诸:古代宋国的大泽名。炎:烧,指蔓延。云台:杨树达认为应是“云梦”。《尔雅·释地》说:“宋有孟诸,楚有云梦。”㊵九江:指长江水系的各支流。渐:侵、淹。荆州:古代九州之一。㊶痈疽:恶疮名。浼:污染。㊷无形之外:指事物尚未形成之时。成事之内:指事物已经形成之后。㊸争利:争之以利。争:按下文内容来看,这里的“争”是指极力劝止,故也可称为“诤”。㊹体:何宁认为当为“理”。推道理:讲述道理。㊺解:解决。构:纠纷。妄言:荒诞胡乱的语言。㊻同:合、和。㊼摩:接近、联系。㊽不若然而然:王引之认为当作“若不然而然”。㊾窜:隐藏。㊿胜:蒋礼鸿认为“胜”当作“务”,借用为

"瞀",纷乱的意思。 ㉛ 见:现。符节:古时用作凭证的信物,用竹木或金属做成,上书文字,剖分为二,各执其一,用时以两半相合为验。

〔鉴　赏〕

作者似乎感到社会险恶、世事难料,所以专门著《人间训》一卷,以观人之祸福利害之变,察事物存亡得失之迹,析变化细微阴隐之处,目的是想让人明白诸如祸福、得失、利害、存亡等均能在一定条件下互相转化,使人能在这谗贼邪毒的社会中仰俯世事、周旋应对,而不至于被中伤击倒。因此,本卷可以视作《淮南子》的处世哲学。

在这纷繁复杂的社会中,作者首先提出要知人、知事。只有"知人之性",才能"自养不悖";"知事之制",才能"举措不惑",而不至于被万恶的社会所吞噬。而这"人"与"事"相比,作者更看重人自身;因为在作者看来,纷繁复杂的世事中,祸与福的到来,均由人自身引起:"祸之来也,人自生之;福之来也,人自成之。"

那么,怎样才能避祸趋福呢?作者认为这与人的"心""术""道"相关,或者说掌握这"心""术""道"是人避祸趋福的根本和关键。首先,要明白这"发一端散无竟,周八极总一管"的"心"是人之主宰,所谓"使人高贤称誉己者"是"心"的作用,"使人卑下诽谤己者"也是"心"的作用,正因为这样,人就要对这"心体"作清洁,要使它"清净恬愉",无贪欲,这样"自养不悖"也就可以省却不少祸害。其次,要掌握"见本而知末,观指而睹归"的"术数",这样一旦琐事杂事纷来沓至时就能用这种"术"使自己避祸而趋福。第三，能秉“道”行事处事，使自己“置之前而不轾，错之后而不轩”，行其所当行，不偏不倚，不至于在多种势力的夹击下左右为难，这样也能免却不少祸害。作者认为掌握这“心”“术”“道”三者是人避祸趋福的关键。

其实，“心”“术”“道”三者并非是三种并行的处世方法，而是有着紧密的内在联系。一方面，因为“心”是人之主宰，所以注意“心”性修养，节制贪欲，依归清净恬愉的本性，是“术”和“道”得以产生的基础。《庄子·人间世》在孔子与颜回关于“心斋”的讨论中对此有十分深入的阐析：当颜回要去卫国辅助卫君治国而向孔子辞行时，孔子问颜回准备以何策帮助昏庸的卫君和混乱的卫国，颜回首先回答了“术”与“道”方面的对策，孔子却以“恶，恶可”对之，认为颜回的回答并未涉及问题的根本，进而提出“无听之以耳而听之以心，无听之以心而听之以气”的“心斋”，认为处于险恶的人间世，首先要把自己心中所沾染的各种邪念私欲打扫干净，否则所谓的“术”与“道”只会沦落为人们逞其私欲的工具。也就说，只有心先清净了，“术”与“道”才能得其正。但另一方面，《人间训》所主张的清净之“心”，并非如后来的某些佛教流派所主张的空无一物；恰恰相反，在《人间训》看来，清净之“心”不但不“空”，而且有着恰当地应对天地万物人间百事之复杂变化的能力，在此，“术”与“道”实际上也就构成了“心”的功能实质。具体来说，“术”也即“心”的预见力、策略、胆识，以能充分认识纷繁复杂的世事而加以处理；而“道”也即在“术”的基础上知道事物的“所以然”和“所当然”之后，“心”依其当行之道而行的实践能力。就此而言，“心”“术”“道”三者实际上也即在纷繁复杂的人间世当中，能够保持一颗虚静之心、对世间的各种事象体察入微，从而得其当行之正道，知行合一，不为外物所牵引的一种实践智慧。

作者在本卷通过大量人间事象的列举，极力强调了世间祸福得失变化的复杂性，如“事或夺之而反与之，或与之而反取之”；“或直于辞而不害于事者，或亏于耳以忤于心而合于实者”；“物或远之而近，或近之而远；或说听计当而身疏，或言不用、计不行而益亲”；“或无功而先举，或有功而后赏”；“或有罪而可赏也，或有功而可罪也”；“或誉人而适足以败之，或毁人而乃反以成之”；“或贪生而反死，或轻死而得生；或徐行而反疾”；“事或为之适足以败之，或备之适足以致之”；“或争利而反强之，或听从而反止之”；等等。然而，由上述分析我们可以看到，当面对如此复杂的人间事象时，作者并未丧失原则、让我们做一个趋炎附势的小人；恰恰相反，作者认为只有保持虚静之心，不动声色，冷静贞定，葆有一颗宽广博大的心胸，方能够以静制动、以简驭繁、以正压邪，从而在根本上防止祸患的产生。

正是基于此，作者提出：“义者，人之大本也。虽有战胜存亡之功，不如行义之隆。故君子曰：‘美言可以市尊，美行可以加人。’”义者，宜也。只有做事得当，合于正，得其宜，方才是处世行事的标准；而功利往往会牵引人过情纵欲，丧失本我，因而不能作为处世的标准。在作者看来，“天下有三危：少德而多宠，一危也；才下而位高，二危也；身无大功而受厚禄，三危也”。没有德性，却不正当地谋得其功名利禄的人，距离祸患也就不远了，这也即是作者所说的“大利而反为害也”。

当然，上述得事之宜的“义”与某些俗儒主张以“仁义”统天下还是有差别的。前者乃是强调人间事象的变动性，主张随时随事而求其宜、得其正;后者则是妄图以一成不变的规则作为行事的守则,并要求人们僵化地执行。所以作者在这里所引的第十八段文字中说道:“或明礼义,推道体而不行”,“或用之而身死国亡者,不同于时也”,在不当的时机固执僵化地推行仁义,其实恰恰是不得其义(宜),因而便会造成“身死国亡”的大祸。也是因此,“圣人虽有其志,不遇其世,仅足以容身,何功名之可致也”,圣人虽然有高远的志向,但由于在乱世无法推行其仁义之道,所以能够独善其身也就不错了,兼济天下的理想也只有暂且先存于胸中了。

作者还把上述随时随事而求其宜、得其正的思想主张精辟地概括为“敬小慎微,动不失时”。所谓“敬”,也即要在内心对于天道正义保持一种诚敬的态度,只有如此才能不为邪念私欲所动摇,才能正其“心”、得其“术”、行其“道”;所谓“慎”,也即对于世间万象要能够体察入微,对有些不好的苗头要百般预防、层层戒备,这样灾患也就不易产生。换言之,人要多些忧患意识,少些盲目乐观;人对“福”不可想得太多、追求过分,而对“祸”的发生则可多作假设以便防备,这样就可以减少灾祸的发生。诚如作者所说:“人皆务于救患之备,而莫能知使患无生。”殊不知最好的救患方法是使祸患无从生起;祸患无从生起,那么也就用不着“救患之备”时的“留思尽虑”、手忙脚乱、慌慌张张。而且,这种使祸患无从生起的做法远比去阻止业已形成的祸患容易,只是人们都不能够做到“敬小慎微,动不失时”,却往往被外在的功名利禄所牵引罢了。

最后,作者又从“事”的一面强调了事物本身难以识辨,人稍有不慎就有可能犯错:“或类之而非,或不类之而是;或若然而不然者,或不若然而然者。”之所以会出现这类现象,主要在于事物间有时候“物类相摩”“窜端匿迹”“立私于公”“倚邪于正”，迷惑人心，使人难以识辨；而其祸根则在于人的狡诈虚伪，善于伪装。因而生活在世间的人就更加要小心谨慎，仔细审视观察周围的一切。同时，作者也借此再次呼吁：“若使人之所怀于内者，与所见于外者，若合符节，则天下无亡国败家矣。”如果每个人都能够得其正而行其义，诚于内心而躬身践之，那么我们的人世间也就不会这么混乱昏暗了。

总而言之，本卷以人间的祸福、吉凶、得失、存亡等为中心，一方面说明了人应当敬于天道、慎于人事，节制私欲，行其所当行之道，只有如此才能宁静安定，得其天年；另一方面也提示人们对于世间的险恶要保持一种警惕戒慎的态度，以免遭遇无妄之灾。作者虽然深感社会险恶、世事难料，但仍时时不忘以道义为本，显示了作者去利行义、以正制邪的处世理想。

（刘康德　张锋宾）

卷十九

修务训

——劝学：学不可已

〔题　解〕

修，勉。务，趋。圣人趋时，冠危弗顾，履遗不取，必用仁义之道以济万民，故曰"修务"，因以题篇。

〔要　略〕

《修务》者，所以为人之于道未淹[①]，味论未深[②]，见其文辞，反之以清静为常，恬淡为本，则懈堕分学[③]，纵欲适情，欲以偷自佚[④]，而塞于大道也。今夫狂者无忧，圣人亦无忧。圣人无忧，和以德也；狂者无忧，不知祸福也。故通而无为也，与塞而无为也同[⑤]，其无为则同，其所以无为则异。故为之浮称流说其所以能听[⑥]，所以使学者孳孳以自几也[⑦]。

〔一〕　或曰："无为者，寂然无声，漠然不动；引之不来，推之不往。如此者，乃得道之像[⑧]。"吾以为不然。尝试问之矣："若夫神农、尧、舜、禹、汤，可谓圣人乎？"有论者必不能废[⑨]。以五圣观之，则莫得无为，明矣。

此五圣者，天下之盛主，劳形尽虑，为民兴利除害而不懈。奉一爵酒不知于色[⑩]，挈一石之尊则白汗交流[⑪]，又况赢天下之忧[⑫]，而海内之事者乎[13]？其重于尊亦远也！且夫圣人者，不耻身之贱，而愧道之不行；不忧命之短，而忧百姓之穷。是故禹之为水，以身解于阳盱之河[14]；汤旱，以身祷于桑山之林[15]。圣人忧民，如此其明也，而称以"无为"，岂不悖哉[16]？

〔二〕 且古之立帝王者，非以奉养其欲也；圣人践位者，非以逸乐其身也。为天下强掩弱[17]，众暴寡，诈欺愚，勇侵怯，怀知而不以相教，积财而不以相分，故立天子以齐一之[18]；为一人聪明而不足以遍照海内，故立三公九卿以辅翼之[19]；绝国殊俗[20]、僻远幽闲之处，不能被德承泽，故立诸侯以教诲之。是以地无不任，时无不应，官无隐事，国无遗利，所以衣寒食饥[21]，养老弱而息劳倦也。若以布衣徒步之人观之，则伊尹负鼎而干汤[22]，吕望鼓刀而入周[23]，百里奚转鬻[24]，管仲束缚[25]，孔子无黔突[26]，墨子无暖席。是以圣人不高山，不广河[27]，蒙耻辱以干世主，非以贪禄慕位，欲事起天下利[28]，而除万民之害。盖闻传书曰："神农憔悴，尧瘦臞，舜黴黑，禹胼胝[29]。"由此观之，则圣人之忧劳百姓甚矣！故自天子以下，至于庶人，四肢不动，思虑不用，事治求澹者[30]，未之闻也。

〔三〕 夫地势，水东流，人必事焉，然后水潦得谷行[31]；禾稼春生，人必加功焉，故五谷得遂长[32]。听其自流，待其自生，则鲧禹之功不立，而后稷之智不用。若吾所谓"无为"者，私志不得入公道，嗜欲不得枉正术，循理而举事，因资而立[33]，权自然之势，而曲故不得容者[34]，事成而身弗伐[35]，功立而名弗有；非谓其感而不应，攻而不动者[36]。若夫以火熯井[37]，以淮灌山，此用己而背自然，故谓之有为。若夫水之用舟，沙之用鸠[38]，泥之用輴[39]，山之用蔂[40]，夏渎而冬陂[41]，因高为田，因下为池，此非吾所谓为之。

〔四〕 世俗废衰，而非学者多[42]："人性各有所修短，若鱼之跃，若鹊之驳[43]，此自然者，不可损益。”吾以为不然。夫鱼者跃，鹊者驳也，犹人马之为人马，筋骨形体，所受于天，不可变。以此论之，则不类矣[44]。夫马之为草驹之时[45]，跳跃扬蹄，翘尾而走，人不能制，龁咋足以噆肌碎骨[46]，蹶蹄足以破卢陷匈[47]。及至圉人扰之[48]，良御教之，掩以衡扼，连以辔衔[49]，则虽历险超堑弗敢辞[50]。故其形之为马，马不可化；其可驾驭，教之所为也。马，聋虫也[51]，而可以通气志，犹待教而成，又况人乎？

且子有弑父者，然而天下莫疏其子，何也？爱父者众也。儒有邪辟者，而先王之道不废，何也？其行之者多也。今以为学者之有过而非学者，则是以一饱之故[52]，绝谷不食，以一蹪之难[53]，辍足不行，惑也。

今无五圣之天奉[54]，四俊之才难[55]，欲弃学而循性，是谓犹释船而欲蹍水也[56]。夫纯钩、鱼肠之始下型[57]，击则不能断，刺则不能入；及加之砥砺，摩其锋剽[58]，则水断龙舟，陆剸犀甲[59]。明镜之始下型[60]，朦然未见形容；及其粉以玄锡[61]，摩以白旃[62]，鬓眉微豪可得而察。夫学，亦人之砥锡也，而谓学无益者，所以论之过。

〔五〕 夫天之所覆，地之所载，包于六合之内，托于宇宙之间[63]，阴阳之所生，血气之精，含牙戴角，前爪后距，奋翼攫肆[64]，蚑行蛲动之虫[65]，喜而合，怒而斗，见利而就，避害而去，其情一也。虽所好恶，其与人无以异。然其爪牙虽利，筋骨虽强，不免制于人者，知不能相通，才力不能相一也，各有其自然之势，无禀受于外，故力竭功沮[66]。

昔者，苍颉作书[67]，容成造历[68]，胡曹为衣[69]，后稷耕稼[70]，仪狄作酒[71]，奚仲为车[72]。此六人者，皆有神明之道，圣智之迹，故人作一事而遗后世；非能一人而独兼有之，各悉其知，贵其所欲达，遂为天下备。今使六子者易事，而明弗能见者何？万物至众，而知不足以奄之[73]。周室以后，无六子之贤而皆修其业；当世之人，无一人之才而知其六贤之道者何？教顺施续而知能流通[74]。由此观之，学不可已[75]，明矣！

〔六〕 玉坚无敌，镂以为兽，首尾成形，礛诸之功[76]；木直中绳，揉以为轮，其曲中规，檃括之力[77]。唐碧坚忍之类[78]，犹可刻镂，揉以成器用[79]，又况心意乎？且夫精神滑淖纤微[80]，倏忽变化，与物推移，云蒸风行，在所设施[81]。君子有能精摇摩监[82]，砥砺其才，自试神明[83]，览物之博，通物之壅，观始卒之端[84]，见无外之境，以逍遥仿佯于尘埃之外[85]，超然独立，卓然离世：此圣人之所以游心。若此而不能，闲居静思，鼓琴读书，追观上古；及贤大夫，学问讲辩[86]，日以自娱；苏援世事，分白黑利害，筹策得失[87]，以观祸福；设仪立度，可以为法则，穷道本末，究事之情，立是废非，明示后人；死有遗业，生有荣名：如此者，人才之所能逮。然而莫能至焉者，偷慢懈惰，多不暇日之故[88]。夫瘠地之民多有心者，劳也；沃地之民多不才者，饶也[89]。由此观之，知人无务，不若愚而好学。自人君公卿至于庶人，不自强而功成者，天下未之有也。《诗》云："日就月将，学有缉熙于光明[90]。"此之谓也。

〔七〕 通于物者，不可惊以怪；喻于道者，不可动以奇[91]；察于辞者，不可耀以名[92]；审于形者，不可遁以状[93]。

〔注　释〕

① 淹：深入理解，精通。 ② 味：体会理解。 ③ 分：离。分学：脱离学习。 ④ 偷：苟且。佚：通"逸"。 ⑤ 同：王念孙认为"同"是衍

文。⑥ 浮称流说：指深入浅出的解说。⑦ 孳孳：同“孜孜”。几：接受。⑧ 像：法则、原则。⑨ 废：指否定的意思。⑩ 奉：通“捧”。爵：古代一种酒杯。不知于色：指轻松不费力。⑪ 挈：提起。石：古代容量单位，十斗为一石。尊：通“樽”，古代一种较大容量的盛酒器。⑫ 赢：担、负。⑬ 海内：王念孙认为“海内”上脱“任”字，这样“任海内”和“赢天下”对文。⑭ 以身解于阳盱之河：原注为：“解，祷以身为质。解读解除之解。阳盱河盖在秦地。”⑮ 汤旱：王念孙认为应是“汤若旱”，这样与“禹为水”相对为文。桑山之林：《主术训》曰“汤以身祷于桑林之际”。原注为“桑山之林能兴云致雨，故祷之”。⑯ 悖：谬。⑰ 掩：这里指“凌”。⑱ 齐一：原注为：“齐，等。一，同也。”⑲ 辅翼：原注为“辅，正也。翼，佐也”。⑳ 绝：远。殊：异。㉑ 衣寒食饥：指给饥寒的人有衣食。㉒ 布衣徒步：指平民百姓。伊尹：商汤之臣，名挚。鼎：烹调用的锅。干：取、求。原注为“伊尹处于有莘之野，执鼎俎和五味以干汤，欲调阴阳行其道”。相传伊尹向汤陈说政见无门路，便以充当厨师接近汤。㉓ 吕望：周初人，姜姓吕氏名尚。鼓刀：操刀。吕尚曾操刀屠牛于朝歌。原注为“吕望姜姓，四岳之后。四岳佐禹治水有功，赐姓曰姜氏。吕望其后，居殷，乃屠于朝歌，故曰鼓刀。入周，自殷而往。为文王太师，佐武王伐纣，成王封之于齐也”。㉔ 百里奚：春秋时虞国大夫，晋献公灭虞时被俘，作陪嫁之臣送入秦国，后出逃楚国，被楚人俘获，秦穆公闻其贤，以五张雄黑羊皮赎回，任为相。㉕ 管仲：春秋时齐桓公相。早年辅佐齐公子纠，后因有难出奔鲁国，被鲁国束缚押送回齐,齐桓公任管仲为相。㉖ 黔:黑。突:烟囱。"孔子无黔突"是形容孔子经常流离辗转,不做饭,连烟囱都没熏黑过。㉗ 这句原注解释为"圣人盖谓禹、稷。不以山为高,不以河为广,言必逾渡之"。㉘ 事:致力于。㉙ 传书:指史书典籍。臞:消瘦。黴:同"霉","霉黑"指脏黑。胼胝:手掌、脚掌上长茧。㉚ 澹:满足。㉛ 这句原注解释为"水势虽东流,人必事而通之,使得循谷而行也"。潦:大的水流。谷行:指水沿河道流行,不泛滥为灾。㉜ 遂:原注为"成也"。㉝ 资:凭借,这里指实际情况。立:王念孙认为"立"下应有"功"字,即"因资而立功"。㉞ 曲故:这里指一种巧伪奸诈的智巧。㉟ 伐:夸耀功劳称为"伐"。㊱ 攻:王念孙认为"攻"当为"攺",即今"迫"字。㊲ 熯:用火烘烤。㊳ 鸠:一种在沙地上行走的车子。㊴ 輴:一种在泥泞沼泽地上行走的工具。㊵ 蔂:登山时乘坐的交通工具。㊶ 渎:这里指疏通沟渠。陂:池塘。㊷ 非:非议、责难。㊸ 驳:指羽毛颜色相杂不纯。㊹ 不类:指不属同一范畴。㊺ 草驹:初生的、未加调教的小马。"草"有"初始"义,"草"还可以引申为"野"。㊻ 龇咋:咬的意思。噆:指咬破、咬穿。㊼ 蹶:用脚蹬踢。卢:通"颅",头盖骨。匈:"胸"的古字。㊽ 圉人:养马人。扰:驯服。㊾ 掩:安上、套上。衡:车辕前头的横木。扼:通"轭",搁放在牛马颈上的弯木。辔:驾驭牲口的缰绳。衔:嚼子,放在牛马口中,以制驭行止。㊿ 堑:壕沟。51 聋虫:指无知的动物。52 饱:王念孙认为"饱"是"餢"字之误,"餢"同"噎"。53 蹪:跌倒、摔倒。54 五圣:尧、舜、禹、文王、皋陶。天奉:指天赋。55 四俊:

指启、契、史皇、羿。才难：指才能。㊶ 躧：履。㊷ 纯钩、鱼肠：皆宝剑名。王念孙认为“钩”应作“钧”，“纯钩”即“淳钧”或“淳均”。型：铸造器物的模子，用木做的叫木模。㊸ 砥砺：磨刀石，细者为砥，粗者为砺。摩：磨。咢：通“锷”，刀剑之刃。㊹ 剸：割。犀甲：用犀牛皮制成的铠甲。㊺ 镜：铜镜。㊻ 粉以玄锡：王念孙认为应是“扢以玄锡”。《广雅》说：“扢，摩也。”“摩”同“磨”。玄锡：一曰“玄锡”为“铅”，如陈直说：“玄锡谓铅也”；一曰“玄锡”为水银和锡化合而成的液体，今称锡汞合剂，作抛光之用（陈广忠说）。㊼ 白旃：白毡。“旃”同“毡”。㊽ 六合：天地四方。宇宙：时空。《齐俗训》说：“往古来今谓之宙，四方上下谓之宇。”㊾ 距：雄鸡足后突出的尖骨。攫：指猛禽用爪博取食物。肆：指肆杀。㊿ 蛲动：应是蠕动。66 沮：失败。67 苍颉：黄帝的史官，发明文字。书：文字。68 容成：黄帝的大臣，始创历法。69 胡曹：黄帝的大臣，始制衣服。70 后稷：相传是舜的农官，始教民稼穑。71 仪狄：夏禹时发明酿酒术的人。72 奚仲：夏朝的车正。73 知：通“智”。奄：覆盖。74 顺：训。施续：连续，指代代相传。流通：流传。75 已：止。76 礛诸：治玉之石。77 中绳：指木材笔直。揉：指使木材变形、弯曲。檃括：矫正竹木弯曲的工具。78 唐碧：一种类似玉的硬石。坚忍：杨树达认为是“磬力”，即“玲塾”，《说文·玉部》：“玲塾，石之次玉者”，与“唐碧”同类。一曰“唐碧坚忍之类”为“唐磬坚力之类”。79 揉：衍文。杨树达认为“揉”字因上文“揉以为轮”而衍。80 滑淖：畅和。81 倏忽：迅速。施：用。82 精摇：指精神进取。摩监：《要略》作

“靡览”。这里比喻反复磨炼。 ⑧③ 自试：向宗鲁、杨树达认为应作“自诚”。 ⑧④ 壅：塞。始卒之端：指事物的来龙去脉、发展线索。 ⑧⑤ 仿佯：徘徊、游荡、遨游。尘埃：世俗。 ⑧⑥ 及：向宗鲁、杨树达认为应是“友”。讲辩：论辩。 ⑧⑦ 苏：通“搜”，原注为“苏犹索”。援：引，征引。分：应是“分别”。筹策：筹划、谋划。这里指“衡量”。 ⑧⑧ 不：俞樾、向宗鲁认为“不”为衍文。“多暇日”者，谓其人偷慢懈惰而不学，故多暇日也。 ⑧⑨ 饶：安逸。 ⑨⓪ 语见《诗经·周颂·敬之》。就：往、进。将：行。也有释“就、将”为“久、长”的。缉熙：持续勤奋。此诗为周成王自戒警示之诗。故“敬”通“儆”和“警”。 ⑨① 喻：明白。奇：原注为“非常曰奇”。 ⑨② 名：原注为“虚实之名”。 ⑨③ 遁：欺骗。状：原注为“貌”，这里指假象。

〔鉴　赏〕

正如高诱对本卷的题解所言：“修，勉。务，趋。圣人趋时，冠危弗顾，履遗不取，必用仁义之道以济万民，故曰‘修务’”。本卷的意旨就是勉励人们，特别是为政者奋发进取，为人民谋利益。为此，作者首先详尽阐析了本书所一贯提倡的“无为”思想的实质内涵，即作者所主张的“无为”，不是消极静止、毫无作为的无为，而是顺应天地万物自然之理、不倚恃自己的私智私欲肆意妄为，并在此基础上“无不为”的无为。作者由这种颇具积极意义的无为观出发，推及人的学习修养，认为人也应积极努力、刻苦专心、持之以恒地学习，以提高品行修养，增加才干，为建功立业创造主观条件。在作者反复叙述学习修养的意义和重要性之下，本卷又具有汉代

“劝学篇”的性质。

本卷一开始，作者就反对这种“寂然无声，漠然不动，引之不来，推之不往”的无为观，认为如按这种无为观来处事，历史上的神农、尧、舜、禹、汤就不可能有所作为和建功立业，也就不会有历史的进步。历史发展到今天，也就是人们积极进取所致。这里，作者对道家无为观作了新的解释。

在第二段文字中，作者进一步深化圣人“忧民”“为民”的内容，指出诸如伊尹、吕望、百里奚、管仲、孔子、墨子等人不辞劳苦，蒙受耻辱，为的是“兴天下百姓之利，除天下万民之害”，所以会出现史书上“神农憔悴，尧瘦臞，舜黴黑，禹胼胝”的说法，这些都是他们为了百姓忧劳而造成的。也正是在这个意义上说，要想“四肢不动，思虑不用”就能“事治求澹”，这是不可能的。由此也就进一步强调了作者认为的“寂然无声，漠然不动”的“无为”是不可能做成任何事情的观点。

也正因为有这些圣人君主为民忧民，才使社会历史得以进步；就连历史社会中的帝王天子、诸侯百官的产生和设置，在作者眼里看来，也是为民忧民的产物：“为天下强掩弱，众暴寡，诈欺愚，勇侵怯，怀知而不以相教，积财而不以相分，故立天子以齐一之；为一人聪明而不足以遍照海内，故立三公九卿以辅翼之；绝国殊俗、僻远幽闲之处，不能被德承泽，故立诸侯以教诲之。”诸如帝王天子、诸侯百官的设置和上述讲及的为政者不辞劳苦的作为等均证明这些都是忧民为民的产物；而要想为民忧民就不可能“寂然无声，漠然不动”，也不可能“四肢不动，思虑不用”，这绝对的“无为”是万万行不通的。

随后，作者在反对“寂然无声，漠然不动”的“无为”观的同时，提出了自己的“无为”观，那就是“吾所谓‘无为’者，私志不得人公道，嗜欲不得枉正术，循理而举事，因资而立，权自然之势，而曲故不得容者”。这种“无为”就是遵循规律、顺应自然。所谓遵循规律就是在做事行事中不得掺入嗜欲私志，所谓顺应自然就是在处事举事中不得容纳曲故智巧。以“水之东流”为例，由于地势是西高东低，所以这往低处流的“水”必定是顺地势而东流。但这种顺应自然并非是“听其自流，待其自生”，还必须由人在这当中起积极作用，即“人必事焉，人必加功焉”，就像“水东流，人必事焉”，“然后水潦得谷行”一样。但作者又怕一讲“人必事”的积极作用就忘了遵循规律这一点，又特地提醒人们：在“人必事”而“用己”过程中，决不可做出“以火熯井，以淮灌山”的“背自然”的做法。这样，经过作者方方面面的解释和规定，作者在这里向人们呈现出的是一种遵循规律、顺应自然的积极的无为观。

进而，作者由上述颇具积极意义的无为观出发，推及到人的学习修养上，强调人也应该积极努力地学习，并批判那种认为“人性自然，不可损益”，无法教化的观点，认为人之教化就像马之驯化一样，是可能的，也是可以的。那种认为人性不可损益的非学观念，实在是一种“以一噎之故而绝谷不食”的糊涂荒唐观念；想“弃学而循性”的做法，也是一种“释船而欲蹍水”渡河的愚蠢做法。由此，作者强调指出，人只有通过学习才能知书达理，所以这学习对人的重要，就像这砥砺对刀剑之刃的重要一样。

作者还从人与动物的差别的角度讨论了学习的重要性。在作者看来，人与动物最根本的差别在于动物是“知不能相通，才力不能相一”，所以尽管“各有其自然之势”，禀赋锐利的爪牙、强健的筋骨，但仍不免被人制服。而人就不是这样，尽管他可能视力不如鹰、嗅觉不如狗，但他靠智力和知识，在整体上优于动物，从而制服动物。而这“智力和知识”的获得就靠教育和学习来完成，这就是作者指出的，人是可以而且可能“禀受于外”，而动物则“无禀受于外”；这“禀受于外”就是指后天的教育和学习。也正是通过这教育和学习，使社会的知识技能得以传播和推广，使古代的知识技能得以传授和继承。当世之人为何能知道懂得古代贤人的知识学问和技能，就是在于“教顺施续而知能流通”。由此，作者强调“学不可已”，指出学习的重要性。

其次，作者又指出，尽管人能通过教育和学习，掌握知识学问和技能，但因人各有其特殊性，所以人是不可能掌握所有的知识、学问和技能的，谁想“一人而独兼有之”(所有的知识)，这只是痴心妄想，根本不可能，就连苍颉、容成、胡曹、后稷、仪狄、奚仲这样的“有神明之道、圣智之迹”的人也只能“人作一事而遗后世”，不可能以一人之智而“奄万物至众”。由此，人要想掌握更多的知识和技能，也就必然要不断学习，这样“学无止境”的结论也就顺理成章地推导出来：“学不可已，明矣！”

通过读书学习、讲辩教育，人起码能达到这种程度，即“追观上古、苏援世事、筹策得失、穷道本末、究事之情、立是废非、明示后人、分白黑利害、设仪立度以为法则”等。如果再进一步，则能达到与“道”相通的境界，即超然卓然，能“览物之博、通物之壅、观始卒之端、见无外之境”。

然而，作者又指出，世上有不少人是非常“偷慢懈惰”的，是根本不想通过学习教育来提高自己的修养和境界的。所以就连上述讲到的那种一般人都能达到的程度,不少人也是达不到的。作者将这种情况归结为人太“饶”(安逸)的缘故:“沃地之民多不才者,饶也。”基于此,作者严正地向世人指出,“自人君公卿至于庶人,不自强而功成者,天下未之有也”;如果人不学习,就是天资再好,也“不若愚而好学”。

最后,作者以精辟的语言总结了读书学习的作用和意义,认为如果通过读书学习,有了知识,就可以做到:“通于物者,不可惊以怪;喻于道者,不可动以奇;察于辞者,不可耀以名;审于形者,不可遁以状。”读书学习可以使人精通事物、明白道理、明察言辞、审察实情,从而不因诡怪而受到惊吓,不因奇异而受到扰动,不为虚名所迷惑,不为假象所蒙骗。

总而言之,本卷从提倡遵循规律、顺应自然的积极的无为观出发,一方面批判了“寂然无声,漠然不动”的消极无为观的空想性质,另一方面从多重角度强调了读书学习对于人的重要作用和意义。作者在阐述学习的重要性时,并未就学习而论学习,而是从人类的社会生活、政治生活、人与动物的差别、人的局限性等多方面进行了深入剖析。可以看出,作者对学习教育的认识是相当深刻的,且相当合理,至今仍有借鉴意义。

(刘康德　张锋宾)

卷二十　泰族训

——仁政：得民心者得天下

〔题　解〕

泰言古今之道，万物之指，族于一理，明其所谓也，故曰“泰族”。

〔要　略〕

《泰族》者，横八极，致高崇，上明三光，下和水土；经古今之道，治伦理之序，总万方之指[①]，而归之一本，以经纬治道，纪纲王事[②]。乃原心术，理性情，以馆清平之灵[③]，澄彻神明之精[④]，以与天和相婴薄[⑤]。所以览五帝三王，怀天气，抱天心，执中含和，德形于内，以著凝天地[⑥]，发起阴阳，序四时，正流方；绥之斯宁，推之斯行[⑦]，乃以陶冶万物[⑧]，游化群生。唱而和，动而随，四海之内，一心同归。故景星见，祥风至，黄龙下[⑨]，凤巢列树，麟止郊野。德不内形，而行其法籍，专用制度，神祇弗应，福祥不归，四海不宾，兆民弗化。故德形于内，治之大本。此《鸿烈》之《泰族》也。

〔一〕　天设日月，列星辰，调阴阳，张四时[⑩]。日以暴之[⑪]，夜以息之，风以干之，雨露以濡之。其生物也，莫见其所养而物长；其杀物也，莫见其所丧而物亡。此之谓神明。圣人象之，故其起福也，不见其所由而福起[⑫]；

其除祸也，不见其所以而祸除。远之则迩，延之则疏；稽之弗得，察之不虚；日计无算，岁计有余[13]。

〔二〕 无其性，不可教训；有其性，无其养，不能遵道。茧之性为丝，然非得工女煮以热汤而抽其统纪[14]，则不能成丝；卵之化为雏，非慈雌呕暖覆伏[15]，累日积久，则不能为雏；人之性有仁义之资，非圣人为之法度而教导之，则不可使乡方[16]。故先王之教也，因其所喜以劝善，因其所恶以禁奸，故刑罚不用而威行如流，政令约省而化耀如神。

〔三〕 昔者，五帝三王之莅政施教，必用参五[17]。何谓参五？仰取象于天，俯取度于地，中取法于人。乃立明堂之朝，行明堂之令[18]，以调阴阳之气，以和四时之节，以辟疾病之菑[19]。俯视地理，以制度量，察陵陆水泽肥墽高下之宜[20]，立事生财，以除饥寒之患。中考乎人德，以制礼乐，行仁义之道，以治人伦而除暴乱之祸。乃澄列金木水火土之性，故立父子之亲而成家[21]；别清浊五音六律相生之数[22]，以立君臣之义而成国；察四时季孟之序[23]，以立长幼之礼而成官：此之谓参。制君臣之义、父子之亲、夫妇之辨、长幼之序、朋友之际，此之谓五。乃裂地而州之[24]，分职而治之，筑城而居之，割宅而异之，分财而衣食之[25]，立大学而教诲之[26]，夙兴夜寐而劳力之[27]：此治之纲纪也。然得其人则举，失其人则废。尧治天下，政教平，德润洽[28]，在位七十载，乃求所属天下之统[29]，令四岳扬侧陋[30]。四岳举舜而荐之尧，尧乃妻以二女[31]，以观其内；任以百官[32]，以观其外。既入大麓[33]，烈风雷雨而不迷。乃属以九子，赠以昭华之玉[34]，而传天下焉，以为虽有法度，而朱弗能统也[35]。

〔四〕 民无廉耻，不可治也。非修礼义，廉耻不立。民不知礼义，法弗能正也。非崇善废丑，不向礼义。无法不可以为治也，不知礼义不可以行法。法能杀不孝者，而不能使人为孔、曾之行[36]；法能刑窃盗者，而不能使人为伯夷之廉。孔子弟子七十，养徒三千人，皆入孝出悌，言为文章[37]，行为仪表，教之所成也。墨子服役者百八十人[38]，皆可使赴火蹈刃，死不还踵[39]，化之所致也。

〔五〕 欲成霸王之业者，必得胜者也。能得胜者，必强者也。能强者，必用人力者也。能用人力者，必得人心者也。能得人心者，必自得者也。故心者，身之本也；身者，国之本也。未有得己而失人者也，未有失己而得人者也。故为治之本，务在宁民；宁民之本，在于足用；足用之本，在于勿夺时；勿夺时之本，在于省事；省事之本，在于节用[40]；节用之本，在于反性。未有能摇其本而静其末，浊其源而清其流者也。故知性之情者，不务性之所无以为；知命之情者，不忧命之所无奈何。故不高宫室者，非爱木也；不大钟鼎者，非爱金也。直行性命之情，而制度可以为万民仪[41]。今目悦五色，口嚼滋味，耳淫五声[42]，七窍交争以害其性，日引邪欲而浇其身[43]。夫调身弗能治，奈天下何[44]？故自养得其节，则养民得其心矣。

〔六〕 所谓有天下者，非谓其履势位、受传籍、称尊号也[45]，言运天下之力而得天下之心。

〔七〕 草木，洪者为本[46]，而杀者为末；禽兽之性，大者为首，而小者为尾。末大于本则折，尾大于要则不掉矣[47]。故食其口而百节肥，灌其本而枝叶美，天地之性也。天地之生物也有本末[48]，其养物也有先后，人之于治也，岂得无终始哉？故仁义者，治之本也，今不知事修其本，而务治其末，是释其根而灌其枝也。且法之生也，以辅仁义，今重法而弃义[49]，是贵其冠履而忘其头足也。故仁义者，为厚基者也，不益其厚而张其广者毁，不广其基而增其高者覆。

〔八〕 原蚕一岁再收[50]，非不利也，然而王法禁之者，为其残桑也。离先稻熟[51]，而农夫耨之，不以小利伤大获也。

偷利不可以为行，而智术不可以为法，故仁、知，人材之美者也。所谓仁者，爱人也；所谓知者，知人也。爱人则无虐刑矣，知人则无乱政矣。治由文理，则无悖谬之事矣；刑不侵滥，则无暴虐之行矣。上无烦乱之治，下无怨望之心，则百残除而中和作矣。此三代之所昌[52]。故《书》曰："能哲且惠，黎民怀之。何忧讙兜，何迁有苗[53]！"智伯有五过人之材[54]，而不免于身死人手者，不爱人也。齐王建有三过人之巧[55]，而身虏于秦者，不知贤也[56]。故仁莫大于爱人，知莫大于知人；二者不立，虽察慧捷巧，劬禄疾力[57]，不免于乱也。

〔注 释〕

① 指：通"旨"，旨意、意向。 ② 经纬：规划、筹划。纪纲：治理、整治。 ③ 馆：舍，用作动词，使住宿。 ④ 澄彻：清澄透彻。 ⑤ 婴：原注为"婴，绕抱也"。薄：迫近、靠近。 ⑥ 着凝：凝结。 ⑦ 绥：安抚。斯：则。 ⑧ 陶冶：创造化育。 ⑨ 景星：指一种预兆祥瑞的星。祥风：和顺之风。黄龙：传说中一种在太平盛世出现的龙。 ⑩ 张：张设、布设。 ⑪ 暴：曝，晒、照。 ⑫ 所由：所以。马宗霍认为"由""以"一声之转，"由"即"以"。 ⑬ 日计无算，岁计有余：《俶真训》说"日计之不足，而岁计之有余"，语见《庄子・庚桑楚》，即是说短时间里见不到功效，时间长了就功效卓著。 ⑭ 统纪：丝绪。

⑮ 呕：抚育。⑯ 乡：通“向”，向往、归入。⑰ 莅：到、临。莅政：临朝执政。参五：也作“参伍”，本指错综比较、验证等。这里指“三”和“五”。⑱ 明堂：古代帝王宣布政令的地方。⑲ 菑：通“灾”。⑳ 陵：土山、土岗。墩：指土地贫瘠。㉑ 澄：清，指分辨清楚。故：王念孙认为应作“以”，这样能与下文相对。㉒ 五音：古代音乐的五个音阶，即宫商角徵羽。六律：是说十二音律分为阴阳各六律。五音六律相生理论见《天文训》。㉓ 季：每季的末月称“季”。孟：每季的头月称“孟”。一季三个月分别称为孟、仲、季。㉔ 裂：割。州：古代地方行政区域，周代以二千五百家为一州。州之：这里的“州”用作动词。㉕ 衣食：这里用作动词，指给穿给吃。㉖ 大：“太”的古字。太学：这里指古代贵族子弟接受教育的学堂。㉗ 劳力：马宗霍认为即“劳来”，即《孟子·滕文公上》说的“放勋日劳之来之”。《尔雅·释诂》：“劳、来，勤也。”所以本文“夙兴夜寐而劳力之”，是说早晚勤于民事也。㉘ 德润：德泽。洽：融洽。㉙ 属：嘱托，托付。天下之统：指治理统治天下的帝统，这里是指君位、君权。㉚ 四岳：指掌管四方的诸侯。扬：举荐。侧陋：指有才德却处卑微地位的人。㉛ 二女：尧的两位女儿，即娥皇、女英。㉜ 任：向宗鲁认为“任”当作“仕”，“仕”又与“事”通。㉝ 麓：山林。既入大麓：原注为“林属于山曰麓，尧使舜入林麓之中，遭大风雨不迷也”。㉞ 昭华：玉名。㉟ 朱：指尧之子丹朱。㊱ 孔、曾：指孔子和曾子。㊲ 悌：敬爱兄长，这里泛指敬爱。文章：指言辞符合法度礼仪。㊳ 墨子：春秋战国墨家学派的创始者。㊴ 踵：脚后跟。㊵ 节用：王念孙认为应是

“节欲”。《诠言训》中有“省事之本，在于节欲，节欲之本，在于反性”。㊶ 直：只。仪：榜样，标准。㊷ 嚼：品尝。淫：沉溺。㊸ 浇：浇薄，此处指伤害身体。㊹ 调：许匡一认为“调”是衍文。㊺ 势位：指权势地位。传籍：代表君权的传国玉玺和图籍。㊻ 草木：刘家立认为“草木之性”六句，相对为文。今本“草木”下脱“之性”二字，文义不完。洪：粗大。㊼ 要：“腰”的古字。掉：摇摆。有成语“尾大不掉”。㊽ 生：通“性”，故作“天地之性物也有本末”。㊾ 弃义：王念孙认为应是“弃仁义”。因为“上下文皆言仁义，无但言义者”。㊿ 原：再。收：王念孙认为应作“登”，刘文典认为应作“熟”，何宁认为应是“升”，三字义相通。原蚕：指夏季第二次孵化的蚕。 (51) 离：谷穗落地，第二年自生的禾叫“离”。 (52) 此三代之所昌：《群书治要》所引作“此三代之所以昌也”。 (53) 语见《尚书·皋陶谟》。讙兜：传说是尧舜时期的恶人，被放逐到崇山。有苗：古代部落名，生活在今长江中游以南一带。舜将三苗迁徙到三危。《道藏》本注曰：“讙兜、有苗，舜所放佞人也。” (54) 智伯有五过人之材：原注为“智伯美髯长大，一材也；射御足力，二材也；材艺毕给，三材也；攻文辩慧，四材也；强毅果敢，五材也”。 (55) 齐王建：战国齐最后一位国君。公元前221年为秦所虏。三过人之巧：原注为“力能引强，走先驰马，超能越高”。 (56) 不知贤：原注为“任用后胜之计，不用淳于越之言”。 (57) 知莫：智莫。察慧：审察聪慧。劬：通“拘”“鞫”。禄：通“录”。劬录：马宗霍认为“犹言勤劳。劬与勤，录与劳，皆双声字”。疾力：辛苦。

〔鉴　赏〕

本卷是全书正文部分的最后一卷，作者似乎觉得也该将全书聚集成蔟，有个总结，于是起篇名为“泰族”。对此曾国藩解释道：“族，聚也，群道众妙之所聚萃也。泰族者，聚而又聚者也。”所以，本卷实际上是全书精要内容和观点的总结篇。正因为这样，所以在前面各卷中，凡被作者认为需要强调的观点和内容，均在本卷《泰族训》中或多或少地得到再现和重复。然而，究其作者强调的观点和内容，主要还是落实在治政之道上。与《本经训》以对理想政治的描述为中心不同，本卷更加注重综合古今政道中具有现实意义的内容，更加关注现实社会的实际情形，因而本卷实际上又是《淮南子》全书政治主张的集中表现。站在这个角度来看，原注的题解也十分恰当，即“泰言古今之道，万物之指（旨），族于一理，明其所谓也，故曰‘泰族’”。

本卷所主张的治政之道，实际上是融合了儒道政治思想的“仁政”，其核心理念集中体现于这里所节选的第六段文字：“所谓有天下者，非谓其履势位、受传籍、称尊号也，言运天下之力而得天下之心。”有天下者，也即为政者，治理天下百姓的官员。作者在这里鲜明地强调了，有天下者并非是因为他有权有势、有名有利，而是因为他能够恰当地管理社会，也即“运天下之力”，并且因此而“得天下之心”。也就是说，一位真正的为政者的标志不在于其权势名位，而在于使社会的运行更为良善有序，从而为天下人谋利益；反之，如果一心扑在权势名位上，为了个人的一己私利而不择手段，便是在其位而不谋其事，便是尸位素餐，便是危害百姓民众的蠹虫。

作者对于仁政之具体内容的阐述，主要可以分为制度建设与道德教化两方面，而这两个方面都是以顺应天道自然为基础的，并非是为政者所能够任意主观施设的。由此，与《淮南子》一贯的由天道论及人道的思路一致，本卷在一开始便强调了天道化育生杀万物无形无为，不见形著、不留痕迹的特征，以此暗示人间政治也应当无为而治，也即为政者应顺应百姓民众自然之性而循循善诱，各种制度建设亦应顺应人性的良善发展态势而立，切不可由为政者的主观臆断而恣意妄为。

紧接着，作者便强调指出“人之性有仁义之资”，这是制度建设与道德教化的立足点。所谓“人之性有仁义之资”，也即孟子所说的人有仁、义、礼、智四种善端，因为有仁、义、礼、智四种善端，所以人也就有了为善的可能性。这种“人之性有仁义之资”的说法，有学者又称之为“心有善端可以为善论”，认为这种“善端”是人性中的自然生长倾向(杨泽波《孟子性善论研究》)。而为政者的制度建设与道德教化，都要本于人性中的“仁义之资”，只有如此，人与人之间才能够发自真心地互敬互助，社会秩序才能够和谐有序，从而最终达至一种完满的善。正是由此，作者指出，“先王之教也，因其所喜以劝善，因其所恶以禁奸”，古代圣贤都是因顺民众本有的善性以劝善禁奸的，所以能够做到刑罚不用、政令约省。

分而言之，在第三段文字中作者较为深入地论述了制度建设的具体原则，即“参五之道”。作者认为为政者应当根据(效法)天象、地理、人事来制定各种制度和关系，如仰观天象“以调阴阳之气，以和四时之节，以辟疾病之菑”，俯视地理“以制度量，察陵陆水泽肥墽高下之宜，立事生财，以除饥寒之患”，中考乎人德“以制礼乐，行仁义之道，以治人伦而除暴乱之祸”。同时，为政者还应根据“金木水火土之性以立父子之亲而成家”，根据“清浊五音六律相生之数以立君臣之义而成国”，以及根据“四时季孟之序以立长幼之礼而成官”。并且为政者还应当“制君臣之义、父子之亲、夫妇之辨、长幼之序、朋友之际……”作者是想通过对社会各种制度、关系确立的考察，来说明社会人伦制度的确立都不是凭空而起的，也是有它的内在合理性和根据的。而这种内在合理性和根据的基础，正是人性的自然生长倾向，也即人性中固有的善端。

制度建设应当有其内在的根据，道德教化更是如此。正如作者在第四段材料中所说：“法能杀不孝者，而不能使人为孔、曾之行；法能刑窃盗者，而不能使人为伯夷之廉。”外在的刑罚虽然能够起到一定的威慑作用，但是并不能从根本上使人向善；只有使人真切地体证到自己内在的良心良知，并且循此良心良知以教而化之，方能够使人真正地心向礼义、行有廉耻。

由上述分析可见，无论是社会的制度建设还是道德教化，都应当以人性中自然的善端为内在的基础，扩而充之，从而使社会人心顺着良善的方向发展。而要想启发民众的良心良知，为政者自己必须反求诸己，首先发现并持守自己的良心。正如作者所说：“能得人心者，必自得者也。故心者，身之本也；身者，国之本也。未有得己而失人者也，未有失己而得人者也。”修身养性，按照自己的良心行事，是为政者治理好社会的根本。这是因为，由自己的良心出发，其实也即是由公心出发，由民众的切身利益出发；反之，如果泯灭了自己的良心，一味以自己的私智私利为出发点来行事，最终必将遭到民众的反对和唾弃。正是基于此，作者在本卷的最后一段里强调指出，“偷利不可以为行，而智术不可以为法”。与“偷利”和“智术”相反，为政者要有真正的“仁”和“智”。仁者爱人，智者知人，这样才能做到“爱人则无虐刑，知人则无乱政”。历史上诸多的失败者，不是在于他们没有能力和才干，而是在于没有“仁”和“智”，如：“智伯有五过人之材，而不免于身死人手者，不爱人也。齐王建有三过人之巧，而身虏于秦者，不知贤也。”简言之，为政者的心性修养决定了国家的治与乱，为政者只有反求诸己，养得心至诚至善，才能够治国平天下。

总而言之，作为全书精要内容和观点的总结篇，本卷集中讨论了治政之道的核心原则——“仁”。在作者看来，人性本身即具有“仁义之资”，这是人心向善、社会和谐的基础，因而无论是社会的制度建设还是对于民众的道德教化，都应当以此为基础；同时，为政者也应当时时反求诸己，以“仁”的标准来要求自己。只有在为政的过程中以“仁”为本，才能够得到民众的拥护，得到民心才算是真正地治理好天下，才算是一位合格的为政者。正是基于此，作者强调，“仁义者，治之本也，今不知事修其本，而务治其末，是释其根而灌其枝也”。此外，作为一部献给汉武帝的鸿篇巨制，《淮南子》在其正文的最后一卷集中阐述治政之道中所应秉持的“仁”之原则，可谓是煞费苦心的，正如《要略》所说：“德形于内，治之大本。此《鸿烈》之《泰族》也。”《泰族训》作为全书正文部分的最后一卷，其核心目的正是在于突出强调“仁”这一“治之大本”，告诉为政者一个最为简单却又最为重要的道理：得民心者得天下。

（刘康德　张锋宾）

卷二十一

要　略

——全书指要：通天人而备帝道

〔题　解〕

凡《鸿烈》之书二十篇，略数其要，明其所指，序其微妙，论其大体，故曰“要略”。

〔一〕　夫作为书论者[1]，所以纪纲道德[2]，经纬人事[3]，上考之天，下揆之地[4]，中通诸理。虽未能抽引玄妙之中才[5]，繁然足以观终始矣[6]。总要举凡，而语不剖判纯朴，靡散大宗[7]，惧为人之惽惽然弗能知也[8]；故多为之辞，博为之说，又恐人之离本就末也。故言道而不言事，则无以与世浮沉[9]；言事而不言道，则无以与化游息[10]。故著二十篇，有《原道》，有《俶真》，有《天文》，有《地形》，有《时则》，有《览冥》，有《精神》，有《本经》，有《主术》，有《缪称》，有《齐俗》，有《道应》，有《氾论》，有《诠言》，有《兵略》，有《说山》，有《说林》，有《人间》，有《修务》，有《泰族》也。

〔二〕　凡属书者，所以窥道开塞[11]，庶后世使知举错取舍之宜适[12]，外与物接而不眩，内有以处神养气，宴炀至和[13]，而己自乐所受乎天地者也。故言道而不明终始，则不知所仿依；言终始而不明天地四时，则不知所避讳；言天地四时而不引譬援类，则不知精微；言至精而不原人之神气，则不知养生之机;原人情而不言大圣之德,则不知五行之差;言帝道而不言君事,则不知小大之衰[14];言君事而不为称喻,则不知动静之宜;言称喻而不言俗变,则不知合同大指[15];已言俗变而不言往事,则不知道德之应;知道德而不知世曲,则无以耦万方[16];知氾论而不知诠言,则无以从容;通书文而不知兵指,则无以应卒[17];已知大略而不知譬喻,则无以推明事;知公道而不知人间,则无以应祸福;知人间而不知修务,则无以使学者劝力;欲强省其辞,览总其要,弗曲行区入[18],则不足以穷道德之意。故著书二十篇,则天地之理究矣,人间之事接矣,帝王之道备矣。

〔三〕 其言有小有巨,有微有粗;指奏卷异[19],各有为语。今专言道,则无不在焉,然而能得本知末者,其唯圣人也。今学者无圣人之才,而不为详说,则终身颠顿乎混溟之中[20],而不知觉寤乎昭明之术矣。今《易》之《乾》《坤》,足以穷道通意也[21],八卦可以识吉凶、知祸福矣[22],然而伏羲为之六十四变[23],周室增以六爻[24],所以原测淑清之道,而捃逐万物之祖也[25]。夫五音之数,不过宫、商、角、徵、羽,然而五弦之琴不可鼓也,必有细大驾和[26],而后可以成曲。今画龙首,观者不知其何兽也,具其形,则不疑矣。今谓之道则多,谓之物则少,谓之术则博,谓之事则浅,推之以论,则无可言者[27]。所以为学者,固欲致之不言而已也;夫道论至深,故多为之辞以抒其情,万物至众,故博为之说以通其意。辞虽坛卷连漫,绞纷远缓[28],所以洮汰涤荡至意[29],使之无凝竭底滞,捲握而不散也[30]。夫江河之腐胔不可胜数,然祭者汲焉,大也;一杯酒白,蝇渍其中[31],匹夫弗尝者,小也。诚通乎二十篇之论,睹凡得要,以通九野,径十门[32],外天地,捭山川[33],其于逍遥一世之间,宰匠万物之形[34],亦优游矣。若然者,挟日月而不烑[35],润万物而不耗[36]。曼兮洮兮[37]，足以览矣；藐兮浩兮，旷旷兮[38]，可以游矣！

〔四〕 文王之时，纣为天子，赋敛无度，杀戮无止，康梁沉湎，宫中成市[39]，作为炮烙之刑，刳谏者，剔孕妇[40]，天下同心而苦之。文王四世累善[41]，修德行义，处岐周之间，地方不过百里，天下二垂归之[42]。文王欲以卑弱制强暴，以为天下去残除贼而成王道，故太公之谋生焉[43]。文王业之而不卒[44]，武王继文王之业，用太公之谋，悉索薄赋[45]，躬擐甲胄，以伐无道而讨不义，誓师牧野[46]，以践天子之位。天下未定，海内未辑，武王欲昭文王之令德[47]，使夷狄各以其贿来贡，辽远未能至，故治三年之丧，殡文王于两楹之间[48]，以俟远方。武王立三年而崩，成王在褓襁之中，未能用事，蔡叔、管叔辅公子禄父而欲为乱。周公继文王之业，持天子之政，以股肱周室，辅翼成王，惧争道之不塞，臣下之危上也，故纵马华山，放牛桃林，败鼓折枹，搢笏而朝[49]，以宁静王室，镇抚诸侯。成王既壮，能从政事，周公受封于鲁，以此移风易俗。孔子修成、康之道[50]，述周公之训，以教七十子，使服其衣冠，修其篇籍，故儒者之学生焉。

墨子学儒者之业，受孔子之术，以为其礼烦扰而不说[51]，厚葬靡财而贫民，服伤生而害事[52]，故背周道而用夏政。禹之时，天下大水，禹身执虆垂[53]，以为民先，剔河而道九岐，凿江而通九路[54]，辟五湖而定东海[55]。当此之时，烧不暇撌，濡不给扢[56]，死陵者葬陵，死泽者葬泽，故节财、薄葬、闲服生焉[57]。

齐桓公之时，天子卑弱，诸侯力征，南夷北狄，交伐中国，中国之不绝如线[58]。齐国之地，东负海而北障河，地狭田少而民多智巧。桓公忧中国之患，苦夷狄之乱，欲以存亡继绝，崇天子之位，广文、武之业，故《管子》之书生焉[59]。

齐景公内好声色，外好狗马，猎射亡归[60]，好色无辨[61]，作为路寝之台，族铸大钟[62]，撞之庭下，郊雉皆呴[63]，一朝用三千钟赣[64]，梁丘据、子家哙导于左右[65]，故晏子之谏生焉[66]。

晚世之时，六国诸侯，溪异谷别，水绝山隔，各自治其境内，守其分地，握其权柄，擅其政令，下无方伯[67]，上无天子，力征争权，胜者为右，恃连与国，约重致[68]，剖信符，结远援，以守其国家，持其社稷，故纵横修短生焉[69]。

申子者，韩昭釐之佐[70]；韩，晋别国也[71]，地墽民险[72]，而介于大国之间，晋国之故礼未灭，韩国之新法重出，先君之令未收，后君之令又下，新故相反，前后相缪，百官背乱，不知所用，故刑名之书生焉[73]。

秦国之俗，贪狼强力[74]，寡义而趋利，可威以刑，而不可化以善，可劝以赏，而不可厉以名[75]；被险而带河[76]，四塞以为固，地利形便，畜积殷富；孝公欲以虎狼之势而吞诸侯，故商鞅之法生焉[77]。

若刘氏之书[78]，观天地之象，通古今之事，权事而立制，度形而施宜；原道之心，合三王之风，以储与扈冶[79]；玄眇之中，精摇靡览，弃其眇挈[80]，斟其淑静，以统天下，理万物，应变化，通殊类，非循一迹之路，守一隅之指，拘系牵连之物而不与世推移也，故置之寻常而不塞，布之天下而不窕。

〔注　释〕

① 书论：著述。② 纪纲：整理、整治，这里指阐发。③ 经纬：规划治理。④ 考：考察。揆：测度、揆度。⑤ 抽引：抽取、提取、提炼。才：质。中才：许匡一认为“中才”当指“事物的本质，等于说‘真谛’”。刘家立、马宗霍、蒋礼鸿等认为“才”在句末，通“哉”，同“载”

"材";马宗霍认为"'才'在句末,初无意义。然句首有'虽'字,则是转语。转语之末著'哉'字,不徒助本句之语势,兼以起下文"。⑥ 繁:通"樊",《说文·系部》作"緐",训"马髦饰也",引申为"緐多、緐乱"之称。这里的"繁然",指繁多,是说繁复、详尽的文字叙述。⑦ 总要举凡:这里指"提纲挈领"。剖判:详细地分析。靡散:指分解剖析。纯朴、大宗:原注为"纯朴,太素也。大宗,事本也"。这里指事物的初始状态和原始本质。⑧ 为:俞樾认为是衍文。何宁则认为"俞说非也"。惧:何宁认为"惧"当为"则",全句应为"总要举凡,而语不剖判纯朴,靡散大宗,则为人之惛惛然弗能知也"。录下供参考。惛惛:指迷糊不清、糊里糊涂。⑨ 浮沉:顺波逐流,这里指与人间世事融合融通。⑩ 化:造化。游息:指与造化相伴融通。⑪ 窥:探究。⑫ 庶:希望。错:通"措"。⑬ 宴炀:章太炎认为"宴,安也",炀借为荡。《诗·南山传》:"荡,平易也。""宴炀"即安详平易。⑭ 衰:指等级。⑮ 指:通"旨"。⑯ 耦:对、合。⑰ 卒:突发事件。⑱ 曲行区入:指《淮南子》一书婉转曲折的叙述方法。⑲ 指:通"旨",意图、旨向。奏:通"趣"。"指奏"即旨趣。⑳ 顿:白宗鲁认为"顿"当为"顛",同"陨"。颠陨:指跌撞。㉑《乾》《坤》:《周易》中的《乾》卦象征天、君、阳、父亲;《周易》中的《坤》卦象征地、臣、阴、母亲,已具备了天地自然社会的基本要素,所以说"足以穷道通意也"。㉒ 八卦:《周易》中的八种符号,由阳爻"—"和阴爻"--"两种基本的符号排列组成,每卦含三爻,有乾(☰)、坤(☷)、震(☳)、巽(☴)、坎(☵)、离(☲)、艮(☶)、兑(☱)八种。㉓ 六十四变:指在八卦基础上,通过自迭、互迭而演变成的六十四卦。这样每卦由原来的三爻变成了六爻，所以下文讲“周室增以六爻”。 ㉔ 周室：指周文王。周室增以六爻：相传周文王囚于羑里时演八卦。 ㉕ 原测：指探究作为本原的“道”。淑清：清明纯净。捃：拾取。这里指追溯寻原。 ㉖ 鼓：弹奏、演奏。细大：细粗大小。驾：通“襄”，《尔雅·释言》“襄，驾也”。“驾和”犹相应和。 ㉗ 本句谓如果光论述“道”和“术”，不联系具体事例加以印证发挥，那么可讲的话实在有限。 ㉘ 坛卷连漫，绞纷远缓：按李哲明说来这是描写“其词之曲折而广博也”。 ㉙ 洮汰：淘汰。淘汰和涤荡都有清除、清理的意思。 ㉚ 底：通“抵”，指阻塞、壅塞。捲握：把握、掌握。 ㉛ 酒白：俞樾认为应是“白酒”；王念孙认为应是“酒甘”。渍：浸泡。 ㉜ 九野：指八方及中央。径：经。十门：八方及上下。 ㉝ 外：离开，到天地之外。捭：原注为“捭，屏去也”，即摒弃。 ㉞ 宰匠：主宰。 ㉟ 挟：指容纳、充盈。姚：“窕”之借字，空隙的意思。 ㊱ 秏：通“耗”。 ㊲ 曼、洮：指漫茫宽广。 ㊳ 藐：通“邈”，空旷广远的样子。 ㊴ 康梁：原注为“康梁，耽乐也”，指沉溺于淫乐之中。成市：原注为“言集者多也”。 ㊵ 炮烙：纣王所用的一种酷刑。刳：剖开。 ㊶ 四世：原注为“太王、王季、文王、武王，凡四世也”。 ㊷ 垂：分。二垂：指三分之二。 ㊸ 故太公之谋生焉：原注为“太公为周陈阴符兵谋也”。 ㊹ 业：始，指创始。卒：终。 ㊺ 薄：少。赋：这里指“兵”。古时按田地征调兵车。 ㊻ 牧野：地名，在今河南淇县。 ㊼ 辑：安定、和平。令德：指美德。 ㊽ 楹：厅堂的前柱。古代大堂有东西两柱，叫“楹”。两楹：原注为“堂柱之间，宾主夹之”。㊾ 华山：山名，今陕西省华阴县南。桃林：地名。枹：鼓槌。搢：插。笏：古代上朝时所执手板，用以记事。㊿ 成康：即周成王和他的儿子康王。51 说：通“悦”，简易。52 服伤生：王念孙认为“服伤生”前应加“久”，这样“久服伤生”与“厚葬靡财”相对为文。53 虆：盛土的笼子。垂：王念孙认为当为“臿”，即铁锹。“虆”又通“蔂”，箩筐、篓子一类的器具。54 剔：疏通。岐：通“歧”，指岔道、分支。九路：原注为“江水通别为九”。55 辟：开辟。56 潰：原注为“排去也”，这里指排除、清除。扢：擦拭。57 闲：通“简”。“简服”是指简易的三月服丧制度。58 线：原注为“细丝”。59《管子》：书名，战国齐管仲撰。60 亡：通“忘”。61 辩：别。62 路寝：天子诸侯的正室。族：通“簇”，聚集。63 雉：野鸡。呴：同“雊”，指雄雉鸣。这句意思是说钟声如雷，雄雉以为是春雷，故引颈长鸣。64 赣：赐。钟：古代容量单位，十斛为一钟。65 梁丘据、子家哙：二人皆为齐景公佞臣。导：诱。66 晏子：晏婴，齐景公相。晏子劝谏齐景公的言论和事迹，后人编成《晏子春秋》一书。67 方伯：一方诸侯之长。68 右：古代以右为尊。连与：结成联盟的诸侯国。国：王念孙认为是衍文。致：通“质”，指一种买卖券契。69 修短：长短，指战国纵横家的学说。刘家立认为“纵横修短”下当有“之说”二字，这样才与上下文相合。70 申子：即申不害，战国时期法家。在韩国推行法治，使韩国国治兵强。韩昭釐：韩国国君韩昭侯。71 晋别国：指韩国从晋国分离出来。72 墽：贫瘠。险：邪恶。73 刑名：形名，战国法家中的一派，以申不害为代表，主张“循名责实”等观点。⑭ 贪狼：贪婪凶狠。⑮ 厉：通“励”。⑯ 带：环绕。⑰ 商鞅：法家代表人物，姓公孙名鞅，卫国人。受秦孝公封于商邑，故称商鞅。⑱ 刘氏之书：原注为“淮南王自谓也”，即指《淮南子》。⑲ 储与扈冶：《俶真训》高诱注为“储与扈冶，褒大意也”。⑳ 精摇：原注为“楚人谓精进为精摇”。靡览：原注为“靡小皆览之”。挈：杨树达认为“挈”当读为“界”，“挈”“界”古音同，故可通用。畛界：指界限、境界。

〔鉴　赏〕

在著述了以上二十卷后，作者感到有必要对这“刘氏之书”作个说明介绍，于是就著述了有似“自序”性质的《要略》卷，对著书的目的和意义、写作的原则和方法、语言的风格和特点作了说明；并对各卷的内容和旨意作了概括（这部分我们已经置于各卷正文之前）；还对全书的结构、各卷的次序作了分析介绍……作者认为，这样有利于读者“睹凡得要，诚通乎二十篇之论”。因此，原题解说《要略》是“略数其要，明其所指，序其微妙，论其大体”，是非常恰当的。

在《要略》的第一段文字中，作者说明了著书的目的、全书的基本内容和写作的方法。对于著书的目的，作者认为是“纪纲道德，经纬人事”。由此也决定了全书必然以“道德”和“人事”作为其基本内容，即常常用历史的人和事印证道和德，同时又用道和德来贯穿现实的人和事。对于全书的写作方法，作者指出是“言事和言道”的结合。因为若“言道和言事”（理论和实际）相脱离，就会造成“无以与世浮沉”“无以与化游息”的局面，使人“惛然弗知”和“离本就末”。作者还担心后人真的说《淮南子》芜杂繁复和无中心思想，于是就将此话说在前头，即“(《淮南子》)虽未能抽引玄妙之中才，繁然足以观终始矣”。为此，“用丰富的材料和铺张的语言来弥补理论的不足”(许匡一语)。

《要略》的第二段文字用简略的语言和层层推进环环紧扣的手法，将全书各篇勾连起来，以想说明《淮南子》各篇间均存在着内在联系，不可缺少一个环节，如缺少一个环节，其书的“天地之理究、人间之事接、帝王之道备”就不可能形成一个整体。然而，作者在完成这各篇勾连、内在联系的全书整体结构时，不少地方是牵强的，有形式主义的痕迹。但就是这个牵强的全书结构序言，使得读者从中获得这样的信息，即你要么不读此书，要读此书就非得从头读到底，要层层推进环环紧扣；如不层层推进环环紧扣、从头读到底，就会出现这种情况：“言道而不明终始，则不知所仿依；言终始而不明天地四时，则不知所避讳；言天地四时而不引譬援类，则不知精微……知道德而不知世曲，则无以耦万方；知氾论而不知诠言，则无以从容；通书文而不知兵指，则无以应卒；已知大略而不知譬喻，则无以推明事；知公道而不知人间，则无以应祸福；知人间而不知修务，则无以使学者劝力……”尽管实际情况并非像作者说的那样；但如此一来，当作者在《要略》这个序言中自夸其书的繁复宏伟整体之时，就吓跑了一些无多大耐心读书的读者，其中包括汉武帝，也只能将刘安献的此书——《淮南子》束之高阁。

《要略》的第三段文字则阐述了《淮南子》的语言特征。作者认为语言是为思想旨意服务的，有什么样的思想旨意，就有什么样的语言。因为思想旨意各不相同，所以语言也就“有小有巨，有微有粗；指奏卷异，各有为语”。而本书《淮南子》是“旨近老子”道术的，原本是无须用语言详说的，但在作者看来，现今社会中能充分理解接受不详说的“道术”的人实在有限，就像能从“龙首”而知“龙”的人不多一样，所以就必须对“道术”进行详细阐述；再加上“道术”本身就至深至奥，非得联系物类加以论证发挥不可，非得多用文辞“抒其情”不可，非得“博为之说以通其意”不可，这样也就导致《淮南子》一书的语言特征是“坛卷连漫，绞纷远缓”，表现得较为纷繁重复。在作者看来，唯有如此，读者才能从这二十卷《淮南子》中“睹凡得要”；而一旦“睹凡得要”，人就能“通九野，径十门，外天地，捭山川，其于逍遥一世之间，宰匠万物之形，亦优游矣”。

在最后一段文字中，《要略》通过列举史实来说明一定的学说、思想和策略都是一定时代的产物。如“文王欲以卑弱制强暴，以为天下去残除贼而成王道，故太公之谋生焉”；又如“禹之时，烧不暇攢，濡不给扢，死陵者葬陵，死泽者葬泽，故节财、薄葬、闲服生焉”。这特定时代的学说、思想和策略一旦定型，它反过来就能为这个特定的时代服务。如“晏子之劝谏”就是为了防止齐景公进一步被像“梁丘据、子家哙”这样的人“导于左右”；又如“纵横修短之论”的产生就是为了使各诸侯国能“守其国家，持其社稷”；同样“商鞅之法”的产生对秦国的“贪狼强力”能进行“可威以刑，可劝以赏”。作者列举史实之后，紧接着就将话语转到自己主编的《淮南子》一书上来。按其上述观点来标榜这“刘氏之书”也是时代的产物，“非循一迹之路，守一隅之指”，而是兼容各家自成体系，且又能反过来“与世推移”，为时代服务，能“置之寻常而不塞，布之天下而不窕”，能“挟日月而不烑，润万物而不耗”。

总而言之，本卷作为全书的“序言”，较为详尽地阐明了全书的写作目的、基本内容、写作方法、行文次序、语言特征和时代背景。从作者的叙述中，我们可以明显地感受到作者对于本书的写作是认真而严谨的，同时对于本书也寄予了厚望：读书之人通过本书而“上考之天，下揆之地，中通诸理”，最终成为像孔子、墨子、管子、晏子等圣人贤相一样的时代命运的担负者，使天下国家、芸芸众生受益。正是因此，我们在《要略》乃至整部《淮南子》中，几乎处处都能够感受到一种积极地求善求真、勇于担待的精神，这也正是中国古代知识分子所特有的品格。最后，一言以蔽之，“通天人而备帝道”可以被恰当地理解为《淮南子》一书的旨归所在。

（刘康德　张锋宾）

主 题 篇

自然和谐论

〔原道训〕

圣人内修其本而不外饰其末，保其精神，偃其智故[①]，漠然无为而无不为也，澹然无治也而无不治也。所谓无为者，不先物为也；所谓无不为者，因物之所为。所谓无治者，不易自然也；所谓无不治者，因物之相然也。万物有所生而独知守其根；百事有所出而独知守其门。故穷无穷，极无极；照物而不眩，响应而不乏。此之谓天解[②]。

〔天文训〕

道曰规始于一[③]，一而不生，故分而为阴阳，阴阳合和而万物生，故曰"一生二，二生三，三生万物"[④]。

〔时则训〕

春行夏令，泄[⑤]；行秋令，水；行冬令，肃。夏行春令，风；行秋令，芜；行冬令，格[⑥]。秋行夏令，华；行春令，荣；行冬令，耗[⑦]。冬行春令，泄；行夏令，旱；行秋令，雾。

〔览冥训〕

至阴飂飂，至阳赫赫[⑧]，两者交接成和而万物生焉。众雄而无雌，又何化之所能造乎[⑨]？

以智为治者，难以持国，唯通于太和而持自然之应者，为能有之。

〔本经训〕

至人之治也，心与神处，形与性调；静而体德[⑩]，动而理通；随自然之性而缘不得已之化[11]；洞然无为而天下自和[12]，憺然无欲而民自朴；无禨祥而民不夭[13]，不忿争而养足；兼包海内，泽及后世，不知为之者谁何。

古者圣人在上，政教平，仁爱洽；上下同心，君臣辑睦；衣食有余，家给人足；父慈子孝，兄良弟顺；生者不怨，死者不恨；天下和洽，人得其愿。夫人相乐，无所发贶[14]，故圣人为之作乐以和节之。

〔齐俗训〕

天地之所覆载，日月之所照諰[15]，使各便其性，安其居，处其宜，为其能。

人之性无邪，久湛于俗则易[16]，易而忘本，合于若性。故日月欲明，浮云盖之；河水欲清，沙石濊之；人性欲平，嗜欲害之。唯圣人能遗物而反己。

治世之体易守也[17]，其事易为也，其礼易行也，其责易偿也[18]。是以人不兼官，官不兼事，士农工商，乡别州异。是故农与农言力，士与士言行，工与工言巧，商与商言数。是以士无遗行，农无废功，工无苦事[19]，商无折货，各安其性，不得相干[20]。

〔氾论训〕

天地之气，莫大于和[21]。和者，阴阳调，日夜分，而生物。春分而生，秋分而成，生之与成，必得和之精。故圣人之道，宽而栗，严而温，柔而直，猛而仁。太刚则折，太柔则卷，圣人正在刚柔之间，乃得道之本。

夫蛰虫鹊巢，皆向天一者[22]，至和在焉尔！帝者诚能包禀道[23]，合至和，则禽兽草木莫不被其泽矣，而况兆民乎！

〔泰族训〕

神明之事，不可以智巧为也，不可以筋力致也。天地所包，阴阳所呕[24]，雨露所濡，化生万物[25]；瑶碧玉珠，翡翠玳瑁[26]，文彩明朗，润泽若濡，摩而不玩[27]，久而不渝，奚仲不能旅[28]，鲁般不能造[29]：此之谓大巧。

天地四时，非生万物也，神明接，阴阳和，而万物生之；圣人之治天下，非易民性也，拊循其所有而涤荡之[30]。故因则大[31]，化则细矣[32]。禹凿龙门，辟伊阙，决江浚河[33]，东注之海，因水之流也。后稷垦草发菑[34]，粪土树谷，使五种各得其宜，因地之势也。汤武革车三百乘[35]，甲卒三千人，讨暴乱，制夏商[36]，因民之欲也。故能因则无敌于天下矣。夫物有以自然，而后人事有治也。

〔注　释〕

① 偃：停息。 ② 解：知晓。 ③ 曰规：《宋书·律志》作"道始于一"，故王念孙认为"曰规"为衍文。 ④ 见《老子·四十二章》。 ⑤ 泄：指气发泄失散。 ⑥ 格：王引之认为"格"读为"落"，"格"字从木各声，古读如"各"。"格"与"落"声相近，字相通。 ⑦ 耗：零落。 ⑧ 飂飂：寒气逼人的样子。赫赫：炎热逼人的样子。 ⑨ 化：化育。造：生成。 ⑩ 体：依照的意思。 ⑪ 缘：循。 ⑫ 洞然：浑然。 ⑬ 禨祥：求神祈福的活动。 ⑭ 贶：赐予。发贶：抒发表达。 ⑮ 照誋：照耀。 ⑯ 湛：浸泡。 ⑰ 体：王念孙认为"体"当为"职"。《群书治要》也引"体"作"职"。 ⑱ 责："债"的古字。 ⑲ 遗行：失检的行为。苦：粗劣。 ⑳ 折货：亏损的生意。干：干犯、冒犯。 ㉑ 大：珍贵。和：中和之气。 ㉒ 天一：杨树达认为"天一"疑当作"太一"。 ㉓ 禀：受。 ㉔ 呕：化育、抚育。 ㉕ 化生万物：王念孙认

为本作“雨露所濡,以生万殊”。㉖王念孙认为“瑶碧玉珠”本在“翡翠玳瑁”之下。㉗玩:通“刓”,缺损、磨损。㉘奚仲:夏代的车正,车的发明者。旅:俞樾疑“放”字之误,模仿,仿效。金其源认为“旅”,施也,谓奚仲不能施工也。㉙鲁般:鲁班,春秋时鲁国的巧匠。㉚捎循:依循、依从。㉛因:顺因,这里指遵循规律。㉜化:王念孙认为“化”当作“作”。向宗鲁认为“化”可读“为”(伪)。“作”和“为”均指人为。㉝浚:疏通河道。㉞垦草:开垦地。菑:初耕的田地,泛指荒地。㉟革车:兵车。㊱制:是指汤制夏桀、武王制纣王。

〔鉴　赏〕

“自然”与“和谐”是中国古代思想中一对非常独特的理念。“自然”也即自己而然,指的是事物未受外在强力破坏,单纯遵循内在于事物自身之中的天然的规律性而发生、发展的一种状态;“和谐”则是指在“自然”的前提条件之下,事物之间本身就能天然地达至一种良好的秩序、动态的平衡。在古代先哲,尤其是道家学者那里,“自然和谐”的理念受到了极力地推崇。如道家创始人老子曾言:“人法地,地法天,天法道,道法自然。”(《老子·二十五章》)“自然”被认为是高于“人”“地”“天”“道”的一个最高理念。所谓理念,也即一种有着明确指向和内涵的理想。陈鼓应和白奚先生曾对老子的这一理想作了以下非常中肯的解读:“在老子看来,宇宙是一个和谐的、平衡的整体,这种和谐、平衡的状态,是通过构成这个宇宙的万事万物自身不受外界强力干扰的存在与发展而达成和维持的。也就是说，万事万物在不受外界强力干扰的情况下，通常都能发挥出自己的最佳状态，都能与周围的其他事物保持着良好的关系，整个宇宙就在万物的最佳状态和良好关系中达到了和谐与平衡，发挥出最大的功能。”（陈鼓应、白奚《老子评传》）

《淮南子》作为西汉时期的“新道家”，无疑继承并发扬了老子的上述思想理念。如《泰族训》就直截了当地指出：“天地所包，阴阳所呕，雨露所濡，化生万物；瑶碧玉珠，翡翠玳瑁，文彩明朗，润泽若濡，摩而不玩，久而不渝，奚仲不能旅，鲁般不能造：此之谓大巧。”天地阴阳雨露化育滋润着万物，因此才有了万物生机勃勃的存在；奚仲、鲁班等能工巧匠再怎么有智巧，终究是无法与天地的“大巧”媲美的。天地化育万物，不仅使万物天然地即具有一种生生不息的内在品质，而且还使万物之间并行不悖、和谐相处，从而出现一种欣欣向荣的景象。恰如《氾论训》所言：“天地之气，莫大于和。和者，阴阳调，日夜分，而生物。春分而生，秋分而成，生之与成，必得和之精。”

正是因为看到万物天然地具有一种良善的合理性与有序性在其中，所以《淮南子》强调人应当时时处处注意循顺天地万物之本性，由自然无为的处世态度达至万事万物和谐共生的良善情势。如《原道训》说道：“圣人内修其本而不外饰其末，保其精神，偃其智故，漠然无为而无不为也，澹然无治也而无不治也……所谓无治者，不易自然也；所谓无不治者，因物之相然也。”所谓自然无为，也就是不逞私智而妄为，一切要循顺事物的本性而为。

然而，人区别于他物的一个重要特质就是人有自由意志，并且人的自由意志往往会导致人封闭在自己的意欲之中,以自己的私智私欲为出发点来行事,从而忘记了事物本身所具有的各种特性,以致由于自己的恣意妄为而对事物的自然发展造成各种破坏。在《淮南子》看来,人如果不顾事物的自然发展而恣意妄为的话,其后果将是灾难性的。如《时则训》所说:"春行夏令,泄;行秋令,水;行冬令,肃。夏行春令,风;行秋令,芜;行冬令,格。秋行夏令,华;行春令,荣;行冬令,耗。冬行春令,泄;行夏令,旱;行秋令,雾。"违背事物自然发展的本性,最终必然导致各种不和谐的灾难性后果。

那么,如何才能控制好人的自由意志,避免人们因唯我独尊而诱发的各种矛盾呢?《淮南子》给出的药方是修养身心、调其性情。在《淮南子》看来,"人之性无邪,久湛于俗则易,易而忘本,合于若性。故日月欲明,浮云盖之;河水欲清,沙石濊之;人性欲平,嗜欲害之。唯圣人能遗物而反己。"人像其他事物一样,本来出生之时也是无知无欲、天真无邪的,只是由于在社会这个大染缸里被各种不好的庸俗之风所熏染,以至于使自然无邪的本性遭到了破坏,使人变得越来越唯我独尊,陷溺于一己的私智私欲之中而无法自拔。因此,要想回复到天真无邪的本性,只有修养身心、调节性情,其目的即是要去除内心所沾染的各种邪气,最终达到"静而体德,动而理通,随自然之性而缘不得已之化"的境界。

随着人类知识的不断积累与迅猛增长,人的欲望也随之无限膨胀,今天,人类已经"进化"到了一个以"经济—资本"——"利"——为中心的时代,人类自身的欲望与利益成为衡量一切的标准,天地万物仅仅沦为服务于人类自身欲望的一种工具或客观对象;于是,"自然"与"和谐"不再为人们所重视，或者仅仅在“人造自然”“人造和谐”的意义上被理解。

狄更斯在《双城记》中对他所处的那个时代的形容依然是对现代社会最好的描述：“那是最美好的时代，那是最糟糕的时代；那是智慧的年头，那是愚昧的年头；那是信仰的时期，那是怀疑的时期；那是光明的季节，那是黑暗的季节；那是希望的春天，那是失望的冬天；我们全都在直奔天堂，我们全都在直奔相反的方向——简而言之，那时跟现在非常相像，某些最喧嚣的权威坚持要用形容词的最高级来形容它。说它好，是最高级的；说它不好，也是最高级的。”之所以说现时代是最美好的时代、智慧的年头，是因为现时代是人类智慧得到最充分张扬的时期，一切都在依着人类的智慧被安排；而之所以说现时代是最糟糕的时代、愚昧的年头，亦是因为现时代是人类私智私欲得到最充分张扬的时期，天地万物的自然和谐遭到人类空前的破坏，一切都在依着人类的私智私欲而被矫揉造作。

《老子》《淮南子》的作者还处于人类智慧刚刚开启的初期，但已经敏锐地觉察到了人类智慧可能对世界带来的各种破坏性影响，因而以“自然和谐”作为自己思想体系中的一项重要主张，希望以此限制人类智慧的消极面，构建一个更加美好的世界。两千多年后的今天，当人类已经大踏步地“前进”，同时人类的破坏性力量也大规模地彰显的时候，《淮南子》具有超时代价值的“自然和谐论”应该得到我们的重视，并以此来检视我们的思想、我们的“智慧”。否则，看似“全都在直奔天堂”的我们，最终将灾难性地“全都直奔相反的方向”而无法自拔。

（刘康德）

生态伦理观

〔俶真训〕

夫天之所覆，地之所载，六合所包，阴阳所呴[①]，雨露所濡，道德所扶，此皆生一父母而阅一和也[②]。

〔精神训〕

夫天地运而相通，万物总而为一[③]。能知一，则无一之不知也[④]；不能知一，则无一之能知也。譬吾处于天下也，亦为一物矣。不识天下之以我备其物与？且惟无我而物无不备者乎？然则我亦物也，物亦物也，物之与物也，又何以相物也[⑤]？

〔本经训〕

天地之合和，阴阳之陶化万物，皆乘人气者也[⑥]。是故上下离心，气乃上蒸；君臣不和，五谷不为[⑦]。距日冬至四十六日[⑧]，天含和而未降，地怀气而未扬；阴阳储与[⑨]，呼吸浸潭[⑩]；包裹风俗[⑪]，斟酌万殊[⑫]，旁薄众宜[⑬]，以相呕咐酝酿[⑭]，而成育群生。是故春肃秋荣，冬雷夏霜，皆贼气之所生[⑮]。由此观之，天地宇宙，一人之身也；六合之内，一人之制也[⑯]。

〔主术训〕

先王之法，畋不掩群，不取麛夭[⑰]，不涸泽而渔，不焚林而猎。豺未祭兽[⑱]，罝罦不得布于野；獭未祭鱼[⑲]，网罟不得入于水；鹰隼未挚[⑳]，罗网不得张于溪谷；草木未落，斤斧不得入山林；昆虫未蛰，不得以火烧田[㉑]。孕育不得杀，鷇卵不得探[㉒]，鱼不长尺不得取，彘不期年不得食。是故草木之发若蒸气[23]，禽兽之归若流泉，飞鸟之归若烟云，有所以致之也。

〔齐俗训〕

物无贵贱。因其所贵而贵之，物无不贵也；因其所贱而贱之，物无不贱也。

〔说林训〕

食其食者不毁其器，食其实者不折其枝；塞其源者竭，背其本者枯。

〔人间训〕

孟孙猎而得麑[24]，使秦西巴持归烹之[25]。麑母随之而啼，秦西巴弗忍，纵而予之。孟孙归，求麑安在。秦西巴对曰："其母随而啼，臣诚弗忍，窃纵而予之。"孟孙怒，逐秦西巴。居一年，取以为子傅[26]，左右曰："秦西巴有罪于君，今以为子傅，何也？"孟孙曰："夫一麑而不忍，又何况于人乎？"

〔泰族训〕

《关雎》兴于鸟[27]，而君子美之，为其雌雄之不乖居也[28]；《鹿鸣》兴于兽，君子大之[29]，取其见食而相呼也。

〔注 释〕

① 响：吐气。 ② 阅：总，贯通的意思。 ③ 总：合。一：道。 ④ 知一：知道懂得"道"。 ⑤ 相物：互相以"物"视之。 ⑥ 合和：融汇，融合。乘：凭借。人气：庄逵吉认为应作"一气"。 ⑦ 不为：不成，指不能生长。 ⑧ 四十六日：指从立冬到冬至这四十六天。 ⑨ 储与：原注为"尚羊(徜徉)，无所主之貌"。这里指徜徉或徘徊。 ⑩ 浸潭：浸润扩散的意思，所以原注为"广衍也"。 ⑪ 风俗：指区域、范

围。⑫ 万殊：各种各样的事物，即万物。⑬ 旁薄：原注为"旁，并。薄，近"。指贴近，有遍及的意思。⑭ 呕咐：抚养。⑮ 贼气：指阴阳失调造成的有害邪气。⑯ 一：相同、一样。一人之制：与上文"一人之身"意思相同，指宇宙天地的构成原理与运动变化法则和人体结构与生命运动变化法则相同。⑰ 畋：打猎。掩：尽。麛夭：原注为"鹿子曰麛，麋子曰夭"。⑱ 豺未祭兽：原注为："十月之时，豺杀兽四面陈之，世谓之祭兽也。"罝罦：捕鸟兽的网。⑲ 獭未祭鱼：原注为："獭，猵也。《明堂月令》：'孟春之月，獭祭鱼。'取鲤四面陈之水边也，世谓之祭鱼。"⑳ 挚：捕杀、攫取。古人认为鹰隼等猛禽到秋天才开始捕杀动物。㉑ 不得以火烧田：原注为："十月蛰虫备藏，未蛰，不得用烧田也。"王念孙认为"烧"字是因"烧田"(火田)而衍。㉒ 鷇：指已孵化的鸟卵或指刚出壳的小鸟。㉓ 蒸气：指草木生长很快，如气上升。㉔ 孟孙：春秋时鲁国大夫。麑：小鹿、幼鹿。㉕ 秦西巴：孟孙的家臣或侍从。㉖ 傅：师傅、老师。㉗《关雎》：《诗经·国风·周南》的一首诗。兴：起兴，一种诗歌表现手法。兴于鸟：由鸟起兴而发。㉘ 乖：王念孙认为"乖"当为"乘"，"匹配"的意思。㉙《鹿鸣》：《诗经·小雅》中的一篇。大：尊崇、崇敬。

〔鉴　赏〕

所谓"伦理"，本特指在某一特定人群中处理人与人之间关系的规则。然而，进入近现代以来，由于人类力量的急剧增强，人与人之外的世界的关系持续紧张；于是，逐渐产生了"生态伦理学"这一新兴的学科，它主要处理的是人与人之外的世界所应有的关系和交往规则。因此,所谓"生态伦理",并不是一个古已有之的概念或范畴,而是在人与他物之间的关系产生了某种严重断裂之后,才产生的一门学问。然而,人如何面对自己所处的世界、如何处理与他物的关系,却是从人类产生之初便不得不思考的一个古老话题。《淮南子》中即包含有大量关于人如何处理与他物的关系的文字资料,虽然《淮南子》的作者不可能有明确的"生态伦理学"的学科意识,但是《淮南子》的生态伦理观非但并不比如今的生态伦理学的各种理论理念落后,而且其中蕴含着不少足资今天的生态伦理学借鉴的思想火花。

关于人与他物的关系,《淮南子》自始至终即秉持着一种万物一源、万物平等的理念。如《俶真训》所说:"夫天之所覆,地之所载,六合所包,阴阳所呴,雨露所濡,道德所扶,此皆生一父母而阅一和也。"正是因为认为万物皆生于同一个"父母",所以《淮南子》认为万物之间是没有贵贱之分的。如《齐俗训》所说:"物无贵贱。因其所贵而贵之,物无不贵也;因其所贱而贱之,物无不贱也。"万物都有其可贵之处,也即都有其生之合理性,因此万物平等,人不能以自己的"贵"而否定他物的"贵",不能以一己的利益而肆意践踏他物的利益。其实,从根本上来说,"吾处于天下也,亦为一物矣",人亦是万物之一种。从这个意义上来说,"我亦物也,物亦物也,物之与物也,又何以相物也"? 既然人也是万物之一种,那人凭什么能够肆意凌驾于他物之上,以己为贵呢? 换言之,由于万物一源、万物平等,人亦是万物之一种,因而人应当相应地以平等的态度对待他物,切不可自以为高,以至于任意侵凌他物。

正是基于万物一源、万物平等的观念,《淮南子》早在两千多年前就提出了现代人最近几十年才逐渐重视起来的善待生态、保持生态平衡的理念。其中比较典型的一则材料,就是《主术训》中的一段叙述:“先王之法,畋不掩群,不取麛夭,不涸泽而渔,不焚林而猎。豺未祭兽,罝罦不得布于野;獭未祭鱼,网罟不得入于水;鹰隼未挚,罗网不得张于溪谷;草木未落,斤斧不得入山林;昆虫未蛰,不得以火烧田。孕育不得杀,鷇卵不得探,鱼不长尺不得取,彘不期年不得食。是故草木之发若蒸气,禽兽之归若流泉,飞鸟之归若烟云,有所以致之也。”《说林训》中也有一则材料言道:“食其食者不毁其器,食其实者不折其枝;塞其源者竭,背其本者枯。”

保护幼鸟幼兽,保护生态环境,虽然其目的之一是为了获得能够满足人类需要的更持久的生态资源,但其中也自然地包涵着一种万物平等、人应当与万物和谐相处的理念。这样一种理念,在《人间训》“秦西巴释麑”的那则寓言中便表现得淋漓尽致,秦西巴释放幼麑,并非是为了获取更持久的生态资源,而仅仅是由于内心中的“不忍”。这样的一种“不忍”,正表现出人与他物的平等相通之处,即人不是把他物看作一种可以任人宰割的玩偶,而是把他物看作与人类一样有着自身之生存权利的“宇宙公民”。

基于万物一源、万物平等的理念,《淮南子》不仅主张人类不应当肆意践踏欺凌他物,而且认为他物也有人可以效法学习的地方。比如《泰族训》所说:“《关雎》兴于鸟,而君子美之,为其雌雄之不乖居也;《鹿鸣》兴于兽,君子大之,取其见食而相呼也。”《关雎》之诗以“鸟”的行为作为人的榜样,乃是因为雎鸠鸟雌雄有别不杂居的善习;《鹿鸣》之诗以“兽”的行为作为人的榜样,乃是因为鹿群有发现食物互相呼唤以共同享用的美德。鸟兽虽然与人类有着诸多差别，甚至常常为人类所看“贱”，但《淮南子》却以中国上古流传下来的经典《诗经》为证，恰切地指出了鸟兽不但有自己的可贵之处，而且其可贵之处足资人们效法学习。

此外，《淮南子》还敏锐地看到，虽然万物一源、万物平等，但是人类却有着足以影响以致欺凌万物的超强力量，所谓“天地之合和，阴阳之陶化万物，皆乘人气者也”，自从产生了人类，天地万物的运行变化无不受到人类的影响。于是，如何恰当地使用自己的这种超能力，便成为人类不得不慎重对待的一个问题。显然，据上所述，《淮南子》的答案肯定是人要有一种担当精神，遵循万物一源、万物平等的自然之理，恰当地维护好人与万物之间的和谐关系。否则，“春肃秋荣，冬雷夏霜”，“人气”将变为“贼气”，人类的肆意妄为也必将遭到天地万物的惩罚。

综上所述，早在两千多年前，人类的力量尚且远不如今天强大的时代，《淮南子》就已经敏锐地看到人类对于天地万物可能发生的破坏性影响，并试图以万物一源、万物平等的长远而深刻的哲学阐析，使人们对于天地万物、也即对于人类自身所处的生态环境，秉持一种谦逊而爱护的理念，以促进人与万物的和谐共生。今天，当天地万物在人类征服世界的妄念和无尽的恣意妄为中遭到了巨大破坏的时候，当人与他物的关系变得空前紧张的时候，当人类不得不为自己的暴行而作深刻反思的时候，当“生态伦理学”作为一门新兴学科而兴起的时候，重新回到两千多年前古人的思想世界，汲取《淮南子》的智慧，也就变得愈加迫切和必要。

（刘康德　张锋宾）

中医与养生

〔原道训〕

夫心者，五藏之主也，所以制使四支[①]，流行血气，驰骋于是非之境，而出入于百事之门户者也。是故不得于心而有经天下之气，是犹无耳而欲调钟鼓，无目而欲喜文章也，亦必不胜其任矣。

夫形者，生之舍也；气者，生之充也；神者，生之制也[②]。一失位，则三者伤矣。是故圣人使人各处其位，守其职，而不得相干也。故夫形者非其所安也而处之则废，气不当其所充而用之则泄，神非其所宜而行之则昧。此三者，不可不慎守也。

〔俶真训〕

夫有病于内者必有色于外矣。

静漠恬澹，所以养性也；和愉虚无，所以养德也。外不滑内，则性得其宜；性不动和，则德安其位。养生以经世，抱德以终年，可谓能体道矣。若然者，血脉无郁滞，五藏无蔚气[③]，祸福弗能挠滑[④]，非誉弗能尘垢，故能致其极。

〔地形训〕

障气多喑[⑤]，风气多聋；林气多癃[⑥]，木气多伛，岸下气多肿[⑦]；石气多力，险阻气多瘿[⑧]；暑气多夭，寒气多寿；谷气多痹，丘气多狂[⑨]。

〔时则训〕

仲夏之月，君子斋戒，慎身无躁，节声色，薄滋味，百官静，事无径，以定晏阴之所成[10]。

季秋之月，霜始降，百工休。乃命有司曰：寒气总至，民力不堪，其皆入室。

仲冬之月，日短至，阴阳争，君子斋戒，处必掩，身欲静，去声色，禁嗜欲，宁身体，安形性。

〔精神训〕

肺主目，肾主鼻，胆主口，肝主耳。外为表而内为里，开闭张歙，各有经纪[11]。

胆为云，肺为气，肝为风，肾为雨，脾为雷，以与天地相参也，而心为之主。

〔齐俗训〕

今夫王乔、赤诵子[12]，吹呕呼吸，吐故内新，遗形去智，抱素反真，以游玄眇[13]，上通云天。今欲学其道，不得其养气处神，而放其一吐一吸，时诎时伸，其不能乘云升假亦明矣[14]。

〔氾论训〕

圣人心平志易[15]，精神内守，物莫足以惑之。

〔诠言训〕

凡治身养性，节寝处，适饮食，和喜怒，便动静，使在己者得，而邪气因而不生，岂若忧瘕疵之与痤疽[16]之发，而预备之哉！

〔说山训〕

执狱牢者无病[17]，罪当死者肥泽[18]，刑者多寿[19]，心无累也。

良医者，常治无病之病[20]，故无病；圣人者，常治无患之患，故无患也。

夫至巧不用剑[21],善闭者不用关楗,淳于髡之告失火者[22],此其类。

〔人间训〕

夫病湿而强之食,病暍而饮之寒[23],此众人之所以为养也,而良医之所以为病也。

〔泰族训〕

治身,太上养神,其次养形。神清志平,百节皆宁,养性之本也;肥肌肤,充肠腹,供嗜欲,养生之末也[24]。

〔注　释〕

① 支:肢。 ② 制:主宰。 ③ 蔚:病。蔚气:病气。 ④ 挠滑:扰乱。 ⑤ 障气:瘴气。南方热带森林中湿热之气,能致人生病。喑:哑。 ⑥ 癃:一指小便不通,二指腿瘸病。 ⑦ 伛:背驼。肿:王念孙认为应作"尰",指脚肿。 ⑧ 瘿:颈部肿块,俗称粗脖子病。另指咽喉疾病,《吕氏春秋·尽数》:"轻水所多,秃与瘿人",高诱注:"瘿,咽疾。" ⑨ 痹:风湿麻痹。狂:通"尪",指腿弯曲致跛,也泛指其他部位骨骼弯曲。"痹"与"狂"皆肢体之疾。 ⑩ 径:偏激烦躁。晏:阳气、热气。晏阴:阳阴。 ⑪ 歙:收、合。经纪:经管联系。 ⑫ 赤诵子:赤松子。王乔、赤诵子:均为神话传说中的仙人。 ⑬ 吹呕:吹嘘。内:通"纳"。玄眇:玄妙。 ⑭ 放:通"仿",模仿。詘:通"屈"。假:通"遐",远的意思。升假、飞升上天,指人升天成仙。 ⑮ 易:平。 ⑯ 痤疽:毒疮。 ⑰ 执:掌管。执狱牢者无病:是说执掌牢狱的人掌握人之生死大权,就连厉鬼都畏惧他,所以不会因鬼魂

所累而生病。⑱ 当死：判处死刑。肥泽：脸色红润、身体肥胖。是说死刑犯知道要被处决，万念俱灰，这样尽情吃喝，反而肥泽。⑲ 刑者：指受宫刑者。是说受宫刑者失去性欲，无性功能反而长得白胖长寿。⑳ 无病之病：指症状尚不明显的疾病，或指导致疾病的隐患。㉑ 巧：巧匠。剑：王引之认为应改为“钩绳”。㉒ 关楗：门闩。淳于髡：原注为：“淳于髡，齐人也。告其邻突将失火，使曲突徙薪。邻人不从，后竟失火。言者不为功，救火者焦头烂额为上客。刺不备豫。喻凡人不知豫闭其情欲，而思得人救其祸。”事见《汉书·霍光传》和桓谭《新论》。㉓ 湿：王念孙认为应是“温”，病温者不可以食，若作病湿则非其指矣。食，当为“餐”，能与“寒”字为韵。暍：中暑。㉔ 养生之末：《道藏》本“生”字作“性”字。“生”“性”相通。

〔鉴　赏〕

《淮南子》作为一部全面反映当时思想文化的百科全书式的著作，包含有不少中医与养生的思想，以至于曾有人怀疑与《淮南子》成书于同一时代的《黄帝内经》亦是淮南王刘安主编的作品。如明代学者郎瑛指出，“《素问》文非上古，人得知之，以为全元起所著，犹非隋唐文也。惟马迁、刘向近之，又无此等义语。宋聂吉甫云，既非三代以前文，又非东都以后语，断然以为淮南王之作。予意《鸿烈解》中，内篇文义，实似之矣，但淮南好名之士，即欲藉岐黄以成名……当时必有岐黄问答之书”（《七修类稿》）。虽然这种推断仅凭主观猜测，但是也从一个侧面反映了《淮南子》中所包含的中医与养生思想所达到的理论水平。

与现代“头痛医头、脚痛医脚”的西医理念相比,《淮南子》中医思想中一个最为基本的观念就是有机整体论,这主要包括天人相通论、形气神三位一体论以及身体各个部位的相互关系论三个方面。

所谓天人相通,也即人与其生存环境的密切关联。如《地形训》所说的“障气多喑,风气多聋;林气多癃……谷气多痹,丘气多狂”,就是把人的身体状况与地理环境联系起来;《时则训》所说的“仲夏之月,君子斋戒,慎身无躁……以定晏阴之所成”,以及“仲冬之月,日短至,阴阳争,君子斋戒……宁身体,安形性”,等等,则是把人的养生策略与季节结合起来。应当说,这种把人的身体与其生存环境联系起来的做法是极为恰当的,人生于天地之间,生命活动必然与自己的生存环境有着千丝万缕的联系;因此,人们在不同的地区、气候等条件下,就应当注意与之相适应,采取不同的养生方法。

以形、气、神作为人的生命的三大基本要素是中医的一大特色,而《淮南子》则是目前所见文献中最早提出并系统阐发这一理论的著作。《淮南子》认为,“形”是“生之舍”,也即生命的住所、载体,“形”又称为“精”,指的是有形的生理结构,它构成了生命的物质基础;“气”是“生之充”,也即生命的支柱,“气”又称血气,我们知道,人的生命所需要的各种营养物质、氧气等都是通过血液运送到全身的各个部位的,血气的充满与虚亏直接决定了人体生命力的强弱;“神”是“生之制”,也即生命的主宰,指的是神经、心理对人的行事、处世活动的宰制,它从最高的意义上体现了人的“活”性。在《淮南子》看来,作为人的生命构成的三大基本要素虽然各有所职,但它们之间又是相互联系、密不可分的,正所谓“一失位,则三者伤矣”。

比如从“心(神)”的主宰性来看,作者认为它是“五脏(形)之主”,能够“制使四肢(形),流行血气”;因此,如果心神不定,则必然会使人泄气而伤形。反之,如果气不足或形体受到损伤,也会使人伤神。形、气、神三大要素的提出,可谓是人类对自身生命认识的一大进步,以至于在医学如此发达昌明的今天,我们仍在不断从《淮南子》对生命的这一深刻洞见中获益。

此外,《淮南子》认为人的身体的各个器官也是彼此相连、相互影响的。比如《精神训》即认为人的五脏与五官相通:“肺主目,肾主鼻,胆主口,肝主耳。外为表而内为里,开闭张歙,各有经纪。”正是基于这种对于人之身体各个部位的有机联系的认识,中医在治疗疾病的过程中不仅关注病变部位的诊治,而且关注与之关系最为密切的相关器官的诊治,这样看待问题也就更为全面,对于疾病的控制和人的养生也就具有更为长远的意义。

《淮南子》上述有机整体论的思想可谓是中医病理学、药理学最为基础的、最为核心的部分,对于中医的发展产生了深远的影响。但是,对于一名优秀的医生来说,《淮南子》并不认为治病是其最为重要的职责,所以《淮南子》说,“良医者,常治无病之病,故无病”。“常治无病之病”也即在病还未发生前就注意防病,这样就能“无病”,而无病也就无须医治。而在无病时就注意防病的努力,也就是至今我们仍在关注的一个重要问题——养生。

基于《淮南子》中医思想中的有机整体论,养生当然要注意对于生命、身体以及生命与环境的关系等方面的全面的关注。《淮南子》就此谈道:“治身养性,节寝处,适饮食,和喜怒,便动静,使在己者得”。如果说“节寝处，适饮食”主要是从形上着手，那么“和喜怒，便动静”则主要是从神上用功。

就人的生命组成的形、气、神三大要素来说，虽然三者是一个有机的整体，但如前文所提到的，因为“神”是生命的主宰，所以在养生的过程中，三者还是有着鲜明的主次之分的。《泰族训》指出：“治身，太上养神，其次养形。神清志平，百节皆宁，养性之本也；肥肌肤，充肠腹，供嗜欲，养生之末也。”养生最为重要的是“养神”，因为人的神志清爽了，就自然能够对人的形、气产生积极的影响，自然能够使人“节寝处，适饮食”；反之，如果人的神志困于各种烦扰之中，那么人也便寝食难安，自然便会对人的“形”“气”造成伤害。

虽然“太上养神，其次养形”的道理很简单，但由于“神”是无形而难以把握的，“形”则是有形而易于把握的，因此在现实中人们往往更为关注“养形”而忽略“养神”，舍本而逐末。对此，《淮南子》举了人们模仿王乔、赤诵子“吹呕呼吸，吐故内新”，仅仅追求形似而不求神同的例子来说明舍本而逐末的不可取之处。王乔与赤诵子养生时，虽然表面看上去只是调息呼吸、伸展身体而已，但他们实际上是为了“遗形去智，抱素反真，以游玄眇，上通云天”，也即获得一种精神上的清澈与宁静；人的“神”清澈了，则血气自然流通无碍，而形亦能由此而常葆青春活力。人们如果只是刻意去模仿他们一呼一吸、一伸一屈的动作，而不得其神，则不但无益，还会因为模仿的“刻意”与不得要领而内伤其身。这与我们今天打太极拳极为类似，如果只是模仿形似，太极拳的动作本身并不能给我们的身体带来多少益处；但如果能够首先凝神静气，在打拳的同时养神充气，那么太极拳给我们的生命所带来的益处将是无限量的。

总之，作为一部包罗万象、思想丰富的鸿篇巨制，《淮南子》在我国中医史上亦占有颇为关键的地位。《淮南子》所坚持的有机整体论是中医对待生命、诊断施药的基本理论；而它首次提出的以形、气、神为人之生命构成的三大要素的思想，可谓是人类对自身生命认识的一大进步，对于人类今天认识自身仍然有着重大的价值和意义。《淮南子》基于上述理论而提出的“常治无病之病”，以及“太上养神，其次养形”等养生观点，对于我们今天的养生实践，亦有着颇为积极的指导意义。

（刘康德）

科技与淫巧

〔览冥训〕

昔者，王良、造父之御也[①]，上车摄辔，马为整齐而敛谐，投足调均[②]，劳逸若一，心怡气和，体便轻毕[③]，安劳乐进，驰骛若灭，左右若鞭[④]，周旋若环[⑤]，世皆以为巧，然未见其贵者也。若夫钳且、大丙之御也[⑥]，除辔衔、去鞭弃策[⑦]，车莫动而自举，马莫使而自走也。日行月动，星耀而玄运[⑧]，电奔而鬼腾，进退屈伸，不见朕垠[⑨]。故不招指，不咄叱，过归雁于碣石，轶鹍鸡于姑余[⑩]。骋若飞，骛若绝[⑪]，纵矢蹑风，追猋归忽[⑫]，朝发榑桑，日入落棠[13]。此假弗用而能以成其用者也[14]，非虑思之察，手爪之巧也；嗜欲形于胸中，而精神踰于六马[15]，此以弗御御之者也。

〔缪称训〕

言无常是，行无常宜者，小人也；察于一事，通于一伎者，中人也；兼覆盖而并有之，度伎能而裁使之者[16]，圣人也。

〔齐俗训〕

地宜其事，事宜其械，械宜其用，用宜其人。泽皋[17]织网，陵阪耕田，得以所有易所无，以所工易所拙。是故离叛者寡，而听从者众。

治国之道，上无苛令，官无烦治，士无伪行，工无淫巧，其事经而不扰[18]，其器完而不饰。

工为奇器，历岁而后成，不周于用。故神农之法曰："丈夫丁壮而不耕，天下有受其饥者；妇人当年而不织，天下有受其寒者。"故身自耕，妻亲织，以为天下先。其导民也，不贵难得之货，不器无用之物。

衰世之俗，以其知巧诈伪，饰众无用，贵远方之货，珍难得之财，不积于养生之具；浇天下之淳[19]，析天下之朴，牿服马牛以为牢[20]；滑乱万民，以清为浊，性命飞扬，皆乱以营；贞信漫澜[21]，人失其情性。于是乃有翡翠犀象、黼黻文章以乱其目[22]，刍豢黍梁、荆吴芬馨以嚂其口[23]，钟鼓管箫、丝竹金石以淫其耳，趋舍行义、礼节谤议以营其心。于是百姓糜沸豪乱[24]，暮行逐利，烦挐浇浅[25]，法与义相非，行与利相反，虽十管仲，弗能治也。

夫雕琢刻镂，伤农事者也；锦绣纂组，害女工者也。农事废，女工伤，则饥之本而寒之原也。夫饥寒并至，能不犯法干诛者，古今之未闻也[26]。

〔道应训〕

夫言有宗，事有本，失其宗本，技能虽多，不若其寡也。故周鼎著倕，而使龁其指[27]，先王以见大巧之不可[28]也。

〔氾论训〕

古者剡耜而耕，摩蜃而耨[29]，木钩而樵，抱甀而汲[30]，民劳而利薄；后世为之耒耜耰鉏，斧柯而樵，桔皋而汲[31]，民逸而利多焉。古者大川名谷冲绝道路，不通往来也，乃为窬木方版，以为舟航[32]，故地势有无得相委输[33]。乃为靻蹻而超千里，肩荷负儋之勤也[34]，而作为之楺轮建舆[35]，驾马服牛，民以致远而不劳；为鸷禽猛兽之害伤人而无以禁御也，而作为之铸金锻铁，以为兵刃，猛兽不能为害。故民迫其难则求其便，困其患则造其备[36]，人各以其所知[37]，去其所害，就其所利。常故不可循，器械不可因也，则先王之法度有移易者矣[38]。

器械者，因时变而制宜适也。

〔诠言训〕

贯多端则贫[39]，工多技则穷，心不一也。故木之大者害其条[40]，水之大者害其深。有智而无术，虽钻之不通[41]；有百技而无一道，虽得之弗能守。故《诗》曰："淑人君子，其仪一也。其仪一也，心如结也[42]。"君子其结于一乎？

〔修务训〕

服剑者[43]期于恬利，而不期于墨阳、莫邪[44]；乘马者期于千里，而不期于骅骝、绿耳[45]；鼓琴者期于鸣廉修营，而不期于滥胁、号钟[46]。

〔注　释〕

①王良：春秋时期晋国善御手，死而托精于天驷星。造父：周穆王时善御手。②摄：执、捉、握。辔：缰绳。敛：收敛，这里指驯服。敛谐：指动作协调。投足：举足。均：均匀。③毕：敏捷。④灭：指疾快消逝。鞭：鞭子。若鞭：就像被鞭教过的那样。⑤周旋：转圈。⑥钳且、大丙：古代得道能以神气御阴阳的天神。⑦衔：马嚼子。策：一端有尖刺的赶马棍子。⑧玄：天。运：行。⑨朕垠：形迹。⑩过：超过。姑余：山名，又叫姑苏山。⑪骋、骛：均指纵马奔驰。绝：喻指疾速、飞快。⑫纵：履、踩。蹑：踏。猋、忽：通作"飙飕"，指疾风。⑬榑桑：扶桑，东方日出处。落棠：又称洛棠，西方日落处。⑭假：凭、借。弗用：无用、不用。⑮踰：当为"喻"字之误，喻：晓，是说马晓喻人意(陈观楼语)。⑯度：度量、估量。伎：技。⑰泽皋：沼泽、湖沼。⑱经：常。⑲浇：浅薄、使薄。⑳牿：圈养牛马的栏圈。㉑漫澜：离散、流失。㉒黼黻：古代礼服上绘绣的花纹图案。文章：指多彩。㉓刍豢：草食家畜如牛羊为"刍"，谷食家畜如猪狗为"豢"。荆吴芬馨：古代认为吴楚二地擅长烹调饮食之道，所以以荆吴芬馨代指地方风味小吃的美味。嚂：原注为"贪求也"，这里指贪食。㉔糜沸：粥在锅中沸腾，指混乱不堪、纷扰百分。㉕浇浅：更加浅薄。这里的"烦""浇"作动词用，有"使……"的意思。㉖古今之未闻也：《群书治要》作"古今未之闻"。㉗著：铸。倕：传说是尧时的能工巧匠。龁：咬。㉘不可：王念孙认为"不可"下脱"为"字。㉙剡：锐利、锋利。耜：一种

农具,类似犁头。摩:通“磨”。蜃:大蛤蜊。耨:一种除草的农具。这里指除草。㉚木钩:类似木镰刀那样的钩刀。樵:砍柴。甀:一种小口的瓦器。㉛斧柯:斧子。桔皋:一种利用杠杆原理制作成的井上汲水工具。㉜窬:空。窬木:将树木中间挖空,制成独木舟。方:并。版:通“板”。航:二舟相连称为“航”。㉝委输:运输。装上货物称为“委”,转运交卸称为“输”。㉞乃:衍文。鞀:鞄的误字。“鞄”指柔软的皮革。屩:鞋子。儋:通“担”。㉟楺:通“揉”。指用火烤或重压等手段使木变形。楺轮:用弯木制成木轮。舆:车子。㊱迫:逼迫。困:受困。㊲知:智。㊳循:随也。器械:指各种具体用具的总称。㊴贾:商人。端:头绪。多端,指多方经营。㊵条:杨树达认为“条”当读为“修”,长的意思。㊶钻:钻营。通:达。不通:何宁认为应为“不能通”(达)。㊷语见《诗经·曹风·鸤鸠》。淑:贤、善。仪:仪态。心如结:比喻内心专一不渝。这里的“鸤鸠”为布谷鸟。㊸服:通“佩”。恬:通“铦”,锐利的意思。㊹墨阳、莫邪:皆为宝剑名。㊺骅骝、绿耳:皆骏马名。㊻滥胁、号钟:皆为古琴名。梁元帝《纂要》以为是齐桓公所用之琴。“滥”又作“蓝”。

〔鉴　赏〕

我们知道,《淮南子》一书包罗万象,淮南王刘安希望由此书“观天地之象,通古今之事”(《要略》),致广大而尽精微,因此,举凡西汉以前的文化成就,无不希望综括在内,其中也自然包括大量关于科技以及科技哲学思想的记述。具体来说,《淮南子》涉及天文学、地理学、气象学、物候学、医学、数学、物理学、化学、机械、工艺等非常广泛的科技领域,记录了西汉时期我国科学技术的发达状况,保存了大量珍贵的史料。同时,以追求“大道”为旨归的《淮南子》,又不仅仅满足于对于科技本身的记述,而是更加着眼于科技与大道的关系,包括科技与个人、社会政治的相互关系,科技背后的文化理念等各个方面,因此,《淮南子》论述道德、社会、人生的许多篇章也都透露出许多与科技相关的哲学思想,其中不乏对我们今天这个科技昌明的时代有着针砭时弊之积极意义的深刻预见。本节以“科技与淫巧”为主题,即是要发掘《淮南子》中的科技哲学思想,以期对于我们全面认识科技的价值有所裨益。

《淮南子》认为技术必须合于大道,正如《诠言训》所言:“有百技而无一道,虽得之弗能守。”在《览冥训》中,作者以驾驭技术为例来说明了这一点,王良、造父两位御手驾车,上车后就握着缰绳,马便随着他们的控制整齐和谐起步行进,步伐均匀,奔跑和慢行都不乱套,世人都以为他们驾车技艺精巧。但是,作者推崇的却是像钳且、大丙那样的御手,他们根本不用缰绳马衔,也不用马鞭,车子不用起动就能自行运转,马匹不必使唤就自己奔驰向前,像日月运行自然而然,他们是以精神感化支配马匹,从而以不御来达到驾驭的目的。钳且、大丙虽然是神话传说中的人物,但作者由此所要向我们透露的一个基本道理是:好的科技不能仅仅就科技本身来判断其优良,还应当有更高的标准,而这个标准就是“道”。只有在本质上合于“道”的技术,才是真正良善的。

举一个非常简单的例子,核武器所体现出来的科技水平可谓至高矣,但作为一种极具毁灭性和杀伤力的科技，作为一种不仅对于人类而且对于人类所生活的这个星球极具威胁性的科技，我们只能说它是一种坏的、恶的科技。也正是因此，作为推动美国开始原子弹研究的第一人，爱因斯坦虽未直接参与原子弹的研究，但他曾不无遗憾地说："我现在最大的感想就是后悔，后悔当初不该给罗斯福总统写那封信……我当时是想把原子弹这一罪恶的杀人工具从疯子希特勒手里抢过来。想不到现在又将它送到另一个疯子手里……我们为什么要将几万无辜的男女老幼，作为这个新炸弹的活靶子呢?"而当原子弹真正地发生了作用，即使是在反法西斯的正义战争中，那些曾经参与或关注过原子弹研究和制造的科学家们大多也都曾对此表示一种深深的忏悔和自责。

《淮南子》关于科技与大道的关系的指点提示我们，评价一项科技成果的价值，不能仅仅根据其在纯科技上的复杂程度，而应当首先考虑它对于人类以及人类的生存环境所可能带来的利或弊。如果一项科技成果的利是主导的，弊是可以通过一定的改造避免的，那么我们可以认定这是一项善的科技；反之，如果其弊是占主导的，或者说会对人类及其生存环境造成长远的潜在危害的，那么我们与其说这是科技，毋宁说此乃淫巧也。正是因为认识到淫巧之害，《淮南子》说："治国之道，上无苛令，官无烦治，士无伪行，工无淫巧，其事经而不扰，其器完而不饰。"

由此，落实到人们的生活日用之中，《淮南子》认为对于科技之价值的一个主要判断标准，就是它是否有益于人民百姓日常生活之用："事宜其械，械宜其用，用宜其人。""宜"也即适宜，科技只有适宜于百姓日常之用，方能真正发挥出其价值。反之，如果只是追求外形，而忽视了其内在的实用价值，便是淫巧。《淮南子》在行文中屡次谈及淫巧对于社会的危害，其批判淫巧的视角大概可以归纳为以下三点：

其一，淫巧无用，但却又要花费百姓的大量时间和心思，从而耽误农事，造成百姓生活的困窘。这正如《齐俗训》所说："工为奇器，历岁而后成，不周于用。故神农之法曰：'丈夫丁壮而不耕，天下有受其饥者；妇人当年而不织，天下有受其寒者。'故身自耕，妻亲织，以为天下先。其导民也，不贵难得之货，不器无用之物。"我们知道，古代社会的生产水平还比较低下，如果超于实用之上而过于追求外在的形式，则势必会"伤农事""害女工"，最终导致生活资料的匮乏。

其二，淫巧会激发人们过多的贪欲，如"翡翠犀象、黼黻文章以乱其目，刍豢黍梁、荆吴芬馨以嚂其口，钟鼓管箫、丝竹金石以淫其耳"，这正如老子所说的"五色令人目盲，五音令人耳聋，五味令人口爽，驰骋畋猎令人心发狂，难得之货令人行妨"。这样，百姓便会被搅得纷扰狂乱，心灵失去宁静与恬和。

其三，由于在现实中贩卖淫巧会为人们带来利益，这便会导致人们把智巧用到虚饰伪诈的地方，被利所牵引，从而使人们变得狡诈、势利而无德。这也即作者所说的"糜沸豪乱，暮行逐利"。中国古代社会重农而抑工商，其中的一个重要原因就在于工商会导致各种淫巧的泛滥，以至于扰乱人们的道德信仰而趋于伪诈逐利，最终造成社会风气的败坏。

但值得我们注意的另外一个方面是，《淮南子》虽然极力批判淫巧的害处，但这并不意味着对于实用科技的否定；恰恰相反，在《淮南子》看来，

“器械者,因时变而制宜适也”,科技也要随着时代的发展而进步,以满足人民的需要。就此,《淮南子》还以历史上农具、交通工具、运输工具、防御工具等器械的不断改进为例,来说明“常故不可循,器械不可因”的道理。只要是对人们的生活有益的科技,就应当是值得肯定的。

综上所述,《淮南子》在评论科技的价值时,一切以“道”、以是否有益于人民百姓的现实生活为标准。只要是有益于人民的生活的,哪怕是一个很小的发明或科技进步,比如斧头、舟船、马车的发明,也是值得颂扬的;反之,如果是有害于人民的生活或世道人心的,哪怕是极精美的工艺品,如翡翠犀象、黼黻文章,也是不足为道的。当然,由于历史条件的限制,《淮南子》对于科技的具体评判还是站在农业社会的角度上进行,所谓“器械者,因时变而制宜适也”,有些评判已经不适用于今天的社会。但是,《淮南子》以是否合于“大道”、是否真正有益于百姓和社会的良好发展作为评判一项科技成果的价值的标准,却是极其值得我们这个科技空前昌明的时代借鉴的;因为,恰恰是在我们这个以科学技术为第一生产力的时代,产生了太多为牟利而不惜牺牲人民健康的科技,为吸引人们的眼球而不惜以低俗相尚的科技,为骗取名位而只求形似、弄虚作假的科技,为震慑他国而极具毁灭性的科技……正所谓淫巧害道,其非道也乎!

（刘康德　张锋宾）

信仰与幸福

〔俶真训〕

古之圣人,其和愉宁静,性也;其志得道行,命也。是故性遭命而后能行,命得性而后能明。

〔天文训〕

人主之情,上通于天。故诛暴则多飘风,枉法令则多虫螟[1],杀不辜则国赤地,令不收则多淫雨[2]。

〔主术训〕

汤之时,七年旱,以身祷于桑林之际,而四海之云凑,千里之雨至。抱质效诚,感动天地,神谕方外;令行禁止,岂足为哉!古圣王至精形于内,而好憎忘于外;出言以副情[3],发号以明旨;陈之以礼乐,风之以歌谣;业贯万世而不壅,横扃四方而不穷[4];禽兽昆虫与之陶化,又况于执法施令乎?

〔氾论训〕

夫醉者,俯入城门,以为七尺之闺也[5];超江、淮,以为寻常之沟也:酒浊其神也。怯者,夜见立表,以为鬼也[6];见寝石,以为虎也[7]:惧掩其气也[8]。又况无天地之怪物乎[9]!夫雌雄相接,阴阳相薄,羽者为雏鷇[10],毛者为驹犊[11],柔者为皮肉,坚者为齿角,人弗怪也;水生蠬蜃[12],山生金玉,人弗怪也;老槐生火,久血为磷[13],人弗怪也。山出枭阳,水生罔象,木生毕方,井生坟羊[14],人怪之,闻见鲜而识物浅也。天下之怪物,圣人之所独见[15];利害之反复,知者之所独明达也;同异嫌疑者,世俗之所眩惑也。

夫见不可布于海内，闻不可明于百姓[16]，是故因鬼神禨祥而为之立禁，总形推类而为之变象[17]。

枕户橉而卧，鬼神履其首者[18]：使鬼神能玄化，则不待户牖之行[19]，若循虚而出入，则亦无能履也[20]。夫户牖者，风气之所从往来，而风气者，阴阳相捔者也，离者必病[21]，故托鬼神以伸诫之也。凡此之属，皆不可胜著于书策竹帛而藏于官府者也，故以禨祥明之。为愚者之不知其害，乃借鬼神之威以声其教，所由来者远矣。而愚者以为禨祥，而狠者以为非[22]。唯有道者能通其志。

今世之祭井灶、门户、箕帚、臼杵者[23]，非以其神为能飨之也，恃赖其德，烦苦之无已也。是故以时见其德，所以不忘其功也。触石而出，肤寸而合，不崇朝而雨天下者，唯太山[24]；赤地三年而不绝流，泽及百里而润草木者，唯江、河也：是以天子秩而祭之[25]。故马免人于难者，其死也葬之；牛，其死也，葬以大车为荐[26]。牛马有功，犹不可忘，又况人乎！此圣人所以重仁袭恩[27]。故炎帝于火，死而为灶[28]；禹劳天下，死而为社[29]；后稷作稼穑，死而为稷[30]；羿除天下之害，死而为宗布[31]。此鬼神之所以立。

〔诠言训〕

君子为善不能使福必来，不为非而不能使祸无至。福之至也，非其所求，故不伐其功；祸之来也，非其所生，故不悔其行。内修极[32]，而横祸至者，皆天也，非人也。故中心常恬漠，累积其德[33]；狗吠而不惊，自信其情。故知道者不惑，知命者不忧。

〔人间训〕

圣王布德施惠，非求其报于百姓也；郊望禘尝[34]，非求福于鬼神也。山致其高而云起焉[35]，水致其深而蛟龙生焉，君子致其道而福禄归焉。夫有阴德者必有阳报，有阴行者必有昭名[36]。古者沟防不修，水为民害，禹凿龙门，辟伊阙[37]，平治水土，使民得陆处。百姓不亲，五品不慎[38]，契教以君臣之义[39]、父子之亲、夫妻之辨、长幼之序。田野不修，民食不足，后稷乃教之辟地垦草[40]，粪土种谷，令百姓家给人足[41]。故三后之后[42]，无不王者，有阴德也。周室衰，礼义废，孔子以三代之道教导于世，其后继嗣至今不绝者，有隐行也。

〔修务训〕

君子修美，虽未有利，福将在后至。故《诗》云："日就月将，学有缉熙于光明[43]。"此之谓也。

〔泰族训〕

逆天暴物，则日月薄蚀，五星失行，四时干乖[44]，昼冥宵光，山崩川涸，冬雷夏霜。《诗》曰："正月繁霜，我心忧伤[45]。"天之与人，有以相通也。故国危亡而天文变，世惑乱而虹霓见，万物有以相连，精祲有以相荡也[46]。

〔注　释〕

① 诛暴：刑法暴虐。飘风：暴风、飓风。螟：害虫。 ② 淫雨：久雨。 ③ 副：符合。 ④ 贯：通。壅：堵塞、中止。业：王念孙认为应作"叶"，聚集的意思。业，这里译为"功业"。扃：从外关门用的门闩。横扃：这里指"横贯"。 ⑤ 俯：低头。闺：小门。 ⑥ 表：用以测量日影计时的圭表。 ⑦ 以石为虎：汉名将李广出巡时见草丛之石，以为是虎，射而中矢没箭头；走近一看，方知是石。 ⑧ 掩：夺。

⑨ 无：向宗鲁认为“无”当为“夫”。 ⑩ 鷇：需母捕食的幼鸟。⑪ 驹：小马。犊：小牛。 ⑫ 蠪：同“蚌”。《说林训》注：“蠪，大蛤。”蜃：蛤蜊。 ⑬ 磷：磷火，由尸体腐烂时分解的磷化氢自然形成。⑭ 枭阳：原注为“枭阳，山精也。人形，长大，黑面色，身有毛，足反踵，见人而笑”。又记为“枭羊”。罔象：原注为“水之精也”。《法苑珠林》引夏鼎志：“罔象如三岁儿，赤目，黑色，大耳，长臂，赤爪，索缚则可得食。”“罔”同“网”。“罔”又作“蝄(魉)”。毕方：原注为：“木之精也。状如鸟，青色，赤脚，一足，不食五谷。”坟羊：原注为：“土之精也。鲁季子穿井(挖井)，获土缶，其中有羊，是也。” ⑮ 天下之怪物：何宁认为应是“天地之怪物”，这样才能与上文“又况夫天地之怪物”相应。 ⑯ 见、闻：指上述一些怪异现象。 ⑰ 禨祥：吉凶。禁：禁戒。总形：汇合各种情形。推类：类推。变：通“辨”，说明、解释。 ⑱ 户㰈：门槛。履：踩。 ⑲ 之：王念孙认为当为“而”。 ⑳ 虚：原注为“孔窍也”。无能履：庄逵吉认为“无‘能’字”。 ㉑ 揄：抵触、冲突。离：遭受。 ㉒ 狠者：指根本不信鬼神的人。 ㉓ 今世：指汉代。箕：畚箕。臼：舂米谷的器具。杵：舂米谷用的棒槌。 ㉔ 出：云气产生。合：指云聚合产生雨带。肤寸：“肤”也可作“扶”。肤寸为古代长度单位，四指宽为肤(扶)，一指宽为寸。这里“肤寸”比喻极薄且小。崇：终。崇朝：指天亮到早饭一段时间。雨：降雨。太山：泰山。这里指像泰山一样的高山。 ㉕ 秩：次序、品级。指纳入天子祭祀之列。 ㉖《意林》引此文作“马免人于难者，死，葬之以盖，蒙之以衾；牛有德于人者，死，葬之以大车”。 ㉗ 袭：重。 ㉘ 炎帝：原注

为:“炎帝神农,以火德王天下,死托祀于灶神。” ㉙ 禹:原注为“劳天下,谓治水之功也。托祀于后土之神”。 ㉚ 稼穑:种曰稼,敛曰穑。稷:谷神。 ㉛ 羿:此羿是指尧时的羿,而非有穷后羿。原注为:“羿,古之诸侯,河伯溺杀人,羿射其左目,风伯坏人屋室,羿射中其膝。又诛九婴、窫窳之属,有功于天下,故死托于宗布”。宗布:孙诒让认为“宗布”是一种禳除灾害的祭祀活动。 ㉜ 极:中也。引申出“准则”“标准”。 ㉝ 累积其德:王引之认为应作“不累其德”。 ㉞ 郊、望、禘尝:原注为“郊,祭天。望,祭日月星辰山川也。禘、尝,祭宗庙也”。 ㉟ 致:达到。云:王念孙认为应作“云雨”,这样可与下文“蛟龙”相对。 ㊱ 阴行:王念孙认为应作“隐行”,这样阴与阳相对,这里隐与昭相对。 ㊲ 龙门:龙门山,也叫禹门山。在今山西省河津县。伊阙:山名,在今河南省洛阳市南。 ㊳ 五品:五常、五伦,即指君臣、父子、兄弟、夫妇、朋友五种关系。慎:顺。 ㊴ 契:人名。传说中商族始祖帝喾的儿子。曾帮助禹治水有功,舜任命他为司徒,封于商。 ㊵ 后稷:周的祖先,名弃,别姓姬氏,担任尧的农官,封于邰,号后稷。垦草:开垦荒地。 ㊶ 粪土:施肥,指改良土壤。给:足。 ㊷ 三后:指禹、契、后稷。后:君主、君王。这“后”不是这“後”(这句中第二个“后”的繁体字)。 ㊸ 语见《诗经·周颂·敬之》。就:往、进。将:行。也有释“就”“将”为“久”“长”的。缉熙:持续勤奋。此诗为周成王自戒警示之诗。故“敬”通“儆”和“警”。 ㊹ 薄蚀:指日食、月食。干乖:违逆、违背。何宁认为“干乖”当为“干乘”,是指阴阳陵犯。录下供参考。 ㊺ 语见《诗经·小雅·正月》。正月:许匡一认为指“六月”。陈子展《诗经直解》认为是“四月”，据《竹书》，幽王四年夏四月陨霜。㊻ 精祲：指由阴阳二气相侵而形成的不祥之气。荡：激荡相通。

〔鉴　赏〕

信仰与幸福的关系，又可以视作道德与幸福的关系，因为在任何一种正派的宗教中，作为教众信仰之对象的最高存在者——如佛教的释迦牟尼、基督教的上帝及上帝之子耶稣、伊斯兰教的真主——无不是道德上最为完满的至善者，对于他们的信仰其实也就意味着要做一个有德性的人。而在世界几大宗教的教义中，也都有这样的一条预设：有德性的人才能也必能获得幸福。因此，在一般的宗教意义上，真正的信仰也就意味着对于道德的持守，而对于道德的持守则是幸福的充分必要条件。

由于信仰（道德）与幸福的关系问题直接关涉人生的价值与意义，因而宗教上关于信仰（道德）与幸福的上述基本关系的设定，也引起了许多哲学家的思考。比如西方近现代最重要的哲学家之一的康德就在其《纯粹理性批判》一书中提出了一种颇为理性的思路。康德首先提出了“至善的理想”，认为在“至善的理想”中，“与最高幸福结合着的道德上最完善的意志是世上一切幸福的原因，只要这幸福与德性（作为配得幸福的）具有精确的比例”。也就是说，人所得到的幸福应当与其道德行为的善恶相一致，善有善报、恶有恶报。同时，为了保证“至善理想”的成立，康德认为“上帝和来世”是两个必须的“预设”。这是因为，根据现存世界上的各种现象，我们并不能必然确定道德将如何与幸福相关，要想保证“幸福与德性(作为配得幸福的)具有精确的比例”这一理想的实现,我们必须预设一个“最高理性”作为“至善理想”的保证者,也即“上帝”这一理念;然而,即使我们预设了“上帝”这一理念,但我们在现实世界中似乎仍然看不到善有善报这一理想必然会成为现实,因此我们就必须预设一个“来世”的理念,坚信在现世无法实现的善有善报的理想,必然会在“来世”实现。康德虽然是一名教徒,但他对于宗教的上述诠释却是哲学性的,因为康德的“至善理想”乃是基于其实践哲学而提出的,康德在其著作中反复申言,“至善理想”虽然在经验的层面永远无法达到,但它却为人类的普遍福祉勾画了一幅极具实践价值的图景。

由康德对于信仰(道德)与幸福的关系的思考,我们可以看到,虽然善有善报、恶有恶报的宗教理想只是理想而非现实,但它却是人类理性的一种合理向往,也必将会在现实世界中引领着拥有道德理性的人们朝这一理想而不断前进。因此,一般宗教对于信仰(道德)与幸福之关系的上述认定是有益于世道人心,有益于社会的进步与发展的。

在对一般宗教关于信仰(道德)与幸福的关系的设定作了上述阐析之后,我们现在回到正题——《淮南子》上来。其实,之所以在论述《淮南子》的相关思想之前,首先论述和评估了一般宗教对于这一问题的观点,就是在于《淮南子》中的相关思想与一般宗教有某种相似性。我们知道,在《淮南子》的时代,虽然道教尚未产生,佛教亦未传入中国——中国尚无一种有足够影响力的宗教,但是中国自古就有讨论天人关系的传统,而天人关系中的“天”在很大程度上与宗教中的道德上最为完满的至善者是具有等效地位的,因此我们并不能因为当时中国没有产生一种成熟的宗教而否定中国传统思想中所蕴含的宗教元素。

其实，我们在《淮南子》文本篇的鉴赏中已经涉及很多有关天人关系的内容，并分析了为什么天是足资人类效法的对象。在此，我们还要进一步指出，天在《淮南子》的思想世界中不仅是足资人类效法的崇高存在者，而且也扮演着一种能够裁断人间善恶，使善有善报、恶有恶报的道德上最为完满的至善者。比如《天文训》说："诛暴则多飘风，枉法令则多虫螟，杀不辜则国赤地，令不收则多淫雨。"又如《泰族训》说："逆天暴物，则日月薄蚀，五星失行，四时干乖，昼冥宵光，山崩川涸，冬雷夏霜。"人间发生恶的事情必然会伴随天降之灾。相反，如果人君贤德爱民，则天亦必会报之以福，如《主术训》即谈到商汤为民求雨而天令"四海之云凑，千里之雨至"的故事。

对于上述善有善报、恶有恶报的理想，《淮南子》在举了大量相关事例的基础上，还作出了赅括性的理论总结。如《人间训》云："君子致其道而福禄归焉。夫有阴德者必有阳报，有阴行者必有昭名。"认为人如果能够坚持为善、行走于正道之上，则必然会获得福报；并举出夏人的祖先大禹、商人的祖先契、周人的祖先后稷因为为民谋利，从而使其子孙后代"无不王"的例子，以及孔子因继承三代之善道而使其子孙后代"继嗣至今不绝"的例子，来说明之。这种因祖上积德而使后代获福的思想，《修务训》又总结为"君子修美，虽未有利，福将在后至"。也就是说，人只要能够做一个有道德的人，早晚会得到相应的福报的。

应当说，《淮南子》上述善有善报、恶有恶报的思想与一般宗教的相关思想的思路是基本一致的，它代表了古圣先贤期望人们都能够过上一种有德性的幸福生活、能够在道德上配得自己所获得的幸福的美好愿望，以及一种引导人们积极为善的实践导向。

但是，与康德将“上帝”视作一种理念上的预设类似，《淮南子》并不认为“天”是一种人格神；并且，《淮南子》在《氾论训》中还详细分析了鬼神观念产生的根源。其一，当人们神志有问题时容易产生鬼神观念。比如“醉者，俯入城门，以为七尺之闺也”，这是说醉酒的人把城门当成了自己卧室的门；又如“怯者，夜见立表，以为鬼也”，这是说胆小的人把夜里立在地上的圭表误认作了鬼。其二，由于人们少见多怪的认识观念而造成鬼神观念的形成。如“山出枭阳，水生罔象，木生毕方，井生坟羊，人怪之，闻见鲜而识物浅也”。其三，由于人“托鬼神以伸诫”，所以会有“枕户橉而卧，鬼神履其首者”这样的传说。其四，鬼神产生于人们的报答功德观念。比如“炎帝于火，死而为灶；禹劳天下，死而为社；后稷作稼穑，死而为稷；羿除天下之害，死而为宗布。此鬼神之所以立”。同样，灶神、门神等被人们秩而祭之，也是为了表达一种“不忘其功”的感情而已。

总的来说，《氾论训》在对鬼神观念形成原因的分析过程中，始终贯彻了一种对鬼神既不像“愚者”那样盲目迷信，也不像“狠者”那样简单否定的态度。在作者提到的四种原因中，前两种是由于人们主观心理的混乱和认识水平的低下，后两种则是由于人们积极地借助“鬼神”的理念来促进某种善的事业。显然，在后两种情况下，“鬼神”作为一种理念（而非人格神），还是有其合理性的，而《淮南子》对“天”以福报德、以祸报恶的预设，显然是属于后面一种情况。

历史发展到今天，在科学与教育都达到了空前的水平与高度之后，应当说“愚者”越来越少了;但是,事物的发展总是容易走向极端,对“鬼神”持简单否定态度的“狠者”却越来越多了。现代的人们似乎已经没有心思再去穷究“鬼神”背后的意义了,以至于连着古人对于善有善报、恶有恶报的美好理想的预设,一起丢到了历史的故纸堆中。于是,现时代逐渐沦落为一个没有信仰的时代,道德的根基被人们拔除,虽然西方社会仍然有着普遍的宗教信仰,但是当尼采在19世纪末悲情地喊出“上帝死了”的时候,宗教在人们生活中的地位其实已经暗淡;当马克思在19世纪后半叶完成《资本论》的时候,事实上已经宣告了新的时代以“资本”为主题。于是,社会变成了人与人之间的逐利场,世界则变成了国与国之间的角力场。韩非子曾云:“上古竞于道德,中世逐于智谋,当今争于气力。”虽然是对他所处的那个战国争霸时代的描述,但又何尝不适用于今天?信仰与道德亡了,主导社会的只是利与力。这一点不消多言,每一个生活于其间的人,都应当有切身感受。

我们已经看到,《淮南子》并不是不知道“鬼神”只是人们的一种理念,《淮南子》的作者并非“愚者”,但他们也不愿意做“狠者”。他们之所以愿意坚持这样的理念,是因为他们有着一种对于“善”的持守,一种引导人们积极为善的良好愿望。事实上,虽然他们有着“善有善报、恶有恶报”的良好愿望,但对于这些有着崇高德性的古圣先贤来说,他们为善的根本目的并不是为了得到福报。正如《诠言训》所说:“君子为善不能使福必来,不为非而不能使祸无至。福之至也,非其所求,故不伐其功;祸之来也,非其所生,故不悔其行……知道者不惑,知命者不忧。”君子虽然明白善不一定真的能够得到善报的道理,但他不会因此而不为善,因为他为善的目的只是为了善本身,并未为图报;反之,如果福祸来临了,他也不会因此而高兴或沮丧,因为他明白这些都是人力所无法改变的天数。

综上所述,古圣先贤之所以有一种对于"天"的信仰,是因为他们内心中有一种对于"善"的持守;他们坚信,只有人人都为善,我们的社会才能够更加和谐,人们的生活才能够更加幸福;也正是基于此,他们提出了"善有善报、恶有恶报"的良好愿望,希望人们的德性能够配得上所得到的幸福。由此亦可见,真正的君子之为善,并不是为了得到幸福,而只是为了善本身。生活在这个信仰缺失、物欲横流的时代,我们对于古圣先贤的上述良苦用心,犹当善加玩味,切不可想当然地去做一个"狠者"。

（刘康德　张锋宾）

君子与小人

〔**精神训**〕

晏子与崔杼盟,临死地而不易其义[①]。殖、华将战而死,莒君厚赂而止之,不改其行[②]。故晏子可迫以仁,而不可劫以兵[③];殖、华可止以义,而不可县以利[④]。君子义死,而不可以富贵留也;义为,而不可以死亡恐也。彼则直为义耳,而尚犹不拘于物,又况无为者矣!尧不以有天下为贵,故授舜;公子札不以有国为尊,故让位[⑤];子罕不以玉为富,故不受宝[⑥];务光不以生害义，故自投于渊[7]。由此观之，至贵不待爵，至富不待财[8]。天下至大矣，而以与佗人[9]；身至亲矣，而弃之渊。外此，其余无足利矣。此之谓无累之人。无累之人，不以天下为贵矣。上观至人之论，深原道德之意，以下考世俗之行，乃足羞也。

〔缪称训〕

道者，物之所导也；德者，性之所扶也；仁者，积恩之见证也；义者，比于人心而合于众适者也[10]。故道灭而德用，德衰而仁义生。故上世体道而不德[11]，中世守德而弗坏也[12]，末世绳绳乎唯恐失仁义[13]。君子非仁义无以生，失仁义则失其所以生；小人非嗜欲无以活，失嗜欲则失其所以活。故君子惧失仁义，小人惧失利；观其所惧，知各殊矣。《易》曰："即鹿无虞，惟入林中，君子几不如舍，往吝[14]。"

人无能作也[15]，有能为也；有能为也，而无能成也。人之为[16]，天成之。终身为善，非天不行；终身为不善，非天不亡。故善否[17]，我也；祸福，非我也。故君子顺其在己者而已矣[18]。性者，所受于天也；命者，所遭于时也。有其材，不遇其世，天也。太公何力？比干何罪？循性而行指[19]，或害或利，求之有道，得之在命。故君子能为善，而不能必其得福[20]；不忍为非，而未能必免其祸。

君子时则进，得之以义，何幸之有[21]！不时则退，让之以义，何不幸之有！故伯夷饿死首阳之下，犹不自悔，弃其所贱，得其所贵也。

〔诠言训〕

圣人胜心，众人胜欲[22]。君子行正气，小人行邪气。内便于性，外合于义，循理而动，不系于物者，正气也。重于滋味，淫于声色，发于喜怒，不顾后患者，邪气也。邪与正相伤，欲与性相害，不可两立，一置一废，故圣人损欲而从事于性[23]。

〔说山训〕

兰生幽谷，不为莫服而不芳[24]；舟在江海，不为莫乘而不浮；君子行义，不为莫知而止休。

〔泰族训〕

君子之过也，犹日月之蚀，何害于明！小人之可也，犹狗之昼吠，鸱之夜见[25]，何益于善！夫知者不妄发[26]，择善而为之，计义而行之，故事成而功足赖也，身死而名足称也。虽有知能，必以仁义为之本，然后可立也。知能蹐驰，百事并行，圣人一以仁义为之准绳，中之者谓之君子，弗中者谓之小人。君子虽死亡，其名不灭；小人虽得势，其罪不除。使人左据天下之图而右刎喉，愚者不为也，身贵于天下也。死君亲之难，视死若归，义重于身也。天下，大利也，比之身则小；身之重也，比之义则轻。义，所全也。《诗》曰："恺悌君子，求福不回[27]。"言以信义为准绳也。

先本后末，谓之君子；以末害本，谓之小人。君子与小人之性非异也，所在先后而已矣[28]。

〔注　释〕

①晏子：春秋时齐国大夫。崔杼：春秋时齐国大夫。晏子与崔杼盟……：事载《左传·襄公二十五年》和《晏子春秋·内篇杂上第五》，说崔杼弑齐庄公，胁迫诸将军大夫盟誓忠于崔氏，晏子对天发誓只忠于社稷、不忠于权臣，崔氏用兵器威胁晏子，晏子"不易其义"。

② 殖、华：殖指杞梁，华指华周，均为齐国勇士。殖、华将战而死……：事载《左传·襄公二十三年》，说殖、华为齐国攻打莒国，后被莒国包围，莒人爱其勇武出重金劝降，殖、华不从，遂战而死，所以说"不改其行"。③ 劫：胁迫。④ 县：眩，引诱、迷惑的意思。⑤ 公子札：即吴季札，为春秋时吴王寿梦之子，封于延陵，故又称延陵季子。公子札不以有国为尊……：事载《左传·襄公十四年》，说吴王寿梦死，嫡长子要让位给有才德的季札，季札认为应由嫡长子嗣位，坚决辞让，弃家隐耕。⑥ 子罕：宋戴公六世之孙。子罕不以玉为富：是说宋人得玉，献给子罕，子罕辞不受；献者说此玉经过鉴定是珍玉，子罕说："我以不贪为宝，予以玉为宝，若与我，是皆丧宝也。不如人有其宝。" ⑦ 务光：商汤时隐士。务光不以生害义：事见《庄子·让王》，是说汤想将天下让给务光，务光认为汤取天下不义，辞而不受，并背负石头自沉于庐水之中。⑧ 待：依赖、凭靠。⑨ 佗：通"他"。⑩ 比：和。众适：合众人的心愿。⑪ 不德：不用德、不靠德。⑫ 坏：俞樾认为应作"怀"，不怀仁爱之美。⑬ 绳绳乎：小心翼翼的样子。⑭《易》曰：语见《周易·屯卦》的"六三"的爻辞。此卦的卦辞是说人处险难之境，不可有所往。即：就、追逐。鹿：喻利。虞：掌管山林的官员。舍：弃。吝：难，危险。⑮ 作：杨树达认为"作谓创造"。⑯ 人之为：杨树达疑当作"人为之"。⑰ 否：恶。⑱ 顺：杨树达认为应作"慎"。⑲ 指：通"旨"，旨意、意向。⑳ 必其得福：王念孙认为应作"必得其福"，与下句"必免其祸"相对为文。㉑ 何幸之有：应是"有何幸"。㉒ 胜：任。心：本性、天性。㉓ 事

于：王念孙认为是衍文。㉔ 服：佩戴，指被人们佩戴。㉕ 鸮：猫头鹰。㉖ 知者不妄发：《群书治要》作“知者不妄为，勇者不妄发”。㉗ 语见《诗经·大雅·旱麓》。恺悌：平易近人。回：邪僻。㉘ 所在：王念孙认为“所在”当作“在所”。

〔鉴　赏〕

与古希腊把人分为自由民与奴隶，中世纪欧洲把人分为贵族、骑士与平民不同，君子与小人自古以来就是中国社会对于人的两种最为基本的划分。虽然在最早的时期，君子指的是统治阶层，小人指的是一般平民，这种划分跟古代西方以社会等级为标准的划分是类似的；但是，至少从先秦时代开始，君子与小人的判定标准就已经开始以德性为核心，只有有德之人才配得上“君子”这个称号，而只追求个人私利的人则被视为小人。正如我们在“信仰与幸福”一节的鉴赏中已经提到的，君子的一个主要特征是以“善”作为自己一切行为的最终目的，而小人则以满足个人私利为自己人生的最终目的。这正如《缪称训》所说：“君子非仁义无以生，失仁义则失其所以生；小人非嗜欲无以活，失嗜欲则失其所以活。故君子惧失仁义，小人惧失利；观其所惧，知各殊矣。”这种以道德为标准划分人群的做法，可谓是中华文明之所以配得上“文明”二字的一个主要原因，因为它极为鲜明地凸显了“道德”在社会人生中的重大意义，促使人们隐恶扬善，学做君子。因此，我们今天阅读《淮南子》中有关君子与小人这个话题的相关材料，就要从人生价值的高度、从中华文明之特质的高度，对古人的相关论述作一切己的思索，这样才能对自己的人生发展有所裨益。

在《淮南子》看来，君子与小人一开始都是具有同样本性的人，只不过后来逐渐出现了价值取向的差异，君子坚守做人的本根，一切以“善”为先，而小人则以外在的名利作为人生最大的追求。这正如《泰族训》所说：“先本后末，谓之君子；以末害本，谓之小人。君子与小人之性非异也，所在先后而已矣。”

这里值得注意的是，君子“先本后末”，并不是说君子不要“末”，因为人生于天地间，总是有各种必要的、基本的欲利需要得到满足。“先本后末”只是说君子在行事的过程中不会以“利”害“义”，这种精神境界又被《淮南子》称为“无累”。对此，《精神训》云：“尧不以有天下为贵，故授舜；公子札不以有国为尊，故让位；子罕不以玉为富，故不受宝；务光不以生害义，故自投于渊。由此观之，至贵不待爵，至富不待财。天下至大矣，而以与佗人；身至亲矣，而弃之渊。外此，其余无足利矣。此之谓无累之人。”“无累”也即不为名位、利欲所束缚，正如庄子所说：“其嗜欲深者，其天机浅。”（《庄子·大宗师》）只有做到“无累”，人的心灵才能得到一种解放，才能始终坚守道义。

正是因为能够做到“无累”，君子才能够不为外在的祸福利害所动。《缪称训》云：“太公何力？比干何罪？循性而行指，或害或利，求之有道，得之在命。故君子能为善，而不能必其得福；不忍为非，而未能必免其祸。”姜太公与比干都是很有德行的人，但最后姜太公被周武王封赏到齐国，而比干却遭商纣王剜心之祸，祸福不同，这被古人称之为“命”。虽然命运不同，但姜太公和比干都不失为君子，因为他们的心境与行为都不会由于这种外在的祸福而改变，而只会依顺于他们内在的道德本心。由此我们可以看到，君子最难得的地方，就在于能够自觉地将“义”和“命”区分开来。一方面，“义”是可以由人的道德自觉心自作主宰而作出选择的，君子认为这是人生的价值之所在，故应当努力实现之；另一方面，“命”是外在的客观限制，是人所无法预料和决定的，因此君子不会为“命”所动、所累。于是，君子的生命活动方向最终就表现为努力实现其“义”的弘毅精神。也正是因此，君子能够耐得住寂寞，不会因为不能显达于世而不去行义：“兰生幽谷，不为莫服而不芳；舟在江海，不为莫乘而不浮；君子行义，不为莫知而止休。”

由于君子行事的着力点在“义”而不在“命”，所以有时虽然是选择了“义”，但却往往会由于“命”的缘故而出现不好的结果，这就是我们常说的“好心办坏事”；同样，小人行事的着力点不顾“义”而只取“利”，但也会由于“命”的作用而出现一种好的结果，这也即“坏心办好事”。对此，《淮南子》认为评价一个人是君子还是小人，主要是要看其一开始的志向，如《泰族训》所说：“君子之过也，犹日月之蚀，何害于明！小人之可也，犹狗之昼吠，鸱之夜见，何益于善！”人无完人，君子虽然亦会有过错，但他的过错就像日月食那样，暴露在外面并不去刻意掩饰，而且只是暂时性的，很快就会过去。

此外，需要补充的一点是，对一般人来说，大概由于天生材质及环境所限，毕竟会有智愚、贤不肖之分，如果人们拘于自己的这种有限性而不作一番变化气质的工夫以求合于大道，则这种天生材质及环境的差别就可能会导致人们在实际处事当中有过与不及的偏差；并且，人的这种有限性还会造成人们有各种松懈怠惰的心理，以至于在义与利冲突的情况下趋利而舍义，或者对于道义的持守不能长久。大概正是由于这样的一般民众占到了社会的大多数，所以孔子曾颇为无奈地叹惜道："中庸其至矣乎！民鲜能久矣"；"道其不行矣夫"（《中庸》）。因此，由常人到君子必然有一个逐渐变化气质的修养过程，但是，要想真正达到一个君子的标准其实并非一件容易的事情，而是要立志下一番"诚之"的工夫，必须有一种"择善而固执之"（《中庸》）的敢于当下承担的精神，唯有如此，才算得上是一个合格的人，也即《淮南子》所赞赏的"君子"。

在现今，人们虽然还时不时地把君子、小人的口号挂在嘴边，但还是有很多伪君子、真小人，甚至相当一部分人还心甘情愿地去做一个真小人，这大概也是我们的社会风气每况愈下的原因。当面对中华文明中君子文化所呈现出来的刚毅、果敢、行于大道之精神的时候，我们不能不因此而感到羞愧和浅薄。南宋大儒陆象山曾说："人须是闲时大纲思量：宇宙之间，如此广阔，吾身立于其中，须大做一个人。"（《陆九渊集》）人生于宇宙之间，匆匆而过，如沧海之一粟，如果只是庸庸碌碌，念念在"利"，精神即未免过于狭窄；只有磨砺心灵，使心境常如日月之明，念念在善，才能增加自己生命的厚度，亦不枉做了一次人。读者诸君当勉之矣！

（刘康德）

德治与法治

〔时则训〕

（孟秋之月），命有司，修法制，缮图圄，禁奸塞邪，审决狱，平词讼。天地始肃，不可以赢[①]。

（仲秋之月），命有司，申严百刑，斩杀必当，无或枉挠[②]；决狱不当，反受其殃。

〔精神训〕

使天下畏刑而不敢盗，岂若能使无有盗心哉！

〔主术训〕

法者，天下之度量，而人主之准绳也。县法者，法不法也[③]；设赏者，赏当赏也。法定之后，中程者赏，缺绳者诛[④]；尊贵者不轻其罚，而卑贱者不重其刑；犯法者虽贤必诛，中度者虽不肖必无罪[⑤]，是故公道通而私道塞矣。

古之置有司也[⑥]，所以禁民，使不得自恣也。其立君也，所以剬有司[⑦]，使无专行也。法籍礼义者，所以禁君，使无擅断也。人莫得自恣，则道胜，道胜而理达矣，故反于无为。无为者，非谓其凝滞而不动也，以其言莫从己出也[⑧]。

夫寸生于秫[⑨]，秫生于日，日生于形，形生于景，此度之本也[⑩]。乐生于音，音生于律，律生于风，此声之宗也。法生于义，义生于众适，众适合于人心，此治之要也。故通于本者不乱于末，睹于要者不惑于详。

法者,非天堕,非地生,发于人间而反以自正。是故有诸己不非诸人,无诸己不求诸人[11],所立于下者不废于上,所禁于民者不行于身[12]。所谓亡国,非无君也,无法也;变法者,非无法也,有法者而不用[13],与无法等。是故人主之立法,先自为检式仪表[14],故令行于天下。孔子曰:"其身正,不令而行;其身不正,虽令不从[15]。"故禁胜于身[16],则令行于民矣。

府吏守法[17],君子制义。法而无义,亦府吏也,不足以为政。

〔齐俗训〕

圣人论世而立法,随时而举事。尚古之王,封于泰山,禅于梁父[18],七十余圣,法度不同,非务相反也,时世异也。是故不法其已成之法,而法其所以为法。所以为法者,与化推移者也。夫能与化推移为人者[19],至贵在焉尔。

〔氾论训〕

夫殷变夏,周变殷,春秋变周,三代之礼不同,何古之从!大人作而弟子循。知法治所由生,则应时而变;不知法治之源,虽循古,终乱。

〔泰族训〕

太王亶父处邠[20],狄人攻之,杖策而去,百姓携幼扶老,负釜甑[21],逾梁山,而国乎岐周[22]:非令之所能召也。秦穆公为野人食骏马肉之伤也[23],饮之美酒[24],韩之战,以其死力报:非券之所责也[25]。密子治亶父[26],巫马期往观化焉[27],见夜渔者得小即释之:非刑之所能禁也。孔子为鲁司寇,道不拾遗,市买不豫贾[28],田渔皆让长,而辩白不戴负[29]:非法之所能致也。夫矢之所以射远贯牢者,弩力也;其所以中的剖微者,正心也[30]。赏善罚暴者,政令也;其所以能行者,精诚也。故弩虽强不能独中,令虽明不能独行，必自精气所以与之施道[31]。故摅道以被民[32]，而民弗从者，诚心弗施也。

舜为天子，弹五弦之琴，歌《南风》之诗，而天下治。周公肴臑不收于前[33]，钟鼓不解于悬，而四夷服。赵政昼决狱而夜理书[34]，御史冠盖接于郡县，覆稽趋留[35]，戍五岭以备越，筑修城以守胡[36]，然奸邪萌生，盗贼群居，事愈烦而乱愈生。故法者，治之具也，而非所以为治也；而犹弓矢[37]，中之具，而非所以中也。

有道以统之，法虽少，足以化矣；无道以行之，法虽众，足以乱矣。

三代之法不亡，而世不治者，无三代之智也；六律具存，而莫能听者，无师旷之耳也[38]。故法虽在，必待圣而后治；律虽具，必待耳而后听。故国之所以存者，非以有法也，以有贤人也；其所以亡者，非以无法也，以无贤人也。

〔注 释〕

① 肃：通“缩”。赢：同“盈”。 ② 枉挠：指不依法判断使人受冤屈。这里的“挠”通“桡”，指弯曲。 ③ 县：通“悬”。县法：颁行法令。法不法：法办不法之徒。第一个“法”作动词用。 ④ 中：符合。程：指奖赏制度、奖赏程序。缺：触犯、破坏。绳：指刑法。 ⑤ 中度者：符合法度的人，这里指守法者。 ⑥ 有司：理官，主狱者也。相当于现在说的司法官。 ⑦ 剬：通“制”，控制、制约。 ⑧ 以其言：王念孙认为当作“以言其”，与“非谓其”相对为文。 ⑨ 穮：王引之认定是“穮”的讹误字。“穮”是禾穗上的芒，又可作“蔈”和“秒”。《天文训》说：

"秋分蔈定,蔈定而禾熟。律之数十二,故十二蔈而当一粟,十二粟而当一寸。" ⑩ 俞樾认为这几句话应作"寸生于粟,粟生于形,形生于景,景生于日"。"景"这里应理解为"光",阳光的意思。 ⑪ 有诸己不非诸人,无诸己不求诸人:杨树达认为"文谓己有其失,则不求人之无,己无其善,则不责人之有,所谓恕以待人也"。 ⑫ 所禁于民者不行于身:马宗霍认为"本文之意,盖谓所禁于民之事,己身亦不得行之"。与上文"所立于下者不废于上"同义。 ⑬ 有法者而不用:这其中的"者"字,王念孙认为应在"所谓亡国"句下,这样"亡国者"与"变法者"相对为文。 ⑭ 自:自身。检式仪表:榜样表率。 ⑮ 语见《论语·子路》。 ⑯ 禁胜:指用法来约束。 ⑰ 府吏:一般官吏。 ⑱ 尚:通"上"。禅:古帝王祭地叫"禅"。梁父:又名梁甫,山名。 ⑲ 推移为人:王念孙认为:"推移"下不当有"为人"二字,盖涉下文"与造化为人"而衍。 ⑳ 太王亶父:周文王祖父。周族原居豳(今陕西省旬邑西),因北方狄族入侵,亶父率周人迁到岐(今陕西省岐山县)立国。邠:豳。 ㉑ 釜:锅。甑:一种瓦制的煮蒸器具。 ㉒ 国:建国。 ㉓ 秦穆公:事见本书寓言篇"秦穆公失马"条。 ㉔ 饮:给喝。 ㉕ 券:契据、契约。责:这里指索还债务。 ㉖ 密子:宓子贱,孔子弟子,曾任单父县令。亶父:单父,在今山东省单县。 ㉗ 巫马期:人名,孔子弟子。 ㉘ 司寇:一种主管刑狱的官名。豫:变动。贾:通"价"。不豫贾:是说不哄抬物价。 ㉙ 辨白:原注为"头有白发"。"辨白"也即"斑白",指老人。 ㉚ 剖微:穿破细小的物体。正心:王念孙认为应作"人心"。 ㉛ 自:《群书治要》引"自"作"有"。

与：参与、帮助。之：指“弓弩”“法令”。施：施行、发挥。道：指“弓弩”“法令”的作用。㉜ 摅：抒发、阐发。被：及、到。㉝ 肴：鱼肉一类的荤菜。臑：这里指膳食。㉞ 赵政：即秦始皇，名政。秦始皇生于赵，故姓赵氏，一曰秦先祖赵姓，故姓赵氏。㉟ 御史：秦官名。掌管监察、弹劾。冠盖：代指官吏。覆稽：反复稽查视察。趋：急走。趋留：形容忙忙碌碌。㊱ 五岭：有以“镡城之岭、九嶷之塞、番禺之都、南野之界、射干之水”为五岭的，有以“越城、都庞、萌渚、骑田、大庾”为五岭的，说法不一。越：指古时居住在江浙粤闽等地的部族。胡：指北方及西域地区的游牧部族。㊲ 而犹：王念孙认为“而犹”当为“亦犹”。㊳ 听：这里指欣赏。师旷：春秋晋国乐师，目盲但善辨声音。

〔鉴　赏〕

德治与法治是当今社会的两种主要治理理念，德治希望通过提高人们的思想道德素养来促进社会的和谐与进步，法治则希望通过法律的完善和有效执行来规范人们的行为、促进社会的长治久安。两者的手段虽然不同，但其促进社会的和谐进步和长治久安的目的却是一致的。《淮南子》作为一部献给汉武帝的治国之策，自然也涉及了大量有关法治与德治的相关论述，其基本思路是：法治与德治都是必要的治国方略，但法治当以德治为根基。以下我们具体阐述之。

《淮南子》首先分析了“法”产生的原因和依据，认为“法者，非天堕，非地生，发于人间而反以自正”，“法生于义，义生于众适，众适合于人心，此治之要也”。也就是说,法是人类为了“自正”,也即约束人类自身的行为而产生的;制“法”的依据是“义”,“义”则本于民众社会生活之良好状态的需要,而民众社会生活之良好状态则本于人民的心愿。简言之,“法”源于人类“自正”的需要,而“自正”的标准必须合于民心,只有如此才能获得广泛的公信力。

由此可见,道义是法律的根基,如果不符合道义的原则,那么相应的法律就是恶法。所以《齐俗训》说:“府吏守法,君子制义。法而无义,亦府吏也,不足以为政。”由于制定法律应当符合道义的原则,因而制定法律的人必须是最有德性的君子,因为只有君子才能不受个人私欲私利的干扰,制定出符合“公义”的法律。

同时,由于社会历史在不断地发展变化,新事物也不断地随之涌现,因而每个时期都有其特定的道义原则,法律的制定也就要随着时代的变迁而变迁,而不能墨守成规。这正如《齐俗训》所说:“圣人论世而立法,随时而举事。尚古之王,封于泰山,禅于梁父,七十余圣,法度不同,非务相反也,时世异也。是故不法其已成之法,而法其所以为法。所以为法者,与化推移者也。夫能与化推移为人者,至贵在焉尔。”这里的“其所以为法”指的也即是法律制定的依据——道义。在作者看来,从上古到当世,一共有七十余位圣王,他们的法律虽然不同,但他们制定法律的依据都是相同的,即以道义为准则。因此,法律的制定要回归到道义这个原点上。

以上是从法律的根源上阐述了法律应当以道义为根基,这其实也就从本原上论证了德治对于法治的优先性。但是,从另一方面来说,由于法律是道义的载体，法律也即是正义的体现者，因此执法就应当公正。正是在此意义上，《主术训》说："法定之后，中程者赏，缺绳者诛；尊贵者不轻其罚，而卑贱者不重其刑；犯法者虽贤必诛，中度者虽不肖必无罪，是故公道通而私道塞矣。"法律制定以后，不论尊卑贤愚，都应当按照法律制度进行奖赏或惩罚。其中，"尊贵者不轻其罚""犯法者虽贤必诛"两条原则可谓是衡量执法公正与否的最重要的因素，尊贵者不能因为其社会地位或手中的权力徇私枉法，而贤者在道德上的表现虽然一贯是很好的，并取得了很高的社会名望，但亦不能以此为资本来徇私枉法。

执法公正还涉及公正如何能够被确保的问题，如果没有保证执法公正的相应制度，执法公正就只是一句空话。《淮南子》认为，在当时的社会制度下，作为最高权力的掌握者，君主是执法公正的最重要的保障，执法公正首先要求君主成为执法守法的楷模。既然君主代表社会国家立法，那么他在要求别人守法的同时，自己也要遵法，这就是《淮南子》中所说的："人主之立法，先自为检式仪表，故令行于天下"；"所立于下者不废于上，所禁于民者不行于身"。身正才能令行。

由上述分析可见，不仅法律的制定要以"德"，也即"道义"为基础，而且在执行法律的过程中，要想保证执法公正，也要求执法者必须有"德"。正如我们常说的，法是死的，人是活的，如果执法的人没有德性，则不仅不会使法律的公正性得以实现，而且还会使法律成为执法者以权谋私、权钱交易的工具。所以《淮南子》引述孔子的话说："其身正，不令而行；其身不正，虽令不从。"《泰族训》也深刻地指出："国之所以存者，非以有法也，以有贤人也；其所以亡者，非以无法也，以无贤人也。"

此外,《淮南子》还阐述了法律的主要功能,认为颁布法律,主要是为了警戒和惩处不法之徒:“县(悬)法者,法不法也”。但是,《淮南子》同时认为,法律的这种强制性功能实际上不如道德的感化功能有效,正如《精神训》所说:“使天下畏刑而不敢盗,岂若能使无有盗心哉!”就此而言,法治的功能是通过外在的强制性手段禁民为非,而德治的功能则是从内在的道德良心上使人向善。具体到偷盗这件事情上,法律只能够对盗贼产生一定的震慑作用、使人不敢盗而已,但如果诱惑足够大,盗贼还是会甘愿冒着触犯法律的危险去偷盗的。正如马克思在形容资本的本性时所说的那段著名的话:“资本来到世间,从头到脚,每个毛孔都滴着血和肮脏的东西。有百分之五十的利润,它就铤而走险;为了百分之一百的利润,它就敢践踏一切人间法律;有百分之三百的利润,它就敢犯任何罪行,甚至冒绞首的危险。”(《资本论》)与此不同,德治则致力于使人在邪念产生之初就依照自己的道德良心克除这个邪念,所以人连偷盗之心都不会产生,更不要说偷盗的行为了。

综上所述,《淮南子》从法律的产生与根据、法律的执行以及法律的功能等多个层面阐明了在任何情况下,法律都应当以道德为根基,否则法律将不能实现其价值。在我们建设现代化法治社会的过程中,《淮南子》对于法治与德治关系的思考,足以成为我们反思我国法治社会建设之得失的准绳。

(刘康德)

知人与用人

〔主术训〕

聋者可令嗺筋[①],而不可使有闻也;喑者可使守圉,而不可使言也[②]。形有所不周,而能有所不容也。是故有一形者处一位,有一能者服一事[③]。力胜其任,则举之者不重也;能称其事,则为之者不难也。毋小大修短,各得其宜,则天下一齐,无以相过也。圣人兼而用之,故无弃才。

有大略者不可责以捷巧,有小智者不可任以大功[④]。人有其才,物有其形,有任一而太重,或任百而尚轻。是故审豪厘之计者[⑤],必遗天下之大数;不失小物之选者[⑥],惑于大数之举。譬犹狸之不可使搏牛,虎之不可使搏鼠也。今人之才,或欲平九州,并方外[⑦],存危国,继绝世,志在直道正邪,决烦理挐,而乃责之以闺阁之礼,奥窔之间[⑧];或佞巧小具,谄进愉说[⑨],随乡曲之俗,卑下众人之耳目,而乃任之以天下之权,治乱之机[⑩]:是犹以斧劗毛,以刀抵木也[⑪],皆失其宜矣。

〔缪称训〕

戎、翟之马[⑫],皆可以驰驱,或近或远,唯造父能尽其力[⑬];三苗之民[⑭],皆可使忠信,或贤或不肖,唯唐、虞能齐其美。

〔齐俗训〕

宾有见人于宓子者[⑮],宾出,宓子曰:"子之宾独有三过:望我而笑,是攓也[⑯];谈语而不称师,是返也[⑰];交浅而言深,是乱也。"宾曰:"望君而笑,是公也[⑱];谈语而不称师,是通也;交浅而言深,是忠也。"故宾之容一体也,或以为君子，或以为小人，所自视之异也。

〔道应训〕

以人之小恶而忘人之大美，此人主之所以失天下之士也。

昔者，公孙龙在赵之时[19]，谓弟子曰："人而无能者，龙不能与游。"有客衣褐带索而见曰："臣能呼。"公孙龙顾谓弟子曰："门下故有能呼者乎?"对曰："无有。"公孙龙曰："与之弟子之籍。"后数日，往说燕王，至于河上，而航在一汜[20]，使善呼者呼之，一呼而航来。故曰圣人之处世，不逆有伎能之士[21]。故老子曰："人无弃人，物无弃物，是谓袭明[22]。"

〔氾论训〕

若乃人考其才，而时省其用，虽日变可也[23]。

诎寸而伸尺[24]，圣人为之；小枉而大直，君子行之。周公有杀弟之累，齐桓有争国之名[25]。然而周公以义补缺，桓公以功灭丑，而皆为贤。今以人之小过掩其大美，则天下无圣王贤相矣。

今人君论其臣也，不计其大功，总其略行，而求其小善，则失贤之数也[26]。故人有厚德，无问其小节；而有大誉，无疵其小故。

小谨者无成功，訾行者不容于众[27]；体大者节疏，蹠距者举远[28]。自古及今，五帝三王，未有能全其行者也。故《易》曰："小过亨，利贞[29]。"言人莫不有过，而不欲其大也。

夫夏后氏之璜不能无考，明月之珠不能无颣[30]，然而天下宝之者，何也？其小恶不足妨大美也。今志人之所短，而忘人之所修[31]，而求得其贤乎天下，则难矣。

见者可以论未发也，而观小节可以知大体矣[32]。故论人之道，贵则观其所举,富则观其所施,穷则观其所不受,贱则观其所不为,贫则观其所不取。视其更难[33],以知其勇;动以喜乐,以观其守;委以财货,以论其仁;振以恐惧,以知其节:则人情备矣。

〔修务训〕

知者之所短,不若愚者之所修[34];贤者之所不足,不若众人之有余[35]。

〔泰族训〕

勇者可令进斗[36],而不可令持牢;重者可令填固,而不可令凌敌[37];贪者可令进取,而不可令守职;廉者可令守分,而不可令进取;信者可令持约,而不可令应变[38]。五者相反,圣人兼用而财使之[39]。

智过万人者谓之英,千人者谓之俊,百人者谓之豪,十人者谓之杰。明于天道,察于地理,通于人情,大足以容众,德足以怀远,信足以一异[40],知足以知变者[41],人之英也。德足以教化,行足以隐义[42],仁足以得众,明足以照下者,人之俊也。行足以为仪表,知足以决嫌疑,廉足以分财,信可使守约,作事可法,出言可道者,人之豪也。守职而不废,处义而不比[43],见难不苟免,见利不苟得者,人之杰也。英俊豪杰,各以小大之材处其位,得其宜。由本流末,以重制轻,上唱而民和[44],上动而下随,四海之内,一心同归,背贪鄙而向义理,其于化民也,若风之摇草木,无之而不靡。

〔注　释〕

① 嗺:嚼。嚼筋:指对生牛筋椎打使之柔熟以便能缠弓弩。所以“嗺筋”也有人解释为“椎筋”。 ② 圉:养马的地方。不可使言:王念孙认为应作“不可使通语”。这样“语”“圉”为韵。 ③ 服:从事,干

或做。④责：要求、苛求。大功：大事。⑤豪：同“毫”。⑥小物之选：杨树达认为应为“小物之算”，与“豪厘之计”为对文。⑦方外：域外。⑧烦：烦扰、烦难。挐：纷乱、杂乱。闺阁：内宫。奥窔：《尔雅·释宫》：“（室）西南隅谓之奥，西北隅谓之屋漏，东北隅谓之宧，东南隅谓之窔。”这里以“奥窔”来泛指家庭事务。⑨具：才能。说：悦。⑩机：枢要、机要。⑪劗：剪。抵：王念孙认为应作“伐”。⑫戎、翟：古代对北方一种游牧民族的称呼。⑬造父：为周穆王的御者，以善御而著名。⑭三苗：古代南方部族的名称。⑮宾：刘文典认为这个“宾”当为“客”。宓子：宓子贱，孔子弟子。此事出自《战国策·赵策四》。⑯攓：傲慢。⑰返：反，《太平御览》引作“叛”。⑱宾曰：当指“客曰”，“客”为门客。公：杨树达认为“公”盖为“颂”，“颂”犹今言有礼貌，引申为“恭敬”。⑲公孙龙：战国末赵国人，名家的代表人物。⑳航：船。汜：水边。在一汜：河对岸。㉑曰：王念孙认为“曰”是衍文。逆：拒绝。伎：通“技”。㉒语见《老子·二十七章》。㉓考：考察。省：省察。日：每天。㉔诎：屈。寸、尺：喻小、大。㉕杀弟之累：原注为“诛管、蔡”。因为通常“管”“蔡”并举。齐桓：小白，为公子时与兄公子纠出奔，齐襄公死后，公子纠在管仲的帮助下自鲁返国，而小白在鲍叔牙的帮助下抢先自莒入国登上君位，逼鲁杀公子纠、囚管仲。下文说到管仲“束缚桎梏”就是指此。㉖略行：大的美德、品行。数：这里指做法、方法。㉗訾：诋毁。訾行者：原注为“好掩人之善，扬人之短”。㉘蹠：足。距：大也。㉙语见《易·小过》。㉚夏后氏：夏朝。

璜：半璧玉为“璜”。考：瑕，指“斑点”。明月之珠：宝珠名，能夜晚放光。纇：丝织品上的结头、疵点，引申为瑕疵、缺点。㉛ 志：记。修：长。㉜ 可：何宁认为当为“足”，即“观小节足以知大体矣”。㉝ 更：处，《文子·上义》作“视其所处难”。㉞ 修：长。㉟ 有余：王念孙认为应是“所有余”，与“所不足”相对为文。㊱ 勇：俞樾认为应作“轻”，这样才和上下文相一致。㊲ 埴：坚固。凌：进取、进攻、进犯。㊳ 信者可令持约而不可令应变：俞樾认为这十二个字是后人窜入的，《淮南子》本无此句。下文的“五者”亦应作“四者”。㊴ 财：通“裁”。㊵ 怀远：这里指安抚远方的人，使远方的人归附。一异：统一差异。㊶ 知：智慧。㊷ 隐：度。隐义：这里指暗合道义。㊸ 比：比周，结党营私。㊹ 唱：倡，倡导。

〔鉴　赏〕

人类社会生活的核心是人自身，因此人才问题亘古至今从来就是一个老生常谈的话题。具体来说，人才问题又可以分为知人与用人两个方面，《淮南子》对这两个方面都有所涉及，而且触及了知人与用人过程中的一些关键性问题，值得我们参考。

首先，就对人才的基本规定来说，《淮南子》坚持了老子的“人无弃人”这样一种理念。也就是说，人禀自然而生，每个人都是一个活生生的生命体，都有其特定的价值和尊严；因此，当我们讨论人才这一概念时，不应当有所偏向，不能以自己的偏好为准则来界定人才，而应当关注每个人的价值所在，促使每个人都能实现自己的价值。比如《道应训》中公孙龙接纳善呼者为宾客即说明了这个道理，“善呼”虽然不算是多大的才能或本领，但是公孙龙却能秉着老子“人无弃人”的精神，善于发现他的价值，并爽快地接纳他。善于发现人的价值，不要轻易对人的价值作出否定的判定，是《淮南子》人才观的一个理论基点，无论知人还是用人，都要秉持一种“人无弃人”的理念方可。

其次，就知人来说，《淮南子》认为最重要的知人方法是“见者可以论未发也，而观小节可以知大体矣”，也就是说，要善于从已经知道的现象中推知还未显露发生的事情，善于从观察小节来推知大体。对此，《氾论训》具体论述道：“贵则观其所举，富则观其所施，穷则观其所不受，贱则观其所不为，贫则观其所不取。”也就是说，对于不同社会阶层、不同身份的人，要通过特定的最能体现其性格的行为来了解他。同时，知人还可以通过不同的小节了解其相应的德性，如“视其更难，以知其勇；动以喜乐，以观其守；委以财货，以论其仁；振以恐惧，以知其节”。

虽然知人要从小节上下手，但《淮南子》同时提醒我们，“小恶不足妨大美”，不能因为某一个小节就把人完全否定了，以致忽略人的“大美”。《氾论训》在此还以物理喻伦理，既然“夏后氏之璜不能无考，明月之珠不能无纇”，那么你又有什么必要苛求于人？要求人尽善尽美、十全十美？况且天下本来就没有十全十美、尽善尽美的事与人，“人莫不有过”，“自古及今，五帝三王，未有能全其行者也”；所以落实到识别评判人才这点上，如果只计较人之小过，不知人之大略，只“志人之所短，而忘人之所长”，就无法觅得天下之贤才。

同时，《淮南子》还提出要从多角度来看待和评判人才，不能主观臆断。如《齐俗训》讲到的“宓子论过”的故事中，宓子贱从宾客的笑中看到的是傲慢无礼，但其门客却认为这是恭敬而平和；宓子贱认为宾客在谈话中不尊称自己为老师是违背师道，但其门客却认为这是通达的表现；宓子贱认为宾客与自己交情浅却无所不谈是说话没有分寸的表现，但其门客却认为是忠厚的表现。同样的一件事情，不同的人却得出了不同的结论，这就提示我们，在知人的过程中一定要从多个角度观察，这样才能尽可能地避免主观臆断。另外，《氾论训》还提出“人考其才，而时省其用”的主张，即强调时常省察人才的表现来决定如何任用他们，反对凝固地看待人才。

此外，因为治理国家所需要的圣贤人才非常难以觅得，所以《泰族训》还将圣贤人才作了分析归类，以便于君主评估和寻觅人才。作者认为圣贤人才大致可以分为“英”“俊”“豪”“杰”四类：“智过万人者谓之英，千人者谓之俊，百人者谓之豪，十人者谓之杰。”值得注意的是，这里的“智”不单单指智商而言，还包括道德等多个方面，是就人的综合素养而言的。如作者对“英”的界定是：“明于天道，察于地理，通于人情，大足以容众，德足以怀远，信足以一异，知足以知变者，人之英也。”其中就包含有明、察、通、大、德、信、知(智商)等多个方面。

就用人来说，《淮南子》认为最为理想的状态是“毋小大修短，各得其宜”，因为只有这样，才能够人尽其才，从而实现“人无弃人”的理想。要想做到这一点，关键就是要量才而用，充分发挥每个人的专长，比如聋人可以让他去捶打生牛筋但不能让他去偷听情报，哑巴可以让他去看守马圈但不能派他去传话。正所谓“力胜其任，则举之者不重也；能称其事，则为之者不难也”，只要他的能力能够胜任这项事情，那么他就不会感到有困难、压力重。同样,对于那些圣贤人才,也要使“英俊豪杰,各以小大之材处其位,得其宜”,因为“人有其才,物有其形,有任一而太重,或任百而尚轻”,一定要按照其综合素养的高低来安排职位。这种使人人皆得其宜的用人思想,《泰族训》又概括为“兼用而财使之”,“兼用”说的是“人无弃人”“才无弃才”,“财使之”说的则是量才而用。

与“知人”时“小恶不足妨大美”的观念类似,在用人的过程中,《淮南子》认为也应当做到“人有厚德,无问其小节”,用人要着眼于人的价值所在。反之,如果“人君论其臣也,不计其大功,总其略行,而求其小善”,那么,这样的君主必定会因为用人不明而使贤德之人才逐渐流失。

总而言之,《淮南子》从“人无弃人”的人文关怀出发,认为在知人用人过程中最为重要的是要善于发现人的闪光点,要着眼于人的价值评价人和用人,只有如此,才能够使人得其位、尽其才,社会的发展才能够更为和谐有序。

(刘康德)

入世与超脱

〔原道训〕

(大丈夫)以天为盖,则无不覆也;以地为舆,则无不载也;四时为马,则无不使也；阴阳为御，则无不备也。是故疾而不摇，远而不劳，四支不动[①]，聪明不损，而知八纮九野之形埒者。[②]何也？执道要之柄，而游于无穷之地。

所谓乐者，岂必处京台、章华[③]，游云梦、沙丘[④]，耳听《九韶》《六莹》[⑤]，口味煎熬芬芳，驰骋夷道，钓射鹔鷞之谓乐乎[⑥]？吾所谓乐者，人得其得者也。夫得其得者，不以奢为乐，不以廉为悲；与阴俱闭，与阳俱开。故子夏心战而臞[⑦]，得道而肥。圣人不以身役物，不以欲滑和，是故其为欢不忻忻，其为悲不惙惙[⑧]。万方百变，消摇而无所定，吾独慷慨遗物而与道同出[⑨]！是故有以自得之也，乔木之下，空穴之中，足以适情；无以自得也，虽以天下为家，万民为臣妾，不足以养生也。能至于无乐者，则无不乐；无不乐，则至极乐矣。

〔俶真训〕

夫鱼相忘于江湖，人相忘于道术[⑩]。古之真人，立于天地之本，中至优游，抱德炀和[⑪]，而万物杂累焉[⑫]，孰肯解构人间之事[⑬]，以物烦其性命乎！夫道有经纪条贯[⑭]，得一之道，连千枝万叶。是故贵有以行令，贱有以忘卑，贫有以乐业，困有以处危。夫大寒至，霜雪降，然后知松柏之茂也；据难履危，利害陈于前，然后知圣人之不失道也。是故能戴大员者履大方[⑮]，镜太清者视大明[⑯]，立太平者处大堂[⑰]，能游冥冥者与日月同光。是故以道为竿，以德为纶[⑱]，礼乐为钩，仁义为饵，投之于江，浮之于海，万物纷纷，孰非其有！夫挟依于跂跃之术[⑲]，提挈人间之际，撢掞挺挏世之风俗[⑳]，以摸苏牵连物之微妙[㉑]，犹得肆其志，充其欲；何况怀瑰玮之道[㉒]，忘肝胆，遗耳目，独浮游无方之外，不与物相弊摋[㉓]，中徙倚[㉔]无形之域，而和以天地者乎！若然者，偃其聪明而抱其太素，以利害为尘垢，以死生为昼夜。是故目观玉辂琬象之状[25]，耳听《白雪》清角之声[26]，不能以乱其神；登千仞之溪，临蝯眩之岸，不足以滑其和。譬若钟山之玉[27]，炊以炉炭，三日三夜而色泽不变。则至德天地之精也。是故生不足以使之，利何足以动之！死不足以禁之，害何足以恐之！明于死生之分，达于利害之变，虽以天下之大，易骭之一毛[28]，无所概于志也！

〔览冥训〕

通于太和者，惛若纯醉而甘卧，以游其中[29]，而不知其所由至也。纯温以沦，钝闷以终[30]，若未始出其宗，是谓大通。

〔精神训〕

夫至人倚不拔之柱，行不关之途[31]；禀不竭之府，学不死之师；无往而不遂，无至而不通；生不足以挂志，死不足以幽神[32]；屈伸俯仰，抱命而婉转；祸福利害，千变万紾[33]，孰足以患心！若此人者，抱素守精，蝉蜕蛇解[34]，游于太清，轻举独往[35]，忽然入冥。凤凰不能与之俪，而况斥鷃乎[36]？势位爵禄何足以概志也[37]！

〔修务训〕

夫孪子之相似者[38]，唯其母能知之；玉石之相类者，唯良工能识之；书传之微者[39]，唯圣人能论之。今取新圣人书，名之孔、墨，则弟子句指而受者必众矣[40]。故美人者，非必西施之种；通士者，不必孔、墨之类。晓然意有所通于物，故作书以喻意，以为知者也[41]。诚得清明之士，执玄鉴于心[42]，照物明白，不为古今易意，摅书明指以示之，虽阖棺亦不恨矣[43]。

〔泰族训〕

凡可度者,小也;可数者,少也。至大,非度之所能及也;至众,非数之所能领也。故九州不可顷亩也,八极不可道里也[44],太山不可丈尺也,江海不可斗斛也[45]。故大人者,与天地合德,日月合明,鬼神合灵,与四时合信。故圣人怀天气,抱天心,执中含和,不下庙堂而衍四海[46],变习易俗,民化而迁善,若性诸己[47],能以神化也。

〔注　释〕

①支:肢。②纮:用绳维系。八纮:八根绳子维系着地。九野:指天。形埒:界域。③京台、章华:楚国的两个大台。④云梦:楚地的云梦泽。沙丘:苑名,为商纣王所造。⑤九韶:舜时的乐曲名。六莹:颛顼时的乐曲名。⑥鹔鷞:水鸟名,其形似雁。⑦臞:瘦。⑧惙:忧愁。⑨慷慨:胸襟开阔。⑩"鱼相忘"二句出自《庄子·大宗师》。⑪炀:烤、炙。⑫杂累:积累、积聚。⑬解构:附会,造作,牵合。⑭经纪:条理。⑮员:圆。大员:天。大方:地。⑯太清:天、自然,也指天道。⑰大堂:明堂。⑱纶:丝线。⑲侠依:倚仗。跂跃:踶跂,矜持造作的样子。⑳撢掞挺挏:"撢掞叠韵,挺挏双声,皆为连语,不得别义释之"(何宁《淮南子集释》)。㉑摸苏:通"摸索"。牵连:联系、牵联。㉒瑰玮:玉。引申为珍贵。㉓弊撴:杂糅。㉔徙倚:凭依、依靠。㉕辂:通"璐",玉名。琬:玉器。㉖《白雪》:乐曲名。㉗钟山:北方产玉的地方。㉘骭:小腿。㉙惛:通"惛""昏",迷迷糊糊。纯醉:大

醉。中：指大道太和。 ㉚ 沦：隐没。钝闷：无情蒙混。终：指始终与“道”同在。 ㉛ 关：关隘。 ㉜ 幽：拘困。幽神：指为某事某物伤神烦恼。 ㉝ 紾：变化。 ㉞ 蝉蜕蛇解：蝉脱壳、蛇蜕皮。 ㉟ 住：王念孙认为应是“往”。 ㊱ 斥鷃：一种小鸟。 ㊲ 概志：与上文“挂志”意思相同。 ㊳ 孪子：双胞胎。 ㊴ 微：隐微不显的，这里指书传典籍中含有的“微言大义”。 ㊵ 句指：一曰“句指”为毕恭毕敬的样子。另，“疑指‘句读’，由老师圈点断句传授”（许匡一语）。 ㊶ 喻：明。 ㊷ 玄鉴：这里指一种高明的见解。原注为“玄，水也。鉴，镜也。皆以自见”。 ㊸ 摅：抒发、阐发。指：通“旨”。阖棺：喻死亡。 ㊹ 九州：中国。顷亩：指用顷亩作计量单位来计算。八极：八方极远处，指地的尽头。道里：指里程，是说以里程来计量。 ㊺ 太山：泰山。丈尺：指用丈尺来计量。斗斛：指用斗斛来度量。十斗为一斛。 ㊻ 衍：施行、延及、推广。 ㊼ 性：通“生”。

〔鉴 赏〕

在一般人看来，入世与超脱似乎是两种相反的处世态度，入世基于一种对于社会和人生的积极肯定，希望能够在有限的人生中积极作为；而超脱则基于一种对于现实世界的悲观态度，希望离世而自求超离。学者一般又以儒家为主张入世的典型代表，以道家为主张超脱的典型代表。

然而，《论语·先进》记载了这样一则故事：孔子与其弟子子路、曾皙、冉有、公西华等人坐在一起，孔子询问各位弟子的志向。子路首先不假思索地回答说，自己可以在三年之内使一个贫弱的千乘之国的人民人人有勇有谋。夫子微微一笑，又问冉有，冉有回答说，自己可以在三年之内使一个方圆五十到七十里的小国家人人富足，但还不能做到修明礼乐。孔子紧接着又问公西华，公西华回答说，自己不能说已经有这样的本领了，但愿意朝着这个方向努力，即，做一个宗庙祭祀或诸侯会盟中的小司仪。孔子接着又问曾皙，曾皙当时正在弹瑟，他把瑟放下并站了起来答道，自己的志向与其他三位同门不同。孔子回答说不要紧，只是说说而已。曾皙于是回答说：阳春三月，春天的衣服都穿好了，和五六位成年人、六七个小孩子一起，在沂水旁边洗洗澡，在舞雩台上吹吹风，一路唱着歌走回来，这就是我的志向所在。孔子听后长叹一声说：我同意曾皙的主张啊！子路、冉有、公西华三位弟子的志向显然都是入世的，但孔子却不置可否；而曾皙的志向则有着强烈的道家色彩，但孔子却深以为然。这就说明，孔子入世的背后，其实亦有着超脱的一面。

同样，我们在道家创始人老子那里也能深深地体会到他的入世情怀。比如老子多次阐述到"圣人之治"："圣人之治，虚其心，实其腹，弱其志，强其骨"(《老子·三章》)；"圣人无常心，以百姓心为心"(《老子·四十九章》)；"治大国若烹小鲜"(《老子·六十章》)。老子也曾激烈抨击社会治理的种种弊病："大道甚夷，而民好径。朝甚除，田甚芜，仓甚虚；服文彩，带利剑，厌饮食，财货有余；是谓盗夸。非道也哉。"(《老子·五十三章》)他还曾批判统治者道："民之饥，以其上食税之多，是以饥。民之难治，以其上之有为，是以难治。民之轻死，以其上求生之厚，是以轻死。"(《老子·七十五章》)其实，当老子说"无为而无不为"时，我们就应该看到，老子是同时关注"无为"与"无不为"两个方面的，我们不能只片面地局限于

“无为”(超脱),而忽略“无不为”(入世)。

之所以在阐析《淮南子》有关“入世与超脱”的思想之前,先对孔子与老子的相关思想作一厘清,是因为《淮南子》作为西汉时期的作品,在很多方面会通了先秦儒道两家,只有对先秦儒道两家的思想特质有一个准确的把握,我们才能够更好地理解《淮南子》中的相关思想。

如前所述,孔子和老子的思想中其实都同时包含有入世与超脱之两面,而这看似矛盾的两面如何能够融通在一起,孔子和老子并未给出一个清晰的答案。但是,致力于会通儒道两家的《淮南子》却清晰地阐明了这一点,认为入世与超脱的结合点在于儒道两家共同推崇的一个理念——道。正如《原道训》所说:“(大丈夫)以天为盖,则无不覆也;以地为舆,则无不载也;四时为马,则无不使也;阴阳为御,则无不备也。是故疾而不摇,远而不劳,四支不动,聪明不损,而知八纮九野之形埒者。何也?执道要之柄,而游于无穷之地。”只要人能够通达于宇宙万物、社会人生之当行之道,与天地万物为一体,则自然会有一种无所不包的高妙智慧与德性。这种与天地万物为一体的德性与庄子的“与天地精神往来,而不敖倪于万物”(《庄子·天下》)的超脱精神是相似的,因而可以说是超脱的;同时,这种与天地万物为一体的情怀与儒家心怀家国天下,“为天地立心、为生民立命、为往圣继绝学、为万世开太平”的拳拳之心亦是相通的,因而可以说是入世的。

在《俶真训》中,作者对得道之真人的描述是:“以道为竿,以德为纶,礼乐为钩,仁义为饵,投之于江,浮之于海,万物纷纷,孰非其有!”老子的道德与孔子的仁义礼乐在这里都成为真人处世的凭借,正是由此,真人既能够“提挈人间之际”,又能够“浮游无方之外”,入世而又脱于俗。

之所以能够入世而又脱于俗，一个关节点在于，真人能够克除私智私欲；其实，正是由于克除了私智私欲，真人才能够做到与天地万物为一体。克除了私智私欲之后，圣人对待万事万物的态度便只有一个“乐”字，但这种“乐”并非处京台章华、游云梦沙丘、品美味佳肴意义上的乐，而是“不以奢为乐，不以廉为悲”意义上的心境平和之“至乐”。所谓“不以奢为乐，不以廉为悲”也即后世范仲淹所说的“不以物喜，不以己悲”，不因利欲的得失而喜乐，于是，心境便趋于宁静而至于一种“和乐”的状态，这种和乐也即得道之后的至乐。正如《原道训》所说：“圣人不以身役物，不以欲滑和，是故其为欢不忻忻，其为悲不惙惙。万方百变，消摇而无所定，吾独慷慨遗物而与道同出！”

正是因为能够做到克除私智私欲，从而保持一种和乐的心境，真人才能够在入世的同时却又自由地遨游于其中。这种“游”即是《原道训》所说的“游于无穷之地”之“游”，亦是《俶真训》所说的“中至优游”之“游”，也是《览冥训》所说的“通于太和者，惛若纯醉而甘卧，以游其中”的“游”，亦是《精神训》所说的“抱素守精，蝉蜕蛇解，游于太清，轻举独住，忽然入冥”的“游”。这个“游”字可谓恰到好处地表达了真人的生命情态——既入于世而又不为世所拘、所累。唐代诗人白居易曾以《中隐》之诗表达一种与此类似的生命理想：“大隐住朝市，小隐入丘樊。丘樊太冷落，朝市太嚣喧。不如作中隐，隐在留司官。似出复似处，非忙亦非闲。唯此中隐士，致身吉且安。”

在如今这个快节奏的社会中，社会的各个阶层无不被卷入喧嚣的朝市，发展经济成为时代的主题，满足自己日益增长的物质需要成为人们奋斗的目标，即使在闲暇之余，人们也大都倾向于通过娱乐文化、快餐文化达到消遣的目的，人们几乎很少再有机会体味真人的那种和乐心境了。于是，入世但却无法超拔，焦虑与压抑成为一般人的主要生命情态。也许心理咨询与治疗能够暂时缓解人们的焦虑与压抑，但是，只要我们社会的主导因素还是物欲，只要我们对于孔子、老子、《淮南子》所指点的大道仍然无动于衷，焦虑和压抑就不可能得以根除。为了使自己的生命情态更为美好与优雅，暂时停下追求物欲的脚步，静静聆听来自远古的声音，也许，是时候了……

（刘康德　张锋宾）

艺术与审美

〔原道训〕

以神为主者，形从而利；以形为制者，神从而害。

〔本经训〕

钟鼓管箫，干戚羽旄，所以饰喜也；衰绖苴杖[①]，哭踊有节[②]，所以饰哀也；兵革羽旄，金鼓斧钺，所以饰怒也。必有其质，乃为之文。

〔缪称训〕

锦绣登庙，贵文也；圭璋在前，尚质也[③]。文不胜质，之谓君子。

同是声，而取信焉异[4]，有诸情也。故心哀而歌不乐，心乐而哭不哀。夫子曰："弦则是也[5]，其声非也。"文者，所以接物也；情，系于中而欲发外者也。以文灭情则失情，以情灭文则失文，文情理通，则凤麟极矣[6]，言至德之怀远也。

〔齐俗训〕

夫载哀者闻歌声而泣，载乐者见哭者而笑[7]。哀可乐者笑可哀者[8]，载使然也，是故贵虚[9]。

喜怒哀乐，有感而自然者也。故哭之发于口，涕之出于目，此皆愤于中而形于外者也，譬若水之下流，烟之上寻也[10]，夫有孰推之者！故强哭者虽病不哀[11]，强亲者虽笑不和，情发于中而声应于外。

瑟无弦，虽师文不能以成曲[12]；徒弦，则不能悲。故弦，悲之具也，而非所以为悲也。

〔氾论训〕

譬犹不知音者之歌也，浊之则郁而无转，清之则燋而不讴[13]。及至韩娥、秦青、薛谈之讴，侯同、曼声之歌[14]，愤于志，积于内，盈而发音，则莫不比于律而和于人心。何则？中有本主以定清浊，不受于外而自为仪表也。

〔诠言训〕

神贵于形也，故神制则形从，形胜则神穷。

〔说山训〕

画西施之面，美而不可说[15]；规孟贲之目[16]，大而不可畏：君形者亡焉[17]。

琬琰之玉，在污泥之中，虽廉者弗释[18]；弊箄甑瓾，在裀茵之上，虽贪者不抟[19]。美之所在，虽污辱，世不能贱；恶之所在，虽高隆，世不能贵。

〔说林训〕

使但吹竽，使氐厌窍[20]，虽中节而不可听，无其君形者也[21]。

靥酺在颊则好，在颡则丑[22]。

白玉不琢，美珠不文，质有余也[23]。

〔人间训〕

夫歌《采菱》[24]，发《阳阿》，鄙人听之，不若此《延路》阳局[25]，非歌者拙也，听者异也。

〔修务训〕

秦、楚、燕、魏之歌也，异转而皆乐[26]；九夷八狄之哭也[27]，殊声而皆悲，一也。夫歌者，乐之征也；哭者，悲之效也[28]。愤于中则应于外，故在所以感[29]。

邯郸师有出新曲者，托之李奇[30]，诸人皆争学之；后知其非也，而皆弃其曲：此未始知音者也[31]。

今夫毛嫱、西施，天下之美人，若使之衔腐鼠，蒙猬皮[32]，衣豹裘，带死蛇，则布衣韦带之人，过者莫不左右睥睨而掩鼻[33]。

〔泰族训〕

神农之初作琴也，以归神及其淫也，反其天心[34]。夔之初作乐也[35]，皆合六律而调五音，以通八风；及其衰也，以沉湎淫康，不顾政治[36]，至于灭亡。

今夫《雅》《颂》之声，皆发于词，本于情，故君臣以睦，父子以亲。故《韶》《夏》之乐也[37]，声浸乎金石，润乎草木。今取怨思之声，施之于弦管，闻其音者，不淫则悲。淫则乱男女之辩[38]，悲则感怨思之气，岂所谓乐哉！

赵王迁流于房陵[39]，思故乡，作为《山水》之呕[40]，闻者莫不殒涕。荆轲西刺秦王，高渐离、宋意为击筑[41]，而歌于易水之上[42]，闻者莫不瞋目裂眦，发植穿冠[43]。因以此声为乐而入宗庙，岂古之所谓乐哉！

师延为平公鼓朝歌北鄙之音[44]，师旷曰[45]："此亡国之乐也。"大息而抚之[46]，所以防淫辟之风也。

〔注　释〕

① 衰：也为"缞"，指丧服，用麻布做成，居丧期间披在胸间。绖：居丧期间系在头上或腰间的带子。苴杖：孝杖，一种粗糙的竹杖，居父丧时用。 ② 哭踊：号哭顿足，表示悲痛的动作。古代居丧哭踊皆有规矩，故曰"哭踊有节"。 ③ 登：进、入。圭、璋：指帝王、诸侯举行朝典时用作瑞信的玉器。 ④ 信：指信息。 ⑤ 弦则是也：原注为"闵子骞三年之丧毕，援琴而弹，其弦是也，其声切切而哀"。王引之认为："上文申喜遇母及艾陵之战，皆直叙其事。此未叙其事，而忽之'夫子曰：弦则是也，其声非也'，则不知所指为何事矣。疑闵子骞三年之丧毕援琴而弹十二字，本是正文，在夫子曰上。" ⑥ 极：至，来到。 ⑦ 载：梁玉绳认为"载"当作"戴"。 ⑧ 哀可乐者：王念孙认为"哀可乐者"的"者"字因下个"者"字而衍。 ⑨ 贵虚：原注为："虚者，心无所载于哀乐也。" ⑩ 寻：通"焞"，指火势上腾。 ⑪ 病：这里指哭得精疲力竭。 ⑫ 师文：乐师名字。 ⑬ 浊：低音。郁：阻滞、滞凝。转：婉转。清：高音。燋：通"憔"，这里指声音脆弱无力。讴：通"煦"，这里指声音圆润。 ⑭ 韩娥、秦青、薛谈、侯同、曼声：均为古

代善歌者。韩娥为韩国人，秦青、薛谈为齐国人。“薛谈”也谓“薛谭”。韩娥、秦青、薛谭三人事见《列子·汤问》。一曰“曼，长歌声也”，即“曼声”非指人，而指舒缓悠扬的歌声。讴、歌：“讴”是指没有伴奏的随意哼唱，“歌”是指按照一定曲子演唱，可有伴奏(许匡一《淮南子全译》)。⑮ 西施：春秋越国美女。说：悦。⑯ 规：画。孟贲：古代勇士。⑰ 君形者：指主宰形体的东西。这里指精神。亡：消亡、没有。⑱ 琬琰：美玉。释：放弃、舍弃。⑲ 弊：破旧。箅：放在甑底的竹席。甑：一种煮具，类似后世的蒸笼。瓺：甑带。是一种搭蒙在甑盖上和蒙塞在甑锅之间的布，以防热蒸汽漏散。裀茵：指一种毛毡坐褥。搏：取。⑳ 但：俞樾认为是“倡”字。氏：俞樾等认为是“工”字的误字。厌：通“压”，按的意思。㉑ 君形者：主宰行为的精神。㉒ 靥酺：颊边的酒窝。頞：额。㉓ 琢：雕刻玉石。文：文饰。余：足够。㉔《采菱》《阳阿》：古代乐曲名，较通俗。㉕《延路》：民间更通俗的乐曲名。阳局：王念孙认为应作“以和”。李善注《吴都赋》《月赋》《舞赋》《长笛赋》《七启》时说“不若《延路》以和”。和：指曲调顺耳好听。㉖ 转：原注为“音声”，这里指歌声婉转动听。乐：欢乐、快乐。㉗ 九夷：古代称东方部族为夷，传说夷有九种。八狄：古代称北方部族为狄，传说狄有八种。这里泛指各部族为“九夷八狄”。㉘ 征：表现、表达。效：反映。㉙ 愤：积聚、积郁。感：原注为“发也”。㉚ 李奇：赵国著名音乐家。㉛ 未始知音者：何宁说“《意林》引作‘邯郸有吹者，托名李奇，人争学之。后知其非(知非李奇所作)，皆弃其曲。未始知音也’”。㉜ 猬：刺猬。

㉝ 韦：经过加工的熟皮革。布衣韦带：指普通老百姓。睥睨：斜着看人，多表示瞧不起人。 ㉞ 以归神及其淫也，反其天心：王念孙认为本文本作“神农之初作琴也，以归神杜淫，反其天心；及其衰也，流而不反，淫而好色，至于亡国”。 ㉟ 夔：传说是尧舜的典乐官。 ㊱ 淫康：醉心于享乐之中。政治：政事。 ㊲《韶》：古乐曲名，相传为舜所作。《夏》：即《大夏》，夏禹时代的乐舞名。 ㊳ 辩：通“辨”，区别、界限。 ㊴ 赵王迁：战国赵国国君。公元前228年秦攻赵国俘虏了赵王迁，将他流放到房陵。房陵：地名，在汉中。 ㊵《山水》：王念孙认为应是“《山木》”。《史记·赵世家》裴骃集解和张守节正义及《文选·恨赋》注引此并作“山木”。 ㊶ 荆轲：战国时为燕太子丹宾客，受命入秦刺杀秦王，未遂被杀。高渐离：为燕太子丹宾客。宋意：亦为燕太子丹宾客。《水经·易水注》作“宋如意”。筑：古代一种似筝样的乐器。 ㊷ 歌：即“风萧萧兮易水寒，壮士一去兮不复还”。易水：水名，在今河北省易县境内。“荆轲西刺秦王”详见《战国策·燕策》。 ㊸ 瞋目：怒目。眦：眼眶。裂眦：形容两眼圆睁，愤怒万分。植：立、竖。《文选·养生论》注引作“荆轲为燕太子丹刺秦王，高渐离、宋如意为击筑，而歌于易水之上，荆轲瞋目裂眦，发植冲冠”。 ㊹ 师延：应是师涓，春秋卫灵公的乐官。原注说：“卫灵公宿于濮水之上，闻琴音，召师涓而写之，盖师延所为纣作朝歌北鄙之音也。”平公：晋平公。鼓：指演奏乐器。朝歌：地名，殷都城，西周时卫国亦建都于此。鄙：边境。 ㊺ 师旷：春秋晋国乐师，目盲而善辨音律。《韩非子·十过》记载：卫灵公访晋，途中听人弹奏歌曲，便叫随从乐

官师涓记录下来并练习演奏。抵晋后,卫灵公令师涓向晋平公弹奏路上记录下来的歌曲,曲"未终,师旷抚止之,曰'此亡国之声,不可遂也'。平公曰:'此道奚出?'师旷曰:'此师延之所作,与纣为靡靡之乐也。及武王伐纣,师延东走,至于濮水而自投。故闻此声者,必于濮水之上。先闻此声者,其国必削,不可遂。'" ㊻ 抚之:《韩非子·十过》作"抚止之"。

〔鉴　赏〕

真善美是人类活动的最高理想和终极目的。根据现代的学科分类,我们往往把真归入自然科学的领域,把善归入伦理道德的领域,把美归入文学艺术的领域。正如近现代日本学者黑田鹏信所说:"知识欲的目的是真,道德欲的目的是善,美欲的目的是美。真善美,即人间理想。"《淮南子》作为一部包罗万象的帝王之策,自然也包含了艺术与审美这个主题。从这里节选的相关材料可以看到,《淮南子》所谈及的艺术,主要是以音乐为主。对此,我国近现代著名作曲家江文也先生曾说:"我们今日说的艺术涵盖各种的领域。就古代中国(指上古时代的中国)而论,大概算得上的只有乐与诗,绘画当时尚未成形,舞蹈则已包含在乐之中。勉强凑合的话,六艺中的书可以略等于我们今日的绘画,其间当然还有程度的差别。此外,诗也可包含在乐当中。"(《孔子的乐论》)故我们这里主要就音乐展开分析,兼涉文学(包括诗)与绘画。

音乐,大概是今天流行最为广泛、民众最为喜闻乐见的艺术形式了。其实,在古代,音乐在大众中的普及程度也是极其广泛的。比如《诗经》中的“国风”就是采集自周代的民歌，以后历朝也都普遍设有乐府，其任务是收集编纂各地民间音乐、整理改编与创作音乐、进行演唱及演奏等。《修务训》中“未始知音”的故事也反映了音乐在民众中喜闻乐见之程度：“邯郸师有出新曲者，托之李奇，诸人皆争学之；后知其非也，而皆弃其曲：此未始知音者也。”这颇有些我们今天追星的意味。但是，音乐作为一种艺术的意义远远超出于快餐式的时尚娱乐，而是有更为深厚的内涵。也正是因此，当那些只求时尚而不重内涵的人们去盲目追星，以至于连真假都不能分辨的时候，《淮南子》便斥之以“未始知音”。

为了使人们通透于音乐的真精神，《淮南子》用“文”与“质”的关系来阐明艺术的形式与内涵的关系：“钟鼓管箫，干戚羽旄，所以饰喜也；衰绖苴杖，哭踊有节，所以饰哀也；兵革羽旄，金鼓斧钺，所以饰怒也。必有其质，乃为之文。”《淮南子》在这里告诉我们，音乐并不仅仅是表面的文饰形式，而是有其实质性的情感内涵的。正是因此，精通音乐的孔子能够准确地判断出“弦则是也，其声非也”，虽然演奏的还是同一首曲子，但是因为演奏者的心境变化了，所以发出来的声音也就与以前产生了微妙的差异。

由上可见，一首美的乐曲，不但要有一种纯美的形式，而且要有一种纯美的情感内涵，所以《淮南子》说：“以文灭情则失情，以情灭文则失文，文情理通，则凤麟极矣，言至德之怀远也。”《淮南子》在这里将音乐与道德联系在了一起，更加凸显了音乐的内涵价值。关于音乐与道德的关系，江文也先生曾精辟地分析道：“一般我们提起‘道德’两个字，它给人的印象和‘宗教’给人的印象不一样，它似乎蕴含较多的理智因素在其中。孔子却认为在道德实践的层面上，只靠理智转移人的实际的行为，这是不足的。他说：'知之者，不如好之者。好之者，不如乐之者。'准上所言，'德'之一字不仅是要以理智知之，而且还要好之、乐之。用我们今日的话讲，'好'之事已蕴含感情的因素在其中；至于'乐'，则属于美的范围了。"（《孔子的乐论》）因此，好的音乐应当是有助于人之为善的，正如德国哲学家康德所说："美，是道德上的善的象征"；德国诗人席勒也说："若要把感性的人变为理性的人，唯一的路径是先使他成为审美的人。"

由《淮南子》到古今中外的诸多大思想家和艺术家对于音乐之深刻内涵的洞见，我们可以看到，音乐的价值绝不仅仅在于其感性形式本身，更重要的是在于它能够从人的心灵深处打动人，激起人的美好的、良善的情感和气质。孔子云："兴于诗，立于礼，成于乐。"（《论语·泰伯》）人的道德修养只有到了精通"乐"的地步，才算是真正达到了最高的境界。反之，一个不懂得艺术和审美，在内心深处没有充沛的美的情感因子的人，我们很难想象他能够对于至善至美的道德有一种真情的流露。也正是因此，音乐在上古时期就是贵族子弟所必须掌握的六种基本技艺之一，《周礼·保氏》云："养国子以道，乃教之六艺：一曰五礼，二曰六乐，三曰五射，四曰五驭，五曰六书，六曰九数。"以至于后来，《乐经》成为儒家尊崇的六经之一。

为了突出音乐的情感内涵的重要性，《淮南子》又把音乐的内涵称为"君形者"："使但吹竽，使氐厌窍，虽中节而不可听，无其君形者也。"《淮南子》在这里给出一种假设，在吹竽时，让一个人只负责吹，另一个人只负责按发音孔，虽然这样也能合于音乐的节奏音调，但奏出的音调却并不美，为什么会这样呢？因为这样的音乐只剩下一种外在的形式，而失去了内在的情感与神韵，这种内在的情感与神韵，《淮南子》称之为"君形者"，也即主宰“形”的“神”。不仅音乐是如此，绘画亦是如此，《说山训》云：“画西施之面，美而不可说；规孟贲之目，大而不可畏：君形者亡焉。”画西施的面孔，看上去虽然也符合美人的标准但却并不能使人感到心动；画孟贲的眼睛，虽然画得很大但却并不能使人感到畏惧，这是因为这画仅仅是形似而无神韵的缘故。同样，我们学作诗、学作文，并不是说符合押韵、结构合理等形式上的要求就可以了，最重要的是要注重其神韵，也即诗歌、文章能够打动人的地方。

通过对于文与质、形与神的关系的阐述，《淮南子》精辟地阐明了文艺创作与艺术审美的根本点，即要以质与神为主宰。由此，《淮南子》认为，只要质与神达到了充极丰沛的完美状态，文和形甚至可以被遗忘，正如《说林训》所说：“白玉不琢，美珠不文，质有余也。”也正是在此意义上，《说山训》讲道：“琬琰之玉，在污泥之中，虽廉者弗释；弊箅甑瓾，在袇茵之上，虽贪者不搏。美之所在，虽污辱，世不能贱；恶之所在，虽高隆，世不能贵。”只要内涵是美的、善的，即使外在形式有些瑕疵，亦不妨碍美之为美；而如果内涵是丑的、恶的，即使外在形式看起来很高贵，亦不能改变丑之为丑。

总而言之，如《原道训》所说：“以神为主者，形从而利；以形为制者，神从而害。”又如《诠言训》所说：“神贵于形也。故神制则形从，形胜则神穷。”艺术与审美都应当以内涵价值、内在神韵与真情流露为核心，如果只从外在形式上去摸索形似，则只是一个“未始知音”的盲从者，并不能真正领悟到艺术的真谛所在。在今天这个把艺术娱乐化、时尚化乃至庸俗化的时代，我们尤其应当注意这一点，努力去追求真正美的东西。

（刘康德　张锋宾）

名言篇

井鱼不可与语大，夏虫不可与语寒

〔原道训〕

夫井鱼不可与语大，拘于隘也[①]；夏虫不可与语寒，笃于时也[②]；曲士不可与语至道，拘于俗束于教也。

〔注　释〕

① 隘：狭窄，这里指见识局限在一个小范围内。 ② 笃：专一、固定，这里有局限的意思。

〔鉴　赏〕

生活在井中的小鱼由于受到环境的局限，我们无法与它们谈论大海；而生活在夏季的虫子由于受到季节的限制，我们无法与它们谈论冬季的严寒。《淮南子》的这则名言源自《庄子・秋水》："井蛙不可以语于海者，拘于虚也；夏虫不可以语于冰者，笃于时也；曲士不可以语于道者，束于教也。"其寓意是很明确的，即批评那些坐井观天、见识短浅的人。但我们却绝不可由于其寓意的显明而轻轻放过这两句话，因为《淮南子》由"井鱼""夏虫"而喻及"曲士"，并言及"至道"，其意味是很深长的。

"曲士"也即囿于一己之成见的人，而我们反观自身，很多时候又何尝不是《淮南子》所言的"曲士"？这是由于，我们每个人都生活在一定的社会环境当中，势必会受到一定的习俗、教化之陶冶，同时，我们又有自己的智思，并且还有各种各样的欲望之牵引；由此，当我们面对各种物事时，就很容易被自己内心所具有的各种一曲之见乃至私智私欲所束缚，从而使自己陷入外物的无限是非之中而不能自拔。人的这种沉沦，也即庄子所感叹的：“与物相刃相靡，其行尽如驰，而莫之能止，不亦悲乎！终身役役而不见其成功，苶然疲役而不知其所归，可不哀邪！”（《庄子·齐物论》）

因此，《淮南子》对于人们所寄予的期望，乃是从一曲的私智私欲和成心中超拔出来，通达“至道”。关于“至道”，《原道训》已经向我们作了精辟的诠释，也即宇宙万物所应当遵循的天然之善道。对人来说，也即应当以一种虚“静”之态度处世，只有如此，才能破除由于一曲之见而产生的种种对待与偏执，进而做到因循物事之情理而行。也只有破除一曲之私，才有可能达至庄子所追求的“至人无已”“独与天地精神往来”之化境。

然而，生活在当今这个利欲流行、光怪陆离的社会中，人们又怎能不被这种利欲、灯红酒绿之“俗”及其“风习教化”所熏染呢？生活在这样的“井”（空间的限制）、这样的时代（历史情境的限制）之中，我们又怎能逃脱“曲士”的悲哀呢？大概只有使自己的心灵超越于这样的“俗”与“教”，独与“道”游，才能暂得其逍遥吧？但既然生于这样的时世，又怎能与其完全隔离呢？我们究竟是应当像孔子一样以一种救世的态度“知其不可而为之”呢？还是应当像老子一样，只是留下道德之意五千余言，然后就西出函谷关隐遁于世呢？

上述一连串的问题，也许通过我们一生不断地反思与实践，也不能够得到一个确切的解答。但是，只要我们对于“至道”有所追寻，对于我们的世界与生命有所反思，对于“善”有所执着，我们的生活世界就至少不会像井鱼和夏虫那样狭隘,我们的视野和我们的文化生命就一定会随着时世的延续而不断拓展。

(刘康德)

善游者溺,善骑者堕

〔原道训〕

夫善游者溺,善骑者堕,各以其所好,反自为祸。是故好事者未尝不中①,争利者未尝不穷也。

〔注 释〕

① 好:好为情欲之事。中:伤。

〔鉴 赏〕

善于游泳的人容易淹死,善于骑马的人常会落马摔伤。乍看起来,这话说得好像是自相矛盾,但是,细细想来,这两句话其实暗示了这样一个简单却又深刻的道理:人容易在自以为平坦的地方摔跤。在平坦的土地上走路,人往往会觉得无须太着意脚下,因为脚下基本上不会出现什么障碍物;但是,恰恰是在这种情况下,一个很小的石块就能够把人绊倒。《羊城晚报》曾经刊载了这样一则哲理小品：

有三个旅行者住进了一家旅店。早上出门时，一个旅行者带了一把伞，一个拿了一根拐杖，第三个人则两手空空。晚上回来时，拿雨伞的人淋湿了衣服，拿拐杖的人跌得全身是泥，而空手的人却衣不湿、身无泥。前两个人都很奇怪，问第三个人这是为什么。第三个旅行者没有回答，他反过来问拿伞的人："你为什么淋湿了却没有摔跤呢？""下雨的时候，我很高兴有先见之明，就撑开伞大胆地在雨中走，以为不会被淋湿，可是衣服还是湿了不少。当我走到泥泞难行的地方，想想自己没有拐杖，所以就格外小心，生怕摔跤，结果一路走回来反而没事。"拿雨伞的旅行者这样回答。第三个人接着又问拿拐杖的人为什么没有淋雨，反而摔得满身是泥。对方是这样回答的："下雨时，没有伞我就拣能躲雨的地方走或停下来避雨。泥泞难行的地方我便用拐杖拄着走，没想到反而跌了跤。"空手的人哈哈大笑着说："下雨时我拣能躲雨的地方走，路不好走时我就分外小心，所以我没有淋着也没有摔着。"（文彦《雨伞和拐杖》）

在生活和工作中，我们每个人都有自己可以凭借的优势，但却往往会因此而粗心大意，以致"反自为祸"。其实，还有很多类似的故事或历史事件在警示着我们不要因为自己的优势而疏忽大意，比如我们从小就耳熟能详的龟兔赛跑的故事，又如历史上时有发生的以兵多粮足而落得失败下场的战例，等等。这些都从一个侧面反映了"善游者溺，善骑者堕"在人类历史上是频繁发生的事情，因为自己的优势而粗心大意是人性的弱点，因此是非常值得我们反思和警醒的。

（刘康德）

不贵尺之璧，而重寸之阴

〔原道训〕

时之反侧①，间不容息，先之则太过，后之则不逮②。夫日回而月周③，时不与人游，故圣人不贵尺之璧，而重寸之阴④，时难得而易失也。

〔注　释〕

① 反侧：翻身，引申为瞬间变化。② 逮：及。③ 回、周：指日月不停地运转。④ 璧：古代的一种玉器。阴：日影，光阴。寸之阴：指极短的时间。

〔鉴　赏〕

“不贵尺之璧，而重寸之阴”说的是日影移动一寸的时间，价值比直径为一尺的璧玉还要珍贵，这是在告诫人们要珍惜时间。由于这句话非常生动地描述了时间的可贵，所以后人就根据这句话提炼出了“尺璧寸阴”的成语，而且还衍生出“一寸光阴一寸金，寸金难买寸光阴”等人们耳熟能详的俗谚，足见人们对这句话的认可与重视。

应当说，人类对于“时间”的充分自觉不是一开始就有的。人类的祖先曾经在漫长的岁月中过着茹毛饮血、穴居野处的艰难生活，生存状况相当险恶，能够生存下来就已经是万幸的了，并没有太多的闲暇去思考如何对待时间的问题。他们只有一个选择，就是想方设法地努力生存下去。

随着社会生产的发展，当人类的生存问题已经基本解决的时候，人类才真正掌握了时间的主动权，有了更多选择的机会，于是也就产生了应当如何对待“时间”的问题。值得人类庆幸的是，自从这个问题产生之初，古圣先贤们就对这一问题作出了非常积极的回答，无不强调时间的宝贵。如《尚书大传·虞夏传》云：“卿云烂兮，纠缦缦兮。日月光华，旦复旦兮。”意谓时间一天又一天地过去，人应当懂得珍惜时光，奋发向上。孔子亦在河边叹道：“逝者如斯夫，不舍昼夜。”（《论语·子罕》）这是在叹息时间的一去不复返，随着时间的逝去，人的生命也在流逝。因此把握好时间，就是善待自己的生命。

正是在古圣先贤对时间与生命之思索的基础上，《淮南子》提出了“不贵尺之璧，而重寸之阴”这一命题。它更为显明地告诉我们，人的生命是不能用金钱来计算和衡量的，生命自有其特殊的意义和价值。因此，说到珍惜时间，不能就时间而论时间，而应当就生命存在的价值来论时间。我们在小学时大概都做过“时间是……”的排比句，比如：教师说：“时间就是知识。”学生说：“时间就是本领。”军人说：“时间就是胜利。”农民说：“时间就是丰收。”作家说：“时间就是灵感。”如此等等。但这些仅仅是就不同职业的人的工作成果来说的，并未就生命存在的终极价值来论时间。如果进一步追问：得到知识最终是为了什么？得到本领最终是为了什么？得到胜利最终是为了什么？得到丰收最终是为了什么？得到灵感最终是为了什么？如此等等，我们才能更进一步地深入到生命的本真中去，才能过得更有意义。

作为一个自由而独立的人，每个人都可以活出自己的意义，活出自己的价值。但是,有一点是确定的:任何意义和价值都应当指向真善美这三种人类最高的理想。如果违背了这一点,那么所谓的意义和价值就只是一种伪善和狡诈。在明了了自己的生命意义与价值之后,就应当抓住每一个当下,正所谓"时之反侧,间不容息,先之则太过,后之则不逮"。只有勇于抓住每一个当下而无所懈怠,一个人的生命才能够愈显丰厚、愈加壮美。

(刘康德)

以汤止沸,沸乃不止,诚知其本,则去火而已矣

〔精神训〕

以汤止沸,沸乃不止;诚知其本,则去火而已矣。①

〔注 释〕

① 已:止,止沸。

〔鉴 赏〕

"以汤止沸"是我们现在常用的一个成语,说的是用开水去制止水的

沸腾,比喻不从根本上着手,对事情没有帮助。而之所以“以汤止沸”没有效用,是因为水下面有火,加入水之后,火还会再把水烧开的。

如果落实到我们的人生上来说,水下面的火就相当于人的欲望,而水则是能够满足人的欲望的各类东西,如食物、衣服、化妆品、地位、名望,等等。按照一般人的思路,如果心里产生了某种欲望或追求,就要通过各种努力去实现它,以满足自己心灵的需要。殊不知欲火难熄,人的欲望是无限的。以人的食欲为例,穷得饿肚子的时候想着要吃饱饭;能吃饱饭了又想着要挑着好东西吃;吃得已经很好了,又想着要尝遍大江南北的各种美味,甚至于珍禽异兽……欲望总是没有满足的一天。

本来,一定限度内的欲望是合理的,是人的正常需要;但欲望太过、太火,就容易引火烧身,使自己的生命陷溺在庸俗的利欲之中而不能自拔。正因为如此,历史上大凡有一定精神境界的思想家都认为道德的养成要以欲望的节制为基础。如古希腊人便以“节制”作为人最为重要的四种德性之一;孔子则说过“君子喻于义,小人喻于利”(《论语·里仁》),认为一个高尚的人不应该以追求欲利为志;老子亦曾说“不见可欲,使民心不乱”(《老子·三章》),认为过多的欲望会扰乱民心;而南宋的大儒朱熹更是提出“存天理,灭人欲”的修身要求。当然,这些思想家虽然主张节制欲望,但并不否认一定限度内的欲望的合理性。以朱熹为例,他所主张的“存天理,灭人欲”从表面上看好像是在天理与人欲之间建立了一种绝对对立的关系,但事实上并非如此。他曾说:“饮食者,天理也;要求美味,人欲也。”又说过:“人欲便也是天理里面做出来,虽是人欲,人欲中自有天理。”(《朱子语类》)只要把欲望限制在一定的范围内,不要使欲望变成一堆烈火,就是合于理的。

欲火不仅会使个人的生命变得庸俗不堪，而且会给整个人类社会乃至我们生活的地球带来灾难。地球以及它所提供给我们的资源是有限的，但是人类的欲望却是无限的。如果任凭人欲无限发展，则必然会引起人类之间的争夺以及人类对于地球的掠夺。近现代人类社会的发展现实已经在某种程度上验证了这一点，而且这种状况仍在毫无悬念地恶化下去。大概正是出于这种担忧，美国诗人罗伯特·弗罗斯特曾以《冰与火》为题写下了这样一首绝望的诗篇："是的，世界终将毁灭。有的说，是燃尽于烈火；有的说，是碎裂于寒冷。就时下看，我说，多半会是因为那欲望之火。不过谁知道有没有第二次呢？这遍布的仇恨啊，足够再冻碎它一次！"弗罗斯特在这首诗中以火比喻欲望，以冰比喻仇恨，认为二者是毁灭世界的原因，可谓发人深省。需要补充的一点是：很多情况下，仇恨其实也是由欲望引起的！

（刘康德）

水浊则鱼噞，政苛则民乱

〔主术训〕

夫水浊则鱼噞①，政苛则民乱。故夫养虎豹犀象者，为之圈槛，供其嗜欲，适其饥饱，违其怒恚②，然而不能终其天年者，形有所劫也。

〔注　释〕

① 噞：鱼因缺氧气而浮出水面呼吸喘息的样子。 ② 恚：发怒。

〔鉴　赏〕

这句话的意思是，水太浑浊了，鱼儿就会浮出水面呼吸喘气；政令烦琐苛刻，民众就会动乱不安。这句话也曾出现于《韩诗外传》，但文字略有不同，今本《韩诗外传》作“水浊则鱼喁，令苛则民乱。”“噞”“喁”古音相近，意思相通。“噞”，高诱注作：“鱼短气出口于水，喘息之喻也。”“喁”，《说文解字》解释作：“喁，鱼口上见。”曾有学者据此推断此语是《淮南子》作者采《韩诗》而改之，但也有学者如马宗霍等认为，二书未必即出《韩诗》，“或古有是语两书同采之”。我们此处不必过多纠结于文字上的相同，因为二书引用此语所要表达的意思是不尽相同的。《韩诗外传》用以论证的是儒家式的、有恩有为的“有为之治”“礼义之治”，而《主术训》用以喻证的却是黄老道家式的、清静无事的“无为之治”。

《主术训》主要是围绕着统治者的治国之术而发的，其主张“人主之术，处无为之事，而行不言之教”，即黄老道家的“无为之治”。“无为之事”“不言之教”“无为之治”，不是要求统治者无所作为，而是要以“清静无事”的原则来治理国家。一方面，“人主”(统治者)自身要“清静寡欲”，少私寡欲，“圣人无常心，以百姓心为心”(《老子·四十九章》)，统治者不能有过多的私欲，更不能把自己的个人意志强加于百姓头上；而应该把百姓的意志作为自己的意志，根据百姓的需要和心意来施政。就像鱼儿与水的关系一样，本来鱼儿自身的生存和发展会对水有一定的需求和适应度，如果我们罔顾这一事实，人为地改变鱼儿的生存环境，则鱼儿会因水过于浑浊而无法悠然自得，相忘于江湖；同样的，统治者也不能因为自己过多的私欲而以频繁、苛杂的政令过多地干扰百姓的正常生活，这样不但不利于改善民众的生活水平和国家社会的安定，而且会加剧社会的动荡与不稳定。因此，统治者应该做到“清静而不动，一度而不摇；因循而任下，责成不劳”。另一方面，除了统治者加强自己的道德修养、“清静寡欲”外，更应该在治国方略和具体国策上奉行“清静无事”的原则，要与民休息，与民无事。《老子·六十章》说：“治大国若烹小鲜。”治理大国不能政令繁杂，不可多事扰民，而应该像煎小鱼那样，不能经常翻动。烹小鱼最忌不停地翻动，翻得越多越快，则鱼会碎得越快越厉害。就像一个相对宽松、相对自然的生存环境更适合鱼儿的生长一样，统治者应该适时适宜颁布政令，而不能政令频出，干扰老百姓正常的生活生产活动。

（张锦波）

志之所在，逾于千里

〔主术训〕

夫疾呼不过闻百步[①]，志之所在，逾于千里。

〔注　释〕

① 疾：猛、大。闻：使听到。

〔鉴　赏〕

大声呼喊只能传到百步之远，而人的志向所在却能够超越千里之外。《淮南子》由此所要突出的是志向的巨大效力，鼓励人们要敢于树立远大的志向。因为志向决定了一个人一生事业的方向，只有这个大方向确定了，人在为人处世的过程中才能够有一个明确的目标；同时，立志也意味着一个人的真正自觉与独立，意味着一个人对于自己责任的觉醒。就此而言，立志是一个人一生事业的起点，因此不可不慎。

历史上对“立志”讲述得最为透彻的人，要数南宋时期的大思想家陆象山了。象山曾说：“夫子十五而志学，则既得其端绪矣……今学者诚知端绪，则亹亹翼翼，自致日新之效者，其能自已乎？”（《陆九渊集》卷十二《与赵然道》）他在这里举了孔夫子的例子作为立志的典范，因为孔子曾说“吾十有五而志于学”（《论语·为政》），陆象山认为这是人之为人、为学、处世的开端和起点，只有把握好这个开端和起点，才能如木有根，如水有源，每天都有新的收获，向着自己的志向与理想迈进；反之，如果这个端绪迷乱了，那么人就很有可能会走很多弯路，以至于不知所措。

在阐明了“立志”作为人生自觉之起点的重要性的基础之上，象山还精辟地分析了“所志”与“所到”的不同。他曾说：“大抵学者且当论志，不必遽论所到。所志之正不正，如二人居荆杨，一人闻南海之富象犀，其志欲往，一人闻京华之美风教，其志欲往，则他日之问途启行，穷日之力者，所向已分于此时矣。若其所到，则岁月有久近，工力有勤怠缓急，气禀有厚薄昏明强柔利钝之殊，特未可遽论也。”(《陆象山集》卷六《与傅圣谟》)一方面，象山由此强调了“所志”为学者确立了一个基本的为学目标和方向，只要“所志”不谬，虽然工力、气禀人人有殊，当前“所到”的地方还不是很远，但只要循序渐进、持之以恒即不会有大的偏差；另一方面，象山也由此告诉我们，“志之所在，逾于千里”的“千里”只是理想中的“千里”，如果人们认为自己立下了一个到达千里之外的志向，就等同于已经到达了那里，就一了百了、不须努力了，将是非常可笑的。所以当有学生听了象山关于“立志”的讲解后，对象山说自己自从听了象山之言，就好像一阵风一样，迅速地达到了千里之外；象山对此不但没有感到欣慰，反而告诫那个学生说，“立志”作为人生自觉的端绪，只是为学为人的第一步，要想真正走到千里之外，还是需要一步一个脚印地踏踏实实走下去的。

既然立志如此重要，那么具体来说，我们应该以什么为志向呢？象山的回答是——“道”，他说：“士之于道，由乎己之学。然无志则不能学，不学则不知道。故所以致道者在乎学，所以学者在乎志。”(《陆象山集》卷二十一《论语说》)象山在这里是接着孔子的话讲的，孔子曾说：“士志于道，而耻恶衣恶食者，未足与议也。”(《论语·里仁》)所谓“道”，也即人所当行之路，它是至善、至美、至真的一种理想性象征。当象山说人应当立志于道时，并没有为人们规定一个具体的目标，而是说不管人们以什么为志向，都应当志存高远、“逾于千里”，符合真善美这一人类的终极理想。

总之，象山对于立志的讲解，很好地诠释了《淮南子》“志之所在，逾于千里”这句话。历史上大凡有所成就的人，都有着远大的志向与追求。我们要想做一番对人类有益的事业，都应当有一种“立志”的自觉，并为实现自己千里之外的理想而一步一个脚印地踏踏实实地走下去。

（刘康德）

禹决江疏河，以为天下兴利，而不能使水西流

〔主术训〕

禹决江疏河[1]，以为天下兴利，而不能使水西流；稷辟土垦草，以为百姓力农[2]，然不能使禾冬生。岂其人事不至哉？其势不可也！夫推而不可为之势[3]，而不修道理之数，虽神圣人不能以成其功，而况当世之主乎？

〔注　释〕

① 决、疏：都是疏通的意思。② 力：从事于、致力于。③ 而：王念孙认为“而”字是衍文。

〔鉴　赏〕

这句话的意思是，大禹能够疏通长江引导黄河，替天下人兴修水利，然而他却不能使江河改道西流。《淮南子》作者在这里借此以喻证黄老道

家“无为而治”的思想。

我们一般说黄老道家“无为而治”的思想是消极的、否定性的，但事实上这种“无为而治”思想却蕴含着积极的、肯定性的意蕴。“无为而治”并不是真的无所作为、不作为，而是强调遵循事物变化发展的客观规律，因势利导，顺应民情民意，以尽可能小的代价来换取最大化的社会长治久安，由“无为”而通达“无不为”。在这个意义上，这种“无为”更多的是种姿态、手段和方法，而不是目的，“无为而无不为”才是目的。之所以黄老道家主张以“无为”来获得“无不为”，其原因在于他们对事物变化发展的“道理之数”“不可为之势”的深刻体悟。事物的变化发展总有其特殊的客观规律，大禹虽然善于治理洪水，但是水自有其独特的流动规律，大禹无法光凭个人意志“使水西流”。同样的，稷虽然善于农事，但是也无法改变农作物自身的生长规律。即使是在高科技的今天，人们固然可以实现“使禾冬生”，但也只是以不同的形式在利用农作物生长规律而已。因此，《淮南子》作者感慨地说：“夫推不可为之势，而不修道理之数，虽神圣人不能以成其功，而况当世之主乎？”如果我们勉强去做那些自然趋势不允许的事情，不遵循事物的客观规律，那么就算你是圣人神仙也是无法将事情办成功的，更何况你还只是当今的普通君主呢？就像《老子·十六章》所说：“知常曰明。不知常，妄作，凶。”在这里，“无为而治”正体现出对事物变化发展的客观规律（“不可为之势”“道理之数”）的尊重和遵循。

另外，以往我们过多地讨论黄老道家的“无为而治”与儒家的“有为之治”之间的差别，而没有看到二者的共通之处。这二者在政治主张上虽有“无为”与“有为”、“消极”与“积极”等差别，但终极目的却是相同的，都是在探讨如何实现国家的长治久安和人民的安定和谐。禹之所以“不能使水西流”,其原因除了受制于“道理之数”“不可为之势”之外,还在于“禹决江疏河”的行为不是为了一己之私欲,而是“为天下兴利”,是以百姓的福祉为自己意志和行为的出发点和依归处。禹之“不能使水西流”,不是“不能”,而是“不为”“不肯为”。在这点上,黄老道家的理论着眼点和儒家是一致的,都强调“以民为本”“以百姓心为心”。

(张锦波)

非澹薄无以明德,非宁静无以致远

〔主术训〕

人主之居也,如日月之明也,天下之所同侧目而视,侧耳而听,延颈举踵而望也①。是故非澹薄无以明德②,非宁静无以致远,非宽大无以兼覆,非慈厚无以怀众,非平正无以制断③。

〔注　释〕

① 延:引长。踵:脚后跟。延颈举踵:伸长脖子,踮起脚跟。形容盼望十分殷切。② 澹:淡。薄:泊,漠。③ 制断:指裁决、明断

是非。

〔鉴　赏〕

“非淡泊无以明志，非宁静无以致远”是我们耳熟能详的一则名言，一般我们都认为这句话出自诸葛亮五十四岁时写给他八岁儿子诸葛瞻的《诫子书》：“夫君子之行，静以修身，俭以养德。非淡泊无以明志，故非宁静无以致远。”但是，事实上这句话并非是诸葛亮的原创，而是出自《淮南子·主术训》。

《主术训》在这里主要是想告诫君主应当如何修养自己的德性，才能成为天下人的楷模，从而影响天下百姓，使社会养成一股正气。因为在作者看来，“人主之居也，如日月之明也”，君主所居的位置非常显耀，就像日月之光芒，万众瞩目，每个人都能够看到；因此，君主就必须修身养性，君主的行为如果有什么瑕疵，立即便会被人们关注，从而对社会风气造成不良的影响。于是，《主术训》便对君主提出了澹薄、宁静、宽大、慈厚、平正五大要求，并用“非……无以……”这样的双重否定句式强调持守这五种德性的重要性。在这五种德性中，前两种主要是针对自身的心性存养而言，后三种主要是针对如何对待别人而言，因此前两种德性是后三种德性的根基。诸葛亮后来只选取前两句话，大概也是认为人的修养首先应当从自身的存心养性做起。

具体来说，“非澹薄无以明德”也即诸葛亮后来所赅括的“俭以养德”，“非宁静无以致远”也即诸葛亮所说的“静以修身”。“澹薄”对人的基本要求是节制自己的欲望，只有把欲望控制在一定的限度之内，才能够不使心灵驰骋于外物，才能反观自身、内守其德；“宁静”对人的基本要求则是打断心中的各种思虑杂念，只有消除了心中不断出现的各种思虑杂念，人心才能够静如止水、照人云天。同时，“澹薄”与“宁静”又是相辅相成的，因为如果人不能“澹薄”，欲望过多，过于追名逐利，则内心自然会有许多私心杂念、斤斤计较，自然不会“宁静”；同样，如果人不能“宁静”，内心各种思虑杂念过多，那么必然不会有一种远大明亮的志向，或者说志向必然是模糊而不坚定的，就自然会被各种欲望所牵引，便不会“澹薄”。

人生于世，必然会被各种外物所牵引，如贫富、贵贱、利害、得失等，也会面临声色、嗜欲等欲念的干扰；因此，作为一种对于人之道德修养的要求，“澹薄”与“宁静”是非常高远的一种精神境界，要想做到并非是一件容易的事情，必须下一番修养身心的工夫。孔子尝云：“虽不能至，心向往之。”（《史记·孔子世家》）我们应当有这种理想与志向。

（刘康德）

圣人之于善也，无小而不举；其于过也，无微而不改

〔主术训〕

古者天子听朝[①]，公卿正谏，博士诵诗[②]，瞽箴师诵[③]，庶人传语[④]，史书

其过，宰彻其膳[5]，犹以为未足也，故尧置敢谏之鼓[6]，舜立诽谤之木[7]，汤有司直之人[8]，武王立戒慎之鞀[9]，过若豪厘，而既已备之也。夫圣人之于善也，无小而不举；其于过也，无微而不改。尧、舜、禹、汤、文、武，皆坦然天下而南面焉[10]。

〔注 释〕

① 听朝：天子主持朝廷听政。 ② 博士：古代教授之官，掌古今史事侍问。博士始置于战国，秦汉因袭。诵：朗读、朗诵。 ③ 瞽：乐师。古代以瞽者（眼瞎者）作乐官，所以称乐官（乐师）为"瞽"。箴：规劝、告诫。师：乐师、乐官。 ④ 庶人：春秋时代的劳动者，后泛指一般平民。传语：有关官吏将庶人平民所议论的内容报告君王，称为"传语"。 ⑤ 宰：掌管膳食的官员。彻：通"撤"。 ⑥ 敢谏之鼓：指设在宫门外的鼓，臣民可击鼓进谏。 ⑦ 诽谤之木：指设在宫门外的木柱，以供人们书写对朝政的意见。 ⑧ 司直之人：负责监察的官员。 ⑨ 鞀：一种有柄的摇鼓。以摇鼓警戒君王言行谨慎。 ⑩ 皆坦然天下而南面焉：王念孙认为应是"皆坦然南面而王天下焉"。禹：王念孙认为"禹"字为衍文。"文"字也是后人所加。《吕氏春秋·自知》作"尧舜汤武"。

〔鉴 赏〕

这句话的意思是，圣主明君对于善事，无论有多小也必定去做；而对于过失，不论多小也要立即改正。《淮南子》作者在这里阐述了统治者自身素质与社会的长治久安、百姓的安定和谐之间的关系，这也是黄老道家“无为而治”思想的应有之义。

黄老道家学者虽然主张“无为而治”，提倡以“无为”的方式和手段来实现社会的长治久安、百姓的安定和谐，但是，“无为而治”并不排斥统治者的作用和意义。他们和儒家学者一样，都强调统治者的圆满人格的重要性。在黄老学者看来，统治者自身的道德修养不仅仅是个人的私德，而是直接与国家利益和人民福祉休戚相关的。诚如《大学》所说，“自天子以至于庶人，壹是皆以修身为本”。在《主术训》中，《淮南子》作者以尧、舜、禹、汤、文王、武王这些上古圣君为例，指出这些圣主明君之所以能够心胸坦荡地称王于天下（“坦然天下而南面焉”），都与他们注重“修身”密切相关。这些圣主明君不仅认真地接受朝廷和社会的常规性监督，还进一步对自身有着更高、更多的要求，如尧专门设置供进谏者敲击的鼓、舜专门树立了供人们书写意见的木柱、汤专门设立了监察官员、武王专门准备了警诫自己谨慎的摇鼓等。

但是，我们在看到黄老道家和儒家学者都强调统治者圆满人格的重要性这一点上的相通之处的同时，也需要注意他们言说的理论语境的不同。黄老道家学者是在如何更好地实行“无为而治”这一语境下思考这一问题的。人总免不了种种私欲，但是作为百姓福祉所系的统治者则不能有过多的私欲，因为统治者过多的私欲会直接影响于国家和社会的安定与和谐，从而无法使整个社会和百姓由“无为”而通达“无不为”。因此，统治者通过这种在“无为而治”原则指导下扬善改过的行为，一方面可以更好地约束自己的私欲，清静无事，更好地为百姓谋福祉，使百姓可以在相对自由、宽松的社会氛围下安居乐业，从而实现社会和谐与安定；另一方面可以最大化地整合社会资源,“总海内之智,尽众人之力”,最大限度地调动和发挥群臣百官和百姓的积极性和作用,从而实现国治民安。

(张锦波)

遍爱群生而不爱人类,不可谓仁

〔主术训〕

遍知万物而不知人道,不可谓智;遍爱群生而不爱人类,不可谓仁。仁者,爱其类也;智者,不可惑也。仁者,虽在断割之中[①],其所不忍之色可见也;智者,虽烦难之事,其不暗之效可见也[②]。

〔注　释〕

① 断割:困难的决断,抉择。 ② 暗:愚昧。

〔鉴　赏〕

这句话的意思是,普遍地爱护各种生物而不爱护人类本身,就不能叫“仁”。“仁”本是儒家所竭力提倡的道德品质之一,《淮南子》作者在这里将之作为君主的重要品质,与“智”一样,都放到“人主之术”的语境下加以阐述。从而强调,“仁”不仅仅是君子必修的德性之一,还是君主实现其统御百姓、治理国家的重要政治品格。

在儒家那里,“仁”是重要的道德品格,属于道德哲学或伦理学的哲学范畴。《主术训》中,“仁”固然也被界定为统治者(“人主”)的道德品格,但是与儒家不同的是,这里的“仁”也是治国者重要的政治品格,属于政治哲学的范畴。“仁”与“智”一样,是“人主”所应该具有的道德品质,但同时也是“人主”统御民众、治理天下所必备的政治品格。《淮南子》作者认为,君主统御之术尽管强调“智”,但是在对待群臣百官和民众百姓的时候,却还得以“仁”为正道,辅之以“智”术,只有将“仁”与“智”相结合,才能更好地治国安天下。《主术训》说:“凡人之性,莫贵于仁,莫急于智。仁以为质,智以行之,两者为本,而加上以勇力辩慧、捷疾劬录、巧敏迟利、聪明审察,尽众益也。身材未修,伎艺曲备,而无仁智以为表干,而加之以众美,则益其损……故有野心者,不可借便势;有愚质者,不可与利器。”就人的本性而言,“仁”和“智”最为珍贵和重要。治国者应该将“仁”作为其所具有的根本性的道德品格,并以“智”来实践这种根本性的道德品格。治国者只有将“仁”与“智”有机地结合起来,并将之视为诸道德品格和其他实践能力(“勇力辩慧”“捷疾劬录”“巧敏迟利”“聪明审察”)可以更好地展现出来的基础,这样才能将其自身的所有长处完美体现出来;反之,如果不以“仁”与“智”的有机结合为基础,不以“仁”和“智”为标尺和主干,只是倚仗自身学到的一些雕虫小技,这种粗俗野心之人,如果让他得到有利的地位,将不利于国家的稳定、社会的和谐和人民的幸福安康。因此,在这个意义上,如果说儒家将“仁”上升为“道”的层面(即将“仁”视为最高的道德范畴),《淮南子》

作者更多地将“仁”落实到“术”的层面，即将“仁”看作是治国者可以实现其统治的重要的道德品质和政治品格。

另外，诚如司马谈在《论六家要旨》中所说，黄老道家“采儒墨之善”，他们不再像先秦道家那样鲜明地反仁、反智，而是在道家思想的义理体系下吸纳了儒家的仁、智等思想，并作出了道家式的解释。一方面，他们不再像老子一样说着“绝圣弃智”“绝仁弃义”（《老子·十九章》）等极端而又易引起误解的话语，而是看到“仁”“智”等在现实政治生活中的作用和意义，将之视为治国者应具有的重要素养，使得道家学说从“蔽于天而不知人”的批评声中解脱出来，也在某种意义上增加了道家“无为而治”政治主张的可操作性；另一方面，黄老道家又对“仁”“智”等概念作了道家式的解释，将之放置到“术”的层面上，这种道家语境下的“仁”“智”，是道家的“道”落实到现实政治世界和现实生活世界的具体表现，不过是黄老道家“无为而治”的政治理想得以实现的具体要求和现实手段而已。

（张锦波）

慈父之爱子，非为报也

〔缪称训〕

慈父之爱子，非为报也，不可内解于心①；圣人之养民，非求用也，性不能已;若火之自热,冰之自寒,夫有何修焉?及恃其力,赖其功者,若失火舟中[2]。

〔注　释〕

① 解:解除。② 若失火舟中:原注为:"言舟中之人同心救火,不相为赐也。"

〔鉴　赏〕

慈父关爱儿子,并非是想得到子女的报答,而是因为无法抛开内心的那颗爱心。也就是说,父之爱子,是出于人的一种自然感情,是一种内心真情的流露,不应当有任何功利的目的在其中。同样,《淮南子》认为,圣人之于百姓的关系,也与父之于子的关系一样,不应当有任何功利的目的在其中,而应当出于一种自然之情,把爱民当作自己的天职。当然,慈父不求子之报,圣人不求民之用,并不是说子女就真的不报答父亲的养育之恩,民众就真的不感念圣人的爱民之功,父亲最终还是需要子女赡养,圣人也还是需要百姓出力的;但这一切的发生,都应当像船上的人同心救火一样,出于一种情之自然,而没有半点矫揉造作。

从《淮南子》上述关于父子、君民关系的论述中,我们可以看到,《淮南子》在这里的一个核心用意是要强调父子、君民之相处,应当出于人情之自然。这应当说是中国古代思想家对于人与人之间关系之处理的一种普遍意见。比如《孟子·梁惠王上》有一段脍炙人口的言论:"老吾老,以及人之老;幼吾幼,以及人之幼。天下可运于掌。诗云:'刑于寡妻,至于兄弟，以御于家邦。'言举斯心加诸彼而已。故推恩足以保四海，不推恩无以保妻子。古之人所以大过人者，无他焉，善推其所为而已矣。今恩足以及禽兽，而功不至于百姓者，独何与？"古人认为一切社会关系的建立都应当出于情之自然，由内而外层层扩充出去，这样人与人之间的情感才足够真挚，家庭才能真正和睦，天下才能真正太平。古人由此所欲达成的最高理想是天下为一家的大同社会："大道之行也，天下为公，选贤与能，讲信修睦。故人不独亲其亲，不独子其子，使老有所终，壮有所用，幼有所长，鳏寡孤独废疾者皆有所养，男有分，女有归。货恶其弃于地也，不必藏于己；力恶其不出于身也，不必为己。是故谋闭而不兴，盗窃乱贼而不作，故外户而不闭。是谓大同。"（《礼记·礼运》）

古人这种以"情"为基础建构社会关系的观念与现代社会以"法"为基础规范各种社会关系的理念有着很大的不同。如果一切社会关系都以"情"为基础，那么人与人之间便都能够发自内心地真诚相待，小到家庭、大到国家，便会有一种真正的和睦，人们便能常常感受到种种温暖与幸福。而如果一切社会关系都只是单纯以"法"为基础，那么人与人之间的关系都归于一种契约，甚至于父子关系、夫妻关系都需要契约的规范，这样也极易导致诸如夫妻在结婚之前先签好离婚之后财产如何分配的合同之类的怪象，这样的社会往往会缺乏一种情感的真挚与温暖，人与人之间也便会缺乏信任。

当然，以"情"为基础的社会也会出现诸如许多人批评的假借人情谋私利等弊病，但这其实又是另外一个问题。试想，在以"法"为基础的社会中难道就不会出现假借"法"来谋私利的行为吗？所谓谋私利是由人的私心引起的，人的私心可以假借任何东西来谋私利，故谋私利本身与人情无关。相反，真情是排斥私心杂念的，如果人们都能够真正做到“老吾老以及人之老，幼吾幼以及人之幼”，互相之间能够以真情相待，那么社会自然会更为和睦安宁。

总之，在我们当今这个过于讲究契约的社会，人与人之间的信任度急剧下降，以至于冷漠成为一种社会风气的时候，我们的社会迫切地需要真情的回归。

（刘康德）

多欲亏义，多忧害智，多惧害勇

〔缪称训〕

有义者不可欺以利，有勇者不可劫以惧，如饥渴者不可欺以虚器也①。人多欲亏义，多忧害智，多惧害勇。

〔注　释〕

① 虚器：虚空之器，即没有装东西的空罐子。

〔鉴　赏〕

智、仁、勇是中国古人所认定的“三达德”，也即三种最重要的德性。

如《中庸》说："智、仁、勇三者，天下之达德也。所以行之者一也。或生而知之，或学而知之，或困而知之，及其知之，一也。或安而行之，或利而行之，或勉强而行之，及其成功，一也。子曰：'好学近乎智，力行近乎仁，知耻近乎勇。'知斯三者，则知所以修身，知所以修身，则知所以治人，知所以治人，则知所以治天下国家矣。"这就是说，智、仁、勇三者是通行天下的三种最重要的德性，人们要践行这三种德性，就必须有一颗追求至善的诚心；不管通过什么样的方式，体悟与践履这三种德性都应当是人们所追求的最高理想，因为只有能够体悟和践履这三种德性，才能够知道如何修身、治人、平天下。可见，古人是把这三种德性视为人生之根本来看待的，确切地了解这三种德性的具体内涵有助于我们体察古人对于人生修养的洞见。

《淮南子》所说的"多欲亏义，多忧害智，多惧害勇"三句话，实际上从"三达德"的反面诠释了"三达德"的内涵，并且提示了我们在践行"三达德"时所应注意的事项。以下我们按照《淮南子》"义""智""勇"的次序依次论之。

首先，"义"即"仁义"之"义"，指的是公正、合理而应当做的，因此与"仁"的内涵基本是相同的。说起仁义，我们往往会与儒家联系起来，孔子教学即以仁义为核心，劝人行善。然而，正如《淮南子》"多欲亏义"所提示的，如果欲望过多，则在行善的过程中便会有所动摇，乃至因个人的私欲而为恶。所以要想做到仁义，就必须首先节制自己的欲望。但是，"欲"作为人的一种自然本能，有时又不是那么好控制的。我们常说，做一件好事容易，要想一辈子都做好事就难了，正是基于这一点而言的。所以孔子从来不轻易以“仁”许人，他曾这样称赞自己最得意的门生颜回：“回也其心三月不违仁，其余则日月至焉而已矣。”（《论语·雍也》）由此可见，为仁永远是“进行时”而非“完成时”，“力行近乎仁”，它要求我们时时事事克除私欲杂念，以善为归宿。

其次，《淮南子》认为对“智”最大的威胁是“忧”。这里的“忧”显然不是忧国忧民的“忧”，为弄清其涵义，我们不妨先来看一则《论语》中相关的材料：“叶公问孔子于子路，子路不对。子曰：‘汝奚不曰：其为人也，发愤忘食，乐以忘忧，不知老之将至云尔。’”（《论语·述而》）当叶公向子路询问孔子的为人时，子路没有回答，孔子知道后，便以“发愤忘食，乐以忘忧”自评，这里的“忧”显然是指自己个人生活中的各种烦恼，诸如孔子提到的“老之将至”之类。只有做到忘忧，才能专心于学，而“好学近乎智”，所以孔子晚年而喜《周易》，以至于“读《易》，韦编三绝”（《史记·孔子世家》）。而孔子之所以重视“智”，是因为“好仁不好学，其蔽也愚”（《论语·阳货》），“智”是“仁”的保证，只有不断地学习，才能明善。

最后，《淮南子》认为对“勇”最大的威胁是“惧”，这一点应该比较好理解，一个前怕狼后怕虎的人是谈不上“勇”的。需要补充一点的是，在古人看来，“勇”作为一种德性，必须与“仁”结合在一起。孔子弟子中最有“勇”的学生子路曾问孔子：“君子尚勇乎？”孔子回答说：“君子义以为上，君子有勇而无义为乱，小人有勇而无义为盗。”（《论语·阳货》）有勇而无仁义只是匹夫之勇，只有见义而勇为，才是真正的勇，所以说“仁者必有勇，勇者不必有仁”（《论语·宪问》）。

（刘康德）

知己者不怨人，知命者不怨天

〔缪称训〕

福生于无为，患生于多欲，害生于弗备，秽生于弗耨[①]。圣人为善若恐不及，备祸若恐不免。蒙尘而欲毋眯，涉水而欲无濡[②]，不可得也。是故知己者不怨人，知命者不怨天。福由己发，祸由己生。

〔注　释〕

① 秽：杂草。耨：除草。 ② 涉：步行过水。濡：沾湿。

〔鉴　赏〕

"知己者不怨人，知命者不怨天"这两句话实际上包含了这样一种逻辑：知己则能知人，从而能够推己及人，换位思考，故不怨人；知命则能知天，从而能够顺天安命，故不怨天。前一句话侧重从人道上讲，后一句话侧重从天道上讲，其中都蕴涵了很高远的精神境界，以下我们分而言之。

就"知己者不怨人"来说，"知己"意味着对于人性本身的彻底了解，《老子·三十三章》云："自知者明。"正是因为做到了对于人性本身的洞见，所以才称得上"明"。而人同此心，心同此理，人们的行为与思维都是有其相近之处的，能够做到"自知"，做到洞察人性，也便意味着对于他人能够有一种"同理心"。基于这种同理心，懂得换位思考，就自然不会怨人了。

这种“知己者不怨人”的境界其实也即孔子的忠恕之道。孔子曾说：“吾道一以贯之。”当弟子都不解何意时，曾子解释说：“夫子之道，忠恕而已矣。”（《论语·里仁》）对此，钱穆先生解释道：“尽己之心以待人谓之忠，推己之心以及人谓之恕。人心有相同，己心所欲所恶，与他人之心之所欲所恶，无大悬殊。故尽己心以待人，不以己所恶者施于人。忠恕之道即仁道，其道实一本之于我心，而可贯通之于万人之心，乃至万世以下人之心者。而言忠恕，则较言仁更使人易晓。因仁者至高之德，而忠恕则是学者当下之工夫，人人可以尽力。”（《论语新解》）正是由此，孟子说：“行有不得者，皆反求诸己。其身正，而天下归之。诗云：永言配命，自求多福。”（《孟子·离娄上》）君子为人处世之道，首先在于知己，若是“行有不得”，则“反求诸己”而已矣，自然便不会怨人了。

再就“知命者不怨天”来说，“命”指的是人的生死、贫富、贵贱等一切遭遇，“知命”的人知道“天行有常，不为尧存，不为桀亡”（《荀子·天论》），“天地不仁，以万物为刍狗”（《老子·五章》），“天”有自己的运行之道，“天”本身并没有偏向谁；因此，人的命运之差异除了与个人的努力有关之外，都是自然发展的结果，事情的自然进展是我们无法改变的，我们能够做的只能是改变我们自己。所以《淮南子》说“福由己发，祸由己生”，福祸的改变都只能靠自己的努力，而不能把责任推到天上去；进一步来说，即使自己的努力没有得到回报，那也是各方面的因素自然发展的结果，也不能把责任推给天。明白了这一点，自然也就不会“怨天”了。

总之，“知己者不怨人，知命者不怨天”这两句话的重点都是强调要反求诸己，凡事都要靠自己的努力，不能情绪化地把责任一味地推给别人或上天，却不知反省自我。

（刘康德）

骐骥千里，一日而通；驽马十舍，旬亦至之

〔齐俗训〕

夫待騕褭、飞兔而驾之[①]，则世莫乘车；待西施、毛嫱而为配[②]，则终身不家矣。然非待古之英俊，而人自足者，因所有而并用之。夫骐骥千里，一日而通；驽马十舍，旬亦至之[③]。由是观之，人材不足专恃，而道术可公行也。

〔注 释〕

① 騕褭、飞兔：均为古代骏马的名称。 ② 西施、毛嫱：均为古代著名美女。 ③ 舍：古代称宿营为"舍"，《左传·庄公三年》说："凡师一宿为舍。"十舍即十日。旬：一旬十天。

〔鉴 赏〕

千里马一天就能跑完一千里的路程，但一般的马也能在十日之内走

完这一千里路。《淮南子》通过这句话所要表达的是，每个人都是有价值的，不能因为一个人能力比另一个人能力强而否定了另一个人的价值；同时，不能只用天生的能力为标准来衡量人的价值，也要看他后天的作为。

其一，就每个人都有其价值来说，《淮南子》打了两个生动的比方：如果一定要等到有了騕褭和飞兔这样的骏马才驾车，那么天下人就别想乘车了；如果一定要等到有了西施和毛嫱这样的美女才婚配，那么终身也别想成家了。騕褭和飞兔这样的骏马，以及西施和毛嫱这样的美女在世界上毕竟是少数，如果只肯定这种骏马、这种美女的价值，并因此而否认了其他马、其他女子的价值，显然是有问题的。落实到人类的社会生活而言，普通大众毕竟在社会上占绝大多数，而英雄豪杰毕竟是极少数。如果舍去了这大多数而只依靠这极少数，社会是发展不起来的。也正是因此，历史上大凡有所建树的政治家和大思想家无不重视民众的力量。如汉代思想家贾谊曾说："国以民为本，君以民为本，吏以民为本"；"民者，万世之本也"(《新书》)。《荀子·哀公》中引述了孔子的这样一段话："且丘闻之，君者，舟也；庶人者，水也。水则载舟，水则覆舟。"后来唐初名相魏徵和唐太宗也多次转引这样的观点，如："臣又闻古语云：'君，舟也；人，水也。水能载舟，亦能覆舟。'陛下以为可畏，诚如圣旨。"(《贞观政要·论政体》)

其二，就看待一个人的价值还要考察其后天努力来说，先天条件好的人如果不努力的话，最终亦会一事无成；而先天条件相对差一点的人，只要后天不断地努力，也能取得很高的成就。《荀子·劝学》中有一段与《淮南子》类似的话，正说明了这个道理："骐骥一跃，不能十步；驽马十驾，功在不舍；锲而舍之，朽木不折；锲而不舍，金石可镂。"人最宝贵的价值在于后天的努力与奋斗，如《中庸》所说："人一能之，己百之，人十能之，己千之。果能此道矣，虽愚必明，虽柔必强。"如果能够总是付出十倍于别人的努力，何愁赶不上别人呢？

正是基于以上两点，《淮南子》得出了"人材不足专恃，而道术可公行也"的结论，认为国家的治理应当依靠大众的力量，践履"道术"的事业是每个人都能参与进来的。

（刘康德）

林中不卖薪，湖上不鬻鱼，所有余也

〔齐俗训〕

夫民有余即让，不足则争。让则礼义生，争则暴乱起。扣门求水①，莫弗与者，所饶足也；林中不卖薪，湖上不鬻鱼②，所有余也。故物丰则欲省，求澹则争止。

〔注　释〕

①扣：通"叩"。②鬻：卖。

〔**鉴　赏**〕

这句话的意思是，在山林中柴薪难以出售，在湖区鱼虾也不易售出，因为这种地方有的是这类东西。在这里，《淮南子》作者借此阐述了“民有余即让”“让则礼义生”的观点。

《淮南子》说：“夫民有余即让，不足则争。让则礼义生，争则暴乱起。……故物丰则欲省，求澹则争止。”这就是说，人们都丰衣足食就会互相谦让，而人民衣食不足就会互相争抢。互相谦让则礼义就会产生，而互相争抢则暴乱就会兴起。因此，如果人们的物质丰富了，人们的贪欲就会减省；而需求得到满足了，争夺的事情就会止息下来。乍看下来，这里似乎呈现出这样的思维逻辑：有余→让→礼义；不足→争→暴乱。但是，《淮南子》在这里所表达的，并不是将“有余”作为“让”的行为发生的直接原因，也不是说“让”的行为会直接导致“礼义”的产生；而是认为如果人们都衣食丰足了，那么人们就无须为了衣食等问题起争执，甚至争抢。不争执或争抢，则人们就有可能会互相谦让起来。换句话说，“有余”能够为“让”的发生提供更为有利的可能性条件或前提，“有余”这一场景或情境的存在让“让”的行为发生显得更为可能、更加现实。就像在山林地区，柴薪并非稀缺资源，人们对柴薪的欲求值也会因为其非稀缺性（“有余”）而自然变得很小。这样的话，人们由于这种极小的欲求值而可能产生“让”的行为的概率则将远大于可能产生“争”的概率。同样的，“让”的行为也更有利于“礼义”的产生，“不足”更容易导致“争”的发生，“争”则更为可能导致“暴乱”。《淮南子》作者看到这种“有余”“不足”对现实生活的影响力，进而主张应该通过控制物质的丰富与否、需求的满足与否来调节人们的欲望、社会的治乱，从而更好地达到国泰民安的效果。

此外，“夫民有余即让”“让则礼义生”的观点是与黄老道家“无为而治”的政治主张相一致的。黄老道家不赞成儒家式或法家式的积极有为的社会教化或政治管制，而主张通过“处无为之事”“行不言之教”的方式让民众在相对宽松、相对自由的社会氛围下“自然而然”地形成和谐的社会秩序、稳定的社会结构。而这种创造“有余”的方式则无疑是黄老道家“无为而治”政治理念的最佳选择。《管子》中有段名言，即“仓廪实则知礼节，衣食足则知荣辱”（《管子·牧民》），说的也正是这个意思。

（张锦波）

物盛而衰，乐极则悲

〔道应训〕

夫物盛而衰，乐极则悲；日中而移，月盈而亏。是故聪明睿智[1]，守之以愚[2]；多闻博辩，守之以陋；武力毅勇，守之以畏；富贵广大，守之以俭；德施天下，守之以让。此五者，先王所以守天下而弗失也。反此五者，未尝不危也。

〔注　释〕

① 睿：聪明。 ② 守之以愚：以愚守之。

〔鉴　赏〕

“物盛而衰，乐极则悲”说的是事物的发展达到顶点之后，如果没有忧患意识，必然会走向另一个极端。其中，“物盛”与“乐极”相对应，“衰”与“悲”相对应。如果事物发展到顶点之后，自以为足，于是“乐”到了“极”点，那么，事物在此时也就失去了发展的动力。在极盛一时、极乐一时之后，也必然走向悲哀。《淮南子》在这里虽然也谈及自然事物，如“日中而移，月盈而亏”，但“物盛而衰，乐极则悲”的往复循环，还是在人间中发生的最多。大概也正是因此，《淮南子》随后着墨的重心乃是人间之事物，提出了五种人们需要警惕的“物盛”“乐极”之事：

其一曰“聪明睿智，守之以愚”。十分聪明的人，要靠愚笨来持守。也就是说，十分聪明的人在做事时不能总是自以为聪明，而是要保持一种谦虚谨慎的态度。正所谓“智者千虑，必有一失”，只有谦虚谨慎，才能够保证万无一失。

其二曰“多闻博辩，守之以陋”。一个知识广博的人，要靠孤陋寡闻来持守。庄子曾说，“吾生也有涯，而知也无涯”（《庄子·养生主》），在有限的生命内，人必然是无法穷尽所有知识的，如果总是自我感觉良好，以为自己无所不知，则必有闹笑话的一天。

其三曰“武力毅勇，守之以畏”。一个勇武刚强的人，要靠怯懦畏惧来持守。人的勇气无论有多大，武功无论如何好，一个人终归不能力敌三军。如果心中真的没有一点担忧，则早晚会为此付出生命的代价。

其四曰“富贵广大，守之以俭”。富贵宽裕，要靠朴素节俭来持守。俗话说，天上不会掉馅饼，富贵的得来本来就需要艰苦朴素、一点一滴的积累。俗语又云，富不过三代。再富贵的家庭也经不起三代的挥霍。

其五曰“德施天下，守之以让”。德泽施及天下，要靠退让谦逊来持守。君主坐拥天下，不能因为对于百姓的点滴恩惠就觉得功盖天下，可以任意享受、支使民众了；而是要始终以让利于民的态度爱民如子。只有如此，才能常保江山之稳固。

总之，“满招损，谦受益”（《尚书·大禹谟》），我们必须懂得谦虚退让、戒慎恐惧的道理；只有如此，才能避免“物盛而衰，乐极则悲”的发生。

（刘康德）

百川异源而皆归于海，百家殊业而皆务于治

〔氾论训〕

百川异源而皆归于海①，百家殊业而皆务于治②。

〔注　释〕

① 川：河流。② 百家：指春秋战国时期涌现的以救治时弊为目的的诸子百家。《汉书·艺文志·诸子略》：“凡诸子百八十九家。”治：社会的安定。

〔鉴　赏〕

在《淮南子》看来，虽然诸子百家有着各自不同的思想主张和义理体系，也有各自不同的现实实践活动，但是就像源头各异的江海湖泊最后都会流归于大海一样，这些迥然各异的诸子百家也有着相同的思想归旨，即它们都以治理好天下社会为其目的。这既是西汉初年黄老道学和其他思想流派的思想特征，又是道家“以道为化，大归于一”思想的具体体现，也是其“时变”思想的具体表现。

以往我们过于严格突出诸子百家思想的差异性，却相对忽略了它们在各自理论和实践发展过程中的相互融合性。如汉初的黄老道家思想就不仅仅是道家理论的自身封闭性的承继，更是吸纳了儒、墨、法等其他学派的思想，并作出道家式的阐释，从而丰富和拓展了道家自身的理论和实践空间。与刘安同时代的太史公司马谈也持此观点。他在《论六家要旨》中说：“夫阴阳、儒、墨、名、法、道德，此务为治者也，直所从言之异路，有省不省耳。”在他看来，阴阳家、儒家、墨家、名家、法家、道德家六派思想都以天下治为其目的，只是由于他们各自不同的研究视角而呈现出不同的理论面貌和不同的政治主张。司马谈本人十分推崇黄老道家，但是他的理由却在于：较之阴阳家、儒家、墨家、名家、法家五派思想各有一偏(“省”)，他们在“治”的问题有“得”却也有“失”；而道德家(黄老道家)却是“不省”的学说，是涵摄了其他五派之长而同时克服它们之短的“全”的学说。他说，黄老道家“其为术也，因阴阳之大顺，采儒墨之善，撮名法之要，与时迁移，应物变化，立俗施事，无所不宜，指约而易操，事少而功多”。因此，司马谈认为，黄老道家与阴阳家、儒家、墨家、名家、法家的差异，不是思想性质上的不同，而是他们在“务为治”的方式、途径等问题上的“不省”与“省”、全与偏的差别。

既然“百家殊业”在本质上没有差别，而只是在治国之道的方式、途径等问题上存在“省”与“不省”差别，那么，我们在具体的治国方略等问题上也无须抱着“非此即彼”“定是定非”的态度，而应该本着“以道为化，大归于一”的理论态度和实践品格，因时制宜，“随时而动静”“因时变而制适宜”，以“时变”为其指导原则来解释现实生活世界的种种问题。诚如《氾论训》所说：“苟利于民不必法古，苟周于事不必循旧。”

（张锦波）

为治之本，务在于安民；安民之本，在于足用

〔诠言训〕

为治之本，务在于安民；安民之本，在于足用；足用之本，在于勿夺时；勿夺时之本，在于省事；省事之本，在于节欲；节欲之本，在于反性；反性之本，在于去载①；去载则虚，虚则平。平者，道之素也；虚者，道之舍也②。

〔注　释〕

① 载：是指内心世界的一种精神负担。② 素：本色，本来的面貌。舍：藏身的处所。

〔鉴　赏〕

这段话既是黄老道家民本思想的具体体现，也是其“无为而治”的政治思想的贯彻。

民本思想一直是中国传统文化的重要组成部分。早在西周开创者那里，他们在伐商兴周的历史变革中便已深切地领会到民众的力量，故而反反复复告诫自己的子孙们：千万不要忽视民众的力量，要以民为本。以至到了残暴的周厉王时代，贤明的召公仍然劝诫厉王“防民之口，甚于防川”。虽然这里的“民”与我们今天理解的“人民”有所区别，但是“民”“百姓”一直在中国传统政治思想中占有重要的地位。《论语·宪问》记载：“子路问君子。子曰：‘修己以敬。’曰：‘如斯而已乎？’曰：‘修己以安人。’曰：‘如斯而已乎？’曰：‘修己以安百姓。修己以安百姓，尧舜其犹病诸！’”子路问孔子如何才算得上君子？孔子首先回答说：“修养自己来严肃认真地对待工作。”子路追问是不是还有更高的标准，孔子进一步回答道：“修养自己来安抚亲友。”当子路再次追问“是不是还有更高的君子标准”的时候，孔子说：“修养自己来使所有老百姓安定。这种君子标准，恐怕连尧、舜都还没有完全做到哩！”在这里，“修己以安百姓”成为儒家道德修养的最高标准，也是儒家式的具有道德色彩的“以民为本”思想的重要体现。另外，老子等先秦道家也极力主张“以民为本”。在《老子》一书中，老子屡屡告诫统治者要重视民众的力量，要以民为本，“以百姓心为心”。如《老子·七十四章》说：“民不畏死，奈何以死惧之？”

但是，我们也需要看到黄老道家与先秦儒家“民本”思想的差异性。先秦儒家主张通过统治者道德修养，以自己的榜样力量，以身作则，通过仁义礼智等道德教化来实现社会的长治久安。相对而言，黄老道家则表现出“无为”的特征来。《诠言训》说：“为治之本，务在安民；安民之本，在于足用；足用之本，在于勿夺时；勿夺时之本，在于省事；省事之本，在于节欲；节欲之本，在于反性；反性之本，在于去载。”他认为，统治者应该抛弃内心世界那些多余的精神欲求（“去载”），返归自己虚静平和的天性（“反性”），节制自己过度的物欲（“节欲”），减少徭役（“省事”），不夺农时（“勿夺时”），从而使民众可以丰衣足食（“足用”），从而可以收到民安国治的社会效果。《淮南子》在这里把“为治”“安民”的落脚点放在“省事”“节欲”“去载”上，而这种“去载”“节欲”“反性”“省事”行为正是黄老道家竭力提倡的“无为”原则下的治国方略。

（张锦波）

独任其智，失必多矣

〔诠言训〕

君好智，则倍时而任己，弃数而用虑[①]。天下之物博而智浅，以浅澹博②,未有能者也。独任其智,失必多矣。故好智,穷术也。

〔注　释〕

① 倍:背,违反、违背。数:道理。 ② 澹:通“担”,承担。这里指应对。

〔鉴　赏〕

《淮南子》通过“独任其智,失必多矣”这则名言所要表达的一个基本道理是:相对于广博的天下事物来说,“智”总是浅薄的、不够用的,因此,谁要是“独任其智”,失之必多。值得注意的是,《淮南子》这里所说的“失”不仅仅指智虑计算的失误,更是指人性层面的失德。

具体来说,“智”在给人带来正面影响之同时,也给人带来负面影响。那就是,人们在“任智”的过程中所形成的经纪条理、理性法则(逻辑训练而形成的机心)会导致人们自以为“受过逻辑训练的心智能够计算一切,因而最为盛气凌人”(海德格尔《在通向语言的途中》)。

这样,技术理性(知识的真假)也就向伦理道德(德性的善恶)转化。由于“独任其智”者认为用了这些经纪条理、理性法则既能够涵盖一切、解决所有(理性至上),可以“资章甫而适诸越”(《庄子·逍遥游》),又能够计算一切、推断所有,可以“见卵而求时夜,见弹而求鸮炙”(《庄子·齐物论》),因而变得盛气凌人、颐指气使,给人以压迫感。

这种情况,古今中外屡见不鲜。一部科学技术史就说明,人一旦禀受了技术理性,也往往会变得傲慢骄奢、与众不同。约翰·C.金布尔就这样评说:“当所有诗人、哲学家和神学家都有一种‘悭吝小气、渺小无力’的倾向时，所有发明家却都‘行为英勇、气宇轩昂’。”（乔治・巴萨拉《技术发展简史》）同样，庄子也在《天道》中指出，有人因“知巧而睹于泰”，即有人因知识技巧而呈现骄骜之色，其嘴脸是“容崖然”“目冲然”“颡頯然”“口阚然”“状义然”，趾高气扬、躬矜容智、眉睫骄气逼人，给人以压迫感。如真的出现这种情况，在庄子看来是叫“以知穷德”（《庄子・缮性》），是一种没有德性的表现。

庄子还以鸡喻人，以说明这种情况。庄子在《达生》中说：“纪渻子为王养斗鸡。十日而问：鸡已乎？曰：未也，方虚憍而恃气。十日又问，曰：未也，犹应向景。十日又问，曰：未也，犹疾视而盛气。十日又问，曰：几矣，鸡虽有鸣者，已无变矣，望之似木鸡矣，其德全矣。”在这里，“望之似木鸡”，谓之“其德全”；那么，看上去一派矜恃骄骜模样，也就是无德性的表现。

总之，与其做一个“独任其智”、盛气凌人而没有人情味的智者，倒不如做一个待人真诚、忠实厚道而洋溢着人文关怀的愚者，因为在一个纯粹智性的世界中，人也就失去了其最可宝贵的情感活力，正所谓“好智，穷术也”。

（刘康德）

非易不可以治大，非简不可以合众

〔诠言训〕

蓼菜成行，瓶瓯有堤[1]，量粟而舂，数米而炊，可以治家，而不可以治国。涤杯而食，洗爵而饮，浣而后馈[②]，可以养家老，而不可以飨三军。非易不可以治大，非简不可以合众。

〔注　释〕

① 蓼菜：植物名，生在水边。瓯：盆盂一类的瓦器。堤：瓶瓯的底座。原注为“堤，瓶瓯下安也”，“下安”即下座，也即底座。一说“堤”为“提”，谓瓶瓯有两耳，可以用绳提挈也。② 爵：古代的一种饮酒器。浣：洗。馈：进食。

〔鉴　赏〕

这句话的意思是，不平易不能办大事，不简约不能聚众人。这里说的“简”“易”，并不是说要简单化地来处理问题，而是说要以“道”的原则为指导，以“无为”的方式来处理事情。只有依“道”而行，“无为”而为，我们才可以“无不为”，才可以“治大”“合众”。在这个意义上，“简”“易”是与“无为”同义，是“无为”的具体表现方式和实践手段，也是“无为”的主要特征。

《周易·系辞上》说：“乾以易知，坤以简能。”唐人孔颖达注疏道：“‘乾以易知’者，易谓易略，无所造为，以此为知，故曰‘乾以易知’也。‘坤以简能’者，简谓简省凝静，不须繁劳，以此为能，故曰‘坤以简能’也。”按照孔颖达的解释，“易”指“易略”“无所造为”，“简”是指“简省凝静”“不须繁劳”。这里的“简”“易”与《淮南子》所说的“简”“易”，在意思上有其相同之处，都蕴涵着“无为”的意思。在现实生活中，人们总是习惯于将自己的意志或臆见过多地强加于他人他物之上，尤其是统治者更乐于将自己无穷的私欲转化成为繁苛的政令等,这些都忽略了“道”本身的自然而然的特性,都不利于事物的正常发展和社会的有序安定。因此,一方面,作为统治者需要“节欲”,克制自己过多的私欲,不让自己的私欲干扰社会的正常发展,“简”“易”在这个意义上正体现于统治者对自己那些可能会干扰社会正常有序发展的私欲的克制上。“简”“易”则表现为:“我无为,而民自化;我好静,而民自正;我无事,而民自富;我无欲,而民自朴。”(《老子·五十七章》)另一方面,如果前面主要是就统治者的道德修养和政治品格而言的话,那么“简”“易”还体现在具体的治国之道上。“简”“易”是以遵循“道”的自然性、客观性为前提,不以繁苛的政令、税敛等扰民,以“无为”的方式来治国,将原则性与灵活性有机结合起来,让百姓在相对宽松、相对自由的社会环境中安居乐业。

以往我们把道家的“无为而治”看得过于神秘或消极,其实不然。第一,道家讲的“无为而治”是强调统治者自身采取“无为”或否定性方式,不以过多的有为的因素干扰事物,尽可能减少外界因素对事物存在和发展的干扰,依托事物自身发展规律而非外界的诱因,实现事物“自然而然”地发展。这看似“无为”,其实仍是种“有为”,是“道”的层面的“有为”。“无为”是强调对“道”的遵循和对个人意志的摒弃;而“有为”则表现为事物自身发展和人两方面的共赢。这也就是说,“无为”是手段、方法,而“无不为”或“有为”则是目的、归旨。第二,从“术”的角度来看,道家讲的“无为而治”作为实现国治民安的途径、方法,体现出以最小化成本或代价(“无为”)来获得最大化、最优化利益或功效(“无不为”)的价值取向。统治者对社会的治乱、国家的强弱等不必施加过多的个人意志,也不需要过多的干扰(如“法令滋彰”等),而只需要以“无为”的方式,依“道”而行,因时因地因势,社会国家的管理成本等自然会降低,而相对地治理效果则会大大提高,这无疑是一种最优化的治国方略。诚如司马谈在《论六家要旨》中所说,黄老道家的“无为而治”可收到“指约而易操,事少而功多”的效果。在这个意义上,“简”“易”体现了黄老道家“无为而治”的主要特点,同时也是“无为而治”的具体表现方式和实践手段。

（张锦波）

掘室而求鼠，割唇而治龋，君子不与

〔说山训〕

坏塘以取龟,发屋而求狸,掘室而求鼠,割唇而治龋,桀跖之徒,君子不与[①]。杀戎马而求狐狸,援两鳖而失灵龟,断右臂而争一毛,折镆邪而争锥刀[②],用智如此,岂足高乎!

〔注　释〕

① 与:为。 ② 镆邪:即莫邪宝剑。传说春秋吴国工匠干将为吴王铸剑,其妻莫邪投身炉中以使铁汁出,遂成雌雄两剑,雌为莫邪,雄为干将。锥刀:小刀。

〔鉴　赏〕

这句话的意思是，掘开内室来捕捉老鼠，割开嘴唇来治疗牙齿，不管是桀、跖这样的凶暴者，还是谦谦君子，都不会做这种蠢事的。《淮南子》借此以讽刺那些光凭自己的私智、机巧做事的人。这些喜欢耍小聪明的人看似是在解决问题（“求鼠”“治龋”），实则是逞自己之私智，采取的方式、方法（“掘室”“割唇”）却极为不明智，这种解决问题也不是真正解决问题，而是又造成了新的更大的问题。《淮南子》作者感叹道：“用智如此，岂足高乎！”

在诸子百家中，道家的反智主义倾向最为强烈。但是我们需要将道家的反智主义倾向放到他们独有的义理体系中去体会，才能更好地理解其中的深意。在老子及其道家学派那里，“道”是最高的哲学范畴，道家认为“道”是天地万事万物存在的形上根据，也是天地万事万物运动变化的终极原因；同时他们也主张以“道”治国，即“无为而治”。而“道”的基本规定性为“自然”“无为”。《老子・二十五章》说“道法自然”，《诠言训》也说“无为者，道之体也”。“自然”或“无为”则意味着因顺着“道”的原则，因循顺下，不以任何机巧或机心而干扰事物和社会的正常运行，如《老子・十九章》所说的“绝圣弃智，民利百倍”。在这个意义上，道家的反智，主要是针对那些现实生活中违背了“道”的原则的机巧或机心而言的，是如《淮南子》作者在这里所感叹的那些“掘室而求鼠，割唇而治龋”之类的“智”，而不是如同“反智”这个词语字面的意思所昭示的反对一切人类智慧。

另外，道家，尤其是黄老道家并不是纯粹地反智，在反对这种私智、小智的同时也尚智。这种智慧是大智，是循“道”而行、顺乎自然的大智。它是与“道”相契合的，以“无为”为其特征和表现。它表现为如何在顺“道”

而行、遵循事物发展的客观规律的同时，实现自己的主观意志和既定目标，表现为由“无为”而“无不为”，即如何以最小的代价、最优的方式来获得最大的功效。在这个意义上，道家尤其黄老道家提倡的大智，是一种整体性的、根本性的智慧；反对的是小智、私智，是与“道”相悖而强以自己的机巧或机心干扰事物和社会正常运行的私智或小智。譬如“掘室以求鼠”，在求鼠者眼里，鼠是他的唯一对象，求鼠是他的唯一目标，因此，他的全部行为只是着落于“求鼠”上，至于鼠与室之间的关系不是他所考量的问题。这种罔顾或漠视鼠与室之间关系的心态和处理方法则是其机巧或机心的表现。看似他最后可以成功解决了“求鼠”的问题了，但是他的行为又引发了更多的问题，甚至比“求鼠”更为严重的问题。那么，从更宽的视角来看，他在“求鼠”这件事情上是彻底失败了。相对地，道家或黄老道家提倡的大智则是那种既做到不破坏“室”，又可以达到“求鼠”目的的智慧。这种大智才是道家所竭力提倡的真正的完满的智慧。

（张锦波）

谓学不暇者，虽暇亦不能学矣

〔说山训〕

谓学不暇者[1]，虽暇亦不能学矣。

〔注　释〕

① 暇：空闲时间。学不暇：没有空闲时间用来学习。

〔鉴　赏〕

在鉴赏《淮南子》关于“学”与“暇”的这则名言之前，我们首先有必要对这里的“学”字作一确切的了解，因为古人所说的“学”与我们今天所说的客观知识的学习是有着非常大的差异的。我们不妨从我们耳熟能详的一句话——《论语》首句入手：“学而时习之，不亦说(悦)乎。”南宋大儒朱熹注云：“学之为言效也。人性皆善，而觉有先后，后觉者必效先觉之所为，乃可以明善而复其初也。习，鸟数飞也。学之不已，如鸟数飞也。说，喜意也。既学而又时时习之，则所学者熟，而中心喜说，其进自不能已矣。”(《论语集注》)从朱熹的注释中我们可以非常清楚地看到，古人眼中的“学”之目的和内容都是为了“明善”，为了回复人之生命的本真。

由上可知，“学”乃关系到人之生命价值与意义之本根的事业，因而可谓是人生之第一事。准此，如果有人说自己没有空去“学”，那么也就意味着他对于生命本真意义的不重视，导致其生命的庸俗与沦丧；既然如此，那么即使有闲暇的时光，大概他也不会用来“学”了。真正说来，“学”其实与人的闲暇时光之多少并无太大关联，人是否心系于“学”之关键在于对于本真生命的领悟与追求。假如对于生命之真善美有一种迫切地追求，则无时无刻不可谓之学也，正如子夏所说：“贤贤易色，事父母，能竭其力。事君，能致其身。与朋友交，言而有信。虽曰未学，吾必谓之学矣。”(《论语·学而》)反之，假若没有一种高远的理想与追求，即使有再多的闲暇时光，也不会有心思去“学”。

曾在一位朋友的博客上看到下面一段话，阅过之后，感触颇深，而这段话恰好可以作为《淮南子》“谓学不暇者，虽暇亦不能学矣”这句话的现代诠释，姑录之如下：

“从朋友那里借来了《天才在左　疯子在右》，却迟迟没有开始看。一则因为懒，一则因为沉迷于快感比较短暂、强烈的各种游戏、视频，而长时间忽略了精神食粮的汲取。很怀念当年读书时，抽出有限的闲暇时间疯狂读书的经历，甚至于几个志同道合的朋友中午不休息、不做作业，跑到新华书店看上一两个小时。那时候是来者不拒，也不求甚解，唐诗宋词、现代小说、杂文、外文名著甚至于琼瑶等女性小说也读得不亦乐乎。想来那些时光是人生中忙碌而充实的一段，至今想来仍觉得怀念，而倍感温馨。”

需要补充的一点背景信息是，这位朋友在写上面一段文字时拥有一份非常体面的工作，并且有充足的闲暇时光。然而，在学生时代，虽然学业很紧张、闲暇时间很少，他却能够坚持每天读一两个小时的文学著作；而现在，工作不是很忙、闲暇时间也很充足，他借来一本书“却迟迟没有开始看”，原因有二：一是懒，二是沉溺于各种游戏、视频。应当说，这位朋友能够非常自觉地认识到自己丧失了生命的本真，并且怀念以前的温馨，头脑还是很清醒的，但他还是沉溺于精神毒品中不能自拔。由一个好学者变为一个“虽暇亦不能学”的人，解释只有一种，那就是在他由纯净的校园步入鱼龙混杂的社会之后，逐渐被社会上的欲利之习所熏染，习心既重之后，虽自知却没有勇气自拔。正如《中庸》所引孔子之言：“人皆曰予知。

驱而纳诸罟擭陷阱之中，而莫之知避也。人皆曰予知，择乎中庸，而不能期月守也。”

总之，“学”是与生命之本真相联系的，我们不能以包括“学不暇”在内的任何借口来逃避“学”，因为逃避即意味着生命的沦丧。为了生命的真善美之意义与价值的实现，为了使自己的生命更为纯净与厚重，我们应当有一种高远的追求，勇于超拔自我，善于“学”，乐于“学”。

（张锋宾）

狡兔得而猎犬烹，高鸟尽而强弩藏

〔说林训〕

狡兔得而猎犬烹，高鸟尽而强弩藏。

〔鉴　赏〕

这句话的意思是，狡猾的兔子被抓到以后，抓兔子的猎狗就该被宰烹了；高飞的禽鸟被射杀光，强有力的弩也该被收藏不用了。任何事物的存在都是有条件性的，这种条件性赋予了该事物以存在的意义和价值，而当这种条件性发生变化或消失的时候，那么此种条件性规定下的该事物的存在意义和存在价值将会变得无意义。如同这里的猎犬，它是作为会抓兔子而具有其存在意义，但是当兔子已经被抓之后，它已经没有兔子可抓了，那么，它作为“会抓兔子的猎狗”的意义和价值将不复存在了。同样的，当高鸟已经都被射光后，强弩也失去了它作为射鸟工具的存在依据，那么，它也自然应该被收藏起来了。事物存在的条件性正是道家“相反者相成”的辩证思维方式的具体体现。

在道家那里，事物的存在都不是孤立的，而是相反相成的。这种相反相成的关系是普遍的、具体的、永恒的。《老子・二章》说：“有无相生，难易相成，长短相形，高下相倾，音声相和，前后相随，恒也。”在老子看来，“有”与“无”是相互生成的，“难”与“易”是相辅相成的，“长”与“短”是互相体现的，“高”与“下”是相互包含的，“音”与“声”是互相应和的，“前”与“后”是互相随顺的，彼此对立事物之间的这种相互依存关系是永恒的。在“相反者相成”这一命题中，老子不仅揭示了现实生活世界中的那些具有深刻现实内涵的相反相对关系，提炼出了一系列具有现实意蕴的相反相对概念，还进一步揭示了这些相反相对概念之间也是相互依存、相互转化的。这种相互依存、相互转化的关系也是具体而抽象的。说它是具体的，是因为这些概念之间的相互依存、相互转化关系是以现实的生活世界为基础的；说它是抽象的，是因为这些概念之间的相互依存、相互转化关系也不是完全停留在具体的、直观层面的讨论，而是进入了哲学思辨层面，在抽象的理论层面上探索着辩证法的原理与原则，深刻地揭示出事物之间的对立转化律。因此，在道家那里，这种相反相成的关系是鲜活的，具有深厚的实践意蕴。一般来说，猎狗并非兔子的天敌，乍看起来这二者之间并无太多关系。但是，当把二者放到狩猎活动这一背景之中，二者则呈现出这种既相互对立又相互依存的关系。同样的，射鸟活动也为"高鸟"与"强弩"的相反相成关系提供了现实生活世界的依据。在这个意义上，我们除了关注道家这些相反相成的关系在逻辑上或理论上的意义之外，也需要格外注意它们在现实生活世界中的实践意蕴。

另外，这句话还曾出现在《史记》的《越王句践世家》和《淮阴侯列传》之中，但文字略有不同。《越王句践世家》写作"蜚鸟尽，良弓藏；狡兔死，走狗烹"；而《淮阴侯列传》写作"狡兔死，良狗烹；高鸟尽，良弓藏"。但是这三处表达的意思都是相同的。后人多以这句话来说明当一个人失去利用价值之后被无情抛弃的悲惨下场和悲凉心境。

（张锦波）

金胜木者，非以一刃残林也

〔说林训〕

金胜木者，非以一刃残林也；土胜水者，非以一墣塞江也[①]。

〔注 释〕

① 墣：土块。

〔鉴　赏〕

这句话的意思是,金能克木这一原理并不等于说,一刀就能够砍倒整个树木。在这里我们似乎可以从两个视角来解读它:第一,从理论与现实的差异性来看,“金胜木”是理论,而“一刃残林”则是生活事实,二者有着不同的言说语境;第二,从现实生活世界的角度来看,“金胜木”是“道”,而“道”在现实生活世界的存在和作用是具体的、有条件的。

首先,“金胜木”与“一刃残林”的区别在于:前者是理论,后者是生活事实。说它是理论,这就意味着在“金胜木”这一命题中,第一,“金”“木”是两个抽象化了的概念,二者虽然是来源于现实生活世界,但是却是经过抽象化了的,是剥离了特殊性的、只呈现出普遍性的概念,如《尚书·洪范》说“金曰从革”“木曰曲直”。因此,作为概念的“金”表示一切具有“从革”作用的事物和现象都具有“从革”这种性质;而作为概念的“木”则表示一切具有“曲直”功能的事物和现象都具有“曲直”这种性质。第二,“金”与“木”之间的关系也是抽象化了的关系,属于逻辑学上讲的关系范畴。也就是说,作为概念的“金”的内涵与作为概念的“木”的内涵是相对的。因此,“一刃不能残林”的事实不能证明“金胜木”这一命题是错误的,因为这二者有着不同的语境或视域。

其次,从现实生活世界的角度来看,“道”虽然是超越的,但是它在现实生活世界又是普遍的、具体的。在现实生活世界的道不免受到时间(“时”)、地点(“地”)、形势(“势”)等客观因素的影响,而无法彰显出其全体大用来。就像“金胜木”是“道”,但是它着落于现实生活世界中,却不能以“一刃残林”来断定它的有效性。“一刃残林”的问题不在于对“金胜木”

原理（“道”）的否定，而在于忽略了“道”在现实生活世界存在和运行的条件性。“一刃残林”而不能残林，不是“金胜木”这个原则的错误，而在于“行道”者对这一原则错误地、机械地理解和使用。要想运用“金胜木”这一原则来实现“残林”的目的，我们必须根据客观的环境和具体的情势来开展我们的活动。在面对整个森林的情境下，一把小小的刀自然是无法承担起这种使命的，而应该使用足够解决这整个森林的“金”质工具。诚如司马谈在《论六家要旨》中所说，道家，尤其黄老道家之所以成功，是因为他们“有法无法，因时为业；有度无度，因物与合”。即他们会根据“道”在现实生活世界中运行的条件性，因时制宜，因地制宜，因势制宜，从而收到“依道而行”所能取得的最佳效果，而不是盲目地、机械地理解“金胜木”这一原理而“以一刃残林”。

（张锦波）

见虎一文，不知其武；见骥一毛，不知善走

〔说林训〕

见虎一文，不知其武；见骥一毛，不知善走[①]。

〔注　释〕

① 骥：良马，千里马。

〔鉴　赏〕

这句话的意思是：人们只是根据虎皮上的一点斑纹，是不会知道老虎的威武的；同样的，只是看到骐骥身上的一根毛，也是不会知道它善跑的。在这里，《淮南子》作者通过以上两个比喻来反对那种只是根据事物的局部或表面来盲目下判断或作决定的、以点代面的错误观点。

在现实生活中，任何事物总是有着不同的面向，这既表现在时间上，又表现在空间中。因此，我们对于事物的认识也是不能一蹴而就的，而应该是多维性的。因为在特定的时间或空间中，事物总有一些面向是"在场"的，也有一些面向却是"缺席"的。我们的认识活动却是在特定时空中开展的。在这个意义上，我们的任何认识活动总是"残缺"的、片面的。20世纪流行的现象学运动曾十分关注于这种"在场"与"缺席"的形式结构问题。对于老虎来说，它的威武也有着不同的面向，这些面向总是在特定时空中以"在场"与"缺席"相交织的形式呈现给我们，例如，虎发威时的面部表情、四肢动作、吼叫声等。其中任何一个面向都会向我们传达出关于老虎在那时那地的信息，但是这种信息又是"残缺"的、不完整的。如果从虎之"一文"传递出来的信息是"其武"，但是虎的面部表情、四肢动作乃至身体状况等传达出来的又是"这是只病虎"的话，那么，我们又该如何判断老虎的威武与否呢？在这个意义上，我们无法仅仅根据虎之"一文"来判断老虎的威武与否，因为我们所能得到的信息是"残缺"的、片面的、不完整的，所以我们无法作出完整的、准确的、全面的结论。同样的，我们也无法通过骐骥的“一毛”来断言它是否“善走”。

但是，同样是在《说林训》中，有这样一句话：“尝一脔肉而知一镬之味”，意即尝一小块肉就知道一鼎锅的肉味。那么，这种说法是否与“见虎一文，不知其武；见骥一毛，不知善走”相矛盾呢？其实不然，二者并不矛盾，这里的关键在于“一脔肉”与“一镬之味”的关系与虎之“一文”与“其武”、骐骥之“一毛”与“善走”的关系是有区别的。“一脔肉”是一镬之中的“一脔肉”，它蕴含着“一镬之味”的全部信息，因此，“一脔肉”之味与“一镬之味”的关系是大小之别，只是同一味道所附着的物质形体大小不同而已。而“一文”是老虎的毛皮的部分，而“其武”是老虎的体能等性质的部分，因此，二者虽然同是老虎这一整体的部分，但就二者关系而言，却是同一整体的不同部分之间的关系，是老虎的“一文”这一毛皮部分与老虎体能性质部分的关系。它们的关系不是大小之别，而是性质之异。同样地，骐骥之“一毛”与其“善走”之间也是这种同一整体的不同部分之间的关系，二者有着性质之异，而不是大小之别。

因此，我们可以通过“尝一脔肉”而知“一镬之味”，这是“由小见大，以近喻远”（《说林训》），是人们理性认识方式的具体表现。但是，要想通过虎之“一文”而断其威武与否，通过骐骥之“一毛”而认其“善走”与否，则这是一种错误的认识论，是“以点代面”的认识方式和思维方式。

（张锦波）

临河而羡鱼，不如归家织网

〔说林训〕

临河而羡鱼，不如归家织网。

〔鉴　赏〕

这句话是我们耳熟能详的箴言，它的意思是说，与其站在河边想得到鱼，不如回家去织网以便打鱼。我们经常用这句话告诉人们，光有愿望而迟迟不行动，这样是永远办不好事情的。《淮南子》作者在这里除了这层告诫的意思外，也点出了中国传统各家学说的重实践特征。

一般而言，中国传统各家学说的重实践特征表现在两个层面：一是理论层面，中国的各派各家学说均以"治"或实践为其依归，"道""术"合一，体现出强烈的实践意蕴；二是在现实层面，中国的各派各家学说不是停留于理论层面，而是由"道"成"术"，甚至直接参与到现实世界的活动中去。

司马谈在《论六家要旨》中说："夫阴阳、儒、墨、名、法、道德，此务为治也，直所从言之异路，有省不省耳。"按照他的说法，阴阳、儒、墨、名、法、道德六派学说虽然"所言之异路"，观点不一，但是它们都以治理天下为其学术的主旨（"务为治也"）。在这个意义上，我们可以说，它们不仅仅是种纯粹的理论，更多的是实践哲学，它们从其各种独特的视域或视角来反思现实生活的问题，进而作出自己的解释，提出自己的解决途径，"道""术"合一,“不以空言说经”,体现出浓厚的实践意蕴。例如被西方人称为最具哲学或思辨意味的道家思想,透过那些看似很吊诡的思辨性极强的话语,我们仍然可以看到“治”是其全部理论的着眼点。诚如《汉书·艺文志》所说,“道家者流,盖出于史官,历记成败存亡祸福古今之道,然知秉要执本,清虚以自守,卑弱以自持,此君人南面之术也。”在班固看来,道家思想出自“史官”对于历史上各种成败、存亡、祸福、古今种种问题的思考,它的主要宗旨是教统治者如何以“无为”的方式来进行统治的统治术。换句话说,道家思想是“道”“术”合一的政治哲学。班固的观点是否准确概括了道家思想的特征,我们姑且不论,但是,如果我们翻开《老子》,映入我们眼帘的,除了大量对“道”的言说外,就是关于现实生活世界“治道”的思考。

由于中国传统各派思想的“道”“术”合一的实践特色,因此,各派思想家也往往希冀将自己的思想落实到现实生活中各种问题的解决中去,由“道”而成“术”,参与到现实生活世界的活动中来。在中国传统文化看来,理论不能仅仅只是停留于“临河而羡鱼”层面,不能仅仅通过思辨或体系来给人们勾勒出美好的前景,而不教会人们如何现实地捕捉到这条“鱼”。如在西汉初年的黄老道家那里,他们将道家对“道”“无”的尊崇贯彻到对“无为而治”的思索,并引申出一系列的具体而微的主张,进而直接将这些主张化为现实的政治行为。

(张锦波)

非规矩不能定方圆，非准绳不能正曲直

〔说林训〕

水虽平，必有波；衡虽正，必有差；尺寸虽齐，必有诡①。非规矩不能定方圆，非准绳不能正曲直；用规矩准绳者，亦有规矩准绳焉。

〔注　释〕

① 诡：出入、差异。

〔鉴　赏〕

"规""矩"和"准绳"都是中国古代的度量器具，"规"是用来校正圆形的工具，"矩"是用来校正方形的工具，"准绳"是用来测定物体平直的器具。它们除了作为古代的度量器具的原始义项之外，大多引申为准则、标准之义。人们也多用它们来喻指事物的标准、准则。如我们常说的"无规矩不成方圆"等。《淮南子》作者在这里也是表达了任何事情应该有其客观的规范性的意思。

但是《淮南子》作者接下来又说："用规矩准绳者，亦有规矩准绳焉。"这里的意思是说，使用规矩准绳来量度事物的方圆、曲直的人，他们心中也应该有规范着这些规矩准绳的标准、准则，这些规范着规矩准绳的标准、准则引导着、规范着我们的实践行为。在这个意义上，我们可以说，那些看似客观的、公正的、以规矩准绳作为唯一标准的客观活动又是主观的，这一客观活动又必须以主观的标准、准则为其存在依据和价值判断标准。但是，另一方面，这种主观的标准、准则又不是任意的，它也受制于这些客观的规矩准绳，这些客观的规矩准绳也在规范着、引导着人们的主观标准、准则，再主观的判断行为，我们也必须以方圆、曲直等概念来量度。因此，结合这两段话，《淮南子》作者试图告诫我们的是：事物固然有其客观的标准、准则，但是这种客观的标准、准则又不是绝对的。因此，我们应该将这种客观的标准、准则放到特定的场景下判断，而不能无限制地将之绝对化、固定化。如果以道家的义理思想来说，这里体现了"正复为奇"的辩证思维方式。

平静的水面看似十分平直，但是它也总会因波纹的存在而显得不平。如果以准绳来客观地度量的话，水面自然应该是不平的，因为有波纹的存在；但是，如果以人的眼睛来观察的话，水面又看似平直。那么，我们究竟应该认为平静的水面是平直的呢，还是不平直的呢？其实这两者都是对的。以客观的、绝对的标准来看，水面的确是不平直的；但是若从现实世界的角度来看，水面又可以说是平直的。世界上没有绝对的平直，准绳看似可以度量出水面的平直与否来，但是这种度量结果的准确度又何在呢？水面总是有波纹的，但是如果从微观的角度来看，将量度单位精确到纳米甚至更小的话，那么，我们还可以说水面不是平直的吗？这看似有点诡辩的味道，但是它告诉我们这样一个道理：即任何客观的标准、准则在某种意义上也都是主观的，就像"用规矩准绳者，亦有规矩准绳焉"一样。

诚如《老子·五十八章》所说"祸兮，福之所倚；福兮，祸之所伏。孰知其极？其无正也。正复为奇，善复为妖"。表面上看来，祸福、正复、善妖有其客观的、绝对的判断标准，但是如果放到具体的生活世界中，这些对立的、客观的概念则显得有点不客观、绝对了。因此，老子感叹道：福祸变化反复，谁又知道它们的究竟呢？在现实生活当中，它们没有一定的标准、准则（“孰知其极？其无正也”）。在这个意义上，道家尤其是黄老道家主张“无为而治”，以“道”为正、以“时”为宜，“无为而无不为”。

（张锦波）

太山之高，背而弗见；秋毫之末，视之可察

〔说林训〕

太山之高[1]，背而弗见；秋毫之末[2]，视之可察。

〔注　释〕

① 太山：即泰山。② 秋毫：指秋天鸟兽身上新长的细毛，后用来比喻最细微的事物。

〔鉴　赏〕

泰山虽然很高，如果背对着它，人就是有再好的视力也什么都看不

见;秋毫的末端虽然很微小,如果盯着它,人们也还是可以看得清楚的。《淮南子》作者在这里试图告诉我们实践的重要性。再好的愿望,如不付诸行动,也全无实际用处。

以往我们说西方文化重思辨,而中国传统文化重实践。而我们常常将实践与实际等同,认为中国人重实际,看重结果。因此,有不少人批评中国传统文化存在着"为达目的,不择手段"的机会主义倾向。这种批评固然有其合理的因素,但是毕竟实践不是实际。中国传统文化重实践,不是源自这种对实际结果的算计或考量,而是源自对人自身在世界之中的地位的理解。在中国人看来,人不是外在于这个世界的,而是自始至终"在其中"的;人的任何实践活动也不是与这个世界的整体运动相隔离的,而是以其实践活动"整体性地参与"到这个世界的运动之中的。在这个意义上,说中国传统文化重实践,其实它体现的乃是中国人关注自身对于这个世界的担当精神。例如中国先秦诸子百家学说的兴起,无不与当时的"礼崩乐坏""道术将为天下裂"等现实生活世界的问题相关,而且他们的理论也无不以"治理天下"为其思想宗旨。

另外,这段话中还有一点值得注意的是,"不能"与"不为"的区别。人的视力可以看清秋毫之末,却不见泰山之高,不是人的视力有问题,而在于人的"背而弗见",在于人的主观不作为,换句话说,这是"不为",而不是"不能"。"不能"与"不为"的区别,《孟子·梁惠王上》载有孟子与齐宣王的一段对话。其文曰:"(齐宣王)曰:'不为者与不能者之形何以异?'曰:'挟太山以超北海,语人曰我不能。是诚不能也。为长者折枝,语人曰我不能。是不为,非不能也。'"背负泰山以越过北海,做不到也很正常,这是常人力量所不及的，这是“不能”；而为长者折取树枝，这是常人可以很轻易做到的，做不到就不太正常，这是主观的有意的不肯这样，这是“不为”。相对于人之力不足而“不能”，人之仅凭主观意愿而不愿、不肯的“不为”，则值得引起人们的注意。诚如老子感叹道：“吾言甚易知，甚易行。天下莫能知，莫能行。”（《老子·七十章》）

（张锦波）

忧父之疾者子，治之者医

〔说林训〕

忧父之疾者子，治之者医；进献者祝，治祭者庖①。

〔注　释〕

① 祝：祭祀时主持祝告的人。治：备办。祭：指祭品。庖：厨师。

〔鉴　赏〕

“忧父之疾”是为人子女应尽的孝道，而治病则是医者的职责，二者各司其职，自足其性，自安其分，则父子和睦、医患之间融洽。推而广之，如果每个人都能够依“其分”做好分内之事，依照其固有的“其分”去参与社会活动之中，那么，人们就各以其分而尽其能，而不致有过多的越俎代庖的事情发生，那么社会自然会向更好的方向发展。

在现实生活中，每个人都有其特定的社会角色。按照中国传统说法，我们将之称为“分”。一方面这些“分”保障了人们可以享有与之相应的社会权利，如为人子女，可以享受父母宠爱的恩泽，这种恩泽的享有则是为人子女的社会权利；另一方面这些“分”也规定了人们与之相应的社会责任和活动范围，如做医生的应该对患者负责，这是医生的社会责任，至于这位医生是不是名好父亲，这是超出医生这个社会角色的活动范围，则不是他的“分内之事”（当然作为一名父亲应该做一名好父亲，但这是“父亲”这个社会角色的职责，却不是医生的职责）。在这个意义上，“分”不仅仅是种社会结构关系上的称谓，更重要的是一种“具有实践性的”规范性，它本身就意味着秩序，意味着践履。人只有以其“分”去做好自己的“分内事”，他才算是个社会人，也才算是做好了自己。

但是，一个人在现实生活中往往有着多重的“分”，如同时作为子女、医生等，那么这是否意味着一个原本完整的人被这些“分”给撕裂成一个个的部分呢？其实不然。这些“分”不过是这个人在不同的情境下的不同表现方式。用中国传统术语来说，这个人是“体”，而这些“分”是“用”，它们不过是作为“体”的“这个人”的具体时空中的不同表现方式。虽然这些“分”有时交叠，有时会彼此排斥甚至对立，如忠孝难两全等，这是“用”的层面上的冲突，而非“体”层面上的碎片化。虽然在现实生活中我们也不能完全否认这些“用”上的冲突对“体”的完整性或自足性的冲击或影响，如当子女无法以医者身份解决父母的疾病时，这种对主体的打击也是真实而有效的。但是，这种问题的解决绝非是通过理论可以加以解决的，而是应该通过实践的。在此，黄老道家开出的救世药方是：因时因地因势制宜，以当时的具体情境来取舍自己的“分”，从而更好地解决问题。

另外，这里“各足其分”的观点，与《老子·八十章》所表达的“小国寡民”思想是相一致的。老子说：“小国寡民。使有什伯之器而不用；使民重死而不远徙。虽有舟舆无所乘之，虽有甲兵无所陈之。使民复结绳而用之。甘其食，美其服，安其居，乐其俗。邻国相望，鸡犬之声相闻，民至老死，不相往来。”在老子看来，社会的安定，不在于是否是大国或是小国，也不在社会财富的多寡、军事实力的强弱等，而在于民众是否能够“各足其分”，能否做到“甘其食，美其服，安其居，乐其俗”。

（张锦波）

痈疽发于指，其痛遍于体

〔人间训〕

祸生而不蚤灭，若火之得燥，水之得湿①，浸而益大②。痈疽发于指，其痛遍于体。故蠹啄剖梁柱，蚊虻走牛羊③，此之谓也。

〔注　释〕

① 蚤：通“早”。蚤灭：早灭。燥：干燥物。湿：低湿处。 ② 浸：蔓延扩散。 ③ 蠹：蛀虫。啄：咬啮。剖：破裂。走：这里指蚊虻叮咬牛羊，导致牛羊奔跑。

〔鉴　赏〕

这句话的意思是，痈疽虽然长在手指上，但它引起的疼痛却会遍及全身。《淮南子》作者在这里借此以说明这个道理：“祸生而不蚤灭，若火之得燥，水之得湿，浸而益大。”祸患的苗子如果不及时扑灭，就会像火碰到干燥物、水遇到低湿处一样，蔓延扩散开来，最终一发不可收拾。就像手指头只是全身的很小一部分，但是，就是这样很小一部分上的痈疽却可以引起全身的疼痛。这就在于手指虽小，却是身体的一部分。《淮南子》作者在这里阐明了“慎微”的观点。

世界总是处在无边无际、无时无刻的联系之中，因此，任何一件事情，如果处理不当的话，都会对周围的事物甚至更远的事物造成不良的影响，就像手指头上的一点痈疽会造成全身的疼痛一样。因此，我们需要以全局、整体的观点来看待每件事情，以“慎微”的态度和方式来处理每件事情。《人间训》说：“圣人敬小慎微，动不失时，百射重戒，祸乃不滋。”圣人谨小慎微，行为举动合时宜。对于社会纷繁复杂的现象百般预备，重重戒防，这样灾祸就不会产生了。

我们固然需要防患于未然，常持忧患意识，此外，当祸患无可避免地发生时，在某些不良影响还未造成之前，将祸患消弭于无形。这是因为事情开始的初期或处于初萌状态的事物,总是比较容易、比较简单处理的。诚如《老子·六十四章》说:“其安易持,其未兆易谋。其脆易泮,其微易散。为之于未有,治之于未乱。合抱之木,生于毫末;九层之台,起于累土;千里之行,始于足下。”合抱的大树,是从细小的萌芽生长起来的;九层的高台,是从一筐筐泥土建筑起来的;千里的远行,是从脚下第一步开始走出来的。事物稳定时容易掌握,事物没有显像时容易调理。事物还脆弱时容易消融,事物还微细时容易发散。要在事情还未发生前就要处理妥当,要在祸乱还未产生前就要做好准备。因此,我们应该趁事物的发展还未造成更大的破坏之前,果断地、谨慎地扼断这些祸患。

但是,在《淮南子》作者看来,以果断而谨慎的态度来面对已经发生的祸患,这只治标,而不治本。真正治本的是让祸患从根本上不发生。他说:“人皆备于救患之备而莫能知使患无生。夫使患无生易于救患,而莫能加务焉,则未可言术也。”人们都竭力防备和阻止祸患,但却没有人懂得怎样从根本上让祸患不发生。使祸患从根本上不发生,要比制止祸患容易,可是从没有人在这上面花工夫,对这样的人也就无法与他们谈论道术。防备祸患不如从根本上消除祸患。

从根本上消除祸患,即是要遵“道”而行,以“无为”的方式,因时因地因势制宜,“常以事于无形之外,而不留尽虑于成事之内,是故患祸弗能伤也”。从事物尚未成形之时便关注留意它,而不是等到事物已形成危害之时才去留心注意它,由此这祸患也便不会伤人。

（张锦波）

根深则本固,基美则上宁

〔泰族训〕

国主之有民也,犹城之有基,木之有根。根深则本固[1],基美则上宁[2]。

〔注　释〕

① 本:王念孙认为应是"木"。 ② 基美则上宁:杨树达认为应是"基美则城坚,民安则上宁",这样文义才算完整。今本脱去五字。

〔鉴　赏〕

这句话的意思是,树木的根扎得越深,这棵树就越牢固;城墙的墙基砌得越好,这堵墙就越坚实。《淮南子》作者在这里以此来譬喻君主与百姓的关系,表达了"以民为本"的思想。一国的君主看似是高高在上,驱使臣下百姓,为所欲为,但是如果没有广大民众的支持,那么再高贵的君主也会无计可施。就像树木无根则会枯死、城墙若无墙基则会倒塌一样。在这个意义上,一国的君主要想更好地维持其统治,就必须充分重视民众的力量,以民为本,以百姓的意志作为自己执政之基、施政之据。

《泰族训》说:"所谓有天下者,非谓其履势位、受传籍、称尊号也,言运天下之力而得天下之心。"所谓拥有天下,并不是说只拥有天子君位权势、得到传国玉玺图籍、获得帝王的尊号等,而是说还要能够充分运用天下百姓的力量并能够得到民众的支持。“运天下之力”和“得天下之心”才是统治者可以长治久安的根基。若从“人主之术”角度来看,“运天下之力”则为“智”,而“得天地之心”则为“仁”(《主术训》)。人主应该以“仁”“智”相结合的方式来治理国家,这也是黄老道家“无为而治”思想的应有之义。值得注意的是,这里的“仁”“智”不仅是道德伦理的概念,同时也是政治概念。简单说来,人主的“仁”即统治者以百姓的意志为其自己的意志,以“爱”、和谐的方式来实行统治,不以自己过多的私欲来施政,不扰民,能安民、爱民、护民;而人主的“智”则表现为“总海内之智,尽众人之力”,充分调动和发挥群臣和百姓的聪明才智,不以自己的小聪明而罔顾群臣百姓的才智,使群臣、百姓各尽其智,各得其宜。因此,“人主”想要国家长治久安,他应该将“仁”与“智”结合起来,以爱民、护民、养民之“仁”来统治管理百姓,则可以“得天下之心”,稳固执政之基;以总群智作为己智之“智”来调动群臣百姓,则可以“运天下之力”。“运天下之力而得天下之心”,则国治民安。

但是,黄老道家所讲的“以民为本”,不仅仅是提醒统治者注意民众的力量,不要做出有违百姓意志的事情,更为重要的是建议统治者积极、有效地运用百姓的力量。就像树木如果没有树根的有效滋养,也无法枝繁叶茂,就像城墙如果没有墙基的有效支持,也没法固若金汤。同样,统治者如果不积极、有效地发动民众的力量,那么他是无法维持其统治的。《主术训》说:“人主者,以天下之目视,以天下之耳听,以天下之智虑,以天下之力争。”统治者就应该以天下人的眼光、耳力、智慧和力量来“视”“听”“虑”和“争”。那么,如何积极、有效地运用百姓的力量呢?这就是“无为而治”。只有这样，百姓才会在相对宽松、相对自由的社会环境和政治环境中安居乐业，从而更好地为国家的长治久安贡献自己的力量。在这个意义上，“以民为本”也是与“无为而治”相通的。

（张锦波）

寓 言 篇

化干戈为玉帛

〔原道训〕

昔者夏鲧作三仞之城[①],诸侯背之,海外有狡心。禹知天下之叛也,乃坏城平池,散财物,焚甲兵,施之以德,海外宾伏[②],四夷纳职[③],合诸侯于涂山,执玉帛者万国。故机械之心藏于胸中则纯白不粹、神德不全,在身者不知,何远之所能怀!是故革坚则兵利,城成则冲生[④];若以汤沃沸[⑤],乱乃逾甚。

〔注　释〕

① 夏鲧:夏禹的父亲。仞:古代长度单位。 ② 宾伏:臣服。 ③ 职:贡品。 ④ 冲:冲撞城墙的战车。 ⑤ 沃:浇。

〔鉴　赏〕

“化干戈为玉帛”是现代汉语中非常习用的一则成语,用来比喻由敌对、争斗或战争状态转变为友好、和平状态。然而,这则成语的出处,也即《原道训》“化干戈为玉帛”的寓言,却有着更为丰富的内涵。

大禹的父亲夏鲧通过修高城池来防止国内外的叛乱,但结果却是越防越乱,不仅自己的诸侯国背叛自己,连海外各国也都对其怀有狡诈之心。等到大禹执政时,完全改变了父亲以“防”杜乱的方略,转而采用“疏”的政策,拆毁城墙,填平护城河,散发财物,焚烧兵器盔甲,广施仁德,由此换来的，是四海宾服、夷族纳贡的大治景象，带着玉器、锦缎来纳贡的诸侯国数以万计。

这则寓言对我们来说至少有以下三点启示：

其一，就治国而言，最根本的是要施行德政，与民休息、藏富于民。所谓“仓廪实则知礼节，衣食足则知荣辱”(《管子·牧民》)，为政者将民生问题解决好了，百姓自然就不会无缘无故地生乱，为政者也就无乱可防，“虽有甲兵无所陈之”(《老子·八十章》)。上述的道理其实很简单，然而，历史上重蹈夏鲧之覆辙的君主却不在少数，如秦始皇便是“废先王之道，焚百家之言，以愚黔首；隳名城，杀豪杰，收天下之兵，聚之咸阳，销锋镝，铸以为金人十二，以弱天下之民”(贾谊《过秦论》)，最终落得个二世而亡的下场。《淮南子》的写作时代正在秦亡后不久，且正值汉初奉行黄老之术、与民生息的年代，故而这则寓言自然地就包涵着一种吸取秦亡教训、警示为政者的意味。

其二，就我们为人处世而言，机巧之心不能过重，要善于随顺物事之自然，以简驭繁。大禹在治国中，即善于顺民之性而为，因此能够得到诸侯百姓的拥护。在大禹治水的传说中，大禹也是善于循地势之自然，疏而导之，使洪水随地势顺利入海。大禹的父亲夏鲧则不然，在治国中，不是首先考虑民性民生，而是先谋划着如何防民；在治水中，不是首先考虑水往低处流的本性，而是一味地去堵。机械之心盈于胸，徒逞私智，最终必然导致矛盾愈演愈烈，所谓“以汤沃沸，乱乃逾甚”。无论是对人，还是对事，多一分“纯白”，少一分机巧，多一分真诚，少一分诈伪，世间也就自然会多一分和谐，少一分纷争。

其三，这则寓言还涉及“海外”“四夷”，也即有关对外关系的描述。强调国与国之间应当以德服人，这对于我们反思当今世界的国际关系具有很大的参考价值。在现时代，所谓“综合国力”，或者简言之，“力”与“利”成为左右国际关系的主要原则。只要有“利”可图，同时又有“力”，就可以以强欺弱，“德”或者“正义”仅仅沦落为一种堂而皇之的托词，降格为“利”与“力”的附庸和工具。正是因此，虽然两次世界大战之后没有再爆发过世界性的战争，但是各种局部性的战乱纷争却从未停止过。“干戈”不止，“德”或“正义”不立，和谐世界、大同治世就永远不可能被建立起来。就此而论，我们需要向古人汲取的智慧太多太多。

（刘康德）

舜耕历山

〔原道训〕

昔舜耕于历山，期年而田者争处墝埆①，以封壤肥饶相让②。钓于河滨，期年而渔者争处湍濑③，以曲隈深潭相予④。当此之时，口不设言，手不指麾⑤，执玄德于心而化驰若神。使舜无其志，虽口辩而户说之，不能化一人。是故不道之道，莽乎大哉！夫能理三苗⑥，朝羽民，徙裸国，纳肃慎⑦，未发号施令而移风易俗者，其唯心行者乎！

〔注　释〕

① 墝埆：贫瘠的土地。② 封壤：本作封畔，指界域。③ 湍濑：水流浅急处。④ 曲隈：水湾。⑤ 麾：古代指挥用的旗子，意为指挥。⑥ 三苗：古代部落名，本在江淮、荆州一带，后因作乱，被迁往西部。⑦ 肃慎：古氏族名。

〔鉴　赏〕

舜耕于历山的典故，在先秦两汉的文献中有着较为广泛的记载。如《韩非子·难一》云："历山之农者侵畔，舜往耕焉，期年，甽亩正；河滨之渔者争坻，舜往渔焉，期年，而让长。"《管子·版法解》云："凡所谓能以所不利利人者，舜是也，舜耕历山，陶河滨，渔雷泽，不取其利，以教百姓，百姓举利之。"此外，如《墨子》《尸子》《吕氏春秋》等文献对于舜耕的事迹也都有或详或略的记载。并且，这则典故在华夏各地也有较为广泛的传颂，现在国内称为历山或舜耕山，并以舜耕之圣地相标榜的，已有近二十处之多。

结合各种文献的记载，舜耕历山的完整故事大致如下：舜在历山开荒种地，为人谦和礼让，常常把自己开垦好的肥沃熟地让给无力耕种的鳏寡孤独者，把自己的粮食送给缺衣少穿的穷苦人。舜的所作所为深深地打动了周围的人。以前，人们常常因为田界划分的问题而相互争斗，但在舜的感召下，人们不仅对于田界问题不再斤斤计较了，而且还都争着要耕种贫瘠的土地而把肥沃的土地让给他人。

舜耕历山的典故在中国之所以能够如此深入人心，最核心的一点在于，这则典故蕴涵着一种极其高尚的政治精神——“让”。我们这里所说的“政治”一词，是在其最为普遍的意义上来讲的，它所关注的，是人与人之间的关系，特别是在公共事务中的关系。社会共同体是人生存的基本情境，人天生就必然存在着与自己亲属的伦理关系，以及与他人的政治关系。正如亚里士多德所言，“人是天生的政治动物”(《政治学》)。特别是在资源有限的境况下，人与人之间难免会发生各种利益冲突，此时，就需要有一种恰当的政治原则来解决这种纠纷，而舜“以所不利利人”的做法即是中国先哲所主张的一条基本原则，即主动放弃自己的利益，谦让于别人，这样人人相让而不争，社会便会呈现出一派自然和谐、生机勃发的景象。

中国先哲所提倡的“让”的政治原则有其非常宝贵的价值，在与西方政治学的比较中，也许我们能够更贴切地体会这一点。在近现代西方政治学中，每个人为了满足自己的权利和欲望而互相争斗也被设想为社会的自然状态，在这种情境下，人们为了摆脱相互敌对、人人自危的困境，便相互约定，把他们的自然权利转让出去，交付给一个人或由一些人组成的会议，把大家的意志变成一个“公意”，这也就是所谓的契约政治或议会政治(张志伟《西方哲学史》)。显然，西方政治学的倡议是有其合理性的，但是，如果人们仅仅是遵循“契约”而相处，人与人之间的关系是不是过于机械、过于缺乏人情味了呢？与此相反，“让”的政治原则则要求人们有一种内在德性的提升，以每个人的道德和生命实践来达至人与人之间相互关爱、其乐融融的美好秩序。

总而言之，舜耕历山，谦和礼让，不是靠着“口辩而户说之”或者为人们订立某种规范，而是凭依着自己的生命实践，也即“不道（言）之道（行走在至善之道上）”，感化着周围的每一个人，移风易俗，善莫大焉。在现时代，受西方政治观念的影响，人们却都习惯于在契约（法律）之下各谋其利，人与人之间的关系越来越冰凉，甚至于邻居之间也互不相识。生活于这样的情境之下，我们是否应该更为用心地体味舜耕历山的典故，对于我们的先哲遗留给我们的高超的政治智慧善加玩味，并更好地加以继承呢？

（刘康德）

女娲补天

〔览冥训〕

往古之时，四极废，九州裂，天不兼覆，地不周载，火爁炎而不灭，水浩洋而不息，猛兽食颛民[①]，鸷鸟攫老弱。于是女娲炼五色石以补苍天[②]，断鳌足以立四极[③]，杀黑龙以济冀州[④]，积芦灰以止淫水[⑤]。苍天补，四极正，淫水涸，冀州平，狡虫死[⑥]，颛民生。背方州，抱圆天，和春阳夏，杀秋约冬，枕方寝绳[⑦]，阴阳之所壅沈不通者，窍理之[⑧]；逆气戾物、伤民厚积者，绝止之。

〔注　释〕

① 爁炎：即“爁焱”，指火势蔓延。“爁”又与“滥”音同。水泛滥称滥，

火蔓延叫爁。洋：漾，水大的样子。颛：善。颛民：善良百姓。②女娲：传说中人类始祖，辅佐伏羲氏治国，还传说她抟土造人类。③鳌：龟。④黑龙：传说中的水精。⑤芦灰：芦苇灰。淫水：泛滥的洪水。⑥虫：狩，即“兽”。⑦背：背靠。方州：大地。阳：疑为“炀”，炽热、炙燥的意思。方：矩。绳：准绳。枕方寝绳：是形象地叙说女娲等想使社会自然变化发展有规律可循，按规律来治理。⑧窍：贯通。理：梳理。

〔鉴　赏〕

女娲补天是我们耳熟能详的一则神话典故，但在传世文献中，到了《淮南子》才对这则典故有了比较完整而明晰的记载，对女娲补天的原因、经过和结果都作了较为具体而生动的描写。

首先，补天的主因是“四极废，九州裂，天不兼覆，地不周载”，四根擎天大柱倾倒，导致天地都发生了灾难性的变化。对此，《史记》司马贞补《三皇本纪》云：“当其(女娲)末年也，诸侯有共工氏，任智以刑强，霸而不王，以水乘木，乃与祝融战，不胜而怒，乃头触不周山崩，天柱折，地维缺。”由此可知，天地崩坏虽然是天灾，但也是由人祸造成。女娲作为传说中人类的创造者，不计人类的过失，在天下民众遭受劫难时毫无嗔怒怪罪，义无反顾地拯救人类，足见女娲的善良与伟大。这不仅仅是作为一个天神，更是作为一位母亲的善良与伟大，而这亦反衬出人类的无知与渺小。就此而言，鲁迅先生在《故事新编・补天》一文中极言人类在女娲面前的无知与渺小，在某种程度上亦是切合女娲补天这则神话的原意的。

其次，女娲拯救人类的措施是："炼五色石以补苍天，断鳌足以立四极，杀黑龙以济冀州，积芦灰以止淫水。"从这四句话中，我们可以发现三句都与水有关，所以现代著名神话学家袁珂先生分析说："女娲补天神话，过去一般都从'补天'这个角度去理解，但仔细研究、分析它的实际，中心内容却是治水。大龟(鳌)、大蛇(黑龙)都是洪水暴发时出现的水怪，女娲所'断'所'杀'的就是这类兴波作浪、为祸人间的怪物。'积芦灰以止淫水'，更是明确地指出女娲补天最终的目的是在治水……大约由于上古一次大洪水(这洪水是世界性的)时期，山洪暴发，霖雨不息，天色阴沉可怕，看来似乎就要天崩地裂的光景……女娲是我国古代神话传说中的第一个出现的治水英雄。我国西南苗、瑶、侗、黎等少数民族中，至今还流传有伏羲、女娲逃避洪水，兄妹结婚再造人类的神话，可见女娲和洪水关系密切。"(袁珂《神话选译百题》)

最后，女娲补天结束之后，并不是就立即全身而退了，而是"背方州，抱圆天，和春阳夏，杀秋约冬，枕方寝绳，阴阳之所壅沈不通者，窍理之；逆气戾物、伤民厚积者，绝止之"。她还关注自己的孩子，并且使天地万物的运行良好有序，不悖"准绳"；若是有悖于天地万物运行的良好秩序的事情发生，她便会出面"窍理之"乃至"绝止之"。在这里，神话的作者实际上是强调了维护天地万物之良好运行秩序的重要性，提示我们人类应当有所法式(准绳)，而不能为所欲为以至于破坏天地万物的良好秩序。

(张榕坤)

黄龙负舟

〔精神训〕

禹南省，方济于江[①]，黄龙负舟，舟中之人五色无主，禹乃熙笑而称曰[②]："我受命于天，竭力而劳万民。生，寄也；死，归也。何足以滑和[③]！"视龙犹蝘蜓[④]，颜色不变，龙乃弭耳掉尾而逃[⑤]。禹之视物亦细矣。

〔注　释〕

① 省：视察、巡视。济：渡。 ② 五色无主：指人的面部神色大变。熙笑：悠然、恬然地笑。称：说。 ③ 滑：扰乱。和：平和的心境。④ 蝘蜓：蜥蜴。 ⑤ 弭：止，耷拉下来。

〔鉴　赏〕

"黄龙负舟"的寓言讲的是大禹到南方巡视渡江时，一条黄龙游出水面并将大禹他们所乘坐的船托起，此时船上的人都吓得惊慌失措，唯独大禹镇定自若、面不改色，而那条黄龙最终耷拉着耳朵、掉转尾巴逃走了。这则寓言所蕴含的道理，大禹在面对危险时已经精辟地表达了出来："我受命于天，竭力而劳万民。生，寄也；死，归也。何足以滑和！"大禹的话有两个要点，一是其崇高的天命观，二是其豁达的生死观，而后者又是以前者为前提的，以下我们分别述之。

当大禹说了自己"受命于天"之后，紧接着的一句话便是"竭力而劳万民”，也即是说天命于大禹的主要责任是“竭力而劳万民”。由此我们可以看到，大禹所说的天命，既不同于我们日常所说的命运或者偶然的人生遭遇，又不同于古代帝王为了论证自己地位的合法性而提出的君权神授。我们在本书其他篇章中已经反复论及，古人所说的“天”与我们今天以“客观对象”“客体”的态度来看天有很大不同。对古人来说，“天”本身有一种内在的规范性价值，天之所以为大，主要是就其真实无妄，以及包容化育万物，使“万物并育而不相害，道并行而不相悖”(《中庸》)之内在价值而言的。由此，天所命于物的禀性也便是物所应当承担的责任，万物只有循此天之所命而行，才能够维护好万物生生不息的良好局面。就此而言，当大禹说自己“受命于天”时，其实是在表达一种为了天地万物的良好秩序、为了人民百姓的幸福生活而置于内心的不容自己推卸的责任。也正是出于这种崇高的使命感和责任感，大禹以“竭力而劳万民”为己任，甚至在治水时曾经“八年于外，三过家门而不入”(《孟子·滕文公上》)。

由大禹崇高的天命观，我们自然也可以理解他豁达的生死观了：“生，寄也；死，归也。”活着只是暂时寄居在天地之间替天行道，死后则是自然地回归于天地之怀抱。因此，对于大禹来说，生不足乐，死亦不足畏，一切均是乐天安命而已矣。《庄子》曾引述或假借孔子的话说：“天下有大戒二：其一命也，其一义也。子之爱亲，命也，不可解于心；臣之事君，义也，无适而非君也，无所逃于天地之间……知其不可奈何而安之若命，德之至也。为人臣子者，固有所不得已。行事之情而忘其身，何暇至于悦生而恶死！夫子其行可矣！”(《庄子·人间世》)每个人都有其应当承担的社会责任，如果为了这份责任而竭尽全力、不辞劳苦，哪里还顾得上“悦生而恶死"呢？这便是大禹临危不惧的原因，也是"大禹"之所以为"大"之所在。

（刘康德）

后羿射日

〔本经训〕

尧之时，十日并出，焦禾稼，杀草木，而民无所食。猰貐、凿齿、九婴、大风、封豨、修蛇皆为民害[①]。尧乃使羿诛凿齿于畴华之野[②]，杀九婴于凶水之上[③]，缴大风于青丘之泽[④]，上射十日而下杀猰貐，断修蛇于洞庭[⑤]，禽封豨于桑林[⑥]。万民皆喜，置尧以为天子。于是天下广狭险易远近始有道里[⑦]。

〔注　释〕

① 猰貐：怪兽名。原注为"兽名也。状若龙首，或曰似狸，善走而食人，在西方也"。凿齿：怪兽名。原注为"兽名也。齿长三尺，其状如凿，下彻颔下而持戈盾"。九婴：一种能喷水火的怪物。大风：一种如鸷鸟样的大鸟，其飞行时有大风伴随，能毁坏房舍。封豨：即一种大野猪。楚人谓"豕"为"豨"，"封"有大的意思。修蛇：原注为"大蛇。吞象三年而出其骨之类"。② 羿：古代传说中的善射者。畴华：南

方泽名。洪亮吉认为，当即《国语》“依畴”“历华”二地。③ 凶水：原注为“北狄之地有凶水”。④ 缴：用系有绳线的箭射鸟。青丘：东方泽名。泽：或作“野”。⑤ 洞庭：南方泽名。⑥ 禽：同“擒”。桑林：原注为“汤所祷旱桑山之林”。⑦ 道里：道路和村落。

〔鉴　赏〕

关于后羿射日的故事，在《淮南子》之前就已经有许多相关的记载。如《山海经·海外东经》说：“汤谷上有扶桑，十日所浴，在黑齿北。居水中，有大木，九日居下枝，一日居上枝。”《大荒东经》补充说：“汤谷上有扶木，一日方至，一日方出”。《楚辞·招魂》说：“十日代(并)出，流金砾石些。”《楚辞·天问》云：“羿焉彃日？乌焉解羽？”王逸注云：“羿仰射十日，中其九日，日中乌皆死，堕其羽翼。”传说天上本来有十个太阳，它们本来是轮流值班，突然有一天，它们打破了规矩，每天都一起出现在天上，于是，烤焦了庄稼禾苗，晒死了树木花草，使百姓饱受炎热饥饿之困苦。于是，天帝便派后羿到人间，帮人们免除祸患。这也便有了后羿射日的传说。

值得注意的是，一般的传说版本都认为后羿是天帝派下来的天神，并未提到尧，但《淮南子》却认为是尧派后羿去射日，并且认为尧还派后羿斩杀了猰貐、凿齿、九婴、大风、封豨、修蛇等怪兽猛禽，从而使百姓过上了好日子。于是，“万民皆喜，置尧以为天子”，一切功劳似乎都归给了尧。

更有甚者，东汉王充的《论衡》在论及和引用《淮南子》后羿射日的传说时，都一概把后羿换作了尧。《论衡·对作》云：“《淮南书》言，尧时十日并出，尧上射九日。”《说日》云：“《淮南书》又言……尧时十日并出，万物焦枯，尧上射十日，以故不并一日见也。”《感虚》云：“《儒者传书》言，尧之时，十日并出，万物焦枯。尧上射十日，九日去，一日常出。”对此，神话学家袁珂先生认为：“(《淮南子》)下文既说‘万民皆喜，置尧以为天子’，那么射日和诛妖除害，说成是尧本人直接为人民建立的功业而不是‘尧使羿’，似乎更要近情理些。因疑射日除害原有两种民间传说，一属之羿，一属之尧，而属之羿的一种更占优势，后人因改属之尧的古本《淮南子》使属之羿而成今本的状态，于是羿射日除害之说就占了绝对的统治地位，而尧射日之说终于只好湮没了。”(袁珂《神话选译百题》)

不管怎么说，《淮南子》在后羿射日的传说中增加了尧，以及为民除害的成分，从而使这个传说更加具有人间色彩和亲民色彩。它一方面反映了人类祖先所生存环境的险恶以及他们为开拓家园所付出的艰辛，提示我们应当倍加珍惜如今的美好时代；另一方面也反映了民众对一个合格的君主的期待，即君主应当关注百姓生活的疾苦，尽心尽力为百姓办事。

（张榕坤）

知雄守雌

〔道应训〕

赵简子以襄子为后[①]，董阏于曰[②]：“无恤贱，今以为后，何也？”简子曰:“是为人也[3],能为社稷忍羞。”异日,知伯与襄子饮而批襄子之首[4],大夫请杀之。襄子曰:“先君之立我也,曰能为社稷忍羞,岂曰能刺人哉!”处十月,知伯围襄子于晋阳[5],襄子疏队而击之,大败知伯,破其首以为饮器。故老子曰:“知其雄,守其雌,其为天下溪[6]。”

〔注　释〕

① 赵简子:春秋末晋国卿,名鞅。襄子:赵简子庶子,名无恤。后:指继承者。 ② 董阏于:赵简子臣。 ③ 是:指赵襄子。 ④ 知伯:即智伯。批:用手猛击。 ⑤ 晋阳:今山西太原西南。公元前455年,智伯联合韩、魏两家攻打赵襄子,赵襄子退守晋阳;后赵襄子暗中联络韩、魏两家反攻,消灭了智伯,并将晋分裂为韩、赵、魏三家。 ⑥ 语见《老子·二十八章》。溪:又作“谿”,沟溪、水沟,喻指处卑下地位。

〔鉴　赏〕

由老子的“道性”决定,在“雌雄相对”中,老子宁愿取“雌”。当然老子这种取“雌”做法,在他自己看来是在知“雄”后得出的,对此后人的解释是:知“雄动而倡,雌静而处,动必归静,故成为天下谿”,故取“雌”(引自魏源《老子本义》)。又如陈鼓应先生解释说:“知雄守雌:在雄雌的对待中,对于‘雄’的一面有透彻的了解,而后处于‘雌’的一方。‘守雌’的‘守’,自然不是退缩或回避,而是含有主宰性在里面,它不仅执持‘雌’的一面,也可以运用‘雄’的一方。因而,‘知雄守雌’实为居于最恰切妥当的地方而对于全面境况的掌握。严复说:‘今之用老者,只知有后一句,不知其命脉在前一句也。’这话说得很对,老子不仅‘守雌’,而且‘知雄’。‘守雌’含有持静、处后、守柔的意思,同时也含有内收、凝敛、含藏的意义。”(陈鼓应《老子注译及评介》)

老子这种取“雌”、守“雌”的做法,又被李约瑟看成是一种“阴性象征”,即是与儒法阳性、进取、强硬相反的“阴性、宽容、柔顺、忍耐、退让、神秘和承受”(《中国科学技术史》第二卷《科学思想史·道家与道家思想》)。所以,老子“知雄守雌”的思想也通常被视为强调“柔忍退让,卑弱谦下”处世的典型。

因为以守“雌”、卑弱退让为处世原则,所以魏晋名士刘伶与人相牾,当人攘袂而起时,刘伶却以一句卑弱退让的“鸡肋岂足以当尊拳”的话来消解这场相牾(《世说新语·文学》注引《竹林七贤论》)。

也因为以守“雌”柔忍为处世原则,所以赵襄子被智伯殴打后能柔忍敛藏、为社稷忍辱;但一旦条件允许,这本身就“知雄”的内收敛藏的“守雌”就会变得刚强起来,所以当智伯久攻晋阳不下时,赵襄子却反攻得手,将智伯消灭。正是由于这点,在《淮南子》作者的眼里,赵襄子是懂得老子说的“知其雄,守其雌,其为天下溪”的道理的。也就是说,尽管不是一定要你做到人唾其面而不计较,但必要的柔忍还是需要的;如果不懂柔忍,祸患即倾,历史上项羽的败亡就为不能柔忍,魏晋石崇家破也为不能柔忍。

(刘康德)

持胜甚难

〔道应训〕

赵襄子攻翟而胜之,取尤人、终人[①]。使者来谒之[②],襄子方将食而有忧色。左右曰:“一朝而两城下,此人之所喜也。今君有忧色,何也?”襄子曰:“江河之大也[③],不过三日。飘风暴雨,日中不须臾[④]。今赵氏之德行无所积,今一朝两城下[⑤],亡其及我乎?”孔子闻之曰:“赵氏其昌乎!”夫忧,所以为昌也;而喜,所以为亡也。胜非其难也,持之者其难也。贤主以此持胜,故其福及后世。齐、楚、吴、越皆尝胜矣,然而卒取亡焉,不通乎持胜也。唯有道之主能持胜。孔子劲杓国门之关[⑥],而不肯以力闻。墨子为守攻,公输般服[⑦],而不肯以兵知。善持胜者,以强为弱。故老子曰:“道冲,而用之又弗盈也[⑧]。”

〔注　释〕

① 尤人、终人:指翟国地二邑。“尤”又作“左”。 ② 谒:这里指“报告”。 ③ 大:涨水、洪水。 ④ 日中:太阳当头照,这里指正中午。不须臾:不过片刻。 ⑤ 一朝两城下:王念孙认为本作“一朝而两城下”。 ⑥ 杓:拉开。关:门闩。 ⑦ 公输般:即鲁班。 ⑧ 语见《老子·四章》。冲:虚空。盈:满。

〔鉴　赏〕

这则故事是接着上一则“知雄守雌”的故事讲的。同样是赵襄子,在这以前对智伯的事能做到“知雄守雌”，而在自己取得胜利、强大之时，又能做到反思忧虑，显得十分柔弱，以防“物壮则老”，所以也就能保持胜利、福及后世。在作者看来，赵襄子是真的懂得“道”的人。“道”看起来十分虚空，但将它用于人事却真能使人得益匪浅、受惠无穷，用《老子》的话来说是“道冲而用之或不盈”。

具体来说，“道”体虚而不盈的原则又体现为“挫其锐，解其纷，和其光，同其尘”（《老子·四章》）。

如将“挫其锐”用于人事，就要明白锋芒显露总非智者所为。原本以为战争打仗总该保锐气持锋芒，但优秀军事家却又知对方也在“避其锐气”（《孙子兵法·军争篇》），所以常常掩其锋芒，藏其精良，为的是虚实奇正无以捉摸，以便寻机给对方致命一击。现实生活中，锋芒显露者常遭剉磨，从而不断印证了“木秀于林风必摧之，堆出于岸流必湍之”（[三国]李康《运命论》）这一现象。所以人如按“道”行事，就该“挫其锐”，而不能锋芒毕露、锐气十足。

同样，如将“和其光”用于生活，就会看到人之居处原本就该“阴阳适中，明暗相半”；为了“和其光”，防止“明多伤魂，暗多伤魄”，室内房中必置帘备屏，“太明则下帘以和其内映，太暗则卷帘以通其外曜”，这样就能使人安心平目、身心健康（[明]周臣《厚生训纂·治家》）。由此推向人事，如同过明过暗均伤魂魄一样，三国魏晋的孔融、杨修、嵇康等均因炫耀，不能“和其光”而招致杀身之祸。对此，开导嵇康的孙登说了一句哲理性的话：“火生有光而不用其光，果然在于用光；人生有才而不用其才，果然在于用才。”（刘义庆《世说新语·栖逸》注引《文士传》）这可算是对“和其光”的最好注解了。

总之,取得胜利并不难,难的是如何保持胜利;只有明白"挫其锐""和其光"——"道"体虚而不盈的意义与价值,才能够真正做到立于不败之地。

（刘康德）

数战数胜而亡

〔道应训〕

魏武侯问于李克曰①:"吴之所以亡者,何也?"李克对曰:"数战而数胜②。"武侯曰:"数战数胜,国之福。其独以亡,何故也?"对曰:"数战则民罢,数胜则主憍③。以憍主使罢民,而国不亡者,天下鲜矣。憍则恣,恣则极物④;罢则怨,怨则极虑⑤。上下俱极,吴之亡犹晚矣!夫差之所以自刎于干遂也⑥。"故老子曰:"功成名遂,身退,天之道也⑦。"

〔注　释〕

① 魏武侯:战国魏国国君,名击,魏文侯之子。公元前396年到公元前370年在位。李克:魏国政治家,辅佐魏武侯,政治上多有建树。② 数:屡次。③ 罢:通"疲"。憍:同"骄"。④ 极物:将事物发展到极限,等于说穷奢极欲。⑤ 极虑:动足脑筋、挖空心思。⑥ 干

遂：战国吴地名，据说在今江苏吴县西北。⑦语见《老子·九章》，原文为“功遂身退，天之道也”。

〔鉴　赏〕

屡战屡胜到底是国之福，还是国之祸？大概大多数人都会像魏武侯一样认为是国之福。然而，睿智的李克却洞见了其中的玄机：经常打仗必然会造成百姓的疲惫不堪，屡战屡胜则必然会导致君主骄傲，让骄傲的君主去指挥役使疲惫的百姓，则必然会引来大祸。因此，数战数胜而亡可以看作是上一则故事中提到的“持胜甚难”的一个生动的例证，而吴王夫差则可以看作是赵襄子的反面。

《淮南子》从吴国“数战数胜而亡”的教训中得到的一个启示是老子所说的“功遂身退”。这种“功遂身退”，在老子看来就像昼出夜没、寒来暑往、花开花谢一样，符合天道变化。因为世上无不败的花，也无不散的筵席；所以在功成名就之时，应像花果草木盛开后悄然隐世，这样才可“无咎”。但吴王夫差就不懂这道理，也看不懂这“天道”，更没有赵襄子胜而忧虑的德行，一味地想持续他的辉煌和优越，这样也就走向反面，导致失败亡国、自刎身亡。

然而，任凭老子和《淮南子》如此暗喻明说这些人生道理，虽然有时也能为世人所明白，但人一旦处于社会生活的漩涡中就往往昏了头，稍有机会，必会不遗余力地去求个功成名就；而一旦取得成功，便又会产生更大的欲望，如此反复无穷，最后必然会导致筋疲力尽、一败涂地。

正是因为有这样的辩证法在起作用，所以明白此理的春秋战国孟尝君之门客冯驩，就不再参与孟尝君的收债聚财活动，反而为孟尝君散财

(烧毁债据)聚义,从而使孟尝君在落难时能受到薛地债户的照顾而免遭捕杀。相反,如果不能停息自己的欲望,不能适时而退,则不仅已经得到的成果“莫能守之”,有时恐怕连命也会搭上,如西晋石崇就是如此。《世说新语·汰侈》注引《续文章志》说:“(石)崇资产累巨万金,宅室舆马,僭似王者……与贵戚羊琇、王恺之徒竞相高以侈靡,而崇为居最之首,琇等每愧羡以为不及也。”由于不知敛退,与羊琇、王恺等人斗富,使人“愧羡”,虽然富甲天下、无人能敌,但最终还是落得个遭人杀害的下场。

总之,持胜甚难,人要懂得知雄守雌、功遂身退的道理,并且在人生实践中切实地践履之。

(刘康德)

公仪休嗜鱼

〔道应训〕

公仪休相鲁[①],而嗜鱼。一国献鱼,公仪子弗受。其弟子谏曰:“夫子嗜鱼,弗受,何也?”答曰:“夫唯嗜鱼,故弗受。夫受鱼而免于相,虽嗜鱼,不能自给鱼[②];毋受鱼而不免于相,则能长自给鱼。”此明于为人为己者也。故老子曰:“后其身而身先,外其身而身存。非以其无私邪?故能成其私[③]。”一曰:“知足不辱[④]。”

〔注　释〕

① 公仪休：鲁国博士，曾任鲁国国相。 ② 给：供给。 ③ 语见《老子·七章》。 ④ 语见《老子·四十四章》。

〔鉴　赏〕

知足的公仪休对别人敬献的鱼，一条不受，并说出了一段颇具人生哲理的话："受鱼而免于相，虽嗜鱼，不能自给鱼；毋受鱼而不免于相，则能长自给鱼"。意思是说：如果收下了别人送的鱼，就有可能被君王罢免相位，这样反倒吃不到官府供应的鱼；不接受别人献的鱼，也就保住了相位，反倒能长期吃到官府提供的鱼。《淮南子》认为这深得老子的"后其身而身先，外其身而身存"的精粹。

在老子看来，天地之所以能长且久，是因为它们的一切生存运作都不是为自己，所以能够长久生存。由此推衍到与天地同出一源的人身上，如人也能无私、处后居下、置身度外、先人后己，这样别人就不容易加害于他，于是尽管"后其身，外其身"，但最终却能占先、身存、保命。所以老子认为这种"无私"，反倒能"成其私"。

对于老子这种由"天道"借喻过来的"人道"，能深刻理解并能运用自如的要数战国鲁相公仪休。此外，三国时诸葛亮也深得此意。诸葛亮向刘禅表"无私"，要将成都桑枝八百、薄田数顷悉数上交，"不使内有余帛，外有赢财"(《三国志·蜀书·诸葛亮传》)；这种"无私"表白也同样使人不好意思，所以这些"余帛赢财"非但不会上交，还会为诸葛亮博得"无私"美誉。诸葛亮还以"鞠躬尽瘁死而后已"(《后出师表》)的形象长存人之心目中。

因为老子在此转换手段、"辩证"方法，所以河上公题《老子·七章》为"韬光"。然而洋人看此点，却认为是中国人的美德，如英国李约瑟在《中国科学思想史·道家与道家思想》中引到本章时说了这么一大段话："在中国，由谦让和退让而得来的不可思议的美德、社会声望以及最后的'面子'，已成为这个文化中的统治因素。关于这一点，凡是在中国居住过，并亲身经历过和一群人一起走过一个门道时的那种困难，或亲眼见过学者们在一次宴会上是怎样积极争相推让上座的人，都很了解。"显然，李约瑟没有看懂"这争相推让上座的人"，有不少是怀着老子这种"后其身而身先"的手段和目的的，而并非是"不可思议的美德"。在这里，李约瑟起码是看得浅了，或是"雾里看花"。这也同样说明不生活在中国这块文化土壤上的人往往不能深得其中内涵，这犹如洋人学京戏，一招一式尽管相似，但其韵味却被这相像的一招一式化解殆尽。

（刘康德）

子发用偷

〔道应训〕

楚将子发好求技道之士①，楚有善为偷者往见曰："闻君求技道之士。臣，偷也，愿以技赍一卒②。"子发闻之，衣不给带，冠不暇正，出见而礼之。

左右谏曰："偷者，天下之盗也，何为之礼[3]？"君曰："此非左右之所得与[4]。"后无几何，齐兴兵伐楚，子发将师以当之，兵三却。楚贤良大夫皆尽其计而悉其诚，齐师愈强。于是市偷进请曰："臣有薄技，愿为君行之。"子发曰："诺。"不问其辞而遣之。偷则夜解齐将军之帱帐而献之[5]。子发因使人归之，曰："卒有出薪者，得将军之帷，使归之于执事[6]。"明又复往取其枕[7]，子发又使人归之。明日又复往取其簪，子发又使归之。齐师闻之，大骇，将军与军吏谋曰："今日不去，楚君恐取吾头[8]！"乃还师而去。故曰无细而能薄[9]，在人君用之耳。故老子曰："不善人，善人之资也[10]。"

〔注　释〕

① 子发：楚国将领。技道：技艺，技术。 ② 偷也：王念孙认为应是"楚市偷也"。赍：原注为"赍，备也"。具备、充当的意思。 ③ 之礼：王念孙认为应为"礼之"。 ④ 君曰：应为"子发曰"。与：通"预"。 ⑤ 帱帐：帷帐。 ⑥ 执事：乃是对对方的敬称，表示不敢直指对方。 ⑦ 明又："明又"与下文的"明日又"，王念孙认为应作"明夕"和"明日夕"。"夕"与"又"字相近而误。 ⑧ 楚君：王念孙认为"楚君"应为"楚军"，二字音近而误。 ⑨ 曰：衍文。无细而能薄：应作"技无细而能无薄"，意谓人的技艺和能力无所谓高低贵贱。 ⑩ 语见《老子·二十七章》。

〔鉴　赏〕

《淮南子》通过这则故事是为了说明君主要善于使用各种不同的人

才,对人才要无所不包、无所不养。照常理来说,我们一般很难想象一个小偷对于征战有什么益处,所以当子发来不及束好衣带、戴正帽子就出来以礼接见这名小偷时,子发身边的人都觉得无法理解。而在楚国接连战败,楚国的大夫和谋士们都无计可施时,小偷主动请缨,子发更是在没问清小偷的详细计策的情况下就果断地派小偷去行事了。终于,楚军凭借小偷的技艺免除了危难。

这则故事还告诉我们一个道理,即世界上的很多事情(物)是无法(也无必要)一定作如此对应、如此确定的,就如小偷也可以成为征战中的谋士。因此,世界上的很多事情(物)也并非是能刻意追求、有意作为所能做到的;刻意追求、有意作为大概只能"追求"到事物的一方面,"作为"成事物的一部分。这就像下围棋一样,所下的每步棋,并非一定要在下子时即在这个空间确定地位、即在这个时间立见成效,他所取的是大势,他所用的是大用,他不求简单的因果关系,他不求线性的一因一果,"无为"反能"无不为"。正因为这样,子发对于一个小偷也能够给予十分的礼遇以及充分的信任。

与子发同样洞察上述道理的人,历史上比较著名的还有孟尝君,他不因门客是盗狗之徒、捕鼠之人、鸡鸣之辈而弃之不养,他也是无所不容、无所不包、无所不养;他养士不求立即回报而广大悉备,他知道说不定哪天会派上这些人的用处而随时成务,果真时值过关,恰用鸡鸣之客。由此推衍开来,天下大概是"无不救之人,无可弃之人"的,天下人才大概是"无所不有、无奇不有"的。由此,老子将这称之为"常善救人"(《老子·二十七章》)。

而这种“常善救人”，按魏源说来又是“真圣人袭明之妙用”，这“妙用”，相当于“道体”下的“道用”。由此而衍推，《老子》最后认定“善人者，不善人之师；不善人者，善人之资”。善与恶的关系也并非是绝对对立而不相容的，如结合上述“常善救人”来看，这其中的关系不也是相当“精妙”的吗？

（刘康德）

季子治亶父

〔道应训〕

季子治亶父三年[①]，而巫马期絻衣短褐，易容貌，往观化焉[②]。见得鱼释之[③]，巫马期问焉曰：“凡子所为鱼者[④]，欲得也。今得而释之，何也？”渔者对曰：“季子不欲人取小鱼也。所得者小鱼，是以释之[⑤]。”巫马期归以报孔子曰：“季子之德至矣！使人暗行，若有严刑在其侧者。季子何以至于此？”孔子曰：“丘尝问之以治，言曰：‘诚于此者刑于彼[⑥]。’季子必行此术也。”故老子曰：“去彼取此[⑦]。”

〔注　释〕

① 季子：即宓子贱，名不齐。王念孙认为：“季”当为“孚”字之误，而

"孚"与"宓"声相近。亶父：单父，在今山东单县。 ② 巫马期：人名，与宓子贱同为孔子弟子。絻：古代一种用麻布做的丧服，这里泛指粗劣衣服。褐：粗布衣。易容貌：改变容貌，即化装。化：教化。③ 见得鱼释之：其他古籍引作"见夜渔者得则舍之"或"见夜鱼者释之"。 ④ 鱼者：刘文典认为应是"渔者"。 ⑤ 小鱼：原注为"古者，鱼不盈尺不上俎也"。 ⑥ 诫：应作"诚"。各本皆作"诚"字。刑：通"形"，古"刑""形"通用。故"诚于此者刑于彼"，在《水经·泗水注》作"诚彼形此"。 ⑦ 语见《老子》第十二章、第三十八章和第七十二章。这里当是就第三十八章而言的："上德不德，是以有'德'……故失'道'而后'德'，失'德'而后'仁'，失'仁'而后'义'，失'义'而后'礼'。夫'礼'者，忠信之薄，而乱之首。前识者，'道'之华而愚之始。是以大丈夫处其厚，不居其薄；处其实，不居其华。故去彼取此。""彼"指的是礼法，"此"指的是道德。

〔鉴　赏〕

古代规定"鱼不盈尺不上俎"，所以渔夫捕捉到小鱼就放回水中放生。但如果认为渔夫这种行为仅仅是害怕刑法制裁而不得不为，那就低估了宓子贱的德政教化了。大概宓子贱也知道任何规定（刑法）都有不完善的地方，而且强制性的规定（刑法）能对人起多少制约作用也是个问题。所以宓子贱更多的是从体道之心、精诚之情的教化入手，这被老子称为是"去彼取此"。

老子认为最好的"德"是"上德"，按吴澄说来是"近道者为上德"（《道德真经注》)。也即如王弼在注《老子·三十八章》时说的:“何以得德?出乎道也;何以尽德?以无为用。”所以在老子看来,最好的社会是遵道无为的“上德”社会,只有以无为用,才能无物不载、无物不经,只有以无为用,才能无所偏,这样社会就安泰。那么怎样才能做到这点呢?老子认为要灭私无身,灭其私无其身则四海莫不瞻,远近莫不至;舍己任物才能无为而泰,守素持朴才能无须典制。

也因为舍己、灭身、无私,所以即使做了善事,也不会争名夺誉,即如空气与水一样,遍生万物而不有其功,故老子称为:“上德不德,是以有德。”(《老子·三十章》)反之,如社会到处充斥歌功颂德,这按老子说来倒是“无德”。

然而,这种“上德不德,是以有德”的社会毕竟少之又少,社会还总有直不能笃、正无法定的地方,这样就有了修文伪饰的礼法。然而社会发展到此时,尽管枝叶茂盛(繁文缛节),也好不到哪里去,只会“礼则争,义则竞,仁则伪”(王弼《老子注·三十八章》)。这时的老子,想想还是原本淳厚朴实的社会好,于是去彼取此:载以大道,镇之无名,这样才能使物无所尚,志无所营。

而人一旦具有体道之心、精诚之情,也就会在任何地方、任何事情上表现出来,这也就是宓子贱所说的“诫(诚)于此者刑(形)于彼”。他会从体道之心、精诚之情出发爱护弱小,其中包括不捕杀幼小生物(如小鱼、嫩叶等)。正因为他(如渔夫)从内在的体道之心、精诚之情出发来完成放生小鱼的行为,所以外界是否有不得捕杀小鱼的刑法规定对他来说是无须考虑的。就是说,外界即使无这种规定,他也照常完成放生小鱼的行为。

这就是作者一贯强调精诚感人的作用要大于刑法的制约作用之所在。

（刘康德）

悬鞀建铎

〔氾论训〕

禹之时，以五音听治，悬钟鼓磬铎，置鞀[①]，以待四方之士，为号曰："教寡人以道者击鼓[②]，谕寡人以义者击钟[③]，告寡人以事者振铎[④]，语寡人以忧者击磬[⑤]，有狱讼者摇鞀[⑥]。"当此之时，一馈而十起，一沐而三捉发，以劳天下之民[⑦]；此而不能达善效忠者，则才不足也。

〔注　释〕

① 五音：官、商、角、徵、羽。这里指钟、鼓、磬、铎、鞀五种乐器发出的声音。听治：听政，处理政务。铎：古代一种类似大铃的乐器，宣政令时摇铎以警示民众。鞀：一种有柄的小鼓，像今天的拨浪鼓。② 教寡人以道者击鼓：原注为"道和阴阳，鼓一声以调五音，故击之"。这是说"鼓"的作用是控制乐队的节奏，所以用"鼓"来喻"道"。③ 谕寡人以义者击钟：原注为"钟，金也。义者断割，故击之"。④ 告寡人以事者振铎：原注为"铎，铃。金口木舌，合为音声。事者

非一品,故振之”。⑤语寡人以忧者击磬:原注为“磬,石也。声急,忧亦急务,故击之”。⑥有狱讼者摇鞀:原注为“狱亦讼。讼一辩于事,故取小鞀摇也”。⑦馈:食,指进食用饭。捉发:指中断洗发,用手拧或搓干头发。劳:忧,忧劳。

〔鉴　赏〕

我们现在一谈政治,便往往会援引西方的民主,以为古代中国万古如长夜,都是君主专制的时代,无足道者。其实,中国的政治文明要比西方起步早得多,如《淮南子》这则故事所讲的,早在夏禹时代,当时的为政者就明白了广泛听取民意的重要。夏禹不但悬鞀建铎以广开言路,而且细致地区分了五种民意:欲拿道来指导的可以击鼓,欲用义来教诲的可以敲钟,欲告之以事情的可以摇铎,欲诉之以忧愁的可以击磬,欲打官司的可以摇鞀鼓。从道、义,到一般的事情,再到忧愁与诉讼,夏禹所开言路之广不可谓不宽阔。而更令人感动的是,夏禹即使在吃饭、洗头发的过程中也会为了接待百姓而停下来多次,勤政爱民可谓是达到了极点。

夏禹广泛听取民意的事迹可谓是中国古代君主的楷模,亦深得民心,也正是因此,夏禹“悬钟鼓磬铎,置鞀”的措施逐渐被提炼为了“悬鞀建铎”这一成语,用以形容统治者能够广泛听取臣民意见。应当说,夏禹这种重视并广泛听取民意的做法是中国古代政治的一个优良传统,如晚于夏禹一千多年的周武王在讨伐商纣的誓师大会上,曾面对天下诸侯说:“天视自我民视,天听自我民听。”(《尚书·泰誓》)但从周武王到近代之前有详细史料记载的三千年左右的古代文明中,能够真正做到“悬鞀建铎”的君主真是少之又少，而能够像夏禹一样为了听取民意而“一馈而十起，一沐而三捉发”更是几不可见。但只要君主稍微开明一些，能够意识到“悬鞀建铎”的意义和价值，一般还是能够使天下得到较好的治理的；而在闭塞言路、刚愎自用的君主当政时，则往往是中国社会最黑暗的时候。

直到清代末年，当一批先进的中国人开始睁眼看世界的时候，他们才发现，中国之所以落后的一个重要原因，就是没有能够好好继承夏禹“悬鞀建铎”的传统。如清代洋务派思想家冯桂芬在《〈校邠庐抗议〉自序》中说：“观于今日谏诤设专官，民隐不上达，而始知圣人悬鞀建铎，庶人传语之法善也。”又如维新派学者陈炽曾说：“泰西议院之法，本古人悬鞀设铎，间师党正之遗意。”（《议院》）

总之，“悬鞀建铎”，不仅仅听取各种一般的意见、诉讼、困难，而且听取道与义。我们祖先的政治理念可谓至深至善矣，关键在于我们如何继承。

（张榕坤）

秦穆公失马

〔氾论训〕

秦穆公出游而车败，右服失马①，野人得之②。穆公追而及之岐山之阳，野人方屠而食之。穆公曰："夫食骏马之肉，而不还饮酒者[3]，伤人。吾恐其伤汝等。"遍饮而去之[4]。处一年，与晋惠公为韩之战[5]，晋师围穆公之车，梁由靡扣穆公之骖，获之[6]。食马肉者三百余人，皆出死为穆公战于车下，遂克晋，虏惠公以归。此用约而为德者也。

〔注　释〕

① 秦穆公：春秋时秦国国君。车败：车坏。右服：四马拉的车，中间的两匹叫服，旁边的两匹叫骖。右服是指居中两匹中靠右侧的那匹马。失：通"佚"，逃走。② 野人：上古谓居国城之郊野的人，与"国人"相对，这里指居住在岐山的山里人。③ 还：通"旋"，"随即"的意思。④ 遍饮：给每一个野人都喝一些酒。去：离开。⑤ 晋惠公：春秋时晋国国君。韩：地名。韩之战：即秦晋韩原之战。原注为"晋惠公夷吾倍秦纳己之略，秦兴兵伐晋，战于晋地韩原也"。⑥ 梁由靡：晋大夫。扣：原注为"扣犹牵"。一曰用环套住或拢住也叫"扣"。获："获"字上脱"将"字。

〔鉴　赏〕

秦穆公是秦国历史上一位有作为的君主，他在位长达三十九年，内修国政，外图霸业，开始了秦国的崛起，在部分史料中被认定为春秋五霸之一。"秦穆公失马"这则故事主要反映的是秦穆公心胸宽广，能体恤百姓，因此也便自然能够得到百姓的拥戴和维护。

当秦穆公看到山里人把自己的马杀了煮着吃的场面之后，他不但没有动怒，而且还怕山里人吃骏马的肉会伤身，又供给他们酒喝。能够如此胸怀宽广而不计个人利益得失，并且如此为百姓着想的君主，不让百姓感念他的恩德都难；所以这些山里人在秦晋之战中也就能够拼死保护遇到麻烦的秦穆公，最终帮助秦穆公取得了战争的胜利。

试想，对于陌生的百姓尚且能够如此宽容，并且施以恩惠的君主，对于自己周围的贤臣良将又会是一种怎样的态度呢？答案一定是非常体恤下属，并且十分爱惜人才。比如，孟子所说的"虞不用之而亡，秦穆公用之而霸"（《孟子·告子下》）的百里奚本来是作为陪嫁的奴仆来到了秦国，在半途中逃走，而当秦穆公听说百里奚是个贤才之后，便费了很大的波折去寻找百里奚，最后终于把百里奚请回了秦国。虽然秦穆公初见百里奚时发现他已经是个七十多岁的老人而有些失望，但攀谈数语之后他就立即发现了百里奚的贤良并拜其为上卿，任其为相国。又如，在我们比较熟悉的"崤之战"中，当秦国全军覆没，大将孟明视、西乞术和白乙丙三人被俘却又侥幸逃归之后，秦穆公不但没有怪罪，而且还亲自到城外去迎接他们，并且把罪责都揽到了自己身上，语重心长地说："'孤违蹇叔以辱二三子，孤之罪也。'不替孟明，曰：'孤之过也。大夫何罪？且吾不以一眚掩大德。'"（《左传·僖公三十三年》）

正是有这样一位贤明大度的君主治理国家，并且在位长达三十九年，才奠定了日后秦国足以与中原六国相抗衡乃至于统一中国的国力基础。

（张榕坤）

任侠拒谏

〔氾论训〕

北楚有任侠者[①]，其子孙数谏而止之[②]，不听也。县有贼，大搜其庐，事果发觉[③]，夜惊而走，追，道及之，其所施德者皆为之战，得免而遂反[④]，语其子曰："汝数止吾为侠。今有难，果赖而免身。而谏我，不可用也。"知所以免于难，而不知所以无难。论事如此，岂不惑哉！

〔注　释〕

① 任侠：仗义行侠。② 数：屡次。③ 庐：住宅。事：任侠者和盗贼有牵连的事。发觉：被发现、察觉。④ 反：同"返"。

〔鉴　赏〕

游侠是中国古代社会中的一个特殊群体，在先秦两汉时期尤其活跃，所以司马迁和班固分别在《史记》和《汉书》中专门为其立传。对于政府的行政治理来说，游侠作为一个特立独行、不拘礼法的群体，在很多时候自然是被政府所打压的，如韩非子曾把游侠作为危害社会统治的五种蛀虫之一，认为"侠以武犯禁"(《韩非子·五蠹》)；班固在《汉书·游侠传》中亦批评游侠"以匹夫之细窃生杀之权，其罪已不容于诛矣"。但在普通老百姓眼中，游侠大多都讲义气，因而要比欺压百姓的昏庸政府强很多。以"究天人之际，通古今之变"为志向的司马迁亦认为，游侠作为"布衣之徒，设取予然诺，千里诵义，为死不顾世，此亦有所长，非苟而已也”，“其行虽不轨于正义，然其言必信，其行必果，已诺必诚，不爱其躯，赴士之戹困，既已存亡死生矣，而不矜其能，羞伐其德，盖亦有足多者焉”（《史记·游侠列传》）。

就此而言，北楚之任侠者好行侠义，子孙屡次劝其改正而不听，其实正是出于其为侠的本性；而后来任侠者被官府追捕时，因为受到“其所施德者”的帮助而逃过一劫，也正当归功于其平素行义的行为。因此，从任侠者的角度来说，他的逻辑其实并没有错，因为“义”对他来说本就是一个不容丢弃的禀性。

但从局外人的角度来看，任侠者是只知道免于灾难，而不知道怎样从根本上杜绝灾难。也就是说，任侠者只看到了由于行义使其能够得到别人的帮助而免灾，却没有看到如果他当初不行义、不曾帮助盗贼的话，这次灾难根本就不会发生。显然，《淮南子》在这里是取一种对于任侠者的贬斥态度的，认为他当初就不应当任侠。王冉冉教授曾对汉初的游侠政策作了如下总结：“在汉代，汉高祖由平民起家，对侠的依赖甚大，因此在汉初侠的势力颇大，养士之风漫延，在当时出现了朱家、剧孟等一批侠士。而至汉武帝时，为了大一统专制政权的需要，中央政府用了各种方法来收编、打击侠士”（王冉冉《史记讲读》）。显然，《淮南子》对于任侠者的态度正反映了汉武帝时的国家政策。

（刘康德）

佩玦逐兔

〔氾论训〕

楚王之佩玦而逐兔[①]，为走而破其玦也[②]，因佩两玦以为之豫[③]，两玦相触，破乃逾疾[④]。乱国之治，有似于此。

〔注　释〕

① 玦：半圆形，有缺口的玉器。② 为走：刘文典认为《太平御览》九百七引为“楚王佩玦逐兔，马速玦破”，据此，“为走”应为“马走”。③ 豫：通“预”，指事先做好准备。④ 逾：通“愈”。

〔鉴　赏〕

佩玦逐兔的故事告诉我们的一个基本道理是，解决问题的方法不在于多，而在于有用；如果只是多而无用，反而会使问题更加严重。落实到治国上亦是如此，政令简明、善于随顺百姓之自然，才能够无为而无不为；如果一味靠增加法令、税负等措施来增加收入，则反而会造成民众的动乱而更加难以治理，造成民众的贫困而赋税收入更少。

正是因此，当处于乱世之中，思想家们批判得最多的就是国家的烦苛之政。如《老子·五十七章》云：“以无事取天下，吾何以知其然哉？以此：天下多忌讳，而民弥贫；人多利器，国家滋昏；人多伎巧，奇物滋起；法令滋彰，盗贼多有。故圣人云：‘我无为，而民自化；我好静，而民自正；我无事，而民自富；我无欲,而民自朴。'"《老子·七十五章》又云:"民之饥,以其上食税之多,是以饥。民之难治,以其上之有为,是以难治。民之轻死,以其上求生之厚,是以轻死。"

正如陈鼓应先生所分析的,老子的上述观点意在阐明"剥削与高压是政治祸乱的根本原因。在上者横征暴敛,厉民自养,再加上政令繁苛,使百姓动辄得咎,这样的统治者已经变成大吸血虫与大虎狼。到了这种地步,人民自然会从饥饿与死亡的边缘中挺身而出,轻于犯死了"(陈鼓应《老子注译及评介》)。所谓"剥削"也即意图通过增加赋税的办法增加收入,而所谓"高压"也即通过增加法令、军队等办法加强对民众的控制。殊不知"佩玦逐兔,破乃逾疾",这些增加的手段只会起到适得其反的效果,正如《淮南子》所说:"乱国之治,有似于此。"

相反,要想真正达到民众顺从、赋税增加的目的,只有"以无事取天下",给民众以充分的自由和休养生息的机会,则天下自然会太平,民众自然会富有,而民富则国强,国家又何愁赋税的征收?

（张榕坤）

三人同舍

〔诠言训〕

三人同舍①,二人相争。争者各自以为直②,不能相听。一人虽愚,必从旁而决之[3]，非以智，不争也。

〔注　释〕

①舍：房屋、住宅。②直：公正。③决：裁决，裁判。

〔鉴　赏〕

三人同舍是"当局者迷、旁观者清"的一个典型例证。因为处于相争关系中的两个当局者在看待问题时必然会偏向自己的利益和立场，所以他们往往会各以为是、互不相让；这时，即使一个愚钝的旁观者也能够做两人的裁判，判定他们各自的是非。因为他没有卷入这其中的利益关系，因而分析和看待问题都会比较客观。

《淮南子》通过"三人同舍"所要向我们揭示的一个更深层次的道理是，在日常的为人处世中，我们的角色虽然是当局者，但都要努力保持一个旁观者的心态，也即尽量使自己做到"不争"。"不争"也就意味着没有自己的对立面，也就意味着看待问题时是出于全面而客观的公心，而非拘拗于一己之私利而不能自拔的私心；在处理问题时也就会做到秉公而恰当，而只要做到了秉公而恰当，自然不会有人与他争。就此而言，"不争"即意味着"公道"，老子曾说："夫唯不争，故天下莫能与之争"（《老子·二十二章》），也正是从这个意义上讲的。

然而，人毕竟有自己的局限性，能够时时处处站在"公"的立场上考虑问题的人毕竟是少数，况且有时候某些事情本身也很难断定如何才算得上"公"。因此，庄子对于"三人同舍，二人相争，一人决之"是保持一种悲观态度的，他说："既使我与若辩矣，若胜我，我不若胜，若果是也？我果非也邪？我胜若，若不吾胜，我果是也？而果非也邪？其或是也？其或非也邪？其俱是也？其俱非也邪？我与若不能相知也。则人固受其黮闇，吾谁使正之？使同乎若者正之，既与若同矣，恶能正之？使同乎我者正之，既同乎我矣，恶能正之？使异乎我与若者正之，既异乎我与若矣，恶能正之？使同乎我与若者正之，既同乎我与若矣，恶能正之？然则我与若与人俱不能相知也，而待彼也邪？"（《庄子·齐物论》）由于深刻地洞察到了人性的弱点，看惯了人们的尔虞我诈，庄子在这里悲观地认为，相争的双方以及第三者既然都是人，那么就都避免不了人性的弱点，因此他们都无法作出一个公正的裁决，最终只能"待彼"。"彼"也即"公道"自身，"待彼"也即等待"公道"自身的显现。由此，庄子把人类判决自身问题的权力给取消或悬置了起来，而这其中是充满着深刻的无奈的。

（刘康德）

西家之子

〔说山训〕

东家母死，其子哭之不哀。西家子见之，归谓其母曰："社何爱速死①，吾必悲哭社。"夫欲其母之死者，虽死亦不能悲哭矣。

〔注　释〕

①社：原注为："江淮谓母为社。"爱：吝惜。

〔鉴　赏〕

当看到东家之母死而其子哭得不显悲伤之后，西家之子回家对母亲说了这样一番话："母亲，你为什么舍不得快点死？你死了，我一定会很悲伤地哭你的。"西家之子的故事辛辣地讽刺了西家之子没有爱母之诚心，却只欲借爱母来博得孝子之名望的阴暗心理。

像西家之子这种只为孝之名而无孝之实的人，在历史上并不少见。比如，唐张鷟的《朝野佥载》就记载古代"孝子"郭纯为了骗取孝廉的名分，治丧期间每次于母亲亡灵之前哭时故意撒饭渣之类于地上，引飞鸟来吃，反复多次形成条件反射，鸟一听到哭声就会争着飞来，由此被人认为郭纯尽孝得连鸟都能够被感动，朝廷由此颁发匾额表彰郭纯的孝心。也正是看到了世道人心的败坏，曹雪芹在《红楼梦》第一回出现的《好了歌》中写下了这么一段话："世人都晓神仙好，只有儿孙忘不了！痴心父母古来多，孝顺儿孙谁见了？"

中国社会本来是一个非常重视孝道的社会，认为孝敬父母是一个人修身立命之本，只有首先对自己的父母孝顺了，才能由此推己及人，把自己的爱心达之天下。正如孟子所说："孩提之童，无不知爱其亲者，及其长也，无不知敬其兄也。亲亲，仁也，敬长，义也。无他，达之天下也。"（《孟子·尽心上》）于是，"孝"便成为衡量一个人德性高低，乃至政府选拔人才的重要标准，这本来是很好的一项制度；然而，由于与名利联系起来，也便随之出现了大量“不肖者沽名钓誉、伪为善贤”的人和事。西家之子与郭纯便是其中典型的例子。

到了现代，当“孝”与“利”脱钩，传统文化逐渐沦丧之后，对父母不敬不孝，乃至公然与父母决裂为敌的人和事，更是充斥于媒体报道。此外，更常见的情况则是，在父母在世时很少孝敬照顾父母，但在父母去世后却不惜重金、大办丧事，可谓与西家之子无异矣。面对如此多的非常可怪乃至于见怪不怪之现状，人们当常思人生所为何事，名利所为何事。若人生只是一个名利的人生，即禽兽亦不如矣！

（刘康德）

一目之网

〔说山训〕

有鸟将来，张罗而待之①，得鸟者，罗之一目也②；今为一目之罗，则无时得鸟矣。

〔注　释〕

① 罗：捕鸟的网。② 目：罗网的网眼。

〔鉴　赏〕

在人们张网捕鸟的时候,鸟儿入网被捉拿,只是被一个网眼绊着;但如果只编织一个网眼的网,那就不可能捉到鸟。“一目之网”这则寓言的寓意很明确,说的是局部只有在整体中才能发生作用,如果脱离了整体,局部也便失去了其原来的意义。如果放在《淮南子》的道论这个大整体中去理解的话,那就是:事事物物的发生发展应当合于至善,偏离了至善之道,事物也便失去了其意义和价值。

上述道理看似很好理解,然而在现在这个分工极为细致的时代,整体论的思维模式正在被忘却。每个人大抵只关注两件事情:一个是自己的专业工作,另一个是自己的物质生活。在自己的专业工作领域只是积累知识与经验,以增强自己的专业素养,获得更好的薪资;在物质生活领域则只是为满足各种物质享受而“操心”。并且,前者又是为后者服务的。于是,整个社会真的变成了一个“各人自扫门前雪、休管他人瓦上霜”,一心向“钱”看的社会。在工业生产中,各个单位只负责自己的专业和盈利,造纸厂可以不顾下游河道的污染,乳制品生产企业可以为了蛋白质达标而加入三聚氰胺,餐饮企业可以不顾人们的健康而使用地沟油……各种只负责自己盈利而不负责别人死活的怪象大量涌现。在日常生活中,我们的社会则逐渐进入一个陌生人社会,邻里之间互不相识的事情司空见惯,人与人之间的不信任与冷漠与日俱增。

以上描述看似危言耸听,但确实又是在我们的社会中十分现实地发生着的事情,究其根源,即在于人们现在过多地关注于个体而忽视整体,关注于眼前的利益而缺乏长远的理想。“一目之网”看似能够绊住一只鸟，但如果缺乏整体和长远的关怀，这只鸟必然是会从这孤独的"一目"中挣脱出去的；同样，如果人类继续拘于一人、一家、一国或人类的利益，而非是以一种与别人、别家、别国乃至于宇宙万物休戚与共的态度来生存的话，则人之目前的所得只能说是小人得志，最终必将得到应有的惩罚。欲扭转这种状况，只有追寻"至善"之大道，重织"全罗之网"，人啊人，当自勉之！

（张榕坤）

躄盲互助

〔说山训〕

寇难至，躄者告盲者①，盲者负而走②，两人皆活，得其所能也。故使盲者语，使躄者走，失其所也。

〔注　释〕

① 寇：敌寇。躄：跛脚，跛子。② 是说盲者负躄者，躄者导之，故可行走。

〔鉴　赏〕

在兵灾将至时，跛子将此消息告诉瞎子，瞎子背上跛子并且根据跛子的指示前进，两人都能幸免于难。反之，如果让瞎子负责指路，跛子负责背着瞎子逃跑，那么就无法各自发挥特长。“躄盲互助”这则寓言告诉我们的一个基本道理是，人应当尽量去做最适合自己的工作，并且注意相互协作、目标一致。

首先，每个人都有其先天的生理特质以及后天生活的特殊环境，在这样的情况下人与人之间就会产生各种差异，比如有的人有着天才般的音乐细胞，有的人逻辑思维能力很强，有的人善于与人沟通，等等；这时，每个人都应当恰当地选择适合自己的发展道路，只有这样才能促进每个人最好地成长；反之，如果不注意这一点，硬是让一个极有音乐天赋而逻辑思维稍弱一些的孩子以数学家作为自己终身的志向，则便无异于让瞎子指路、跛子背人了。

其次，当人们各得其所之后，还要能够相互协作、目标一致，只有这样才能“和”。相互协作、目标一致，其实也即我们在“一目之网”的寓言中所说的要关注整体，要以追寻“至善”之大道为人类的共同目标。人类社会中的各种矛盾，大都是由于偏离了“至善”这个人类的共同目标，从而使人与人、国与国之间由于各自的私利而产生了摩擦乃至流血冲突。试想，如果跛子和瞎子的关系闹僵了，跛子让瞎子往东走，瞎子偏偏往西走，则两人势必会同归于尽。

然而，很多事情说着容易，做起来却很难；用寓言比拟出来容易，但是把寓言所蕴含的深意贯彻到实际的生活中却很难。特别是这种需要人们时刻秉持一种良善的心境，不为一己的私利所牵引，恰当地处理好自己与周围人的关系的事情，尤其需要人们下一番克己修身的功夫。

（刘康德）

郢人鬻母

〔说山训〕

郢人有鬻其母[①]，为请于买者曰："此母老矣！幸善食之而勿苦[②]。"此行大不义而欲为小义者。

〔注　释〕

① 郢：楚国郢都。鬻：卖。② 幸：希望。食：供养。苦：使受苦。

〔鉴　赏〕

当郢人在干一件大不孝的忤逆之事——要将自己的母亲卖出时，还假装慈悲地对买主说："这位老母亲年迈了，请你好好奉养她，别让她受苦。"这则故事可谓又一次深刻地揭露了人性的阴暗面——假借仁义来做罪大恶极的事情。

仁义本来是儒家极为高尚的道德主张，但在现实中却又常常被人们利用起来做坏事。对此，庄子曾经以"盗亦有道"的论述作了深刻阐析。《庄子·胠箧》讲道：

"跖之徒问跖曰：'盗亦有道乎？'跖曰：'何适而无有道邪？夫妄意室中之藏，圣也；入先，勇也；出后，义也；知可否，知也；分均，仁也。五者不备而能成大盗者，天下未之有也。'由是观之，善人不得圣人之道不立，跖不得圣人之道不行。天下之善人少而不善人多，则圣人之利天下也少而害天下也多……圣人不死，大盗不止。虽重圣人而治天下，则是重利盗跖也。为之斗斛以量之，则并与斗斛而窃之；为之权衡以称之，则并与权衡而窃之；为之符玺以信之，则并与符玺而窃之；为之仁义以矫之，则并与仁义而窃之。”

庄子在这里深刻地指出，当圣人为世人制造出斗斛、权衡、符玺、仁义来矫正世事，为人们确立一个正义的原则时，大盗却连斗斛、权衡、符玺、仁义这些东西也给偷去了。因此，善良的人能够根据圣人的原则有所树立，而盗贼也能够假借圣人的原则由小盗成为大盗。但是，天下善良的人往往很少，而不善良的人却往往很多，所以圣人之道对于天下有利的时候少，而对于天下有害的时候多。由此，庄子无奈而悲凉地指出："圣人不死，大盗不止。"

历史也一次次无情地证明了庄子的断言，上至假借仁义窃取国家政权的暴君，下到假借仁义来做伤天害理之事的鄙人，无不是窃取了圣人之道的盗贼。而在我们的日常生活中，正如庄子所言，"天下之善人少而不善人多"，人总会有为了自己的私利而犯错误，同时又盗取仁义来作掩饰的时候，这个时候我们又何尝不是盗贼呢？每当此时，我们都应当作深刻的忏悔，"勿以恶小而为之"，否则，当我们由小偷变成了大盗，悔之晚矣！

（刘康德）

阳虎乱鲁

〔人间训〕

阳虎为乱于鲁[①],鲁君令人闭城门而捕之,得者有重赏,失者有重罪。围三匝,而阳虎将举剑而伯颐[②],门者止之曰:"天下探之不穷[③],我将出子。"阳虎因赴围而逐[④],扬剑提戈而走,门者出之。顾反[⑤],取其出之者,以戈推之[⑥],攘祛薄腋[⑦]。出之者怨之曰:"我非故与子反也[⑧],为之蒙死被罪[⑨],而乃反伤我。宜矣,其有此难也[⑩]!"鲁君闻阳虎失,大怒,问所出之门,使有司拘之,以为伤者受大赏[⑪],而不伤者被重罪。此所谓害之而反利者也。

〔注　释〕

① 阳虎:人名,春秋鲁国人,字货,也叫阳货,鲁国贵族季氏的家臣,事奉季平子。平子死后,阳虎专权。后来阳虎发动叛乱,事败后出奔齐国。② 伯:通"迫",逼迫、逼近。颐:面颊、腮帮子。举剑而迫颐:是说举剑准备自刎。③ 天下探之不穷:杨树达认为"天下探之不穷"是"谓天下甚大,可以逃生,无为自杀也"。④ 赴:冲。赴围:冲出重围。逐:这里指士兵追逐阳虎。⑤ 顾反:回头折返。⑥ 推:刺,于省吾《诸子新证》说:"自内向外刺之曰推。"⑦ 攘:通"攮",指用戈刺。祛:袖子。薄:迫,逼近。⑧ 故:原本、本来。反:王念孙认为是"友"字。这是说门者与阳虎非亲非友。马宗霍认为

"反"即"反叛",意思也通,即说门者不是和阳虎同为反叛者。⑨ 蒙:冒着。⑩ 许匡一认为这句话可作两种理解:一是埋怨阳虎恩将仇报,说他活该受围捕之难。二是门者自怨,怨自己看错了人,自讨苦吃。⑪ 以为:认为、认定。

〔鉴　赏〕

阳虎是春秋末年鲁国季孙氏的家臣,他在毫无家底与背景的情况下,步步高升,最后挟制季孙氏和鲁国国君,一手操纵鲁国国政,因而在《春秋》中被孔子斥为窃国大"盗"。《春秋·定公八年》云:"盗窃宝玉、大弓。"《公羊传》解释说:"盗者孰谓?谓阳虎也。阳虎者曷为者也?季氏之宰也。季氏之宰则微者也,恶乎得国宝而窃之?阳虎专季氏,季氏专鲁国,阳虎拘季孙、孟氏与叔孙氏迭而食之。"阳虎乱鲁指的便是这次阳虎欲彻底罢黜季孙、孟氏与叔孙氏,但最终未能成功的政变。

虽然阳虎在孔子的笔下是一个大奸之人,然而,所谓大奸者必有大智大勇,《淮南子》这里所描写的阳虎出逃时的一个细节即体现了阳虎的智勇。在一位守门人乘混乱之机放阳虎出城门后,阳虎却又折返回来,举戈刺破了那位守门人的袖子并伤及其腋部。守门人开始时迷惑不解,直到后来鲁君赏功罚罪之时,阳虎的用意才体现出来——原来是为了使那位守门人免于受罚,"此所谓害之而反利者也"。

通过《淮南子》的这则故事,我们可以看到,阳虎在那么短的时间内能够反应迅速,为不使救自己的人受到连累而不惜耽误时间折返回来刺他一下,说明阳虎不仅有智勇,而且还是有一些"义"的。只不过阳虎在为政的过程中没有把这种“义”用到正地方；而鲁国又恰好积贫积弱，没有强有力的国君和卿大夫，致使阳虎能够有机可乘，最终导致了阳虎的叛乱。

阳虎最后几经波折，逃往晋国，受到晋国正卿赵简子的重用。当孔子得知此事之后，曾愤怒地说出“赵氏其世有乱乎”(《左传·定公九年》)的预言。然而，阳虎在比自己更为强势的赵简子的领导下，知道自己没有犯上作乱的实力了，因而只能老老实实地襄助赵简子。赵简子最终成为晋国实力最强的世卿，在晋国专权十七年之久，并为日后赵、魏、韩三家分晋奠定了坚实的基业。

当然，最后需要指出的一点是，阳虎和赵简子最后的所谓霸业肯定是不能为孔子所认可的，因为孔子所提倡的是仁民而爱物的王道，而非篡权夺位、中饱私囊的霸道。

（刘康德）

塞翁失马

〔人间训〕

近塞上之人，有善术者[①]，马无故亡而入胡。人皆吊之[②]。其父曰：“此何遽不为福乎[③]？”居数月[④]，其马将胡骏马而归[⑤]。人皆贺之。其父曰："此何遽不能为祸乎？"家富良马，其子好骑，堕而折其髀[6]。人皆吊之。其父曰："此何遽不为福乎？"居一年，胡人大入塞，丁壮者引弦而战[7]。近塞之人，死者十九[8]，此独以跛之故，父子相保。故福之为祸，祸之为福，化不可极，深不可测也。

〔注　释〕

① 术：道术、术数。 ② 吊：慰问、安慰。 ③ 遽：助词，通"讵"，就。何遽：犹言怎么就，表示反问。不：王念孙认为应作"不能"。④ 居：经过。 ⑤ 将：带领。 ⑥ 髀：大腿骨。 ⑦ 引弦：拉开弓弦。引弦而战：指拿起弓箭去打仗。 ⑧ 十九：十分之九，指大多数。

〔鉴　赏〕

塞翁失马的故事大概是我们最为熟悉的古代寓言之一，这不仅是由于它的故事情节跌宕起伏、一波三折，更是由于它非常生动地折射了现实生活中人之命运的无常，也深刻地诠释了老子"祸兮福之所倚，福兮祸之所伏"（《老子·五十八章》）的哲理。

人之常情，总是要求福而避祸，为此，人们又常常工于权衡计算，希望对于未来的福祸能够有一种确切的预料，以早做准备。然而，这利害、得失、祸福等，果真能被人计算得清清楚楚、权衡得丝毫不差？历史和现实告诉人们，诸如这些，非计所能为。这就如徐梵澄说的："古之士君子立身行道，循理尽分而已，祸福非所计者也。倚伏之数，盖不可量。往往小人之祸，为君子之福。今日之福，成他日之祸。父祖之祸，贻为子孙之福。财富之福，转为国家之祸。纷纷徼绕，何可胜言。”（徐梵澄《老子臆解》）但人多长期迷惑，不解此理，在功名利禄的驱动下不停地求福邀赏，尽管结果常常相反，但仍昏昏其中。

然昏昏中却也有昭昭者。《人间训》中提到的“塞翁”就是一位能从失马得马中引出祸福相生的智者：此翁之马无故走失，邻居均来劝慰，但塞翁说：“马之走失，说不定还是好事呢！”果然数月后，走失的马归来，还引来一匹骏马；而当邻居来道贺之时，塞翁却说：“这或许是件坏事。”果真，塞翁好骑的儿子从马背上堕地而折髀，此时邻居又来慰问，塞翁说出使人惊奇的话：“这件祸事说不定是件福事呢！”后来突然爆发战争，塞翁之子因腿跛而免于服兵役；当战争导致近塞之人十有九死之际，塞翁之子却以腿跛得以保命。这正是“福之为祸，祸之为福，化不可极，深不可测”。用老子的话来总结，即是“正复为奇，善复为妖”，“祸兮福之所倚，福兮祸之所伏”（《老子·五十八章》）。

面对这种祸福难测的情状，老子给人们的建议是：“方而不割，廉而不刿，直而不肆，光而不耀。”（《老子·五十八章》）意谓方正而不割人，有棱角而不伤人，正直而不放肆，光明而不刺耀。这就是说，当你有意做成一件有福、有利的事情时，也要同时考虑到这件事的负面效果（祸）并努力将其降至最低点，而不能一味求福、求利，以至于被福、利冲昏了头脑。这犹如产生便民利民的汽车之时，是不是可以将汽车排放废气中的有害气体降至到零？噪声是不是可以降至最低限度？以此类推，现代社会中各种标以“造福于人类”的事情都有这个问题。于是后现代主义就接过老子的旗帜、继续这一话题：方而不割，廉而不刿……而其中的理论根据则是“祸兮福之所倚，福兮祸之所伏”。

（刘康德）

靖郭君将城薛

〔人间训〕

靖郭君将城薛[①]，宾客多止之，弗听。靖郭君谓谒者曰[②]：“无为宾通言。”齐人有请见者曰：“臣请道三言而已[③]。过三言，请烹。”靖郭君闻而见之。宾趋而进，再拜而兴，因称曰：“海大鱼[④]！”则反走[⑤]。靖郭君止之曰：“愿闻其说。”宾曰：“臣不敢以死为熙[⑥]。”靖郭君曰：“先生不远道而至此[⑦]，为寡人称之。”宾曰：“海大鱼，网弗能止也，钓弗能牵也。荡而失水，则蝼蚁皆得志焉[⑧]。今夫齐，君之渊也[⑨]。君失齐，则薛能自存乎？”靖郭君曰：“善。”乃止，不城薛。此所谓亏于耳、忤于心而得事实者也[⑩]。夫以“无城薛”止城薛，其于以行说[⑪]，乃不若“海大鱼”。

〔注　释〕

① 靖郭君：战国时齐人，姓田名婴，齐威王的儿子，孟尝君田文的父亲。薛：地名，在今山东滕县南。城薛：在薛地修筑城墙。 ② 谒

者：负责通报传话、接待宾客的侍者。③言：字。一字为一言，如“万言书”。④趋：快步走。古代要求在尊者面前应小步快走，以示尊敬。兴：起来。称：说、道。海大鱼：鲸鱼一类。⑤反：返。⑥熙：戏，开玩笑。⑦远：以为遥远。“不远道”等于说“不远千里”。⑧荡：跳跃。得志：指随心所欲地咬食。⑨渊：杨树达认为“渊”当作“海”。⑩得：合。⑪以：许匡一疑是衍文。

〔鉴　赏〕

靖郭君在薛地筑造城池，是一种发展私家势力的行为，这不利于齐国的国家利益，也不利于靖郭君个人的长远利益；但是，当他手下的宾客、门人都纷纷直言劝阻的时候，位高权重、抱负满怀的靖郭君哪里听得进去，甚至于封堵了进言之门。终于，有位国人想了个妙招，先是用“只说三个字，多说一个字情愿受烹刑”来吸引靖郭君，以重新打开进言之门。进而，这位宾客又巧妙地用“海大鱼”这三个字打了个比方：当大鱼在海中遨游时，即使渔网都难以捕捉到它；然而，如果大鱼跃出水面落在岸边，那么连蝼蛄和蚂蚁都可以随心所欲地咬食它。显然，大鱼是喻指靖郭君，而海则是喻指齐国，“海大鱼”三个字可谓把靖郭君与齐国的关系揭示得浅白而又深刻。因为浅白，所以靖郭君马上就能领悟其中的意思；又因为深刻，靖郭君便能信服地接受这种意见。

“靖郭君将城薛”的故事可谓是很好地体现了语言艺术的魅力。毕竟人都是有其局限性，有其刚愎自用的时候，这个时候，如果只是一味地直来直去地去劝谏，那么被劝谏的人往往不但不会接受意见，反而会对劝谏者产生反感;相反,如果善于转换说话的方式,善于使用打比方等婉转的表达方式,使被劝谏的人自己领悟到其中的深意,便会收到事半功倍的效果。

历史上这样的例子还有很多。比如颍考叔撮合郑庄公黄泉见母的故事,就是其中比较著名的一个。因出生时难产,郑庄公的母亲很不喜欢他,后来又联合庄公之弟密谋废掉庄公,庄公平息了这次事件之后便命令把母亲迁置到了颍地,并发下毒誓:"不及黄泉,不再相见。"颍地的地方官颍考叔知道此事后,说道:"母亲虽然不像母亲,但儿子能够不像儿子吗?"于是在跟郑庄公一起进餐时,专拣盘子中的好肉包好,藏在袖内,庄公好奇地问这是为什么。颍考叔说:"我家有老母,因为家贫,从来没吃过这么好的东西。现在我自己在这儿享受,老母亲却尝不上一口,一想我就心酸,所以我要带一些回去给老母亲吃。"郑庄公听后凄然长叹。颍考叔便趁机顺水推舟,提出挖一条通向泉眼的隧道,让郑庄公母子在里面相见的计划,最后终于化解了郑庄公母子二人的矛盾。试想,如果颍考叔直言劝谏,而不是将心比心、以情动人,可能不但说不动郑庄公,反而会招来郑庄公的记恨和处罚。

总之,讲话也是一种艺术,同样的意思通过不同的语言表达出来,会给人带来非常不同的感受,有时甚至直接关系到事情的成败。这是我们在自己的为人处世中所不得不谨慎待之的。

(张榕坤)

解扁为东封

〔人间训〕

解扁为东封[1],上计而入三倍[2],有司请赏之。文侯曰:“吾土地非益广也,人民非益众也,入何以三倍?”对曰:“以冬伐木而积之,于春浮之河而鬻之[3]。”文侯曰:“民春以力耕,暑以强耘[4],秋以收敛,冬闲无事,以伐林而积之,负轭而浮之河,是用民不得休息也[5]。民以敝矣[6],虽有三倍之入,将焉用之?”此有功而可罪者也。

〔注 释〕

① 解扁:人名,战国魏臣。东封:东部边境的官员。 ② 上计:年终呈报账目。入:收入。 ③ 以:在。浮:从河道漂流运出。鬻:卖。 ④ 力:努力、用力、尽力。暑:夏。强耘:勉力耕耘。 ⑤ 负轭:驾车。是用:是以、因此,这样一来。 ⑥ 以:通“已”。敝:疲惫。

〔鉴 赏〕

“解扁为东封”的故事透露出《淮南子》的民本思想,即给民以休养生息,减少民众的劳役负担。解扁担任魏东部边境官员时,有一次年终上报账目,地方财政收入增加了三倍,主管考核的官员提请上级嘉奖解扁。而魏文侯则对此颇为质疑:国土没有增扩,人口也没有增多,财政收入如何能够增长三倍?当得知解扁是利用冬季农闲的时间令百姓砍伐树木,然后来年春天再卖掉以积聚财政收入时,魏文侯不但没有为解扁的这个"妙计"感到高兴,而是说了这样一番语重心长的话:"百姓春天努力耕种,夏天勉力耘耕锄草,秋天又忙着收割敛藏,只有冬天才有空闲,现在要他们冬天伐木积贮树木,又驾车运到河边,这样一来,百姓哪有时间休养生息?他们长年如此疲惫不堪,就是财政收入增加三倍,这又有什么用呢?"魏文侯在这里完全以对民众的生活是否有利作为评判官员政绩的标准,而非只看经济数字,体现了他对于民众疾苦的深切关怀,以及一种高超的政治智慧。

魏文侯作为上古时期的地方诸侯,在当时的生产水平还相当低下的情况下,还坚持以民生而非"数量"作为衡量官员政绩的标准,哪怕是农民在冬季休养生息的时间,也不允许官员任意骚扰,这不是很值得我们当下各级地方政府反思吗?

（张榕坤）

鲁人报仇

〔人间训〕

鲁人有为父报仇于齐者,刳其腹而见其心[①],坐而正冠,起而更衣,徐行而出门,上车而步马,颜色不变。其御欲驱,抚而止之曰[②]:"今日为父报仇以出死,非为生也。今事已成矣,又何去之[3]!”追者曰:“此有节行之人,不可杀也。”解围而去之[4]。使被衣不暇带[5],冠不及正,蒲伏而走[6],上车而驰,必不能自免于千步之中矣[7]。今坐而正冠,起而更衣,徐行而出门,上车而步马,颜色不变,此众人所以为死也,而乃反以得活。此所谓徐而驰,迟于步也[8]。夫走者,人之所以为疾也;步者,人之所以为迟也。今反乃以人之所为迟者反为疾[9],明于分也。有知徐之为疾,迟之为速者,则几于道矣。

〔注　释〕

① 刳:从中间剖开。② 抚:按。③ 去:离开逃命。④ 去之:放他离开。⑤ 被:杨树达认为应为“彼”。⑥ 蒲伏:通“匍匐”。用膝爬行,形容跌跌撞撞、连滚带爬的狼狈相。⑦ 千:杨树达认为应为“十”。⑧ 徐:刘文典认为应是“走”,跑。徐而驰:顾广圻认为“徐而驰”,有脱。疑作“徐疾于走”,承“徐行”言之,“驰迟于步”,承“步马”言之。⑨ 这句王念孙认为应作“今乃反以人之所以为迟者为疾”。“反乃”应作“乃反”。又脱一“以”字,衍一“反”字。

〔鉴　赏〕

关于先秦两汉人们对于“复仇”的态度,蒋庆先生曾谈道:“大复仇说,是指公羊家推崇复仇的学说。在《春秋》一经中,凡有复仇之事,孔子必大书特书,以张复仇之义。大复仇说是公羊学中很独特的学说,充满着对不义的愤怒与热血的报复。在大复仇说中,公羊家所理解的人不再是温情脉脉的伦常关系中的人，而是赤裸裸的凭血性本能行事的人。复仇者的心中燃烧着报仇雪恨的怒火，不再顾及人间的礼法而欲以仇人之血来洗却心中的怨毒。公羊家在《春秋》经中礼赞复仇，是肯定在天下无道的时代个人可以凭借一己之力来恢复历史中的正义”(蒋庆《公羊学引论》)。《公羊传·隐公十一年》亦非常明确地写道：“子不复仇，非子也。”我们知道，《春秋》一书是孔子由鲁史笔削而成的，而公羊学的创始人、孔子的再传弟子公羊高则是齐国人，他们既然都推崇乱世中的复仇，特别是子为父报仇雪恨，那么，为父报仇作为人子的责任与义务，在当时的鲁国和齐国应当是得到广泛承认的。

由此，鲁人到齐国去为父报仇而杀人，虽然是触犯国家刑律的，但无论对于鲁人还是齐人，都应当是具有一定意义上的正义性与可谅解性的。因此，当鲁人报仇之前，就早已抱定了必死的决心，正如他对马夫所说：“今日为父报仇以出死，非为生也。”为了实现自己心中的“义”而早已将生死置之度外。所以他在杀人报仇之后，能够坐下来端正帽子，又站起来更换血衣，缓步走出仇家大门，登上马车以后让马夫慢慢驱赶马走，脸上的神色一点不变。而对于追赶他的齐国官兵，当看到鲁人的这种安而行之的举止之后，立刻便判断出鲁人是一位有节操的士人，于是进而断定鲁人杀人之动机在于正义的为父报仇，而不在于邪恶的杀人本身，因此最终放走了鲁人。

上述的故事情节在以法治为中心的今天看起来可能有些不可思议，但是我们只要设身处地地结合当时的乱世情境、文化背景，也还是不难体味到鲁人和追捕他的齐国官兵的心境的。《淮南子》通过这则寓言所要向我们揭示的一个基本道理是:“有知徐之为疾,迟之为速者,则几于道矣。”也就是说,依道而行,不在于实际的快与慢,而在于当快则快、当慢则慢;鲁人报仇出于心中的一股为父昭雪之正气,所以快慢有节、安而行之,故可谓是“几于道矣”。

（张榕坤）

狡狐搏雉

〔人间训〕

夫狐之捕雉也[①],必先卑体弥耳[②],以待其来也。雉见而信之,故可得而擒也。使狐瞋目植睹[③],见必杀之势,雉亦知惊惮远飞以避其怒矣。夫人伪之相欺也,非直禽兽之诈计也[④]。

〔注　释〕

① 捕:王念孙认为是“搏”。 ② 弥:王念孙认为“弥”当为“弭”。弭,按的意思。弭耳:王念孙认为是“弭毛”。弭毛:按敛其体毛。③ 植:通“直”,指耸立起毛。植睹:顾广圻认为“植睹”似当作“植尾”。指竖立起尾巴。④ 直:只、仅。

〔鉴　赏〕

那狐狸在攻击野鸡时，总是先卑伏着身子、按敛着体毛，等待着野鸡的到来。野鸡见狐狸这副缩头缩脑的样子，也就信以为真，不加防范，所以狐狸得以捕捉到野鸡。假使狐狸圆瞪怒眼，耸毛竖尾，摆出一副捕捉野鸡的架势，野鸡也必惊怕而避开凶神恶煞的狐狸了。在此，《淮南子》深刻地指出，要识破假象是很不容易的，伪装着的凶恶比显露在外的凶恶要可怕得多。

然而，狐狸虽然可怕，却远远不如人可怕。正如《淮南子》进一步深刻指出的，人的伪装狡诈，要比禽兽的手段厉害得多了。而之所以如此，是因为人有智慧。正如老子所说，“智慧出，有大伪”（《老子·十八章》），智巧出现，便会产生大伪。“智”原本是人类进步的标志，它不必一定产生“伪诈”；但一旦“智”与人的私心、贪欲联系在一起，它便会以“智巧”“智谲”的面貌出现，成为有碍于人心向善、社会纯朴的东西了。大概正是出于对这种情况的忧虑，具有远见卓识的老子才痛心疾首地要求人们“绝学”“弃智”，提出了“常使民无知无欲，使夫智者不敢为也”（《老子·三章》）的主张。在这里，老子将“无欲”“不敢为”和“无知”“智者”直接联系在了一起，非常鲜明地表明了它们之间的密切关系。

而更可悲的是，人们还往往自拘于“智巧”“诈谲”，甚至“好之”，正所谓“大道甚夷，而民好径”（《老子·五十三章》）。对此，刘笑敢先生解释说：“大道的本义是平坦之途，比喻理想的社会原则和行事原则。‘径’即小径、曲径、险径，即小路，比喻正途之外的方法和途径……大道既明，人人遵循，社会自然平安无事，不劳施政者建功立业，青史留名。但是，如果社会的治理者为了享用自己的权利，或为了显示自己的才干忠心，或为了积累升迁的资本，因而不断发号施令，那么社会是不得安宁的。从百姓的角度来看，如果有平坦的大路不走，专门挑便宜、图省事、顾己而不顾人，那么社会也就有了不安定、不平静的混乱之源。所以老子倡大道，反对走小路"（刘笑敢《老子古今》）。

总之，人为了一己之私欲而生的智巧、机巧是人类伪诈产生的根源，这种伪诈比禽兽的伪诈要可怕得多；但是，这毕竟是一条荆棘丛生的小路，真正智慧的人不应当自拘于此，而应当行于坦荡荡的大道。

（刘康德）

鄙人弃玉

〔修务训〕

鄙人有得玉璞者①，喜其状，以为宝而藏之；以示人，人以为石也，因而弃之：此未始知玉者也。

〔注　释〕

① 鄙人：指鄙陋无知的人。玉璞：指未经雕琢加工的宝石。

〔鉴　赏〕

在“鄙人弃玉”这则寓言中，鄙人是喻指那些没有自己的主见而一味从众的人，玉璞则是用来喻指人生中真正有价值的东西。

从鄙人的从众心理一面来说，如果我们都像鄙人一样人云亦云，听风便是雨，那么我们也就会变成一个没有思想的臭皮囊，变成一个不能真切体悟自己生命之真的行尸走肉。其实，现代社会也正是一个追求时尚、随风逐影的社会，人们的眼球往往被各种最新奇、最古怪、最好玩儿、最前潮的事物所吸引，这些事物在各个方面吸引着、引领着和建构着人的生命，人的生命亦汩没于其中而乐此不疲；于是，每个人都成为时尚建构起来的人，而不是他自己本身对于自己的生命的真切反思与自我实现。换言之，每个人只是世俗风尚的载体之一，而不再具有或者毋宁说懒得具有赏鉴真正的生命价值的能力。于是，当人偶然中独自地发现有一块似乎很宝贵的玉璞时，他自己并不能确信这种宝贵，而必须“以示人”，而当别人都以为是一块普通石头时，他也便不再坚守自己的发现，马上就把这块宝玉给丢掉了。这就是鄙人的悲哀。

从玉璞的一面来说，人生命中最珍贵的东西往往藏于人自己的身心之中而不外露，它不像时尚中流行的那些奇装异服，一开始就有着华丽的外表。正如老子所说的“道”，“道常无名”（《老子·三十二章》），“道隐无名”（《老子·四十一章》），“道”是“惟恍惟惚”“惚兮恍兮”“窈兮冥兮”（《老子·二十一章》）的。又如孟子所说的心之四端：“恻隐之心，仁之端也；羞恶之心，义之端也；辞让之心，礼之端也；是非之心，智之端也。”（《孟子·公孙丑上》）人心中最为崇高、最为有价值的部分一开始只是一个“端”，

“苟得其养，无物不长，苟失其养，无物不消”，正所谓“操则存，舍则亡，出人无时，莫知其乡”（《孟子·告子上》）。如果人们没有一颗善于发现的心，便会很容易亡道而失心。然而，正如连那位鄙人起初也能发现玉璞可能是块宝一样，道不远人，只要人们能够切实地反求自己的良知，并不断地打磨它，则人生命的厚度自会不断增加，人亦能逐渐体认到自己独特的生命价值所在。明代大儒王阳明一生以致良知为教，临终前自信地说道：“此心光明，亦复何言！”阳明能够自得其宝（心），而又善于砥砺打磨其宝（心），最后终得大光明之境而死亦无憾，此可谓真识宝者也。

总之，我们不能像鄙人那样做一根随风而倒的墙头草，只有如此才能守住我们的玉璞，而这最可宝贵的玉璞就在我们生命之中，只是它隐而不显，需要我们善加体认并小心砥砺打磨，最终它一定会散发出万丈光芒，照亮我们的整个生命。

（张榕坤）

后世知音

〔修务训〕

昔晋平公令官为钟，钟成而示师旷[①]。师旷曰：“钟音不调。”平公曰：“寡人以示工，工皆以为调，而以为不调[②]，何也？”师旷曰：“使后世无知音者则已，若有知音者，必知钟之不调。”故师旷之欲善调钟也，以为后之有知音者也。

〔注　释〕

① 晋平公：春秋晋国国君。师旷：晋平公乐师，以善辨音乐而著名。

② 而：汝，你的意思。

〔鉴　赏〕

俗话说知音难觅，正如南朝著名文艺理论家刘勰所说：“音实难知，知实难逢，逢其知音，千载其一乎！”(《文心雕龙·知音》)当其他乐师都认为钟音协调时，唯独师旷能听出来钟音的不协调，正是说明“音实难知”；正是因为“音实难知”，所以师旷一时难以找到与自己意见一致的人，而只能将希望寄托于后世。这则故事虽以“知音”为题，但实际上又暗喻了真理的难知，以及师旷坚持真理的可贵精神。

在人类历史上，大凡有着超凡智慧的思想家，一开始都不易为常人所知；但他们却往往能够不为世俗所动，坚持真理，以至于后世不断地有知音者体悟到他们的价值，将他们的思想行为奉为圭臬。如孔子一生以仁义礼乐讲学授徒，周游列国，但却始终颠沛流离，不为各国君主所重用，因而不能够将自己的政治理想化为实践。然而，孔子却并不因此而气馁；相反，他始终认为真理一直掌握在自己手中，“知其不可而为之”(《论语·宪问》)。当孔子在匡地被人误认为是阳虎而被围困时，他意味深长地说：“文王既没，文不在兹乎。天之将丧斯文也，后死者不得与于斯文也；天之未丧斯文也，匡人其如予何！”(《论语·子罕》)坚信周文王去世以后，真理就传到自己手中，如果上天不准备消灭真理的话，那么匡人也便不会伤害自己了。

又如德国近代著名哲学家叔本华，当他在理智的孤独中完成了其代表作品《作为意志和表象的世界》之后，并没有得到人们的关注和重视，以至于在一年半的时间内只卖出一百多本。面对这种状况，叔本华并不感到意外，而是说了这样一句话：“如果不是我配不上这个时代，那就是这个时代配不上我。”显然，叔本华是在自信地强调后者。

确实，真理难知，因为人们往往拘于个人的私智私欲之中，被世俗与习心所隔断，于是也就远离了真理；知音难觅，因而那些能够坚守真理、忍得孤独的前圣先贤们，也就愈发显得高大伟岸，而他们所发掘的真理，也只能留待于后世知音的共鸣。然而，我们身处这些伟大思想的“后世”，当我们汩没于世俗与习心之中时，我们是否想到过要去擦拭一下自己的心灵，以接收前圣先贤所弹奏的真诚、善良而美丽的乐音呢？这是我们每个人所当常常扪心自问的。

(刘康德)

附　录

《淮南子》的作者

关于《淮南子》作者，大致说来，历来有两种说法。第一种说法，认为《淮南子》是淮南王刘安自己的作品。《汉书·艺文志》以及历代正史史志如《隋书·经籍志》等均持此观点。第二种说法，认为《淮南子》是刘安组织门客集体编撰而成的，这也是学界比较通行的观点。陈静先生又将这种说法细分为比较含混和比较明确两种，前者只是说《淮南子》是刘安及其宾客共同撰著的；而后者则明确地指出这些宾客是“苏飞、李尚、左吴、田由、雷被、毛被、伍被、晋昌等八人，及诸儒大山、小山之徒”，这些门客名单最早由东汉高诱在《淮南叙目》中明确提出。这样看来，我们似乎可以很清楚地知道《淮南子》作者了，但事实上问题不止这么简单，因为我们面临着更多的追问：如由于史料的缺乏，我们无从获取这些门客更多的资料，因此即使面对这份看似有稽可考的名单，我们却仍然无从考证。例如苏飞等八人，见载于史书的只有左吴、雷被、伍被，而且只有些与《淮南子》创作无关的只字片言。因此，我们无法断定高诱为我们开具的这份名单的真实性。再如，由于无法进一步考察这些据说是与刘安共同撰著《淮南子》的门客的具体情况，因此我们也无法搞清楚刘安与《淮南子》的关系到底是怎么样的。是仅仅挂名的主编而已，还是某些章节的撰稿人？是众门客分笔编写，自己再最后统稿并加以润色，还是自始至终都是刘安在主导其事？等等，这些问题我们都无法进一步发问。因此，关于《淮南子》作者及其编写情况，由于史料的缺乏，我们只有接受比较含混的说法，即《淮南子》是刘安与其门客共同撰著的。

但是，有一点我们是可以断定的，即刘安之于《淮南子》的编撰绝非仅仅是挂名了事而已，而是积极的组织者，甚至直接参与编撰。首先，从《淮南子》的结构框架、思想主旨来看，虽然人们多称之为“杂家”，但是它仍然是有其一以贯之的主旨和比较严谨的章节结构，这都显示出它是一部有组织、有计划的作品；其次，从刘安本人的史料来看，刘安既是好学之士，又是才学甚高之人，故而高诱在《淮南叙目》中称他与其宾客“共讲论道德，总统仁义，而著此书”，这种说法恐也绝非虚诞之言，而是可信的。

因此，关于《淮南子》作者，我们主要介绍以下两个方面内容：一是刘安生平及其著作；二是苏飞等八人及诸儒大山、小山之徒的一些情况。

一、刘安生平及其著作

关于刘安的生平事迹，《史记》《汉书》均有记载，而《汉书·淮南衡山济北王传》较为详细。

淮南王刘安，是汉高祖的孙子，淮南厉王刘长的大儿子。刘长是汉高祖的少子，他的母亲原本是赵王张敖的美人。汉文帝六年(公元前174年)，淮南厉王刘长因谋反被废，在被流放到蜀郡严道邛邮(今四川荥经西)的途中绝食而死。文帝八年，汉文帝怜悯刘长之死，封刘长之子刘安、刘勃、刘赐、刘良为侯。文帝十六年时，文帝又三分原淮南王封地，立刘安为淮南王、刘勃为衡山王、刘赐为庐江王。到了汉武帝元狩元年(公元前122年)，当时已五十八岁的刘安，因谋反罪自杀。他跟他父亲刘长一样都以谋反罪而自刎身亡。徐复观说，刘安一家确实称得上是“两世(高祖、文帝)含冤的一系。”

关于刘安因谋反罪自杀的问题，一般有两种对立的说法：一是认为刘安确有谋反罪，罪有应得，如司马迁《史记·淮南衡山列传》、王夫之《读通鉴论》等均持此观点；二是认为刘安的谋反是场冤狱，甚至是种阴谋，是汉武帝打击地方集权和黄老道家的手段，徐复观、陈广忠、王云度等先生持此观点。这两派观点都有其道理，我们先把结论暂时搁置，来分析刘安谋反这件事本身的意义。不管刘安是否谋反，或是被汉武帝捏造罪名，有一点是肯定的，即作为淮南王的刘安是有其政治理想，并企图实践之的。如果我们进一步来探讨支撑其政治理想及其实践的理论根据的话，那么，就应该是试图综合诸子百家的黄老道学，而这也正是《淮南子》一书的主要思想趋向。在这个意义上，我们可以说，刘安之谋反而自杀，不过是个悲剧，是中央集权与地方势力、儒术与黄老道学之间斗争的牺牲品。

作为西汉政权的诸侯王，刘安没能逃离开政治漩涡。但是刘安除了诸侯王这一政治身份外，也是位好学、好结交文学之士的学者。《汉书·淮南衡山济北王传》说：“淮南王安为人好书，鼓琴，不喜弋猎狗马驰骋……招致宾客方术之士数千人……时武帝方好艺文，以安属为诸父，辩博善为文辞，甚尊重之。每为报书及赐，常召司马相如等视草乃遣。”但是，班固在《汉书·景十三王传》中又称：“淮南王安亦好书，所招致率多浮辩。”那么，我们是否能就此断定刘安是位好浮辩、谈虚文的文士呢？其实不然。《汉书·景十三王传》称淮南结交的多是“浮辩”之士，再加历代有关刘安好方术、死后升仙等传说，似乎更加坐实了刘安的“浮辩”。但是这里的“浮辩”，我们需要仔细推敲一下。这里的“浮辩”是相对于河间献王及其门客“修学好古，实事求是”而言的。河间献王刘德与刘安一样好书、养士，但是刘德收集到的书多是先秦旧书，且以儒家典籍为主，他本人也好儒术；而刘安的门客则显得鱼龙混杂，且以高诱《淮南叙目》列举的就有道家、儒家等，再以《汉书·艺文志》所罗列的书目来看，他所招致的门客有通习《周易》的，有擅长各种方术的，等等。其实这也与刘安、刘德各自的治学、养士的目的有关。刘德更多地体现出“纯学术”的特点，而刘安则更多地希望整合当时的各种思想以利于当世政治，体现出“经世致用”的特点来。因而这里的“浮辩”不能理解为虚诞、无实用，而应该理解为兼容、整合等。在这个意义上，如果我们搁置刘安的政治身份，他可以说是位博学多才的“士”。

在中国文化中，刘安这个名字还更多地与方术、神仙术联系在一起。根据记载，刘安不仅本人好学道，好招致方术，如《汉书·淮南衡山济北王传》称：(刘安)“作为《内书》二十一篇，《外书》甚众，又有《中篇》八卷，言神仙黄白之术，亦二十余万言”；又《汉书·刘向传》说：“上(汉宣帝)复兴神仙方术之事，而淮南有《枕中鸿宝苑秘书》。书言神仙使鬼物为金之术，及邹衍重道延命方”，等等；后人也有他死后成仙的说法，如《列仙传》、《论衡·道虚》(东汉王充著)、《风俗通义》(东汉应劭著)、《神仙传》(东晋葛洪著)等均有记载。由于《列仙传》作者历来有争议，因而在现存文献中最早记载刘安成仙故事的当是王充的《论衡》了。王充在《论衡·道虚》中说：“儒书言：‘淮南王学道，招会天下有道之人，倾一国之尊，下道术之士，是以道术之士，并会淮南，奇方异术，莫不争出。王遂得道，举家升天，畜产皆仙，犬吠于天上，鸡鸣于云中。’”我们耳熟能详的“一人得道，鸡犬升天”

的典故就是刘安成仙的故事。刘安死后成仙，这固然是无稽之谈，但是这则故事也点明了淮南王刘安与道家、神仙家的关系，也点明了刘安招致的门客中也有方术家。方术、神仙术在当时往往与养生、灾荒预测等联系起来。李零先生曾著有《中国方术考》《中国方术续考》等书专门考辨中国古代方术。另外，在刘安时代，信奉神仙术、方术也是当时社会的流行风气，如汉武帝好神仙方术、董仲舒也有土龙求雨的说法等。从刘安与方术、神仙术等的关系中，我们也可看到刘安及其门客所学的"杂"，而这些"杂"也构成了《淮南子》一书的思想来源。

刘安也是位多产的著作家。除了《淮南子》一书以外，他还留有其他不少的著作，或依附在他名下的作品。王云度先生在《刘安评传》中详细考证了有关刘安著作的记载。在《汉书·艺文志》《文选》《隋书·经籍志》《旧唐书·经籍志》《新唐书·艺文志》《宋史·艺文志》《广博物志》《正统道藏》《四库全书总目》和《四库缺书目》等文献中共收录了刘安有关著作书(篇)目共五十四种次，外加不知书名的兵书一种。经过辨析，"属于刘安及其群臣宾客所作之书共二十一种，属于后人伪托之书共九种"。这些主要包括：《淮南子》(即今《淮南子》，此书又有多个书名，如《内书》《淮南内》等，今流行注本有《淮南南诂》《淮南子注解》《淮南子鸿烈解》等，此书原名《鸿烈》，《淮南》之名是西汉时刘向整理典籍时所定)、《中篇》(此书又名《枕中鸿宝苑秘书》《鸿宝》《淮南万毕经》《淮南变化术》《淮南中经》《淮南王万毕术》等)、《淮南道训》、《淮南王赋》、《淮南王集》、《离骚传》、《颂德》、《长安都国颂》、《谏伐南越书》、《淮南歌诗》、《淮南王群臣赋》、《淮南杂子星》、《琴颂》、《庄子略要》、《庄子后解》、《淮南八公相鹄经》、《淮南王养蚕经》、《淮南王草木谱》、《淮南王食经》、《淮南练圣法》、《灵棋经》等等。这些著录的书大都已散佚，仅有《淮南子》及少数赋文流传了下来。但是，光从这些篇名、书名，我们可想见当时刘安及其宾客的著作之丰富、思想之庞杂。如此，我们不难理解《淮南子》一书的思想流派之繁多、思想内容之丰赡。

综上所述，我们可以说，刘安在政治上是个悲剧性的人物，但是在学术上，他又是个博学多闻的文士，也是位善于著述的文人。虽然他门下宾客众多，思想流派芜杂，但是他仍然努力以自己的政治理想和思想倾向来整合这些资源，从而为当时的政治提供理论依据。《淮南子》就是这种整合的产物。

二、刘安诸宾客考

在有证可查的材料中，我们大概知道，可能参与编撰《淮南子》的诸宾客有：1. 上面提到的苏飞、李尚、左吴、田由、雷被、毛被、伍被、晋昌等八人；2. 诸儒大山、小山之徒；3. 通晓《周易》的九师。

我们先来看看苏飞等八人和大山、小山之徒等的情况。由于史料的缺乏，我们无从考证这些门客的具体情况，只能大致作些推测。苏飞等八人，后人常将之称为“八公”。高诱在《淮南叙目》中明确提到苏飞等八人，但并未明确提出“八公”的说法。现存文献中最早提到“八公”说法的当是东汉王充的《论衡》。《论衡·道虚》说：“八公之传，欲示神奇若得道之状，道终不成，效验不立，乃与伍被谋为反事，事觉自杀，或言诛死。”但是王充在这里只是提到“八公”，并没有为我们记录下“八公”的具体姓名等。明确提到“八公”姓名的材料，大概是东晋谢朓的《和王著作八公山》和唐人司马贞的《史记索引》，但是他们列举的“八公”姓名都与高诱《淮南叙目》中的八人略异。谢朓《和王著作八公山》说：“苏飞、李上、左吴、陈由、伍被、雷被、毛被、晋昌为八公。”司马贞《史记索隐》言：“《淮南要略》云，（刘）安养士数千，高才者八人，苏飞、李尚、左吴、陈由、雷被、毛周、伍被、晋昌，号曰八公也。”到了明清时期，“八公”成了通行的说法，在《淮南子》的叙或跋中径直将苏飞等人称为“八公”，并认为他们是《淮南子》的主要撰著者。

然而，这看似清晰的结论却充满着各种附会和增饰的成分。诚如陈静先生所说：“刘安死后，在他成仙的故事里出现了八公的名称，八公究竟是一个人，还是指八个人，或者是以地名概指那些住在八公山的淮南王宾客（这是南宋人洪迈在《容斋随笔》里的观点，他认为：“寿春有八公山，正刘安延致客之处。”——笔者注），这一点并不清楚。高诱虽然列出了八个名字，但是并没有说他们就是‘八公’，高诱的《淮南叙目》里没有‘八公’称谓。到了葛洪的《神仙传》，‘八公’才明确地变成了八个人的统称。再后来《史记索隐》又把高诱《叙目》里的八个名字和《神仙传》里的‘八公’名称组合在一起，遂使‘八公’具体地落实为苏飞等八人，并且被认定是《淮南子》的作者。这一点逐渐变成了人们心目中的历史事实，明清时代的序跋足以为证。”在这里，我们虽然无法更进一步考察“八公”或高诱所说的八人，但是可以推断《淮南子》的主要撰著者中有不少道家学者。在《淮南子》中，道家，尤其是黄老道家色彩也十分明显。

关于“诸儒大山、小山之徒”，历史留给我们的材料也十分有限。在现存文献中，只有《文选》收录的“刘安《招隐士》一首”，后人多认为是小山的作品,但也有人认为是刘安的作品。东汉王逸《招隐士小序》认为这是小山的作品。他说:“招隐士者,淮南小山之所作也。小山之徒,闵伤屈原身虽沉没,名德显闻,与隐处山泽无异。故作《招隐士》之赋,以彰其志也。”(此处王逸的小序引自《文选集注》,另外还见于唐徐坚的《初学记》和宋洪兴祖《楚辞补注》中,三者文字有异。可参见王德华教授《王逸〈招隐士小序〉各本辨误》一文。)小山的这首作品主要是表达招募忠良,共辅社稷的想法。但是仅凭这首辞赋,我们无法收集更多的关于“大山、小山之徒”的信息。因此,更为妥帖的做法是:把“诸儒大山、小山之徒”这条资料理解为有不少儒家学者参与撰写《淮南子》一书。这点也因《淮南子》一书中大量引用儒家经典而得以证实。

关于通晓《周易》的九师,我们无法知晓他们的确切姓名。关于他们的记载,见于《汉书·艺文志》。在《汉书·艺文志》“《易》家”条下有“《淮南道训》二篇。淮南王安聘明《易》者九人,号九师说”。现在我们没有直接材料证明这“九师”参与了《淮南子》的撰写工作,但是《淮南子》书中却有引述《周易》说法和观点的文字,因此,我们可以推断有通晓《周易》的学者参与编写《淮南子》,只不过是不是这“九师”,则不得而知了。

史称刘安“招致宾客方术之士数千人,作为《内书》二十一篇,《外书》甚众,又有《中篇》八卷”,《内书》即今天我们说的《淮南子》。在淮南王刘安处,“宾客方术之士”的人数未必真有数千之多,但是肯定不在少数,因此,各家学者都有也不是什么稀奇的事。另外,据杨树达、刘文典、王云度等先生的统计,《淮南子》对先秦诸典籍及各家学说的引用是相当丰赡的。如杨树达先生在《〈淮南子〉证闻》中粗略统计就有 26 种之多,尤以道家、儒家的材料居多。

总的说来,《淮南子》作者并非一人,而是以刘安为首的、吸纳了各家各派学者的知识集体创作的产物;但是它又不是各家各派学者“自说自话”的辞典性质的编纂物,而是以黄老道家学说为其核心,试图会通其他各家各派思想的类似“专著”性质的奇书。诚如高诱在《淮南叙目》中所说,此书“其旨近老子,淡泊无为,蹈虚守静,出入经道。……其义也著,其文也富,物事之类,无所不载,然其大较,归之于道。……故夫学者不论《淮南》,则不知大道之深也”。因此,可能高诱正是看到《淮南子》这本书的“专著”性质,才会特别明确地提出该书是刘安与苏飞等八人及诸儒大山、小山之徒“共讲论道德,总统仁义”而编撰出来的。这里的“共讲论道德,总统仁义”正是强调了这部书是以刘安为主编、以刘安的学术观点为主旨,诸宾客通力合作、集体编撰的作品。

(张锦波)

《淮南子》的思想特色及其影响

《淮南子》一书体系庞大，内容丰富，且又自成一家，有着其独特的思想立场和经世目标，诚如东汉学者高诱所说:“学者不论《淮南》，则不知大道之深”(《淮南叙目》)，亦如明代学者郭子章所说:“自有子部以来，未有若是书(《淮南子》)有理而且备者”(《淮南子题辞》)。为了使读者对于《淮南子》的思想特色有一个全面的了解，我们以下分别从《淮南子》的文化视野、思想基础、经世目标三个角度进行阐释说明；同时在就上述三个角度进行阐说的过程中，对《淮南子》的思想在历史上的相应价值与影响作一简要介绍。

一、《淮南子》的文化视野

《淮南子》又名《淮南鸿烈》，只要接触过《淮南子》的读者大概都会真切地感到《淮南》之“鸿烈”：它广大悉备、浩荡汪洋、娓娓千百言，其中自然宇宙、天文地理、阴阳造化、四季时则、鸟兽鱼虫、花草树木、四夷百蛮、世间人生、治术兵略、治乱祸福及诡异瑰琦之事，无不森然罗列，犹如文化库、博物馆，其中可与《史记》中《律历》《天官书》等相质证之的《天文训》更是保存了三代古术，难能可贵。诚如牟钟鉴先生所言:“《淮南子》是一部百科全书性质的论著”(牟钟鉴《〈吕氏春秋〉与〈淮南子〉思想研究》)。

全书洋洋洒洒二十余篇，《原道》训道，《俶真》衍道，《天文》述天道，《地形》绘地理，《时则》论四时，《览冥》观幽变，《精神》论生命，《本经》述圣德,《主术》论君道,《缪称》定称谓,《齐俗》言俗变,《道应》证道德,《汜论》言兴衰,《诠言》论保身,《兵略》谈军事,《人间》论祸福,《修务》说学业,《泰族》总结全书,《说山》《说林》则集箴言格语……如此构成沉博隽绝之书,够后人研读不已的。

这总覆万略的《淮南子》又如类书,它荟萃诸子、取材百家,聚狐而成裘,按研究《淮南子》的专家来看,其书是"原道德则依庄、列,推阴阳则准星官,辨方舆则赅《山海》,纪四时则征《月令》,综政术则杂申、韩,以至《离骚》之奇,《尔雅》之正,文、邓之辩博,仪、秦之短长,隽绝瑰琦,无所不有"(许国《淮南鸿烈》汪一鸾刻本序)。

一言以蔽之,《淮南子》的文化视野是遍及宇宙万物、无所不包的。于是,便自然地随之产生了一个问题:如何才能将天下林林总总的事物安排归类妥当,使之井然有序?为使自己安心,也为使大汉王朝从天子以至于百姓都放心,此时的《淮南子》又拈出原本出于《周易》和《洪范》的阴阳五行,进一步以金、木、土、水、火来配置对应的自然气候物候及与社会人事政事之一切自然变化和社会活动,又使阴阳流行其间,其贯通天人、范围天地、规划天下的意图一目了然。

对此,顾颉刚先生曾指出:"汉代人思想的骨干是阴阳五行。无论在宗教上,在政治上,在学术上,没有不用这套方式的……有阴阳之说以统辖天地、昼夜、男女等自然现象,以及尊卑、动静、刚柔等抽象概念;有五行之说,以木、火、土、金、水五种物质与其作用统辖时令、方向、神灵、音律、服色、食物、臭味、道德等等,以至于帝王的系统和国家的制度。"接下来顾颉刚先生还由此谈起他们思想的方法来:"推究这种思想的原始,由于古人对宇宙间的事物发生了分类的要求。他们看见林林总总的东西，很想把繁复的现象化作简单，而得到他们的主要原理与其主要成分，于是要分类，但他们用的分类方法与今日不同。今日是用归纳法，把逐件个别的事物即异求同；他们用的演绎法，先定了一种公式而支配一切个别的事物。”（顾颉刚《秦汉的方士与儒生》）

因为用阴阳五行对应天下事物，当你在脑海中或实际生活中只要一出现一个物体，如“木”，就会在相关的链条秩序中引出一系列对应的事和物：时间——春、空间——东、音律——角、味——酸、谷——麦、色——青……这种由此及彼的关联，便于联系事物，认识事物，观察事物，处置事物，掌控事物。因为每一事物、每一个人都属于某一类、某一档，所以任何“物”、任何“人”都有迹可循，任何人都能有规可遵，能各司其职、各应所得、各行其是、各控其物。

这里尽管充斥着附会、不科学，但《淮南子》毕竟极其谦逊地包容和吸纳了当时最先进的科学成果，上有天文学悬顶，下有农学、地理学筑底，中间又有物候学、物理学、化学、气象、医药、生物乃至音律、数学等充实；因此，它起码可以在对事、对人作出精确认识之前有一个粗略的概念。其实，我们对于事物和人的认识不都是只能尽可能地接近真相而不能穷极真相吗？可以设想，将这种识物、识人的方法提供给一个头脑中毫无认知图式的人，这人能不为此高兴吗？因为这种以阴阳五行对应天下事物的思维框架确能便于人们认知事物、联系事物、处置事物，所以刹那间人们也乐于作这种模式设定，以至于《黄帝内经》还深入到人体内部作这种模式设定，观察人体脏器与自然的联系变化。

因为上有天文学悬顶，下有农学、地理学筑底，所以在此基础上建构起来的模式框架，只能使人“循其理，行其数”。也就是说，这种框架、模式的设定使帝王、臣民只得如此，不能出于私心为所欲为、逆道行事，所以君主帝王的权威、个人意志、专制权力也都将受到抑制。

朝代可以更迭，一朝天子一朝臣，但《淮南子》规划整合出的框架模式则不因朝代的更迭而更迭，它对于后世中国人的思维模式无疑产生了重大的影响。现在设想，近代中国如没有西方列强的入侵（包括器物、技艺、思想、观念），中国仍然是个自给自足的农业社会的话，这一套思维模式还将会起作用。就是发展到现在，它的某些方面还仍然起着作用，如物候、农事等。

综言之，《淮南子》的文化视野遍布天地万物以及人类社会的一切领域，并且试图尽自己的最大所能提供一种合理的框架模式来贯通天人、范围天地、规划天下，从而使人们有理可循、有章可依，最终各司其职、各应所得、各行其是、各控其物。由此可见，《淮南子》没有把自己的视野限定在某一专门之点上，而是尽可能地将其放到最大，以达到通贯天人、综罗万物的目的。也正是因为有这种宏大的文化视野，所以它所阐明的思维模式在中国历史上产生了深远的影响。而《淮南子》之所以能够有如此宏阔的文化视野，则与其思想根荄——“道”——密不可分。

二、《淮南子》的思想基础

要对《淮南子》的思想基础有一个确切的了解，就不能不对《淮南子》之前的那个中国哲学史上最为活跃的一个时代——春秋战国——的诸子哲学有一个基本的了解，因为《淮南子》的思想与它们有着千丝万缕的联系。

春秋战国时期出现的诸子百家，在其学说思想上大都有所创见，然而由于这些思想家各有其特殊的生活背景，有时又自恃太甚，这就使他们原本的学术创见之长处中裹挟着他们的学术盲点，就像荀子在《解蔽》中所说的那样："昔宾孟之蔽者，乱家是也。墨子蔽于用而不知文，宋子蔽于欲而不知得，慎子蔽于法而不知贤，申子蔽于势而不知知，惠子蔽于辞而不知实，庄子蔽于天而不知人。"随着诸子之间思想的不断碰撞，诸子百家为在争辩中取胜，也就不得不在其学说中吸取融汇对方的观点和思想，这便使得战国后期的诸子思想大都显得杂而不纯，如师承孔子学说的《荀子》就有兼融儒道法墨的痕迹；《韩非子》更是在吸取老子思想的同时，集法术势于一身；而阴阳家邹衍又何尝不在其学说中包含了儒道和原始五行说……

这种思想综合的趋势，在秦统一六国、中国由封建制进入到大一统的郡县制社会以后，变得更为明朗了；因为过去那种各执一曲、一偏、一隅的道术是与"天下裂"的背景密不可分的，而在天下一统之后，则需要有一种体常而尽变的"道"，以便能应对即将来临的"书同文、车同轨、行同伦"。如果说秦相国吕不韦主持编写的《吕氏春秋》对此作了一次初步尝试的话，那么西汉淮南王刘安主持编写的《淮南子》可以称得上这一历史任务的完成。

《吕氏春秋》已不像之前的思想家那样以门户之见呵骂对方、攻击异己，而是对之前的诸子思想能够综罗万象、兼融并包，以至于全书有十二纪、八览、六论，共计一百六十篇之多。但是《吕氏春秋》之失也是在此，虽然全面，但中心思想却不突出。而《淮南子》二十一篇，篇篇都有其核心的主题，从本体到器用，从天道到人间，篇与篇之间环环相扣；无论是在概括的水平、思辨的因素还是理论的水准上，应该说都要更高一点。因此，《淮南子》虽然是融冶诸子百家而成的著作，但他并不是简单地杂凑，而是融通诸子而自成一家。

那么，这总覆万略而又自成一家的《淮南子》其书的旨意又何在？按《淮南子》的作者在《要略》中说来，其书的旨意是“纪纲道德，经纬人事”；而注家高诱则在《叙目》里说得更明白：《淮南子》是“旨近《老子》，淡泊无为，蹈虚守静，出入经道”，“然其大较，归之于道”。综观《淮南子》全书，诸如《原道》《俶真》《缪称》等篇章是直接以说“道”衍“道”为中心内容，而差不多《淮南子》的每一篇章开始总有那么几句说“道”衍“道”的话。的确，“道”是贯穿《淮南子》全书的核心概念，代表了《淮南子》的思想立场。

而我们知道，“道”其实又是先秦诸子所共同推许的一个概念，在不同的学派有着不同的内涵，那么，《淮南子》之“道”是哪一派的道呢？是不是像高诱所说的因为“旨近《老子》，淡泊无为，蹈虚守静”，而就只是老子之道呢？答案显然是否定的，《淮南子》融通了各家之“道”，特别是儒道两家之“道”。它既是老子法地、法天、法道更法自然之道，亦是孔子之仁道、孟子之立人之道、荀子的成人文统类之道，还是庄子成为至人神人真人之道，同时又涵摄了墨子的义道、韩非子的治道等诸子百家所倡导的一切“善”道。

《淮南子》的“道”之所以可以贯通先秦诸子一切之“善”道，首先得从

“道”在中国哲学中的特殊内涵说起。正如我们在《原道训》的鉴赏中指出的，“道”作为宇宙存在之本原或本体，与西方哲学中的“本体”概念有着根本性的不同。西方哲学侧重于以一种知识论的态度将宇宙作为一个客观对象，其“本体”所指的即是此客观对象的抽象本质；而中国哲学则侧重于以一种生存论的态度，一方面将宇宙视作人类的基本生存处境，另一方面将人类社会视作宇宙的有机组成部分，其作为本体概念的“道”，按照其原初的意义来理解，也即“道路”的意思，指的是包括人类在内的宇宙万物所应当行走的道路。因此，“道”不仅仅是对客观世界的一种描述，而且是含有“应当”也即规范性的意义在其中，宇宙万物只有依其道而行，才能达到其最佳状态，也即“善”的状态。就此而言，中国先哲对于“道”的思考，其中自然包含着一种“善”的理想与追求。

《淮南子》之言“道”，与中国先哲言“道”的基本精神是一致的。而相对于先秦诸子而言，《淮南子》又能够极其彻底地摒弃门户之私见，从而认识到先秦诸子之言“道”，各有其在特殊情境下的特定价值；因而只要是“善”道，《淮南子》也便能够承认其合法性。比如老子法地、法天、法道更法自然之道，所倡导的是人们自然地相亲相让、寡欲退敛之道，如果人人都能寡欲退敛，则社会自然会呈现出一派自然和乐的气象，甚至于连“恶”都不会产生，因而是《淮南子》最高的社会理想；而孔子之仁道、孟子之立人之道、荀子的成人文统类之道，则是在充分认识到人的有限性、不可能不为恶的现实的基础之上，劝人迁善改过以作圣之道，因而《淮南子》在其现实的施政纲领中，也对儒家之道多所倚重；再如庄子成为至人神人真人之道，亦是在充分认识到人的有限性、不可能不为恶的现实的基础之上，力求自我超越、寡欲退敛而使精神贯通于天地自然之道,因而《淮南子》在其人生修养论中,将庄子的至人神人真人作为个人修养的最高典范;又如韩非子的治道,是在人性完全自私、完全为恶的假设之下而提出的一种不得已的使人向善之道,故《淮南子》在其治国理念中亦承认韩非法治观念在道与德之基础上的合理性。

由此可见,只要没有门户之私,以"应当"为其核心的"道"之理念,自然能够贯通先秦诸子之思想,从而成为《淮南子》思想之根荄。同时,正是因为以"道"为立言宗旨,所以《淮南子》要探索和阐明包括人类在内的宇宙万物所应当行走的"善"道,这也便是《淮南子》文化视野之所以宏阔广大、《淮南子》之所以能够致广大而尽精微的原动力。

此外,《淮南子》这种以理性与实践为核心特质的"道"论,与两汉带有神学色彩的经学和谶纬思想形成了鲜明对照,因而对于后来扬雄、王充乃至魏晋时期的玄学思潮,都有非常重要的影响。

综言之,以"道"为思想之根荄的《淮南子》,在保存和融通先秦思想文化,反映汉初时代精神,开拓两汉中后期哲学等方面,都起到了很大的历史作用和影响。然而,正所谓道不虚行,《淮南子》之论道不是悬空的,它最终还是要经世致用——为天下国家的治理服务的。

三、《淮南子》的经世目标

淮南王刘安主持编纂《淮南子》,之所以能够有如此宏阔的文化视野,之所以能够对"大道"体认如此之深,都是与他心系天下、以天下的治理为最终目标的现世关怀密不可分的。因此,在阐述了《淮南子》的文化视野和思想基础之后，我们还是要回到其经世目标上来，这乃是《淮南子》思想世界之归宿。基于《淮南子》贯通先秦诸子之道，在现实的社会治理中，《淮南子》主要阐明了治国的三要素——天、器物和人，以下我们分别道来。

其一，关于"天"，《淮南子》认为，治理得好的社会是天地自然和谐的，而这又是社会政通人和的保障。因此，"天"也就在《淮南子》的治国理论中成为一个不可或缺的要素。一般说来，坏的社会必定天地自然遭到极大的破坏，反之则"调阴阳，张四时，日以暴之，夜以息之，风以干之，雨露以濡之"，"河不满溢，海不溶波"，自然一派和谐。所以《泰族训》揭露了那些坏的社会对自然天地的破坏："逆天暴物，则日月薄蚀，五星失行，四时干乖，昼冥宵光，山崩川涸，冬雷夏霜"；"天之与人有以相通也，故国危亡而天文变，世惑乱而虹霓现"。

正因为"天之与人有以相通"，所以要治国，就必须治"天"——仰天承顺。于是，《时则训》强调指出，必须根据天的时令来规定政令，如果春行夏令或冬令，就会遭受天灾人祸……仰"天"承顺的治国要素还表现为对天地自然一定要按"春生夏长秋收冬藏"的四时原则"取予有节"（《本经训》），不可无节制地凿地挖池乱开采，不可随意捕杀乱砍伐，不做那些"焚林而猎，竭泽而渔"的傻事……这些在一贯强调治国中不可或缺"天"之要素的《淮南子》看来是"先王之法"，必须注意。

鉴于对"天"治理的缺失所造成的可怕后果，《淮南子》是十分警惕的；又鉴于不是任何统治者都能有像《淮南子》这样的治国理念（有些统治者照样对天时物性倒行逆施，对自然资源疯狂掠夺），此时的《淮南子》为了治国的需要，也就在突出“天”之治理要素之同时，又不得不入俗套地将这里的“天”人格化、神（意志）化，以此来警示统治者：不可出于私欲私心倒行逆施，如果不仰承天意（自然规律），必定将受到天的报复。《时则训》说的一套就是例证，如秋行冬令则国多盗贼，边境不宁……秋行春令则秋雨不降，草木生荣，国有大恐……这种将天人感应（神化）的做法，最终的目的还是为了国家的治理、社会的安定，《淮南子》真可谓用心良苦。

其二，关于“器物”，主要指的是治国的工具，《淮南子》又常以“权”“衡”“准”“绳”“规”“矩”来指称。这里的“权衡”是指称量物体重量的器具，“准”是指测量平面的水准器，而“绳”则是指测量垂直的墨线。这些测量器物引申开来代指“法度”、“制度”（规矩），因而《时则训》又将权、衡、准、绳、规、矩统称为“六度”。

对于这些“法度”“制度”，《淮南子》十分重视。在《淮南子》看来，社会有序与否就在于能否用这些“器具”（法度、制度、规矩）来规范社会。所谓“国之神器”即指此。一般说来，如想有效治理社会，就必须用这些“法度”“制度”来规范社会。所以《主术训》说：“法（度）者，天下之度量，而人主之准绳也。县（悬）法者，法不法也；设赏者，赏当赏也。”

具体来说，这些“法度”“制度”的主要作用是可以减少执政者的私心和因私心而引出的偏差：“衡之于左右，无私轻重，故可以为平；绳之于内外，无私曲直，故可以为正；人主之于用法，无私好憎，故可以为命。”（《主术训》）在《淮南子》看来，如执政者“放准循绳，身无与事”（自身不参与事情本身），就能像天地对任何人都公平一样，“若天若地，何不覆载”，这样就能“诛而无怨，施而不德”（《诠言训》），社会公平公正，合理合法，有序和谐，统治者就能有效统治社会。

反之，如无“法度”“制度”，社会按统治者偏好、爱憎来治理，《淮南子》认为就会导致“人主好仁，则无功者赏，有罪者释；好刑，则有功者废，无罪者诛”（《诠言训》），更会导致“有众咸誉者无功而赏，守职者无罪而诛”（《主术训》）。

然而，说起来容易，做起来难。社会有时并没有因为运用了这些“法度”“制度”而正常有序运行，反而更是无序难以控制，《人间训》就列举了大量的无法控制、难以理喻的事例。其原因无非有二：一是这法度（器具）本身不完善，因为这“绳之以为度也，可卷而伸”（《氾论训》），所以会导致有些事情变形而无序；二是在这法度（器具——理性）这一层面之外，还有一种非理性的观念存在于人的头脑中，所以导致对执行和理解“法度”出偏差，于是社会难以控制，事情难以理喻。

其三，关于“人”，《淮南子》指出，无论是对“天”（自然）的治理，还是对“法度”“制度”的贯彻，都离不开人（包括人对人的治理）。

就治理人（社会）而言，《淮南子》强调要善于发扬人性之优处，抑遏人性之劣处；在《淮南子》看来，唯有此，才能更好地治理“天”（自然）和贯彻“法”（法则、制度）。所以《主术训》说：“君人之道，处静以修身，俭约以率下。静则下不扰矣，俭则民不怨矣。”

除强调人性中的处静（宁静）、简约等优点外，《淮南子》还强调人性中的“宽大”“慈厚”：“人主之居也，如日月之明也，天下之所同侧目而视，侧耳而听，延颈举踵而望也。是故非澹薄无以明德，非宁静无以致远，非宽大无以兼覆，非慈厚无以怀众，非平正无以制断。”（《主术训》）

同时,《淮南子》还强调治国与修身都离不开"仁义"和"行善"这些优良品性,正如《主术训》所说:"国之所以存者,仁义是也;人之所以生者,行善是也。"

因为有这些诸多人性中的优良品性发挥作用,所以《淮南子》指出,人一旦如此,就会"情发于中而声应于外",也就能起到意想不到的效果,所以"厘负羁之壶餐愈于晋献公之垂棘,赵宣孟之束脯贤于智伯之大钟",这说明"礼丰不足以效爱而诚心可以怀远"(《齐俗训》)。

一个人是如此,一个国家如能这样综合激发人之优秀品性的话,那也就可称之为仁政或德政,所以《淮南子》说:"地以德广,君以德尊……昔二皇凤皇至于庭,三代至乎门,周室至乎泽";而之所以能这样,就在于伏羲、神农、夏禹、商汤、周文王推行德政的缘故,这也就是《淮南子》所说的"德之所施者博"(《缪称训》)。

人内心中的诸多优秀品性综合起来发挥作用,的确能感化人,所以《缪称训》指出,"心之精者,可以神化"。正因为这样,出于治理国家的需要,《淮南子》特别强调人之精神力量感化的作用,并像哲学家似的探讨起精神感化的生理和心理的关系:"宁戚击牛角而歌,桓公举以大政;雍门子以哭见孟尝君,涕流沾缨。歌哭,众人之所能为也;一发声,入人耳,感人心,情之至者也。故唐虞之法可效也,其谕人心不可及也。"(《缪称训》)

总体来说,《淮南子》既强调宁静澹薄,又强调要发扬人性中的积极因素的治理观乃是一种"积极无为"观,正如《修务训》所说:"吾所谓无为者,私志不得入公道,嗜欲不得枉正术,循理而举事,因资而立,权自然之势而曲故不得容者,事成而身弗伐,功立而名弗有。"

《淮南子》上述的顺应自然(天)、遵循规则(法度)的积极无为观(人)作为《淮南子》治国的三要素是合而为一(三合一)的——其目标是治理好社会,维护好天下的长治久安。虽然《淮南子》中提出的经世致用的政治建议最终没有被汉武帝所采纳,但作为中国政治思想史上一部杰出的著作,《淮南子》基于"道"而提出的各种政治思想,对于后世乃至当今的社会治理都有着重要的参考价值。《淮南子》所着重阐明的治国三要素——天、器物和人,在中国古代社会的治理中,也无不时时被关照和强调着。

(刘康德　张锋宾)

《淮南子》主要版本和注本简介

淮南鸿烈间诂 东汉许慎撰。二十一卷。与高诱的《淮南子注》并列为《淮南子》最经典的注释。现藏各本《淮南子注》，许、高二注早已混淆，其中《缪称训》《齐俗训》《道应训》《诠言训》《兵略训》《人间训》《泰族训》和《要略》八卷为许慎所注；其余十三卷主要为高诱所注，亦杂许慎注在内。由于完整的许注已经散佚，清代以来的许多学者作了相关的辑佚工作，重要的有陶方琦的《淮南许注异同诂》四卷、《淮南说文补诂叙》，孙冯翼的《许慎淮南子注》，易顺鼎的《淮南许注钩沉》，谭献的《淮南许注举正》等。

淮南子注 东汉马融撰。已佚。

淮南子注 东汉延笃撰。已佚。

淮南子注 东汉高诱撰。二十一卷。与许慎的《淮南鸿烈间诂》并列为《淮南子》最经典的注释。现藏各本《淮南子注》，许、高二注早已混淆，其中《缪称训》等八卷为许慎所注，高注已经佚失；其余十三卷主要为高诱所注，亦杂许慎注在内。高诱在《淮南子注》的《叙目》中提到他早年时曾从卢植受业《淮南子》，而卢植又是马融的学生，高诱在注文中亦数次提到"师说"或"先师说"，故高诱的《淮南子注》当是吸收了前人成果，因此较许慎注为详。

校淮南子 北宋苏颂撰。三十一篇。已佚。指出当时《淮南子》许、高二注已经混杂为一，"不复可辨"，而且体例相当混乱的状况。发现高注篇名皆有'故曰因以题篇'之语，高注更详于许氏，最后通过"互相考正，去其重复,共得高注十三篇、许注十八篇”。

淮南鸿烈解补注 明刘绩撰。二十八卷。自谓“旧本残讹,自诱注时已不能辨,据他书补数千字,改正数百字,删去数百字,其疑者仍存,难释者草草数语释之”。有明弘治十四年王溥刊本、明嘉靖十四年永州东山书院黄焯校刊本等。

淮南子校正 明王蓥、范庆校正。二十八卷。无注。有明嘉靖九年闽中王蓥刊本等。

淮南鸿烈解批评 明茅坤撰。二十一卷。以高诱注本为底本,加眉评、圈点。有明万历间刊本。

淮南鸿烈解参补 明张登云撰。二十八卷。以高诱注本为底本,双行夹注。全书除许、高二注外,自附补注。有明万历七年朱东光刊《中立四子》本。

鼎镌注释淮南鸿烈解 明刘莲台撰。二十八卷。以高诱注本为底本,加以评传。识云:“参以道家经传之言,比方其事,增补注释,订其字眼。”有明刊小字本。

淮南鸿烈校订 明茅一桂校订。二十一卷。以高诱注本为底本,对正文及注文略有刊改。有明万历八年西吴茅氏刊本。

再订淮南鸿烈解 明汪一鸾等校订。二十一卷。以高诱注为底本,重加增订。有明万历二十二年吴郡张维城刊本。

淮南子品汇释评 明焦竑等编撰。节录《淮南子》原文、双行夹注、以高诱注为主,间附音注、眉评,采晁氏、王守仁、茅坤、王世贞等家杂说。收入《二十九子品汇释评》。

淮南鸿烈解集评 明张烒如撰。二十一卷。以茅坤批评高诱注本为底本,圈点、眉批,每篇低一格附以评语,引茅坤、袁宏道诸家说。有明崇祯间姚江张氏刊本等。

淮南存隽 清傅山撰。一卷。节录《淮南子》诸篇重要文字,举《老子》《庄子》《说文》《玉篇》《广雅》等书顺文解释其字义及音切。收入《霜红龛集》。

淮南子汇考 清陈梦雷、蒋廷锡撰。一卷。辑录历代有关《淮南子》之记载、目录、评论、艺文杂录等而成。甚便寻检研究《淮南子》之资料。在《古今图书集成》内。

淮南子校定 清庄逵吉校定。二十一卷。据钱坫校订《道藏》本,校其同异,正其伪舛,并为之疏通旁证。有清乾隆五十三年武进庄氏咸宁官舍刊本、1935 年上海世界书局《诸子集成》排印本等。

点校淮南鸿烈解 清黄锡禧校订。二十一卷。以张烒如本为底本,双行夹注。有清乾隆五十六年王谟刊《增订汉魏丛书》本、1937 年上海商务印书馆《丛书集成初编》影印本等。

许慎淮南子注 清孙冯翼辑佚。一卷。引据《史记·索隐》、《文选注》、《一切经音义》、陆德明《经典释文》、殷敬顺《列子释文》及唐宋类书有关《淮南子》文字而成。收入《问经堂丛书》。

淮南子补校 清刘台拱撰。节录《淮南子》诸篇文字,引据《说文》《荀子》《太平御览》《说苑》等书校正文字、文义。多出己见。收入《刘端临先生遗书》。清嘉庆十年原刊本未收,见清光绪十五年广雅书局刊本。

淮南子杂志 清王念孙撰。二十一卷。札记。节录《淮南子》书中重要文字，参校宋元各本、唐宋类书、古代典籍、高诱注及各家说，校订文字、文义。收入《读书杂志》。

校庄本淮南子 清顾广圻撰。二十一卷。以庄逵吉原刊本为底本，朱笔手校于宋椠本，均在本文及上下栏。并称："武进刊本实未见《道藏》本。"有清嘉庆二十五年手校本。

顾校淮南子 清王引之撰。一卷。引《淮南子》各篇重要文句，录顾广圻校说于后，据宋本《道藏》诸本，稍加补缀而成。收入《读书杂志》。

淮南子丛录 清洪颐煊撰。节录《淮南子》诸篇重要文句，引《庄子》《韩非子》《大戴礼记》《吕氏春秋》及字书等校订文义并自附按语。收入《读书丛录》。

淮南子平议 清俞樾撰。四卷。札记。以高诱注本为底本，引据古代典籍、唐宋类书、《说文》、《尔雅》、《释名》、《方言》、《文选注》等，校订文字、文义，并自附己见。收入《诸子平议》。

淮南许注异同诂及补遗、续补 清陶方琦撰。六卷。以《道藏》本为底本，据古代典籍、唐宋类书、日本所出古书等所引许慎所注《淮南子》逸文详加校勘，并加诂注而成。有清光绪十年《汉孳室著书第六种》刊本。

淮南子读书录 清曾国藩撰。节录《淮南子》诸篇重要文句，引据《庄子》《荀子》《孙子》等书，考正文字、文义。由其门人王安定所编辑。收入《求阙斋读书录》。

淮南子札记 清陶鸿庆撰。二卷。以浙江书局刻庄逵吉校本为底本，节录《淮南子》文句，引证《管子》《列子》《庄子》及高诱注等，采王念孙、俞樾二家说，校订文字、文义，并附己见。在《读诸子札记》内。

淮南子点勘　清吴汝纶撰。二十一卷。以高诱注本为底本，删节注文，双行简注，并加圈点、眉批。收入《桐城吴先生群书点勘》。有 1921 年莲池书社排印本。

辑淮南鸿烈间诂　清叶德辉撰。上、下二卷。从《说文解字》、唐本《玉篇》、《水经注》等书中，辑得文注全者三百五十余事，有文无注者三十余事，皆明题许慎注塙然可据者而成。有清光绪二十一年长沙叶氏刊本。

淮南子札迻　清孙诒让撰。札记。据许慎、高诱注本，庄逵吉校本，傅校宋刊本，王念孙《杂志》，俞樾《平议》，更引《庄子》《荀子》《文字》《吕氏春秋》及《说文》《尔雅》等书校订文字、文义，并附己见。收入《札迻》。

淮南子校书　于鬯撰。一卷。节录《淮南子》书中重要文句，引用古代典籍，以高诱注为主，兼采卢文弨、庄逵吉、顾广圻等各家杂说，校订文字、文义。收入《香草续校书》。

淮南鸿烈集解　刘文典撰。二十一卷。以庄逵吉校本为底本，采王念孙、俞樾、孙诒让各家说，及古代典籍、唐宋类书并附己意，以为集解。1989 年北京中华书局点校本附有《淮南子校补》《淮南子逸文》以及清人钱塘所撰《淮南子天文训补注》等。有 1923 年上海商务印书馆初版排印本、1989 年北京中华书局点校本等。

淮南旧注校理　吴承仕撰。包括《淮南旧注校理》三卷、《校理之余》一卷。本书的内容是校勘、清理《淮南子》书旧注有的注释文字，而不涉及本文。前三卷以庄氏刊本为批评对象，“校其短长，理其淆乱”，共得近四百条。《校理之余》一卷则依据蜀刊《道藏辑要》本，得六十余条。是对前三卷的印证和补充。初刊于 1924 年，现有北京中华书局 1985 年点校本。

淮南内篇集证　刘家立撰。二十一卷。采辑陈奂、顾千里、谭献、王念孙等各家说，并附己意，以为集证。有1924年上海中华书局排印本。

淮南旧注参正　马宗霍撰。二十一卷。对“当注而旧注未及者则径为之补作”，“旧注虽有而艰涩难明者则更为之发挥”，“失允或疑其传写讹误之处则为一一辨订之”。凡所参正共计八百一十五条。撰于20世纪30年代前后，1984年齐鲁书社标点排印出版。

淮南子集解补正　胡怀琛撰。一卷。据刘文典《淮南子集解》本，节录诸篇重要词语，引古代典籍及王念孙、孙诒让等说加以补正。收入《朴学斋丛书》。

淮南子新证　于省吾撰。四卷。节录《淮南子》文句，依刘文典《集解》，采王念孙、王引之等各家说及高诱注，证以金文，校订文字、文义。在《诸子新证》内。

淮南子通检　中法汉学研究所编撰。一卷。全书分为凡例、法文拼音检字、英文拼音检字、各版本淮南子卷页推算法、通检，以便寻检文句。有1944年中法汉学研究所排印本等。

淮南子证闻　杨树达撰。二十一卷。以刘文典《淮南鸿烈集解》为底本。引据古代典籍并近代王念孙、俞樾等诸家说，对王念孙甚为推许，但亦有驳正。训诂以《说文》为主。有1953年北京中国科学院排印本、1985年上海古籍出版社影印本等。

淮南子斠证及补遗、续补　王叔岷撰。札记。以《道藏》本为底本，节录《淮南子》文句，参校北宋影本、茅坤本、《汉魏丛书》本、庄逵吉本，并采唐宋类书，兼及王念孙、俞樾等各家说，校订文字、文义。发表于台湾大学

《文史哲学报》第五到第八各期内，后收入《诸子斠证》。

《淮南子》书录 吴则虞撰。辑录历代《淮南子》各家著述，分为二十八卷本、二十一卷本、节选本、旧抄本、批校本、笺释、辑佚、日本《淮南子》书目八类，加以著录，并说明内容梗概。在1962年中华书局《文史》第2辑内。

淮南子斠理 郑良树撰。二十一卷。札记。以《道藏》本为底本。博采古注及唐宋类书，并王念孙、庄逵吉等各家说，参校众本，自附按语。有1969年台湾嘉新水泥公司文化基金会排印本。

淮南子校释 张双棣撰。二十一卷。以正统《道藏》本为底本，以影宋本、明刘绩补注本等明本为参照，并参考出土文字、古代类书及史传旧注等。有1997年北京大学出版社排印本。

淮南子集释 何宁撰。二十一卷。以光绪二年浙江书局刻庄逵吉校刊本为底本，校以《道藏》本、《道藏辑要》本、中立四子本、茅一桂刻本、刘泖生影写宋本、唐写本《兵略》残卷暨唐宋类书所引及诸书凡《淮南》所出及出自《淮南》者。有1998年北京中华书局排印本。

编后按：本文主要参考了严灵峰先生《周秦汉魏诸子知见书目》第五卷中的《淮南子》知见书目，台北正中书局1988年版。

（张榕坤）

图书在版编目(CIP)数据

淮南子鉴赏辞典 / 刘康德主编. —新1版. —上海：上海辞书出版社，2018.8 （2022.9重印）
ISBN 978-7-5326-5093-4

Ⅰ. ①淮… Ⅱ. ①刘… Ⅲ. ①杂家—中国—西汉时代 ②《淮南子》—鉴赏—词典 Ⅳ. ①B234.45-61

中国版本图书馆 CIP 数据核字（2018）第068240号

淮南子鉴赏辞典(新一版)

刘康德 主编

责任编辑 王 媛
装帧设计 姜 明

出版发行 上海世纪出版集团
上海辞书出版社(www.cishu.com.cn)
地 址 上海市闵行区号景路159弄B座（201101）
印 刷 安徽新华印刷股份有限公司印刷
开 本 890×1240 毫米 1/32
印 张 15.875
字 数 341 000
版 次 2018年8月第1版 2022年9月第3次印刷
书 号 ISBN 978-7-5326-5093-4/ B·315
定 价 62.00元